Amy Cuddy

Dein Körper spricht für dich

mosaik

Amy Cuddy

Dein Körper spricht für dich

Von innen wirken, überzeugen, ausstrahlen

Aus dem Amerikanischen
von Henriette Zeltner

MOSAIK

Der Verlag weist ausdrücklich darauf hin, dass im Text enthaltene externe Links vom Verlag nur bis zum Zeitpunkt der Buchveröffentlichung eingesehen werden konnten. Auf spätere Veränderungen hat der Verlag keinerlei Einfluss. Eine Haftung des Verlags ist daher ausgeschlossen.

MIX
Papier aus verantwortungsvollen Quellen
FSC® C014496

Verlagsgruppe Random House FSC® N001967

Dieses Buch ist auch als E-Book erhältlich.

1. Auflage
Deutsche Erstausgabe April 2016

Originaltitel: Presence
Originalverlag: Little, Brown and Company, New York

Die Autorin dankt für die Verwendung eines Auszugs aus
»Bright as Yellow« von Karen Peris (the innocence mission).
Abbildungen: Kapitel 6: © Nikolaus F. Troje (aus: Cuddy und Troje),
Kapitel 8: © Dailey Crafton
Umschlag: *zeichenpool, München
Umschlagmotiv: shutterstock/glyph, 110555795
Redaktion: Antje Steinhäuser
Satz: Buch-Werkstatt GmbH, Bad Aibling
Druck und Bindung: GGP Media GmbH, Pößneck
Printed in Germany
JE · Herstellung: CF
ISBN 978-3-466-39296-4

www.mosaik-verlag.de

Inhalt

Für Jonah und Paul,
die Lieben meines Lebens …
Danke, dass ihr mich geduldig
wieder und wieder daran erinnert,
»auf dem Surfbrett einfach nur aufzustehen«

»And you live life with your arms reached out
Eye to eye when speaking.
Enter rooms with great joy shouts,
Happy to be meeting …
Bright as yellow,
Warm as yellow.«

Karen Peris (the innocence mission)

Einführung

Ich sitze an der Theke meines liebsten Buchladen-Cafés in Boston vor meinem aufgeklappten Laptop und schreibe. Vor zehn Minuten habe ich einen Kaffee und einen Muffin bestellt. Die Bedienung – eine dunkelhaarige junge Frau mit strahlendem Lächeln und Brille – schwieg kurz und sagte dann: »Ich möchte Ihnen nur sagen, wie viel Ihr TED-Talk mir bedeutet – wie sehr er mich inspiriert hat. Vor ein paar Jahren hat mein Lehrer ihn für die Schüler eines Kurses gepostet, den ich belegt hatte. Jetzt bewerbe ich mich gerade an der medizinischen Hochschule, und ich möchte Sie nur wissen lassen, dass ich vor meinem MCAT wie Wonder Woman in der Toilette stand und es mir echt geholfen hat. Obwohl Sie mich nicht kennen, haben Sie mir geholfen herauszufinden, was ich mit meinem Leben wirklich anfangen möchte – Medizin studieren –, und dann haben Sie mir geholfen, das zu tun, was ich tun musste, um mein Ziel zu erreichen. Vielen Dank.«

Mit Tränen in den Augen fragte ich sie: »Wie heißen Sie?«

»Fetaine«, sagte sie, und wir unterhielten uns während der nächsten zehn Minuten über Herausforderungen, denen Fetaine sich in der Vergangenheit zu stellen hatte, und darüber, wie gespannt sie auf alles ist, was die Zukunft bringt.

Jeder Mensch, der mir begegnet, ist einzigartig und erinnerungswürdig. Solche Begegnungen erlebe ich häufiger, als ich mir je hätte vorstellen können. Ein Fremder grüßt mich freundlich, erzählt mir seine sehr persönliche Geschichte, wie er eine große Herausforderung erfolgreich gemeistert hat, und bedankt sich dann schlicht für meine kleine Beteiligung daran. Das sind Frauen und Männer, ältere und jüngere, schüchterne und gesellige, arme und reiche Menschen. Aber eines verbindet sie alle: Sie fühlten sich angesichts großen Drucks und großer Verunsicherung machtlos, und sie haben eine bemerkenswert simple Methode entdeckt, sich von diesem Gefühl der Ohnmacht zu befreien, wenigstens für den Moment.

Bei den meisten Autoren erscheint zuerst das Buch, dann kommen die Rückmeldungen. Bei mir war es andersherum. Zuerst führte ich ein paar Experimente durch, die ich in einem Vortrag vorstellte, den ich 2012 bei der TEDGlobal Conference hielt. Darin präsentierte ich einige faszinierende Erkenntnisse aus meiner eigenen und der Forschung anderer darüber, wie unser Körper unser Gehirn und unser Verhalten beeinflusst. An dieser Stelle beschrieb ich diese Wonder-Woman-in-der-Toilette-Sache, die Fetaine erwähnte und die ich noch erklären werde, mit der sich unser Selbstvertrauen rasch steigern und unsere Unsicherheit in schwierigen Situationen verringern lässt. Ich schilderte meine eigenen Bemühungen rund um das sogenannte Impostor- oder Hochstapler-Syndrom und wie ich gelernt hatte, mich selbst dazu zu bringen, mehr Selbstvertrauen zu entwickeln – und es schließlich auch wirklich zu besitzen. Ich bezeichnete dieses Phänomen als »Fake It Till You Become It«. (Übrigens: Der Teil des Talks, in dem es um meine eigenen Bemühungen ging, war fast komplett ungeplant und unvorbereitet, weil ich nicht geglaubt hatte, mutig genug sein, etwas derart Persönliches vor Hunderten von Zuhörern im Publikum preiszugeben. Wenn ich das geahnt hätte …) Ich wusste nicht, ob das Thema bei den Leuten ankommen würde. Mich faszinierte es jedenfalls. Sofort nachdem das einundzwanzigminütige Video meines Vortrags online war, begann ich von Leuten zu hören, die es gesehen hatten.

Natürlich verlieh meine Rede Fetaine nicht auf magische Weise das Wissen, das sie brauchte, um beim MCAT gut abzuschneiden. Sie verstand dadurch nicht wundersamerweise den Unterschied zwischen kugel- und zylinderförmigen Bakterien besser oder wie sich der Energieerhaltungssatz zur kinetischen Energie verhält. Aber möglicherweise befreite ich sie von der Furcht, die sie daran gehindert hätte, alles zu schreiben, was sie wusste. Ohnmacht verschlingt uns – und alles, was wir glauben, wissen und fühlen, gleich mit. Sie umhüllt uns und macht uns unsichtbar. Dadurch entfremden wir uns sogar von uns selbst.

Das Gegenteil von Ohnmacht muss Macht sein, nicht wahr? Das stimmt zwar bis zu einem gewissen Grad, doch ganz so einfach ist es nicht. Bei der Forschung, die ich jetzt seit Jahren betreibe, richtet sich ein Großteil der Erhebungen auf eine Fähigkeit, einen Zustand, den ich *presence,* Ausstrahlung, nenne. Positive Ausstrahlung wurzelt im Glauben an und Vertrauen in uns selbst – unsere wahren, aufrichtigen Gefühle, Werte und Fähigkeiten. Das ist wichtig, denn wie sollen andere Ihnen vertrauen, wenn Sie es selbst nicht tun? Egal ob wir vor zwei oder fünftausend Menschen reden, ein Bewerbungsgespräch führen, eine Gehaltserhöhung verhandeln oder potenziellen Investoren eine Geschäftsidee präsentieren, ob wir für uns selbst oder im Namen anderer sprechen, wir alle erleben einschüchternde Situationen, in denen man Haltung zeigen muss, wenn man ein gutes Selbstwertgefühl anstrebt und Fortschritte im eigenen Leben erzielen will. Ausstrahlung gibt uns die Kraft, solchen Momenten gewachsen zu sein.

Der Weg, der mich zu diesem Vortrag und diesem Durchbruch führte, war, das kann ich mit Sicherheit sagen, kein gerader. Sein Ausgangspunkt ist allerdings eindeutig.

Am lebhaftesten habe ich die albernen Zeichnungen und netten Botschaften meiner Freunde auf dem Whiteboard in Erinnerung. Ich bin Studentin im zweiten Studienjahr am College. Ich erwache in einem Krankenhauszimmer. Ich sehe mich um – überall Karten und Blumen. Ich bin erschöpft. Aber ich fühle mich auch verunsichert und aufgebracht. Ich kann meine Augen kaum offen halten. Noch nie habe ich mich so gefühlt. Ich verstehe es nicht, aber mir fehlt auch die Energie, der Sache auf den Grund zu gehen. Ich schlafe wieder ein.

Das wiederholt sich viele, viele Male.

Meine letzte klare Erinnerung, bevor ich in dem Krankenhaus erwachte, war die Fahrt von Missoula, Montana, nach Boulder, Colorado, mit zwei guten Freundinnen und Mitbewohnerinnen. Wir waren in Missoula gewesen, um bei der Organisation einer Konferenz mit Studierenden der University of Montana zu helfen und um Freunde zu besuchen. Wir verließen Missoula am frühen Abend, gegen 18 Uhr, an einem Sonntag. Für die Lehrveranstaltungen am nächsten Morgen wollten wir schon wieder in Boulder sein. Rückblickend, und vor allem als Mutter, erkenne ich jetzt, wie unglaublich dumm dieser Plan war, wenn man bedenkt, dass die Fahrzeit von Missoula nach Boulder dreizehn bis vierzehn Stunden beträgt. Aber wir waren damals neunzehn.

Unser vermeintlich guter Plan sah so aus: Jede von uns würde ein Drittel der Strecke fahren. Eine Beifahrerin würde wach bleiben, um mit aufzupassen und die Fahrerin wach zu halten, während die jeweils Dritte von uns bei umgelegten Rücksitzen in einem Schlafsack hinten im Jeep Cherokee schlief. Ich fuhr meine Strecke; ich glaube, ich war als Erste dran. Dann achtete ich als Beifahrerin auf die Fahrerin. Daran habe ich sogar schöne Erinnerungen. Richtig friedliche. Ich mochte die beiden, mit denen ich unterwegs war. Ich mochte die offene Landschaft des Westens und die Wildnis. Keine Lichter anderer Fahrzeuge auf dem Highway. Nur wir. Dann war ich an der Reihe, hinten zu schlafen.

Wie ich erst viel später erfuhr, passierte Folgendes: Meine Freundin hatte den schlimmsten Teil der Strecke erwischt. Nämlich die Zeit in der Nacht, wenn es sich anfühlt, als wäre man als einziger Mensch auf der ganzen Welt wach. Es war aber nicht nur mitten in der Nacht, sondern wir befanden uns auch noch mitten in Wyoming. Sehr dunkel, sehr weit, sehr einsam. Sehr wenig, um einen wach zu halten. Gegen vier Uhr morgens schlief meine Freundin ein. Sie döste weg, verzog dabei das Steuer und geriet auf den Rüttelstreifen. Das weckte sie, aber sie übersteuerte den Wagen beim Korrigieren. Das Fahrzeug überschlug sich mehrfach und blieb auf dem Dach liegen. Meine Freundinnen, die vorne saßen, waren angeschnallt. Ich, die ich auf den umgeklappten Rückbänken im Schlafsack geschlafen hatte, wurde aus dem Auto und in die Nacht geschleudert. Die rechte Vorderseite meines Kopfes schlug auf die Fahrbahn auf. Der Rest von mir blieb im Schlafsack.

Ich erlitt eine traumatische Gehirnverletzung. Genauer gesagt: eine diffuse Axonenverletzung (*diffuse axonal injury* = DAI). Bei einer DAI ist das Gehirn Scherkräften ausgesetzt, meist durch starke Rotationsbeschleunigung, wie sie bei Autounfällen relativ häufig vorkommt. Stellen Sie sich vor, was bei einem Verkehrsunfall mit hoher Geschwindigkeit passiert: Durch die plötzliche und extreme Änderung der Geschwindigkeit wird Ihr Körper abrupt gestoppt, doch das Hirn unter der Schädeldecke bewegt sich oder rotiert sogar noch weiter. Das sollte natürlich eigentlich nicht sein. Manchmal schlägt es dabei sogar gegen die Schädeldecke, was ebenfalls nicht sein sollte. Die Kräfte, die meinen Kopf auf den Highway prallen und meinen Schädel brechen ließen, waren natürlich ebenfalls nicht hilfreich.

Unser Gehirn soll sich eigentlich in einem sicheren Raum befinden. Geschützt durch den Schädel und gepolstert durch mehrere dünne Membranen, die Hirnhäute, und durch die Gehirn-Rückenmarksflüssigkeit. Der Schädel ist zwar Freund des Hirns, doch die beiden sollten sich eigentlich nie berühren. Die Scherkräfte einer schweren Kopfverletzung überdehnen und zerreißen Neuronen und deren Fasern (Axone) im Gehirn. Wie elektrische Kabel sind Axone von einer Schutzschicht ummantelt, der sogenannten Myelinscheide. Selbst wenn ein Axon nicht durchtrennt wird, kann die Beschädigung der Myelinscheide die Geschwindigkeit, mit der Informationen von einem Neuron zum anderen transportiert werden, merklich beeinträchtigen.

Bei einer DAI betrifft die Verletzung das gesamte Hirn, im Gegensatz zu einer herdförmigen Verletzung wie einer Schusswunde, bei der eine spezifische Stelle beschädigt ist. Alles, was das Gehirn tut, hängt von der Kommunikation der Neuronen ab; sind Neuronen überall im Hirn beschädigt, ist unvermeidlich auch deren Kommunikation gestört. Wenn Sie also eine DAI erlitten haben, wird Ihnen kein Arzt erklären: »Nun, Ihr motorischer Bereich ist beschädigt, also werden Sie Schwierigkeiten beim Bewegen haben.« Oder: »Es hat Ihr Sprachzentrum getroffen, daher werden Sie Probleme beim Sprechen und Verarbeiten von Sprache haben.« Man wird nicht wissen, *ob* Sie sich erholen, *wie gut* Sie sich erholen und auch nicht, *welche Hirnfunktionen* betroffen sein werden: Wird Ihr Gedächtnis beeinträchtigt sein? Ihr Gefühlsleben? Ihre räumliche Vorstellung? Ihre Feinmotorik? Angesichts der geringen Kenntnisse über DAIs ist die Wahrscheinlichkeit, dass ein Arzt eine exakte Prognose abgeben kann, zu vernachlässigen.

Nach einer DAI ist man ein anderer Mensch. Und zwar in vielerlei Hinsicht. Wie Sie denken, fühlen, sich ausdrücken, reagieren und interagieren – all diese Dimensionen sind betroffen. Dazu kommt noch, dass Ihre Fähigkeit, sich selbst zu verstehen, wahrscheinlich auch Schaden genommen hat, sodass Sie nicht in der Lage sind, zu erkennen, wie genau Sie sich verändert haben. Und niemand – NIEMAND – kann Ihnen sagen, was Sie erwartet.

Lassen Sie mich erklären, was nach meinem Verständnis damals mit meinem Gehirn passiert ist: (Bitte hier das Zirpen von Grillen einfügen.)

Okay, ich befand mich also im Krankenhaus. Natürlich war mein Studium am College unterbrochen, und meine Ärzte bezweifelten ernstlich, dass ich jemals kognitiv wieder fit genug sein würde, um es wieder aufzunehmen. Angesichts der Schwere meiner Verletzung und der Statistiken über Leute mit ähnlichen Verletzungen meinten sie: *Rechnen Sie nicht damit, das College beenden zu können. Sie werden wieder in Ordnung kommen – »sehr funktionsfähig sein« –, aber wahrscheinlich sollten Sie sich eine andere Beschäftigung suchen.* Ich erfuhr, dass sich mein IQ um dreißig Punkte verringert hatte – zwei Standardabweichungen also. Das wusste ich nicht, weil ein Arzt es mir erklärt hätte. Ich wusste es, weil der

IQ Teil einer zweitägigen Reihe von neuropsychologischen Tests war, die man mir gegeben hatte; das Ergebnis stand dann in dem langen Bericht, den ich anschließend erhielt. Die Ärzte fanden es nicht wichtig, mir das zu erklären. Glaubten sie, ich sei nicht intelligent genug, um es zu verstehen? Oder hielten sie es nicht für wichtig genug? Ich will dem IQ nicht mehr Bedeutung beimessen, als er verdient; und schon gar nicht will ich behaupten, daraus ließen sich Vorhersagen über das spätere Leben ableiten. Aber er war doch etwas, wovon ich annahm, es quantifiziere meine Intelligenz. Ich war also nicht mehr klug, und das traf mich hart.

Ich erhielt Ergotherapie, kognitive Verhaltenstherapie, Logopädie, Physiotherapie und Psychotherapie. Etwa sechs Monate nach dem Unfall verbrachte ich den Sommer zu Hause, und ein Paar, das zu meinen engsten Freunden gehörte und das sich merklich von mir zurückgezogen hatte, erklärte mir: »Du bist einfach nicht mehr dieselbe.« Wie konnten zwei der Menschen, die mich doch am besten verstehen sollten, mir sagen, ich sei nicht mehr ich selbst? Inwiefern war ich denn anders? Sie erkannten mich nicht mehr, und ich erkannte mich selbst nicht mehr.

Eine Kopfverletzung bewirkt, dass man sich verwirrt, verunsichert und frustriert fühlt. Wenn einem dann die Ärzte eröffnen, dass sie nicht wissen, was einen erwartet, und die Freunde konstatieren, man sei anders, dann vergrößert das die Verwirrung, Unsicherheit und Frustration beträchtlich.

Das darauffolgende Jahr verbrachte ich in einer Art Nebel – ängstlich und desorientiert traf ich falsche Entscheidungen und war mir nicht sicher, was ich als Nächstes tun sollte. Danach kehrte ich ans College zurück. Doch es war noch zu früh. Ich konnte nicht denken. Ich konnte gesprochene Informationen nicht angemessen verarbeiten. Es kam mir vor, als höre ich jemand zur Hälfte in einer Sprache sprechen, die ich verstand, und zur Hälfte in einer, die ich nicht beherrschte, was mich nur noch mehr entmutigte. Ich musste die Schule wieder abbrechen, weil ich meine Kurse nicht bestand.

Obwohl ich mir bei dem Unfall viele Knochen gebrochen und ein paar hässliche Narben davongetragen hatte, sah ich äußerlich gesund aus. Und weil traumatische Hirnverletzungen oft für andere unsichtbar sind, bekam ich zu hören: »Wow, du hast solches Glück gehabt! Du hättest dir ja auch das Genick brechen können!« *Glück?*, dachte ich. Und dann fühlte ich mich schuldig und schämte mich meiner Frustration über solche gut gemeinten Reaktionen.

Unsere Art zu denken, unser Intellekt, unsere Affekte, unsere Persönlichkeit – das sind lauter Dinge, bei denen wir nie mit Veränderung rechnen. Wir betrachten sie als selbstverständlich. Wir fürchten vielleicht, dass wir nach einem Unfall gelähmt sind, uns nicht mehr ungehindert bewegen können, unser Gehör oder Augenlicht verlieren. Aber wir rechnen nicht mit einem Unfall, bei dem wir uns selbst verlieren.

Noch viele Jahre nach meiner Kopfverletzung hatte ich den Eindruck, als mein früheres Selbst durchzugehen … obwohl ich nicht einmal genau wusste, was dieses frühere Selbst ausmachte. Ich fühlte mich wie eine Hochstaplerin, eine Hochstaplerin in meinem eigenen Körper. Ich musste das Lernen neu erlernen. Ich versuchte immer weiter, wieder damit anzufangen, weil ich nicht akzeptieren konnte, dass man mir diese Fähigkeit absprach. Wenn mir jemand erklärte, ich könne keinen Collegeabschluss erlangen, dann forderte mich genau das heraus.

Ich musste viel mehr als andere lernen. Langsam zwar, aber zu meiner unbeschreiblichen Erleichterung begann meine geistige Klarheit zurückzukehren. Schließlich beendete ich das College vier Jahre später als meine Klassenkameraden aus der Zeit vor dem Unfall.

Einer der Gründe, warum ich durchhielt, war, dass ich etwas gefunden hatte, was ich studieren wollte: Psychologie. Nach dem College gelang es mir, einen Beruf zu ergreifen, der ein voll funktionsfähiges Gehirn erfordert. Wie schon Anatole France schrieb: »Alle Veränderungen … besitzen ihre eigene Melancholie; denn was wir hinter uns lassen, ist ein Teil unserer selbst; wir müssen einem Leben Lebewohl sagen, bevor wir ein anderes beginnen können.« Wenig erstaunlich, dass ich mich auf diesem Weg zu einem Menschen entwickelt habe, für den all diese Fragen der Ausstrahlung und Macht, des Vertrauens und des Zweifels von großer Bedeutung sind.

Meine Verletzung brachte mich dazu, die Wissenschaft der Ausstrahlung zu studieren, doch es war mein TED-Talk, der mich erkennen ließ, wie universell die Sehnsucht nach Ausstrahlung ist. Denn eines steht fest: Die meisten Menschen sehen sich tagtäglich stressigen Herausforderungen gegenüber. Menschen überall auf der Welt und in den unterschiedlichsten Lebenssituationen versuchen, ihren Mut zusammenzunehmen, um vor ihrer Klasse zu sprechen, ein Bewerbungsgespräch zu führen, für eine Rolle vorzusprechen, sich der täglichen Not zu stellen, dafür einzustehen, woran sie glauben, oder einfach nur ihren Frieden mit sich selbst zu finden. Das gilt für Obdachlose genauso wie für diejenigen, die nach gängiger Vorstellung extrem erfolgreich sind.

Topmanager, Staranwälte, begnadete Künstler und Schauspieler, Opfer von Mobbing oder Vorurteilen oder sexuellem Missbrauch, politische Flüchtlinge, Leute mit einer psychischen Erkrankung oder schweren körperlichen Verletzung – sie alle stehen vor diesen Herausforderungen. Genauso wie diejenigen, die den davon Betroffenen helfen wollen – Eltern, Partner, Kinder, Therapeuten, Ärzte, Kollegen und Freunde von Menschen, die zu kämpfen haben.

All diese Menschen – und der größte Teil davon sind keine Wissenschaftler – haben mich gezwungen, meine eigenen Forschungsergebnisse mit anderen Augen zu betrachten: Sie führen mich weg von der Wissenschaft und bringen mich ihr gleichzeitig näher. Ihre Geschichten zu hören, verpflichtete mich zu der Überlegung, wie sozialwissenschaftliche Erkenntnisse sich eigentlich in der Realität auswirken. Also fing ich an, darauf zu achten, dass meine Forschung Leben zum Besseren verändert. Aber ich begann auch damit, grundlegende Fragen zu stellen, die mir vielleicht nie in den Sinn gekommen wären, wenn ich nur im Labor geblieben und mich nur in die Fachliteratur vertieft hätte.

Zunächst war ich von der Wirkung meines TED-Talks überwältigt. Ich fragte mich sogar, ob es ein großer Fehler gewesen war, meine Arbeit und meine persönliche Lebensgeschichte zusammen publik zu machen. Schließlich hatte ich nicht erwartet, dass so viele Fremde sich das Video ansehen und ich mich dadurch so unglaublich verletzlich und exponiert fühlen würde. Doch das passiert jedem, auf den das Internet aufmerksam wird und der dann auf einen Schlag in der ganzen Welt bekannt wird. Manche Leute erkennen einen dann in der Öffentlichkeit. Das ist seltsam, und man muss erst lernen, damit umzugehen. Etwa damit, dass jemand einen bittet, wie Wonder Woman für ein gemeinsames Selfie zu posieren, oder dass jemand aus einer Fahrradrikscha (wie in Austin passiert) ruft: »Hey! Das ist das TED-Girl!«

Aber vor allem schätze ich mich unglaublich glücklich. Glücklich, weil ich die Chance hatte, diese Forschungsergebnisse und meine Geschichte mit so vielen Menschen zu teilen. Und noch glücklicher, weil so viele dieser Menschen ihre Geschichten mit mir geteilt haben. Ich liebe die akademische Welt, aber ich finde so viel mehr Inspiration außerhalb von Labor und Hörsaal. Einer der großen Vorzüge meiner Tätigkeit an der Harvard Business School besteht darin, dass man dazu ermuntert wird, die Grenze zwischen Forschung und Praxis zu überwinden. So hatte ich bereits begonnen, mit Leuten in Organisationen über die Anwendung der Ergebnisse zu sprechen. Darüber, was funktioniert, wo die Haken sein können und solche Dinge. Aber ich hatte nicht damit gerechnet, dass diese enorme Welt der nachdenklichen Fremden dermaßen offen auf mich zukäme, nachdem der TED-Talk veröffentlicht wurde.

Ich liebe diese Leute und fühle mich ihnen auf immer verbunden und verpflichtet. Ich möchte ihnen meine Reverenz erweisen, für ihre Bereitschaft, es zu versuchen – wieder in den Sattel zu kommen oder anderen dabei zu helfen, es weiter zu versuchen –, und für ihre Bereitschaft, sich hinzusetzen und mir, einer Fremden, in einer E-Mail von ihren Bemühungen zu berichten. Oder mir auf einem Flughafen oder im Café einer Buchhandlung davon zu erzählen. Jetzt weiß ich, dass ein Vortrag wie ein Lied wirken kann – dass Menschen ihn personalisieren, mit sich selbst in Verbindung bringen und sich bestätigt fühlen, wenn sie erfahren, dass jemand genauso empfunden hat wie sie. Oder wie der Musiker Dave Grohl einmal gesagt hat: »Das ist eine der großartigen Eigenschaften von Musik: Du kannst 85 000 Menschen einen Song vorsingen, und sie werden ihn aus 85 000 verschiedenen Gründen mitsingen.« Ich habe einmal mit Jugendlichen in einer Obdachlosenunterkunft gesprochen und sie gebeten, mir von Situationen zu erzählen, die sie als besonders stressig empfanden. Ein Teenager meinte: »Auf der Türschwelle dieser Unterkunft zu stehen.« Eine junge Frau in einer anderen Einrichtung sagte: »Irgendwo anrufen und etwas in Anspruch nehmen, um Hilfe oder Unterstützung bitten. Ich weiß, dass ich dann lange warten muss und der Mensch am anderen Ende der Leitung verärgert und voller Vorurteile sein wird.« Darauf reagierte eine andere Frau: »Ich habe mal in einem Callcenter gearbeitet und wollte gerade sagen: ›Anrufe von Leuten entgegennehmen, von denen man schon weiß, dass sie frustriert und wütend sein werden, weil sie lange warten mussten, während ich doch versucht habe, hundert andere Anrufe abzuarbeiten.‹«

Tausende Menschen haben mir geschrieben, um von einer Menge verschiedener Herausforderungen zu berichten. Diese Vielfalt haut mich geradezu um, denn das sind Zusammenhänge, von denen ich niemals vermutet hätte, dass diese Forschungsergebnisse darauf anwendbar wären. Hier mal ein Auszug der E-Mail-Betreff-Zeilen, die oft mit den Worten beginnen »Wie Ihr Vortrag geholfen hat …«: Alzheimerfamilien, Feuerwehrleuten, dem Überlebenden einer Hirnverletzung wie Ihrer, beim Abschluss des größten Deals meines Lebens, bei den Verhandlungen über einen Hauskauf, bei einer Collegebewerbung, Erwachsenen mit Behinderung, einem Weltkriegsveteranen, der seinen Stolz verloren hatte, bei der Überwindung eines Traumas, bei der Weltmeisterschaft im Segeln, Kindern, die gemobbt werden, bei fehlendem Selbstvertrauen in der Dienstleistungsbranche, Fünftklässlern mit Angst vor Mathematik, meinem Sohn mit Autismus, einer Opernsängerin bei einem schwierigen Vorsingen, beim Präsentieren einer neuen Idee vor meinem Chef, beim Finden meiner Stimme, als ich einen Vortrag halten musste. Und das ist nur eine kleine Auswahl.

Alle Reaktionen, die ich auf den TED-Talk bekam, waren Geschenke, weil sie mir geholfen haben, besser zu verstehen, wie und warum diese Forschung solche Resonanz hervorruft. Kurz gesagt: Diese Geschichten haben mir geholfen zu begreifen, wie ich dieses Buch schreiben sollte, und mich motiviert, es zu tun. Sie stammen aus der ganzen Welt, von Menschen aus allen Schichten, und auf den folgenden Seiten möchte ich viele davon mit Ihnen teilen. Vielleicht klingt darin ja auch Ihre eigene an.

Kapitel 1

Was ist Ausstrahlung?

»Wir überzeugen durch unsere Ausstrahlung.«

Walt Whitman

Wir erkennen sie, wenn wir sie spüren, und wir erkennen sie, wenn wir sie sehen, aber Ausstrahlung ist einerseits schwer zu definieren. Andererseits gelingt es den meisten von uns ziemlich gut zu beschreiben, wie es ist, wenn sie fehlt. Hier kommt meine Geschichte dazu – eine von vielen.

In der Hoffnung, Professorin zu werden (wie das alle guten Doktoranden hoffen), begab ich mich im Herbst 2004 auf den Arbeitsmarkt für Akademiker. Wenn eine Doktorandin in Sozialpsychologie Glück hat, nimmt ihr Mentor an der Fakultät sie zum »Debütieren« mit auf irgendeine kleine, alljährlich stattfindende Konferenz, an der die besten Sozialpsychologen der Welt teilnehmen. Das ist so eine Art kollektive Coming-out-Party für ehrgeizige Doktoranden im fünften Studienjahr und markiert deren Aufstieg in die Gruppe der Leute, die man vielleicht ernst nehmen muss. Als Studierende fühlt man sich schnell wie eine Schwindlerin. Man kommt in seinem vermeintlich schönsten akademischen Sonntagskleid und hat Gelegenheit, älteren Angehörigen des eigenen Faches zu begegnen, die oft von den Universitäten mit der angesehensten Forschung kommen und möglicherweise im kommenden Jahr jemand einstellen. Die alten Hasen tragen bei diesen Anlässen, was sie tagtäglich tragen, und haben die Chance, neue Talente aufzuspüren – aber meistens wollen sie sich einfach nur untereinander austauschen.

In gewisser Weise trainieren Studenten in den ganzen vier oder fünf Jahren vorher für diesen Moment. Sie treten vorbereitet auf. Bereit, ihr Forschungsprogramm und ihre Ziele in etwa neunzig Sekunden prägnant zusammenzufassen. Kurz genug, um die Aufmerksamkeit ihrer Zuhörer zu fesseln, ohne respektlos zu erscheinen, weil sie zu viel von deren Zeit in Anspruch nehmen. Sie sind ausgerüstet mit der – nicht nur unter Akademikern so genannten – Aufzugspräsentation.

Meine Angst vor dieser Konferenz sprengte alle vernünftigen Dimensionen.

Die Veranstaltung begann in einem unscheinbaren mittelgroßen Konferenzhotel in einer unscheinbaren mittelgroßen Stadt. Auf dem Weg zum Abendessen zur Eröffnung stieg ich in der Lobby zusammen mit drei Leuten in den Aufzug. Alle waren gut etablierte Vertreter meines Faches, Menschen, die ich seit Jahren anbetete. Das war so, als spielte ich die Rhythmusgitarre in einer mittelmäßigen Indie-Rockband in einem Collegestädtchen, hielte eine CD, die wir im Keller der Mutter des Schlagzeugers aufgenommen hatten, in der Hand und stiege mit Jimmy Page, Carlos Santana und Eric Clapton in einen Aufzug. Ich war die Einzige, die das riesige Namensschild tatsächlich benötigte.

Ohne Umschweife meinte einer der Rockstars, der an einer angesehenen Uni lehrte, wo ich liebend gern einen Job bekommen hätte: »Na schön. Wir stehen in einem Aufzug, dann lassen Sie uns mal Ihre Präsentation hören.«

Mein Gesicht wurde heiß, mein Mund trocken. Überdeutlich war mir bewusst, dass nicht eine, sondern drei Koryphäen mit mir in den engen Raum gesperrt waren, und ich begann mit meiner Präsentation – oder vielmehr begannen Worte, aus meinem Mund zu purzeln. Ich wusste schon am Ende des ersten Satzes, dass ich ganz falsch angefangen hatte. Dann hörte ich mich Dinge sagen wie »also ... äh, Moment, bevor ich diesen Teil erkläre ...«. Ich konnte meiner Geschichte selbst kaum folgen. Und als mir mein drohendes Scheitern immer deutlicher vor Augen stand, verließ mich die Fähigkeit, an irgendetwas anderes als meine vernichtende Unsicherheit zu denken, vollends. Ich konnte mir sicher sein, meine Chancen nicht nur an einer, sondern gleich an drei Lehranstalten – oh, und auch an denen der engsten Kollegen dieser Männer – zunichtezumachen. So gewann die Panik überhand. Ich relativierte alles. Fing immer wieder von vorn an. Es bestand nicht die geringste Chance, dass ich in der Zeit fertig würde, die es dauerte, zum zwanzigsten Stockwerk[1] zu gelangen, wo das Abendessen stattfand. Meine Augen schossen von einem Idol zum nächsten und zum dritten, auf der Suche nach einer Spur Verständnis, mikroskopisch kleiner Unterstützung, Zustimmung, Mitgefühl. Irgendwas. Was auch immer. *Bitte.*

Schließlich öffneten sich die Türen. Zwei der Mitfahrer flohen rasch gesenkten Hauptes. Der Dritte – der mich aufgefordert hatte, meine Präsentation zum Besten zu geben – trat über die Schwelle auf festen Boden, hielt inne, drehte sich zu mir um und sagte: »Das war die schlechteste Aufzugpräsentation, die ich je gehört habe.« (Und ... war da vielleicht der Anflug eines Schmunzelns in seinem Gesicht?)

Die Türen schlossen sich wieder. Ich fiel gegen die Rückwand der Aufzugskabine und rollte mich in Fötushaltung zusammen. Abwärts, abwärts, abwärts – zurück in die Lobby. Trotz der unmissverständlichen Bewertung verspürte ich kurz den Anflug von Erleichterung.

Aber dann: O. Mein. Gott. Was hatte ich getan? Wie hatte ich es geschafft, nicht eine einzige kluge Sache zu einem Thema zu sagen, das ich jetzt seit über vier Jahren studierte? Wie war das überhaupt *möglich?*

Kaum hatte ich den Aufzug verlassen, fiel mir meine einstudierte Präsentation wieder ein. Sie kam wie durch einen Nebel und nahm langsam erkennbare Gestalt an. Da war sie. Ich hatte das Bedürfnis, zum Aufzug zurückzulaufen und die Professoren zu suchen und sie um einen neuen Versuch zu bitten.

Stattdessen verbrachte ich die nächsten drei Tage der Konferenz damit, mich immer wieder in die Situation zurückzuversetzen, die vielen Möglichkeiten durchzuspielen, wie es hätte laufen sollen, unter der Verachtung oder vielleicht sogar dem Amüsement zu leiden, die meine drei im Aufzug Mitreisenden verspürt haben mussten. Gnadenlos sezierte ich die Erinnerung, stocherte und zerlegte und vergaß dabei nie, dass ich nicht nur damit gescheitert war, mich selbst darzustellen, sondern auch meinen Mentor, der mich viele Jahre lang ausgebildet hatte und einige Reputation dafür investiert hatte, mich auf diese Konferenz mitzunehmen. Mein neunzig Sekunden langes Scheitern lief auf Dauerschleife in meinem Gehirn und verfolgte mich. Ich verbrachte die drei Tage zwar physisch auf der Veranstaltung, war aber de facto nicht anwesend.

Dann klagte ich meiner guten Freundin Elizabeth mein Leid, und sie sagte: »Ach, der Treppenwitz!«

»Der was?«

Dann erzählte sie mir diese Geschichte, die sie sich aus dem Philosophieunterricht im Grundstudium gemerkt hatte.

Der französische Philosoph und Schriftsteller aus dem 18. Jahrhundert, Denis Diderot, besuchte eine Abendeinladung und wurde dort in eine Debatte über ein ihm wohlbekanntes Thema verwickelt. Vielleicht war er an diesem Abend nicht ganz er selbst – ein bisschen verunsichert, abgelenkt, besorgt, einen falschen Eindruck zu hinterlassen. Als er irgendwann herausgefordert war, stellte Diderot fest, dass ihm die Worte fehlten und er keine kluge Erwiderung zustande brachte. Bald danach verließ er die Gesellschaft.

Auf dem Weg hinaus, während er die Treppe hinunterging, ließ Diderot den demütigenden Moment immer wieder in seinem Kopf ablaufen und suchte vergeblich nach der perfekten Replik. Gerade als er den Fuß der Treppe erreicht hatte, fiel sie ihm ein. Sollte er umkehren, die Treppe noch einmal hinaufsteigen und in die Gesellschaft zurückkehren, um seine geistreiche Entgegnung abzuliefern? Natürlich nicht. Es war zu spät. Der Moment – und mit ihm die Gelegenheit – war vorbei. Bedauern überkam ihn. Hätte er doch nur die Geistesgegenwart besessen, die richtigen Worte zu finden, als er sie brauchte.

Auf sein Erlebnis von 1773 zurückblickend schrieb Diderot: »Ein empfindsamer Mann, so wie ich, überwältigt vom Argument, das man gegen ihn vorbringt, wird verwirrt und kann erst am Fuß der Treppe wieder klar denken.«[2]

Und so prägte er den Begriff Treppenwitz. Im Jiddischen heißt er *Trepverter.* Manche nennen ihn auch Aufzugwitz, was für mich einen besonderen Beigeschmack hat. Meine Lieblingsbezeichnung ist aber Nachwitz. Die Idee ist immer die gleiche – nämlich die prägnante Bemerkung, die einem zu spät einfällt. Das ist das verhinderte Comeback. Die verwaiste Retourkutsche. Und immer geprägt von Bedauern, Enttäuschung, Demütigung. Wir möchten alle eine zweite Chance, aber wir bekommen sie nie.

Offensichtlich hat jeder schon Augenblicke erlebt wie ich meinen Albtraum im Aufzug auf dieser Konferenz. Sogar französische Philosophen des 18. Jahrhunderts.

Rajeev, einer der ersten Fremden, die mich nach der Veröffentlichung meines TED-Talks anschrieben, schilderte seinen so: »In so vielen Lebenssituationen gehe ich nicht mit dem Gefühl weg, alles gegeben und sozusagen alles aufs Tapet gebracht zu haben. Hinterher nagt das immer an mir, wenn ich es in meinem Kopf wieder und wieder analysiere und es mir letztlich ein Gefühl von Schwäche und Versagen beschert.«

Die meisten von uns haben ihre eigene persönliche Version dieser Erfahrung. Nach einem Bewerbungsgespräch, dem Vorsprechen für eine Rolle, einer Verabredung, nach der Präsentation einer Idee, nachdem man sich in einer Besprechung oder einer Vorlesung zu Wort gemeldet hat, nach einem Streit mit jemand bei einer Abendeinladung.

Aber wie sind wir in diese Situation geraten? Wir haben uns wahrscheinlich gesorgt, was die anderen von uns denken könnten, aber geglaubt, bereits zu wissen, was sie denken; wir haben uns machtlos gefühlt und uns damit abgefunden; wir haben uns an das Ergebnis geklammert und ihm viel zu viel Bedeutung beigemessen, anstatt uns auf den Prozess zu konzentrieren. Diese Sorgen ergaben in Summe einen toxischen Cocktail der Selbstvernichtung. So ist es dazu gekommen.

Bevor wir auch nur auf der Schwelle zu einer Gelegenheit stehen, sind wir schon außer uns vor Furcht und Verunsicherung, borgen uns Sorgen von einer Zukunft, die noch gar nicht eingetreten ist.[3] Wenn wir in dieser mentalen Verfassung in eine Situation mit hohem Druck geraten, sind wir praktisch verdammt dazu, sie mit einem schlechten Gefühl wieder zu verlassen.

Wäre mir diese Äußerung doch nur eingefallen … Hätte ich es doch bloß so gemacht … Hätte ich ihnen doch nur gezeigt, wer ich wirklich bin. Wir können uns nicht voll auf eine Interaktion konzentrieren, wenn wir uns gleichzeitig eifrig selbst infrage stellen und noch auf das Hamsterrad in unseren Köpfen achten – die durcheinandergewürfelte, hektische, von Selbstzweifeln geprägte Analyse dessen, wovon wir *glauben,* dass es sich gerade im Raum ereignet. Die quälende Selbstwahrnehmung, wonach wir uns gerade eindeutig in einer Situation mit höchstem Druck befinden. Und die wir gerade verhauen. Wenn wir also am dringendsten präsent sein sollten, sind wir es am allerwenigsten.

Wie Alan Watts in *The Wisdom of Insecurity* schrieb: Um Musik zu verstehen, muss man sie hören. Aber solange man denkt: ›Ich höre jetzt diese Musik‹, hört man sie nicht.[4] Wenn Sie in einem Bewerbungsgespräch denken: ›Ich bin gerade in einem Bewerbungsgespräch‹, können Sie Ihr Gegenüber nicht verstehen oder sich ganz auf ihn oder sie einlassen oder sich so präsentieren, wie Sie es eigentlich möchten – Ihr echtestes, scharfsinnigstes, tatkräftigstes und entspanntestes Ich.

Watts beschreibt die von Unsicherheit verbrämte Erwartung dieser künftigen Momente als die Jagd nach einem sich ständig entziehenden Phantom. Und je schneller Sie ihm nachjagen, desto schneller rennt es vor Ihnen davon.[5] Diese Momente werden zu Erscheinungen. Und wir geben ihnen die Macht, uns zu verfolgen – davor, währenddessen und danach.

Wenn Sie das nächste Mal einen solchen Moment der Anspannung vor sich haben, dann stellen Sie sich vor, wie Sie ihm mit Selbstvertrauen und Vorfreude begegnen, anstatt mit Zweifeln und Furcht. Stellen Sie sich vor, dass Sie sich dann energiegeladen und locker fühlen, befreit von Ihren Befürchtungen, wie andere Sie vielleicht beurteilen. Und stellen Sie sich vor, dass Sie ohne Bedauern und zufrieden, weil Sie Ihr Bestes gegeben haben, von dort weggehen, unabhängig davon, wie das Ergebnis aussieht. Keine Jagd nach einem Phantom, kein Geist unter der Treppe.

Tina aus New Orleans schrieb mir, um zu berichten, dass es sie beeinträchtigte, dass sie die Highschool abgebrochen hatte. Und zwar nicht nur weil es ihr den Zugang zu einem stabilen, gut bezahlten Job erschwerte, sondern weil sie das Gefühl bekam, einen solchen auch nicht zu verdienen. Sie hatte mehrere Jobs, viele Stunden am Tag und das jahrelang, bis sie mit 34 ihren Collegeabschluss nachholte. Dann brachte sie sich selbst in kleinen Schritten bei, »selbst die schwierigsten Aktionen als Chancen zu betrachten, bei denen ich zeigen kann, wozu ich imstande bin, und meinen Wert zu beweisen«.

Das muss man sich mal vorstellen. Für mich klingt das nach Ausstrahlung.

Die Elemente von Ausstrahlung

Vor einigen Jahren hatte ich bei einer Laborbesprechung in meinem Fachbereich ein Aha-Erlebnis, das mein Interesse daran geweckt hat, die Psychologie der Ausstrahlung aufzudecken.

An diesem Tag bat eine Gaststudentin namens Lakshmi Balachandra um Feedback zu einigen neuen Daten. Sie hatte untersucht, wie Entrepreneure sich bei potenziellen Investoren präsentieren und wie die Investoren darauf ansprachen. Nachdem sie sorgsam Videos von 185 Venture-Capital-Präsentationen analysiert hatte – und zwar im Hinblick auf verbales und nonverbales Verhalten –, kam Lakshmi zu Ergebnissen, die sie selbst überraschten: Das wichtigste Anzeichen dafür, dass jemand das Geld bekam, war weder die Qualifikation des Vortragenden noch der Inhalt seines Pitchs. Die wahrscheinlichsten Hinweise auf den Zuschlag waren folgende Eigenschaften: *Selbstvertrauen, Wohlfühlniveau und leidenschaftliche Begeisterung.* Diejenigen, die ihr Ziel erreichten, vergeudeten die kostbare Zeit im Rampenlicht nicht mit Sorgen darüber, wie sie performten oder was andere von ihnen dachten. Auf sie wartete kein Geist unter der Treppe, denn sie wussten, dass sie ihr Bestes gaben. Mit anderen Worten, die Erfolgreichen waren absolut präsent und ihre positive Ausstrahlung war fassbar. Und zwar meist auf nonverbale Weise – durch ihre Stimme, Gestik, Mimik usw.[6]

Diese Erkenntnisse verwirrten einige der Anwesenden. Sollten riesige Investitionen tatsächlich ausschließlich auf dem Eindruck der Person basieren, die die Präsentation machte? Ging es einfach nur um Charisma?

Ich reagierte deutlich anders, als ich Lakshmi bei dieser Besprechung zuhörte: Ich vermutete, dass diese Eigenschaften – Selbstvertrauen, Wohlbehagen, Leidenschaft und Begeisterung – etwas Wichtigeres als Worte über die Investitionswürdigkeit des Entrepreneurs signalisierten. Und zwar wie sehr dieser Mensch wirklich an den Wert und die Richtigkeit seiner Idee und seine Fähigkeit, sie erfolgreich umzusetzen, glaubte; und das signalisierte wiederum etwas über die Qualität des Vorschlags an sich.

Manchmal projizieren wir bereitwillig enthusiastisches Vertrauen. Wie Lakshmis Studie und andere Forschungsergebnisse nahelegen, bedeutet das viel. Es erlaubt Vorhersagen darüber, welche Entrepreneure von Investoren finanziert werden. Es erlaubt Prognosen dazu, wie Bewerber um einen Job eingestuft werden, ob man sie zurückruft und sie letztlich einstellt.[7] Liegen wir richtig, wenn wir diese Eigenschaft so hoch bewerten? Oder ist es nur eine oberflächliche Bevorzugung? Der Erfolg dieser Einstellungs- und Investitionsentscheidungen lässt vermuten, dass dem nicht so ist. Tatsächlich ist selbstbewusste Begeisterung ein beeindruckend nützlicher Indikator für Erfolg. In Studien über Entrepreneure erlaubt diese Eigenschaft Prognosen hinsichtlich Antrieb, Einsatzbereitschaft, Initiative, Durchhaltevermögen angesichts von Hindernissen, besonderer geistiger Beweglichkeit, Kreativität und der Fähigkeit, gute Gelegenheiten und neuartige Ideen zu erkennen.[8]

Das ist aber noch nicht alles. Die fundierte Begeisterung von Unternehmensgründern ist ansteckend und erzeugt großen Einsatz, Selbstvertrauen, Leidenschaft und Leistungsbereitschaft bei den Menschen, die für sie und mit ihnen arbeiten. Auf der anderen Seite werden Entrepreneure und Jobbewerber, die diese Eigenschaften nicht vermitteln, üblicherweise als weniger selbstbewusst und glaubwürdig, als weniger effektive Kommunikatoren und letztlich als schwächere Performer wahrgenommen.[9]

Es gibt noch andere Gründe, warum wir unsere Hoffnung eher in Leute setzen, die Leidenschaft, Selbstvertrauen und Enthusiasmus ausstrahlen: Diese Eigenschaften kann man nur schwer faken. Wenn wir uns mutig und selbstbewusst fühlen, dann sind der Tonumfang und die Höhe unserer Stimme signifikant abwechslungsreicher, sodass wir ausdrucksvoller und entspannter klingen. Bei ängstlicher Zurückhaltung – wenn das sympathische Nervensystem als Reaktion eigentlich Kämpfen oder Fliehen vorgibt – sind unsere Stimmbänder und -membranen angespannt und verhindern echten Enthusiasmus in unserer Stimme.[10] Wenn Sie schon jemals mit Lampenfieber singen mussten, kennen Sie das Gefühl: Die Muskeln, die eigentlich Klangvolumen erzeugen, lassen Ihre Stimme dünn und angespannt klingen – überhaupt nicht so, wie Sie sich das in Ihrem Kopf vorstellen.

Wenn wir versuchen, Selbstvertrauen oder Begeisterung zu spielen, merken andere Leute, dass etwas nicht stimmt, selbst wenn sie nicht genau artikulieren können, was. Wenn Bewerber um einen Job sich zu sehr mit nonverbalen Methoden um einen guten Eindruck bemühen, etwa mit einem falschen Lächeln, kann der Schuss also nach hinten losgehen – weil man sie für unaufrichtig und manipulativ hält.[11]

Ein Widerruf: In meinem Fachgebiet, der Sozialpsychologie, wurden schon reichlich Beweise dafür gesammelt, dass Leute ständig voreingenommen Entscheidungen auf der Basis minimaler, irreführender und missverständlicher erster Eindrücke fällen. Wir haben klar bewiesen, dass erste Eindrücke oft fadenscheinig und gefährlich sind, und daran will ich nicht rütteln. Tatsächlich konzentrierte sich ein Großteil meiner eigenen Forschung darauf, diese destruktive Voreingenommenheit zu erkennen und zu verstehen.[12] Was ich hier sagen will, ist, dass erste Eindrücke auf der Basis von Eigenschaften wie Begeisterung, Leidenschaft und Selbstvertrauen in der Tat ziemlich zuverlässig sein können –

eben weil man sie kaum vortäuschen kann. Wenn Sie nicht präsent sind, merken die Leute das. Wenn Sie es sind, sprechen die Leute darauf an.

Lassen Sie uns hier kurz innehalten, weil ich sichergehen will, dass Sie noch bei mir sind. Dies ist kein weiteres Buch für Entrepreneure und Führungskräfte. Die Ausstrahlung, die Sie brauchen, um einen Raum voller Investoren davon zu überzeugen, in Ihr Projekt zu investieren, ist die gleiche, die Sie brauchen, um sich selbst klarzumachen, dass es in Ordnung ist, bei einer Besprechung das Wort zu ergreifen. Oder nach einer Gehaltserhöhung zu fragen. Oder eine respektvollere Behandlung zu fordern.

Während ich hier sitze und das schreibe, denke ich an so viele unter Ihnen, die ihre Geschichten mit mir geteilt haben: Nimanthi aus Sri Lanka, die um Selbstvertrauen als erste Collegestudentin in ihrer Familie kämpfte; Cedric aus Alabama, der hart für seine Unabhängigkeit arbeiten muss, nachdem seine Frau einem Krebsleiden erlag und obwohl er selbst gesundheitliche Probleme hat; Katharina aus Deutschland, die versucht, wieder zu sich selbst zu finden, nachdem sie eine für sie schädliche Beziehung beendet hat; Udofoyo aus Nigeria, der eine körperliche Beeinträchtigung zu überwinden versucht, die ihn daran hindert, sich am Unterricht zu beteiligen; Nicole aus Kalifornien, die nach guten Möglichkeiten sucht, ihre erwachsenen Schüler mit Downsyndrom zu beschäftigen; Fariha aus Karatschi, die etwas aus ihren neuen Bildungschancen, mit denen sie niemals gerechnet hat, machen muss; Marcos aus Brasilien, der den Mut aufbringt, ein kleines Familienunternehmen zu starten; Aleta aus Rochester, die nach einer traumatischen Hirnverletzung um ihre Identität ringt;

Kamesh aus Indien, der darum kämpft, sein Leben wieder in den Griff zu kriegen, nachdem ein Familienmitglied jung gestorben ist. Dieses Buch ist für all diese Menschen und für Sie.[13]

Die Geschichten, die mich am meisten inspiriert haben, stammen von Menschen, deren größte Herausforderung darin besteht, sich jedem neuen Tag mit ein wenig mehr Optimismus und Würde zu stellen als dem vergangenen. Menschen mit begrenzten Ressourcen und sehr wenig Macht oder Status. Viele von ihnen haben Schlimmes erlitten und finden dennoch die Kraft in sich, es zu *versuchen.* Sie versuchen, sich präsent und kraftvoll zu fühlen, und das nicht nur für sich selbst, sondern für alle, die sie lieben und respektieren. Sie streben nicht nach einem tollen Job oder einem großen Venture-Capital-Deal. Sie suchen nach einem Weg, um ihre eigene Macht wahrzunehmen und sie zu nutzen, um präsent zu sein, wenn sie sich den normalen Herausforderungen des Lebens stellen.

Nachdem wir nun also festgestellt haben, dass präsent sein ein unglaublich machtvoller Zustand ist, fehlt uns aber immer noch die Antwort auf die größere Frage: Was genau ist diese Ausstrahlung? Und wie können wir sie uns aneignen?

Ausstrahlung ist …
die nächsten fünf Minuten

»Ausstrahlung bedeutet, Vorurteile, Mauern und Masken zu entfernen, um eine echte und tiefe Verbindung zu Menschen oder Erfahrungen zu schaffen.«

Pam, Washington State, USA

»Ausstrahlung bedeutet, die Menschen um einen herum zu mögen und zu genießen, was man für sie tun kann.«

Anonym, Kroatien

»Ausstrahlung bedeutet, ich selbst zu sein und zuversichtlich zu bleiben, was auch immer geschieht.«

Abdelghani, Marokko

Das sind nur einige wenige der Antworten aus aller Welt, die ich auf die online gestellte Frage »Wie definieren Sie Ausstrahlung?« bekommen habe. Sowohl die Unterschiede wie die Ähnlichkeiten im breiten Spektrum der Antworten haben mich überrascht.

Ausstrahlung mag einem noch wie ein vages Konzept erscheinen. Eindeutig bedeutet sie für verschiedene Leute ganz Unterschiedliches. Geht es um etwas Physisches, Psychisches oder Spirituelles? Bezieht sie sich allein aufs Individuum oder auf dessen Verhältnis zu anderen? Ist sie ein fixes Charakteristikum oder eine flüchtige Erfahrung?

Die Vorstellung einer permanenten, transzendenten Form von Ausstrahlung ist auf philosophischem und spirituellem Boden gewachsen. Oder wie die Bloggerin Maria Popova schrieb: »Dieses Konzept von Ausstrahlung wurzelt in der östlichen Vorstellung von Achtsamkeit – der Fähigkeit, mit kristallklarem Bewusstsein und im Vollbesitz unserer Erfahrung durchs Leben zu gehen.«[14] Im Westen wurde diese Auffassung um die Mitte des zwanzigsten Jahrhunderts durch den britischen Philosophen Alan Watts populär, der, wie Popova erklärt, »argumentiert, dass die Wurzel unserer menschlichen Frustration und täglichen

Verunsicherung unserer Neigung geschuldet ist, in der Zukunft zu leben, die doch eine Abstraktion darstellt«, und dass »unsere primäre Form des Verlusts von Ausstrahlung daher rührt, dass wir den Körper verlassen und uns in den Geist zurückziehen – diesen ständig rechnenden, sich selbst bewertenden, brütenden Kessel von Gedanken, Prognosen, Unsicherheiten, Vorurteilen und den unablässigen Metaerfahrungen über die Erfahrung an sich«.

Obwohl es natürlich ein achtbares Ziel ist, den dauerhaften Zustand philosophischen Im-Moment-Seins zu erlangen, ist das nicht die Art von Präsenz, die ich erforsche und über die ich schreibe. Und zwar aus Gründen der Realität von ... nun, der Realität eben. Das Streben nach einem dauerhaften »kristallklaren Bewusstsein« fordert von uns die Mittel und die Freiheit, zu entscheiden, wie genau wir unsere Energie einsetzen, unsere Zeit, unser Leben verbringen wollen. Ich wünschte, wir würden alle diese Freiheit besitzen, aber für die meisten von uns gilt das nicht, weil wir Mäuler zu stopfen, Menschen zu versorgen, Jobs zu machen und Rechnungen zu bezahlen haben, aber auch weil kein menschlicher Geist in der Lage ist, ablenkende Gedanken permanent auszublenden. Es fällt ja schon schwer, eine Seite in einem Buch zu lesen oder einer fünfminütigen Unterhaltung zu folgen, ohne dass einen ein paar ablenkende Gedanken beschleichen. Und das bedeutet, wir müssen andere Wege finden, um präsent zu sein und überzeugend und kraftvoll aufzutreten.

Präsenz, wie ich sie in diesem Buch im Sinn habe, bedeutet für mich den Zustand, in dem ich mich mit den eigenen Gedanken, Gefühlen, Werten und Fähigkeiten im Einklang fühle und in der Lage bin, ihnen Ausdruck zu verleihen. Das ist es. Kein permanenter, transzendenter Zustand. Sie kommt und geht. Ein Phänomen von einem Moment zum anderen.

Präsenz zeigt sich, wenn wir uns persönlich stark fühlen, was uns wiederum erlaubt, unserem aufrichtigsten Selbst ganz und gar zu entsprechen. In diesem psychologischen Zustand können wir Präsenz selbst in sehr stressigen Situationen zeigen, in denen wir uns eigentlich typischerweise unkonzentriert und machtlos fühlen. Fühlen wir uns jedoch präsent, dann stimmen unsere Sprache, Mimik und Haltung überein. Sie synchronisieren sich und haben einen Fokus. Und diese innere Konvergenz, diese Harmonie ist greifbar und resonant – weil sie echt ist. Das macht uns unwiderstehlich. Wir kämpfen dann nicht mehr gegen uns, sondern wir sind wir selbst. Unsere Suche nach Ausstrahlung hat nichts mit der Suche nach Charisma oder Extrovertiertheit zu tun oder damit, den Eindruck, den wir auf andere machen, zu managen. Vielmehr geht es um die ehrliche, starke Verbindung, die wir innerlich, zu uns selbst, eingehen.

Die Art von Ausstrahlung, die ich meine, entsteht durch schrittweise Veränderung. Sie müssen dafür keine lange Pilgerreise auf sich nehmen, keine spirituelle Erweckung erfahren oder an einer kompletten inneren Transformation arbeiten. An all diesen Dingen ist zwar nichts auszusetzen, aber sie sind beängstigend und »groß«. Für viele von uns sind sie schwer nachvollziehbar, abstrakt, idealistisch. Lassen Sie uns stattdessen lieber auf Momente konzentrieren – um einen Zustand psychologischer Präsenz zu erreichen, der lange genug anhält, um uns unsere größten Herausforderungen, Situationen, in denen viel auf dem Spiel steht, meistern zu lassen. Wie z. B. Bewerbungsgespräche, schwierige Diskussionen, Präsentationen, Hilfeersuchen, Reden vor Publikum, Auftritte u. Ä.

Ausstrahlung hat etwas mit dem Alltag zu tun. Ich traue mich sogar zu sagen, sie ist etwas Gewöhnliches. Wir sind alle dazu in der Lage. Die meisten von uns wissen nur noch nicht, wie sie diese Ausstrahlung heraufbeschwören sollen, wenn sie uns in den entscheidenden Momenten des Lebens abhandenkommt.

Eine beachtliche Menge an Forschungsarbeiten liefert Einblick in die psychologischen und physiologischen Mechanismen dieser flüchtigen Form von Präsenz. Und hier kommt das Beste: Wir können diese Mechanismen steuern. Indem wir uns selbst anstupsen, durch kleine Justierungen unserer Körpersprache und Einstellung können wir Ausstrahlung selbst erzeugen. Bis zu einem gewissen Grad geht es darum, dem Körper zu erlauben, den Geist zu führen – aber dazu später mehr.

Kann diese Art von Präsenz Ihnen helfen, im herkömmlichen Sinn erfolgreicher zu sein? Gut möglich. Aber was noch wichtiger ist: Sie ermöglicht Ihnen, stressigen Situationen ohne Unsicherheit, Furcht und Schrecken zu begegnen und sie ohne Bedauern, Zweifel und Frust hinter sich zu lassen. Stattdessen werden Sie in dem Wissen weitermachen, dass Sie alles getan haben, was Sie konnten. Dass Sie sich und Ihre Fähigkeiten voll und ganz repräsentiert haben. Dass Sie anderen gezeigt haben, wer Sie wirklich sind. Und dass Sie *sich selbst* gezeigt haben, wer Sie wirklich sind.

Es wird immer neue Herausforderungen, neue unangenehme Situationen, neue Rollen geben – Dinge, die uns aus dem Gleichgewicht bringen und uns verunsichern. Dann sind wir gezwungen, uns neu zu überlegen, wer wir sind und wie wir auf andere zugehen können. Um präsent zu sein, müssen wir diese Herausforderungen als Momente betrachten. Ausstrahlung ist nicht alles oder nichts. Manchmal verlieren wir sie und müssen noch mal neu beginnen, und das ist auch in Ordnung.

Lassen Sie uns also diese Ideen betrachten, um zu sehen, wie sie wissenschaftlich einzuordnen sind. Und dann wenden wir sie nicht auf unser Leben als großes Ganzes an, sondern auf den Moment in fünf Minuten, wenn wir in dieses Bewerbungsgespräch, sei es an der Uni oder für einen Job, gehen, wenn wir vortreten, um den Elfmeter zu schießen, wenn wir dieses haarige Thema gegenüber einem Kollegen oder einer Freundin anschneiden, wenn wir eine neue Idee präsentieren. Das ist der Realitätscheck. Dort profitieren wir am meisten davon, dass wir gelernt haben, präsent zu sein.

Wie sieht Ausstrahlung aus, und wie fühlt sie sich an?

»Ausstrahlung ist Selbstvertrauen ohne Arroganz.«

Rohan, Australien

Ausstrahlung manifestiert sich auf zweierlei Weise. Zum einen kommunizieren wir, wenn wir präsent sind, die Charakterzüge, die Lakshmi Balachandra bei ihrer Analyse von Präsentationen für Venture-Capital identifizierte – Leidenschaft, Selbstvertrauen und angenehme Begeisterung. Oder, wie Rohan aus Australien es beschrieb, Selbstvertrauen ohne Arroganz. Zum anderen entsteht Ausstrahlung durch sogenannte Synchronie, worauf wir später noch näher eingehen werden.

Lassen Sie uns zu den Venture-Capital-Leuten zurückkehren, die besonders faszinierend sind, wenn es um Aussehen und Klang von Ausstrahlung geht. Sie müssen rasch entscheiden, ob eine Idee und, noch wichtiger, deren Eigentümer eine Investition wert sind. Wonach also suchen erfolgreiche Risikokapitalinvestoren? Wenn sie verschiedene gute Geschäftsideen miteinander vergleichen, welche winzigen Kleinigkeiten schrecken sie dann bei einem Entrepreneur ab, sodass sie sich mit ihrem Geld einem anderen zuwenden?

Ich möchte zunächst die Beobachtungen zusammenfassen, die ich bei vielen erfolgreichen Risikokapitalanlegern im Laufe der Jahre gesammelt habe:

> Ich halte Ausschau nach Hinweisen darauf, dass sie selbst nicht voll und ganz an das glauben, was sie verkaufen. Wenn sie selbst nicht an das glauben, was sie verkaufen, dann kaufe ich es ihnen auch nicht ab.

> Sie bemühen sich zu sehr, einen guten Eindruck auf mich zu machen, wobei sie mir doch eher zeigen sollten, wie viel ihnen an dieser Idee liegt, die sie pitchen.

> Sie sind zu energisch und aggressiv, vielleicht ein wenig aufdringlich. Das wirkt defensiv. Ich erwarte von ihnen ja nicht, dass sie auf alles eine Antwort haben. Eigentlich möchte ich gar nicht, dass sie auf alles eine Antwort haben.

Es stört mich nicht, wenn sie ein wenig nervös sind. Sie sind gerade an einer großen Sache dran, an etwas, das ihnen etwas bedeutet, also ist ein bisschen Nervosität nachvollziehbar.

Lassen Sie uns diese Beobachtungen genauer betrachten.

Ich halte Ausschau nach Hinweisen darauf, dass sie selbst nicht voll und *ganz an das glauben, was sie verkaufen. Wenn sie selbst nicht an das glauben, was sie verkaufen, dann kaufe ich es ihnen auch nicht ab.*

Wenn jemand, der Sie bittet, zu investieren, seine eigene Geschichte nicht glaubt, warum sollten Sie diese dann glauben? »Meinen, was man sagt«, schrieb der Managementgelehrte Jonathan Haigh, »das macht das Wesentliche einer Präsentation aus.«[15] Eine Idee, der ihr Erfinder nicht treu ist, wird nicht überleben.

Ausstrahlung entsteht aus dem Glauben und Vertrauen in Ihre Geschichte – Ihre Gefühle, Überzeugungen, Werte und Fähigkeiten. Vielleicht mussten Sie ja schon mal ein Produkt verkaufen, das Sie nicht mochten, oder jemand von einer Idee überzeugen, an die Sie selbst nicht glaubten. Das ist zum Verzweifeln, entmutigend, schwer zu verbergen. Es fühlt sich unaufrichtig an, weil es unaufrichtig *ist.*

Ich glaube nicht, dass Menschen lernen können, etwas, woran sie nicht glauben, wirklich zu verkaufen. Und selbst wenn ich es täte, würde ich niemand beibringen wollen, wie das geht. Sollten Sie also danach gesucht haben, ist das hier für Sie das falsche Buch.

Genauso wenig können Sie eine Fähigkeit verkaufen, die Sie nicht besitzen. Gelegentlich glauben Leute fälschlicherweise, ich würde suggerieren, man könnte lernen, Kompetenz vorzutäuschen.[16] Ausstrahlung bedeutet nicht, Kompetenz vorzutäuschen, sondern an die Fähigkeiten zu glauben, die man wirklich besitzt, und diese zu zeigen. Es geht darum, abzulegen, was Sie daran hindert, zum Ausdruck zu bringen, wer Sie sind. Manchmal müssen Sie sich dabei selbst mit einem Trick davon überzeugen, wie fähig Sie tatsächlich sind.

Manchmal darf man sich eben nicht selbst im Weg stehen, damit man man selbst *sein* kann.

Kürzlich habe ich zusammen mit zwei Doktoranden, Caroline Wilmuth und Nico Thornley, eine Studie durchgeführt, bei der die Probanden intensive gespielte Bewerbungsgespräche zu absolvieren hatten.[17] Wir sagten den Teilnehmern, sie sollten sich vorstellen, dass es um ihren Traumjob ginge, und stellten ihnen die Aufgabe, eine fünfminütige Antwort auf die so häufig gestellte (und gewiss nervös machende) Frage »Warum sollten wir Sie einstellen?« vorzubereiten. Wir sagten ihnen auch, sie dürften sich nicht falsch präsentieren – sie sollten ehrlich sein. Dann gaben sie vor zwei erfahrenen Personalern ihre Statements ab, warum ausgerechnet sie für den Job geeignet wären. Um den Stress noch zu erhöhen, waren die Personaler angewiesen, während des Vortrags der Bewerber weder zu reagieren noch diese in irgendeiner Form zu ermutigen. Keinerlei Feedback. Ganze fünf Minuten lang. Das mag vielleicht nicht allzu schwer klingen, aber stellen Sie sich einmal vor, Sie müssten sich zwei Leuten verkaufen, die Sie stumm beobachten, sich Notizen machen und die ganze Zeit über keine Miene verziehen. Noch dazu bekamen die Probanden vorab gesagt, dass ihre Gespräche aufgezeichnet und später von anderen ausgewiesenen Sachverständigen beurteilt würden.

Sechs Fachleute sahen sich die Videos an. Zwei davon beurteilten die Bewerber anhand einer Fünf-Punkte-Skala hinsichtlich ihrer Ausstrahlung – wie fesselnd, ungezwungen, selbstbewusst und begeistert sie wirkten. Ein zweites Paar bewertete die Probanden mit einer Fünf-Punkte-Skala in Bezug auf Glaubwürdigkeit – wie authentisch, glaubwürdig und echt sie waren. Und das dritte Expertenteam beurteilte die Gesamtperformance und »Einstellbarkeit« – wie gut sie sich schlugen und ob die Experten sie einstellen würden.

In Übereinstimmung mit den Erkenntnissen beim Pitchen für Risikokapital waren auch hier die Bewertungen der Bewerber und das Interesse, sie einzustellen, immer größer, je mehr Präsenz sie zeigten. Der Einfluss ihrer Ausstrahlung war groß. Aber jetzt wird es interessant: Präsenz wurde von den Fachleuten so hoch bewertet, weil sie Authentizität, Glaubwürdigkeit und Aufrichtigkeit signalisierte. Sie glaubten, der Person vertrauen zu können und dass das, was sie beobachteten, echt war … dass sie wussten, was sie bekamen. Mit anderen Worten: die mit Ausstrahlung assoziierten Charakteristika – Selbstvertrauen, Enthusiasmus, der Eindruck von Wohlbehagen und die Fähigkeit zu fesseln – ließen die Bewerber sehr viel authentischer und glaubwürdiger wirken. Und das mit gutem Grund: Je mehr wir in der Lage sind, wir selbst zu sein, umso präsenter können wir sein, umso mehr Ausstrahlung haben wir. Und das lässt uns überzeugend sein.

Weiter fragten wir die Teilnehmer nach den Bewerbungsgesprächen, ob sie sich fühlten, als hätten sie ihr Bestes gegeben. Bewerber, die mehr Präsenz gezeigt hatten, fühlten sich in diesem Punkt deutlich besser. Sie schienen zu finden, dass sie sich so gut wie möglich präsentiert hatten. Sie verließen das Gespräch zufrieden, nicht bedauernd, und zwar unabhängig vom Ergebnis.

Bevor ich zum nächsten Punkt komme, möchte ich noch ein seit Langem bestehendes Missverständnis bezüglich Präsenz aufklären. Und zwar die Ansicht, sie sei den Extrovertierten vorbehalten. Lassen Sie mich deutlich sagen: Ausstrahlung hat nichts mit Extrovertiertheit zu tun. Introvertierte Menschen können nicht nur genau die gleiche Präsenz an den Tag legen, sondern Forschungsergebnisse der letzten zehn Jahre haben auch noch überwältigende Belege dafür erbracht, dass Introvertierte tendenziell eher über Eigenschaften verfügen, die besser zu Führungspositionen und Unternehmertum passen. Etwa die Fähigkeit, sich über lange Phasen zu konzentrieren; mehr Widerstand gegen voreingenommene Entscheidungen, die ganze Organisationen ins Verderben reißen können; ein geringeres Bedürfnis nach externer Bestätigung ihres Selbstbilds und bessere Fähigkeiten beim Zuhören, Beobachten und Umsetzen. Susan Cain, Absolventin der Harvard Law School und Autorin des beeindruckenden Bestsellers *Still. Die Kraft der Introvertierten* erklärt das so: »Ihrem Naturell gemäß neigen Introvertierte dazu, für ein, zwei oder drei Dinge in ihrem Leben eine Leidenschaft zu entwickeln … Und um ihrer Leidenschaft zu dienen, ziehen sie los, schmieden Allianzen, knüpfen Netze, eignen sich Fachkenntnisse an und tun, was immer nötig ist, um sie wahr werden zu lassen.« Man muss also weder laut noch gesellig sein, um leidenschaftlich und effektiv zu wirken. Ein bisschen Zurückhaltung scheint der Präsenz sogar eher zuträglich zu sein.[18]

Sie bemühen sich zu sehr, einen guten Eindruck auf mich zu machen, wobei sie mir doch eher zeigen sollten, wie viel ihnen an dieser Idee liegt, die sie pitchen.

Wenn wir versuchen, den Eindruck, den wir auf andere machen, zu manipulieren, choreografieren wir uns selbst auf unnatürliche Weise. Das ist harte Arbeit, und uns fehlt die kognitive und emotionale Bandbreite, um das gut zu machen. Das Ergebnis ist, dass wir nicht authentisch rüberkommen.

Trotzdem versuchen viele Leute, den Eindruck, den sie auf andere machen, zu manipulieren, indem sie sich den Inhalt ihrer verbalen und nonverbalen Kommunikation aufschreiben und ihn einstudieren. Diese Herangehensweise vermittelt uns den Eindruck, wir hätten mehr Kontrolle über eine bestimmte Situation, als das tatsächlich der Fall ist. Aber funktioniert die Manipulation eines Eindrucks?

Die Wissenschaft hat versucht, diese Frage zu beantworten, meist im Kontext der Performance bei Bewerbungsgesprächen und der Entscheidung, jemand einzustellen. So könnten Leute beispielsweise versuchen, ihrem Gegenüber ein positives Bild von sich zu vermitteln, indem sie jede Gelegenheit nutzen, um eine Anekdote über einen ihrer Erfolge zum Besten zu geben, um zu lächeln oder häufigen Blickkontakt zu suchen. Der Erfolg solcher Bemühungen um Eindruck ist meist mager, vor allem in längeren oder strukturierten Bewerbungsgesprächen und mit erfahrenen Gesprächspartnern. Je mehr der Bewerber sich anstrengt, um seinen Eindruck zu verbessern – je mehr Taktiken er versucht –, desto eher betrachten die Personaler solche Kandidaten als unaufrichtig und manipulativ, was sich letztlich schlecht auf die Chance, den Job zu kriegen, auswirkt.[19]

Aber das Ganze wirkt sich nicht nur auf denjenigen aus, der beurteilt wird. Bedenken Sie, dass bei allen Interaktionen beide Seiten urteilen und beide beurteilt werden. Bei Bewerbungsgesprächen glauben ja die meisten von uns, nur der Bewerber würde evaluiert, dabei machen sich auch die Bewerber ein Bild von ihren Gesprächspartnern. Das liegt zum Teil daran, dass wir uns automatisch ein Bild von jedem Menschen machen, mit dem wir interagieren. Aber es hat auch einen praktischen Grund: Das Gegenüber des Bewerbers repräsentiert eine Organisation; also studiert der Bewerber sie oder ihn auf der Suche nach nützlicher Information.

Als Folge »verkaufen« die Personaler oft sich selbst und ihre Organisation, um dem zu entsprechen, was sie glauben, dass die Bewerber hören wollen. In einer kürzlich durchgeführten Studie wollten die Dozenten für *Organizational Behavior,* Jennifer Carson Marr und Dan Cable, wissen, ob der Wunsch, sich und ihr Unternehmen für den Jobkandidaten attraktiv darzustellen – im Gegensatz zu dem Wunsch, Bewerber genau einzuschätzen und einzustellen –, sich auf die Qualität ihrer Einschätzung und Auswahl auswirkt. In einer Kombination aus Laborversuch und Feldstudie fanden sie heraus, dass je mehr die Personaler sich darauf konzentrierten, für Bewerber attraktiv zu erscheinen (das heißt, je mehr sie »gemocht« werden wollten), desto ungenauer wurden sie bei der Auswahl der Kandidaten, die nach ihrer Einstellung hinsichtlich Leistung, staatsbürgerlicher Eignung und Grundwerte zu ihrer Institution passten.[20]

Die Lektion, die daraus zu lernen wäre, ist klar: Konzentrieren Sie sich weniger auf den Eindruck, den Sie auf andere machen, und mehr auf den Eindruck, den Sie auf sich selbst machen. Letzteres dient Ersterem – ein Phänomen, das im Verlauf dieses Buches immer deutlicher werden sollte.

Sie sind zu energisch und aggressiv, vielleicht ein wenig aufdringlich. Das wirkt defensiv. Ich erwarte von ihnen ja nicht, dass sie auf alles eine Antwort haben. Eigentlich möchte ich gar nicht, dass sie auf alles eine Antwort haben.

Leider wird Selbstvertrauen oft mit übertriebenem Durchsetzungsvermögen oder Anmaßung verwechselt. Doch wie die Investoren, mit denen ich gesprochen habe, deutlich machten, ist echtes Selbstvertrauen nicht mit blindem Glauben an eine Idee gleichzusetzen. Wenn Leute tatsächlich an den Wert und das Potenzial eines Projekts glauben, werden sie dessen Schwächen beseitigen und es sogar noch besser machen wollen. Sie sehen es sehr genau – erkennen seine Stärken und Schwächen. Ihr Ziel ist nicht, es jemand aufzuzwingen, sondern anderen zu helfen, es genauso zu sehen, damit auch diese es fördern. Wahres Selbstvertrauen erwächst aus echter Liebe und führt zur langfristigen Verpflichtung zum Wachstum. Falsches Selbstvertrauen ist dagegen das Ergebnis verzweifelter Leidenschaft und führt zu dysfunktionalen Beziehungen, Enttäuschung und Frust.

Die zum Verrücktwerden komplizierte Fachliteratur zum Thema Selbstwert könnte etwas mehr Licht in diese Sache bringen. Weil der einst als Gegenmittel für alle Krankheiten einer Gesellschaft galt, propagierte man Intervention, die das Selbstwertgefühl stärkte. Allerdings ist das in den letzten Jahren nicht mehr ganz so beliebt. Ein Grund dafür ist, dass Selbstachtung sich so schwer genau messen lässt. Manche Leute, die behaupten, ein positives Bild von sich selbst zu haben, tun das wirklich. Aber andere bringen etwas zum Ausdruck, das man fragiles hohes Selbstwertgefühl nennt. Das scheinbar positive Bild von sich selbst ist dabei von beständiger Anerkennung von außen abhängig; dieses

Selbstbild hat weniger mit der Realität zu tun, sondern eher mit Wunschdenken. Diese Menschen sind intolerant gegenüber anderen und einem Feedback, das ihre fragile hohe Meinung von sich selbst ins Wanken bringen könnte. Während sie in gewisser Weise selbstbewusst wirken, werden Leute mit fragilem hohem Selbstwertgefühl rasch defensiv und meiden Situationen und Menschen, die sie als bedrohlich empfinden.[21]

Auf der anderen Seite kommt das stabile hohe Selbstwertgefühl aus einem selbst. Es braucht keine Anerkennung von außen, um zu gedeihen, und es zerbröselt nicht beim ersten Anzeichen einer Bedrohung. Leute mit einem soliden Gespür für Selbstwert vermitteln dieses Gefühl dadurch, dass sie auf gesunde, effektive Weise mit Herausforderungen und Beziehungen umgehen, was diese belastbarer und offener macht.

Selbstwert und Selbstvertrauen sind zwar nicht austauschbar, haben aber auf alle Fälle Gemeinsamkeiten. Eine wahrhaft selbstbewusste Person braucht kein arrogant wirkendes Gehabe, das eventuell nur Unsicherheit kaschieren soll. Ein Mensch mit Selbstvertrauen – der seine Identität kennt und daran glaubt – trägt Werkzeuge, aber keine Waffen bei sich. So jemand muss keinen anderen überbieten, sondern zeigt Präsenz, hört sich andere Meinungen an und integriert sie so, dass daraus für alle Nutzen entsteht.

Wahrer Glaube – an einen selbst und an eine Idee – erdet und entschärft Bedrohung.

Es stört mich nicht, wenn sie ein wenig nervös sind. Sie sind gerade an einer großen Sache dran, an etwas, das ihnen etwas bedeutet, also ist ein bisschen Nervosität nachvollziehbar.

Wenn uns etwas sehr wichtig ist, dann kann es uns schon nervös machen, wenn wir es jemand präsentieren, dessen Feedback wir schätzen. Wir können dann gleichzeitig selbstbewusst und ein bisschen unsicher sein. In schwierigen Situationen kann ein wenig und kontrollierbare Nervosität sogar im Sinne der Evolution angebracht sein: Sie macht uns aufmerksam für echte Gefahr und signalisiert mitunter Respekt. Ein bisschen Sorge schärft unsere Sinne für Dinge, die falsch laufen, und dafür, Katastrophen zu verhindern. Eine gewisse Nervosität signalisiert anderen sogar Leidenschaft. Schließlich wären Sie ja nicht nervös, wenn es Ihnen nichts bedeuten würde, und Sie werden einen Investor oder potenziellen Kunden nur schwer davon überzeugen können, Ihnen eine Idee abzukaufen, wenn nicht klar ist, ob Ihnen wirklich am Herzen liegt, dass sie Erfolg hat.[22]

Also lassen Sie sich nicht von der Vorstellung verrückt machen, Sie müssten auf irgendeine magische Weise alle Spuren von Nervosität tilgen. Wenn Sie versuchen, sich zur Ruhe zu zwingen, wird Ihnen das nicht zu Ausstrahlung verhelfen. Allerdings kann ein Gefühl der Verunsicherung uns runterziehen und unsere Konzentration stören. Vermeiden Sie also, sich an Ihre Nervosität zu klammern; nehmen Sie sie nur zur Kenntnis, und kümmern Sie sich dann um etwas anderes. Verunsicherung wird nämlich geradezu klebrig und destruktiv, wenn wir uns davon verunsichern lassen, dass wir unsicher sind. Paradoxerweise macht uns Unsicherheit auch egozentrisch, denn wenn wir extrem verunsichert sind, beschäftigen wir uns obsessiv mit uns selbst und damit, was andere von uns denken.[23]

Ausstrahlung ist Selbstvertrauen ohne Arroganz.

Das synchrone Selbst

»Präsenz bedeutet, dass all deine Sinne
sich gleichzeitig in einem Punkt einig sind.«

Majid, Vereinigte Arabische Emirate

Praktisch alle Theorien über das authentische Selbst und darüber hinausgehend über Präsenz, erfordern eine gewisse Anpassung – Synchronizität, wie ich es nennen möchte. Damit Sie sich wirklich präsent fühlen, müssen die unterschiedlichen Elemente des Selbst – Gefühle, Gedanken, Gestik und Mimik, Verhalten – in Einklang sein. Wenn unser Verhalten nicht mit unseren Werten vereinbar ist, fühlen wir uns nicht aufrichtig. Wenn unsere Gefühle sich nicht in unserer Körpersprache spiegeln, empfinden wir uns nicht als echt.

Carl Gustav Jung glaubte, der wichtigste Vorgang der menschlichen Entwicklung bestehe darin, die unterschiedlichen Teile des Selbst zu integrieren – das Bewusste mit dem Unbewussten, die Gesinnung mit dem Erfahrbaren, das Kongruente mit dem Inkongruenten. Er nannte diesen lebenslangen Prozess *Individuation.* Letztlich, so argumentierte Jung, könne Individuation zum Erkennen der »wahren Persönlichkeit« führen; diesem Prozess schrieb er einen »tiefen Heilungsprozess« zu, psychisch wie physisch. Durch Individuation, sagte er, würden Menschen harmonisch, ruhig, reif und verantwortungsvoll.[24] In der jungschen analytischen Psychotherapie ist Individuation das Ziel. Unser Ziel ist es, diese innere psychische Harmonisierung zu erreichen, weil sie unsere Präsenz verstärkt.

Wenn wir in einem Moment der Herausforderung wirklich präsent sind, befindet sich unsere verbale und nonverbale Kommunikation im Fluss. Wir befinden uns dann nicht mehr in einem verworrenen geistigen Zustand – so wie ich damals bei dieser schicksalhaften Aufzugfahrt –, in dem wir gleichzeitig analysieren, was wir glauben, das andere von uns denken, was wir vor einer Minute gesagt haben, und was wir glauben, das sie von uns denken werden, nachdem wir weg sind, während wir aber auch noch panisch versuchen, unser Reden und Handeln so zu adjustieren, dass es den Eindruck erweckt, den wir meinen, dass die anderen von uns haben möchten.

Normalerweise lassen sich unsere Worte relativ leicht kontrollieren. Wir können aus den Sätzen und Begriffen schöpfen, die wir gelernt haben, und sie vor dem Spiegel einstudieren. Es ist jedoch viel schwerer, wenn nicht gar unmöglich, den Rest unseres Kommunikationsapparats zu managen – also was unser Gesicht, unser Körper und unser gesamtes Auftreten der Umwelt mitteilen. Und diese anderen Dinge – die nonverbalen – zählen. Sehr sogar.

»Ich bin überzeugt davon, dass am Anfang nicht das Wort, sondern die Geste war«, erklärte einmal die große Ballerina Maja Plissezkaja. »Eine Geste versteht jeder … da braucht man sonst nichts, keine Worte.«

Obwohl manche Gesten idiosynkratisch zu einem kulturellen Umfeld gehören, hatte Plissezkaja recht: Ganz viele sind tatsächlich universell bekannt, egal welche Sprache der Handelnde oder der ihn Beobachtende spricht. Wenn wir ein echtes Gefühl authentisch zum Ausdruck bringen, tendieren unsere nonverbalen Ausdrucksformen zu vorhersehbaren Mustern.

Die bahnbrechenden Tests zur Universalität des Ausdrucks von Gefühlen führte Paul Ekman, Pionier auf diesem Gebiet und gute fünfzig Jahre lang Emotionsforscher, zusammen mit den Psychologen Carroll Izard und Wallace Friesen durch. Sie reisten um die Welt, an Orte wie Borneo und Papua-Neuguinea, und stellten fest, dass Menschen überall, in schriftkundigen wie vorschriftlichen Kulturen, einen hohen Grad des Erkennens von Gesichtsausdrücken zeigten. Mit anderen Worten (und das soll kein Wortspiel sein): Wir brauchen die gesprochene Sprache nicht, um im Gesicht unseres Gegenübers zu lesen.

Tatsächlich gibt es jetzt starke interkulturelle Unterstützung für die Universalität von mindestens neun Emotionen: Wut, Furcht, Ekel, Glück, Trauer, Erstaunen, Verachtung, Scham und Stolz. Unsere Mienen, Laute und sogar Haltung und Bewegungen neigen zum Harmonisieren, was wichtige soziale Informationen darüber mitteilt, wem und worauf wir vertrauen sollten, was es zu vermeiden gilt usw. Diese Art, Gefühle auszudrücken, ist universal und sieht in fast jeder Gesellschaft der Welt gleich aus.

Stellen Sie sich vor, Sie fragen eine Freundin, wie ihre Arbeit an einem bestimmten Tag war, und sie erzählt Ihnen etwas, das sie wirklich wütend gemacht hat. Dann wird ihr Körper dieselbe Geschichte erzählen wie ihre Worte. Sie wird die Augenbrauen zusammenziehen, vielleicht funkeln ihre Augen, ihre Lippen werden straff und schmal, ihre Stimme wird schriller und energischer, den Oberkörper neigt sie leicht nach vorn, und ihre Bewegungen werden rasch und angespannt.

Jemand, der ein Schlaflied singt, sollte ein bisschen anders aussehen und klingen. Wenn nicht, dann vermittelt derjenige einen gewissen inneren Konflikt (z. B. dass er nicht besonders glücklich darüber ist, dieses Lied zu singen). Ob negativ oder positiv, Emotion ist authentisch, und daher sind ihre Manifestationen auf nonverbale und verbale Weise synchronisiert.

Eine andere Methode, um die Synchronizität zu verstehen, die sich einstellt, wenn wir authentisch sind, besteht darin, sich zu überlegen, wie es aussieht, wenn wir asynchron sind. Täuschung hat das Potenzial, uns eine Menge darüber zu verraten, warum Präsenz zu synchronem Verhalten führt.

Lassen Sie mich mit einer Frage beginnen: Woher wissen Sie, wann jemand lügt? Die meisten Leute antworten darauf mit: »Lügner meiden Augenkontakt.« In einer Befragung von 2520 Erwachsenen in 63 Ländern gaben 70 Prozent diese Antwort.[25] Die Leute nennen natürlich auch noch andere verräterische Anzeichen fürs Lügen wie Gezappel, Nervosität, Abschweifen. In einem Interview mit der *New York Times* sagte der Psychologe Charles Bond, der sich mit Täuschung beschäftigt, das Stereotyp dazu, was Lügner tun, »wäre weniger beunruhigend, wenn wir mehr Grund zu der Annahme hätten, dass derjenige die Wahrheit spricht«.[26] Wie sich herausstellt, gibt es keinen »Pinocchio-Effekt«[27], kein einzelnes nonverbales Anzeichen, das einen Lügner enttarnt. Will man die Ehrlichkeit eines Menschen beurteilen, ist es also nicht damit getan, ein stereotypes »Anzeichen« zu erkennen, wie etwa Nervosität oder den abgewandten Blick. Eher geht es darum, wie gut oder schlecht unsere vielen Kommunikationskanäle – Mimik, Haltung, Bewegung, stimmliche Eigenschaften, Sprache – zusammenwirken.

Sind wir nicht authentisch – weil wir eine falsche Emotion vermitteln oder eine wahre verbergen –, beginnt unser nonverbales und verbales Verhalten, sich zu verstellen. Unsere Miene passt dann nicht zu den Worten, die wir sagen. Unsere Haltung ist nicht synchron mit unserer Stimme. All das harmoniert nicht mehr, sondern desintegriert, zerfällt zu einer Kakofonie.

Diese Überlegung ist nicht gerade neu. Schon Darwin meinte: »Ein leicht verärgerter oder sogar zorniger Mensch mag die Bewegungen seines Körpers beherrschen, aber ... diese Gesichtsmuskeln, die dem Willen am wenigsten gehorchen, genügen manchmal schon, um eine geringfügige und flüchtige Emotion zu verraten.«[28]

Wenn Menschen lügen, dann jonglieren sie mit mehreren Geschichten: das, wovon sie wissen, dass es stimmt; das, was sie gern hätten; und das, was sie als die Wahrheit präsentieren. Dazu kommen noch die jeweils damit verbundenen Gefühle – Furcht, Wut, Schuld, Hoffnung. Gleichzeitig versuchen sie, ein glaubwürdiges Bild von sich zu vermitteln, was plötzlich sehr, sehr schwer wird. Ihre Überzeugungen und Gefühle stehen untereinander im Widerspruch.[29] Diesen ganzen Konflikt zu bewältigen – bewusst und unbewusst, psychologisch und physisch – lenkt uns ab.

Einfach gesagt: Lügen – oder nicht authentisch zu sein – ist harte Arbeit. Wir erzählen eine Geschichte, während wir eine andere unterdrücken, und als sei das noch nicht kompliziert genug, erleben die meisten von uns währenddessen auch noch Schuldgefühle, die wir ebenfalls zu unterdrücken versuchen. Wir besitzen einfach nicht die Gehirnpower, um das alles hinzukriegen, ohne dass man uns irgendwas anmerkt – ohne dass etwas »durchsickert«, ohne ein Leck. Lügen und so ein Leck gehen Hand in Hand. Tatsächlich sind die klassischen verräterischen Anzeichen einer Lüge auch die einfachen bekannten Anzeichen für ein Leck. Die Sozialpsychologin und Täuschungsexpertin Leanne ten Brinke erklärt das so:

> Individuen, die andere täuschen, müssen ihr falsches Spiel aufrechterhalten, indem sie emotionale Ausdrucksweisen, die zu ihrer Lüge passen, fälschen und das »Durchsickern« ihrer wahren Gefühle verhindern. Zum Beispiel muss ein Angestellter, der lügt, überzeugend Trauer ausdrücken, während er seinem Chef erklärt, er könne wegen der Beerdigung einer Tante außerhalb der Stadt nicht zur Arbeit erscheinen, und gleichzeitig seine Vorfreude unterdrücken, die er empfindet, weil er in Wirklichkeit seinen Urlaub mit Freunden verlängert.[30]

In seinem bekannten Buch *Ich weiß, dass du lügst* behauptet Paul Ekman, dass Lügen unvermeidlich »durchsickern« und dass man durch ausgeprägtes Training lernen kann, wie diese Lecks zu entdecken sind – durch Beobachtung des Mienenspiels und andere nonverbale Verhaltensweisen. Er argumentiert, dass wir insbesondere nach Unstimmigkeiten zwischen dem, was Menschen tun, und dem, was sie sagen, suchen sollten.[31]

Um das zu untersuchen, analysierten ten Brinke und ihre Kollegen fast dreihunderttausend Videoeinstellungen von Leuten, die echte und falsche Reue über Verfehlungen ausrückten. Menschen, die aufrichtig bereuten, zeigten nonverbales und verbales Verhalten in einer stimmigen Darstellung. Falsche Reue dagegen wirkte unstet und chaotisch: Diese Menschen zeigten deutlich mehr widerstreitende Emotionen und deutlich mehr unnatürliche Brüche und Zögerlichkeiten. Die Forscher schilderten diese nicht authentischen Darstellungen als »emotional turbulent«.[32]

Eine der faszinierendsten Studien zur Psychologie von Täuschung führten die Harvard-Psychologin Nancy Etcoff und ihre

Kollegen durch. Wie sich herausstellte, sind wir beim Erkennen von Lügen kaum besser als der Zufall, obwohl die meisten von uns glauben, darin überragend gut zu sein.[33] Etcoff stellte die Hypothese auf, der Grund dafür könnte sein, dass wir bei dem Versuch, eine Täuschung zu erkennen, zu sehr auf die Sprache – den Inhalt dessen, was eine Person sagt – achten. Etcoff beschloss daher, den Teil der Bevölkerung heranzuziehen, der gar nicht auf die Sprache achten *kann:* Menschen mit Aphasie, einer Störung, die die Fähigkeit des Gehirns, Worte zu verstehen, stark beeinträchtigt.[34]

In dieser speziellen Studie hatten alle Aphasiker eine nachhaltig geschädigte linke Hemisphäre des Gehirns. Diesem Bereich wird Sprache, Sprechverständnis und Sprechen zugeordnet. Etcoff verglich diese Menschen mit solchen, die Schäden in der rechten Hemisphäre aufwiesen (der nicht Sprache, Sprechverständnis und Sprechen zugeordnet sind), und mit gesunden Teilnehmern ohne Hirnschädigung.

Alle Teilnehmer sahen ein Video von zehn Fremden, die etwas sagten. Jeder sprach zweimal: In einem Clip wurde gelogen, im anderen die Wahrheit gesagt. Die Aphasiker, die die Worte nicht richtig verarbeiten konnten, waren beim Erkennen der Lügner beträchtlich besser als die anderen beiden Gruppen. Das legt den Schluss nahe, dass unsere Fähigkeit, Lügen zu erkennen, paradoxerweise dadurch unterminiert wird, dass wir auf die gesprochenen Worte achten.

Zu diesen Erkenntnissen passt, dass ten Brinke und ihre Kollegen kürzlich in mehreren Experimenten zeigten, dass Menschen wie auch Primaten Täuschung besser mittels der unbewussten Teile ihres Verstandes erkennen.[35] Die bewussten Teile des Verstandes konzentrieren sich verständlicherweise auf Sprache – und lassen sich durch Lügen täuschen. Diese Erkenntnisse legen nahe, dass je bewusster wir uns auf die verbalen Anzeichen konzentrieren, von denen wir glauben, sie signalisieren fehlende Authentizität, desto wahrscheinlicher übersehen wir die nonverbalen Zeichen, die sie tatsächlich verraten.

Eindeutig fällt es uns leichter, mit Worten zu lügen als mit körperlichen Aktionen, die das, was wir sagen, begleiten. Wenn wir auf der anderen Seite bewusst nach Anzeichen für Täuschung oder Wahrheit suchen, dann achten wir zu sehr auf Worte und nicht genug auf die nonverbale Gestalt dessen, was vor sich geht. Das Gleiche tun wir, wenn wir entscheiden, wie wir uns präsentieren wollen: Wir schenken unseren Worten zu viel Aufmerksamkeit und verlieren dabei aus dem Blick, was der Rest unseres Körpers tut. Was uns aus der Synchronizität katapultiert. Wenn wir aufhören zu versuchen, all die kleinen Details zu managen, ergibt sich die Gestalt. Es funktioniert. Es mag paradox klingen, dass wir uns unseres Körpers bewusst sein müssen, um natürlich aufzutreten, aber wie wir noch sehen werden, gehen zwei Dinge tatsächlich Hand in Hand.

Wahrheit offenbart sich deutlicher durch unser Handeln als durch unsere Worte. Oder wie die große amerikanische Tänzerin Martha Graham es einmal formuliert hat: »Der Körper sagt Dinge, die Worte nicht ausdrücken können.« Außerdem hat sie gesagt: »Der Körper lügt nie.« Sicherlich ist fehlende Authentizität nicht das Gleiche wie eine absichtliche Täuschung, aber die Ergebnisse sehen ähnlich aus. Wird eine nicht authentische Version von sich selbst präsentiert, fällt das einem Beobachter genauso auf wie eine absichtliche Täuschung, und zwar wegen des asynchronen nonverbalen Verhaltens. Je weniger präsent wir sind, desto schlechter performen wir. Beides verstärkt sich wechselseitig.

Tatsächlich kann es uns sogar passieren, dass wir Selbstvertrauen verlieren und schlecht vor Publikum performen, weil es zu einer falschen Synchronizität gekommen ist, was Forscher in Studien nachweisen konnten.[36] Musiker verlassen sich stark auf synchrones akustisches Feedback ihrer eigenen Darbietung – aufs Hören der Musik, während sie sie spielen. Wenn diese Synchronizität durch Kopfhörer künstlich manipuliert wird, verlieren Musiker das Zutrauen in ihre Fähigkeiten und werden abgelenkt, weil sie versuchen, den asynchronen Klang zu verstehen, was ihr Spiel beeinträchtigt.

Denn, wie Majid schrieb, bedeutet Präsenz, »dass all deine Sinne sich gleichzeitig in einem Punkt einig sind«. *Präsenz manifestiert sich als mitschwingende Synchronizität.*

Was wissen wir also bis hierher? Präsenz entsteht daraus, dass wir unsere eigenen Geschichten glauben. Wenn wir unsere Geschichten nicht glauben, sind wir nicht authentisch – in gewisser Weise täuschen wir dann uns und andere. Und diese Selbsttäuschung ist, wie sich herausstellt, für andere wahrnehmbar, weil unser Selbstvertrauen schwindet und unser verbales und nonverbales Verhalten nicht mehr harmonieren. Es ist zwar nicht so, dass Leute sich dann denken: »Er ist ein Lügner.« Eher denken sie sich: »Irgendwas fühlt sich seltsam an. Ich kann dieser Person nicht vollständig vertrauen.« Oder wie Walt Whitman sagte: »Wir überzeugen durch unsere Ausstrahlung.« Und um andere zu überzeugen, müssen wir auch uns selbst überzeugen.

Wie lernen wir also, unsere eigenen Geschichten zu glauben?

Kapitel 2

Die eigene Geschichte glauben und anerkennen

»Ausstrahlung bedeutet, dass
das innere Selbst sich zeigt.«

Padi, Spanien

Der Wunsch, sich authentisch zu fühlen und auch so gesehen zu werden, ist wohl ein grundlegendes menschliches Bedürfnis. Vielleicht ist auch deshalb der Begriff »authentisches Selbst« heutzutage so beliebt. Manchmal kommt es mir vor, als würde damit herumgeworfen wie mit Konfetti an Silvester.

Aber hier kommt eine Frage dazu. Was ist das authentische Selbst? Was genau bedeutet es, sich selbst treu zu sein? Haben Ihre Freunde das im Sinn, wenn sie Sie dazu ermutigen, »einfach du selbst« zu sein? Ist es das Gefühl, das wir haben, wenn wir »echt« sind? Können wir erwarten, unter allen Umständen und zu jedem Zeitpunkt dieselbe Person zu sein? Wie viele Selbst gibt es und was entscheidet darüber, welches wir zum Ausdruck bringen?

Bevor wir all das beantworten, lassen Sie uns kurz eine allgemeinere Frage ansprechen: Was ist das Selbst?

Scharen von Psychologen haben mit dieser Frage gerungen und über hundert Jahre Theorie und Forschung zusammengetragen – wobei sie den Philosophen deutlich hinterherhinken, die diese Frage seit Jahrtausenden zu beantworten versuchen. Ich kann all die bereits geleistete Arbeit hier nicht angemessen zusammenfassen, aber die folgenden drei Punkte sind meiner Ansicht nach die wichtigsten Dinge, die es über das Selbst insbesondere in Bezug auf Ausstrahlung zu verstehen gilt.[37]

Das Selbst ist:

1. Facettenreich, nicht singulär.
2. Es wird durch Gedanken, Gefühle, Werte und Verhalten ausgedrückt und reflektiert.
3. Dynamisch und flexibel, nicht statisch und starr. Es reflektiert und reagiert auf die Situation – nicht wie ein Chamäleon, aber auf eine Art und Weise, die uns zugänglich und auch offen für eine Weiterentwicklung macht. Das bedeutet nicht, dass unsere innersten Grundwerte sich ändern, aber manchmal gibt es einen Prozess, der erfordert, dass wir unser wahres Selbst der Situation oder Rolle, in der wir uns befinden, anpassen, indem wir entscheiden, welche Grundwerte und Charakterzüge wir sichtbar machen wollen.

Wenn das Selbst facettenreich und dynamisch ist, besitzen wir dann überhaupt ein einzelnes, festes authentisches Selbst? In vergangenen Zeiten gab es Wissenschaftler, die die romantische Vorstellung hatten, dass dem so ist. Aber die meisten modernen Psychologen und Philosophen sind sich einig, dass wir kein einzelnes, festes authentisches Selbst besitzen.[38]

Ich persönlich nehme einen pragmatischeren Standpunkt ein: Das authentische Selbst ist eine Erfahrung – ein Zustand, kein Charakterzug. Dieses vorübergehende Phänomen wurde von der Psychologin Alison Lenton beschrieben als »die subjektive Wahrnehmung, das eigene wahre Selbst zu sein,«[39] und als »momentanes Gefühl, in Übereinstimmung mit seinem wahren Selbst zu sein«.[40] Ich stelle es mir vor als die Erfahrung, zu *wissen* und zu *fühlen,* dass Sie Ihr aufrichtigstes und couragiertestes Selbst sind. Autonom und ehrlich bringt es Ihre Werte durch Handlungen zum Ausdruck. Es kommt und geht, aber Sie erkennen es, weil es sich »richtig anfühlt«. Praktisch jeder erinnert sich an einen Moment, als er sich ganz »bei sich« fühlte, aber nur wenige können von sich behaupten, sich immer so zu fühlen. Wir verfügen über flexible Ansichten über uns selbst, die von der Rolle abhängen, die wir in einem bestimmten Moment und Kontext spielen (Eltern, Ehepartner, Lehrer).[41] Also selbst wenn Sie das Gefühl haben, sich selbst treu zu sein, ändern sich die spezifischen Eigenschaften des Selbst – die Teile, die aktiviert werden – je nach Situation.

Aber ist unser authentisch *bestes* Selbst das gleiche wie unser authentisch *wahres* Selbst? Natürlich gibt es Teile an uns, die wir (und die Menschen, die uns kennen) eher nicht mögen – von denen man manche sogar als destruktiv bezeichnen könnte. Viele von uns arbeiten daran, diese Bereiche zu modifizieren – eine irrationale Angst, unbeherrschte Wut. Es gibt aber auch Bereiche von uns selbst, die wir für uns behalten, aber nicht weil sie solchen Schaden anrichten, sondern weil wir ja nicht gezwungen sind, jedes private Detail mit dem Rest der Welt zu teilen.

Außerdem gibt es Teile an uns selbst, die zwar nicht destruktiv für andere wirken, die wir aber zu verändern oder zu verstecken versuchen, weil wir uns ihrer schämen, wie es etwa in dieser E-Mail zum Ausdruck kommt:

> Ich studiere im Moment in der Türkei Medizin. Ich erziele sehr gute Noten und liebe es, Medizin zu erlernen, über Wissenschaft »nachzudenken« und neue Ideen zu entwickeln. Ich kenne mein Potenzial und weiß, dass Großes in mir steckt. Aber die Sache ist die: Ich stottere …
> Deshalb kann ich an meinen Lehrveranstaltungen nicht partizipieren, kann nicht diskutieren und, was noch schlimmer ist, ich kann keine Fragen stellen … Seit vier Jahren muss ich es nun schon verstecken.

Ich habe schon viele Briefe und Nachrichten von Leuten erhalten, die mit Hindernissen kämpfen, die sie davon abhalten, ganz und gar an ihr stärkstes Selbst zu glauben, ihm zu vertrauen und es zu leben. Wir haben alle Eigenschaften, die wir unserer Ansicht nach überwinden oder verbergen sollten, weil sie nicht Teil dessen sind, wie wir sein wollen.

Diese Hindernisse sind real. Sie sind schmerzhaft. Sind es Dinge, die wir wirklich am liebsten los wären? Oft lautet die Antwort auf diese Frage Ja. Ich möchte trotzdem gern Folgendes zu bedenken geben: Wenn wir uns unser ideales Selbst vorstellen, schließen wir vermutlich solche Hindernisse nicht gerade gern mit ein, dennoch können sie eine wichtige Dimension unseres authentischen besten Selbst darstellen. Sie fordern uns heraus, sind aber unleugbar ein Teil von uns. Die Hirnverletzung, die ich als Collegestudentin erlitt, beeinträchtigt mich heute nicht akut, aber sie wird immer ein essenzieller Teil meiner Selbst sein – nicht nur wegen der gesundheitlichen Auswirkung auf mein Gehirn und Nervensystem, sondern durch die zahllosen sich fortpflanzenden Auswirkungen auf meine Erfahrungen seither: meine

Beziehungen, meine Entscheidungen, meine Art zu denken, zu lernen und zu fühlen, mein Weltbild. Lange Zeit war es ein Teil von mir, den ich mich schämte zu zeigen. Lange Zeit lauerte diese Verletzung mir geradezu auf und hemmte mich.

Körperliche und seelische Widrigkeiten prägen uns. Unsere Herausforderungen verleihen uns Einblicke und Erfahrungen, die nur wir hatten. Ich möchte das nicht nur so dahinsagen, aber diese Dinge müssen wir nicht nur akzeptieren, sondern annehmen und sogar als Stärken betrachten. Vielleicht hätten wir sie nicht aus freien Stücken in unsere Vorstellung von uns selbst integriert, aber sie sind da. Und was sollen wir sonst mit ihnen tun, als sie offen einzugestehen?

Wir kommen der Sache schon näher, haben aber die Frage noch nicht beantwortet: Wer oder was genau ist unser authentisches bestes Selbst und wie finden wir es, wenn wir es brauchen? Wissenschaftler, die erforschen, was Menschen bei der Arbeit glücklich und effizient macht, können vielleicht ein wenig Licht in die Sache bringen. Sie möchten Folgendes erfahren: Wie können Angestellte am Arbeitsplatz ihr glücklichstes und effizientestes Selbst ausleben?

Laura Morgan Roberts, Dozentin für *Organizational Behavior* und eine allgemein anerkannte Expertin für die Entwicklung positiver, authentischer Identität am Arbeitsplatz, erklärt, dass wir alle schon Momente hatten, in denen wir uns besonders lebendig fühlten, uns selbst treu waren und unser Potenzial voll ausschöpften; unsere Erinnerungen an diese Momente sind besonders lebendig. »Im Laufe der Zeit«, schreiben sie und ihre Kollegen, »sammeln wir diese Erfahrungen und machen daraus ein Porträt von uns, das uns in persönlicher Bestform zeigt.«[42]

Roberts begleitet Menschen durch den Prozess, in dem dieses Bild entsteht, indem sie hilft, Ermöglicher und Blockierer zu identifizieren – die Einstellungen, Ansichten und Verhaltensweisen, die dabei helfen oder es verhindern, dass deren bestes Selbst zum Vorschein kommt.[43] So könnte ich beispielsweise als Ermöglicher nennen: »Ich bin gut darin, Themen in sehr unterschiedlichen Ideen zu erkennen«; als Blockierer würde ich auflisten: »Ich bin extrem schlecht darin, abzuschätzen, wie lange es dauert, ein Projekt abzuschließen.« Hier ein paar der Fragen, die Roberts und andere Organisationsforscher entwickelt haben, um uns bei der Identifizierung der besten Bestandteile unseres Selbst zu helfen. Ich empfehle Ihnen, Ihre Antworten gleich zu notieren – und beachten Sie dabei, dass sie nicht auf den Arbeitsplatz beschränkt bleiben müssen:[44]

- Welche drei Worte beschreiben Sie als Individuum am besten?
- Was ist das Besondere an Ihnen, das Sie bei der Arbeit am glücklichsten macht und für Ihre beste Performance sorgt?
- Erinnern Sie sich an einen bestimmten Zeitpunkt – bei der Arbeit oder zu Hause –, als Sie auf eine Weise handelten, die sich »natürlich« und »richtig« anfühlte. Wie können Sie dieses Verhalten heute wiederholen?
- Was sind Ihre typischen Stärken, und wie können Sie diese aktiv nutzen?

Es genügt aber nicht, die Werte, Wesensmerkmale und Stärken auszumachen, die Ihr authentisches bestes Selbst repräsentieren – Sie müssen diese Antworten anschließend auch bestätigen und ihnen vertrauen. Sie müssen an sie glauben. Sie erzählen einen wichtigen Teil Ihrer persönlichen Geschichte, und wenn Sie Ihre Geschichte nicht glauben, warum sollte es dann irgendjemand anders tun?

Wir begreifen die größten Herausforderungen des Lebens als Bedrohungen dieser Geschichte – oder genauer gesagt, als Fragen zur Zulänglichkeit der Person, die in dieser Geschichte geschildert wird. Augenblicke, die das Selbst bedrohen, hängen oft mit Gefühlen sozialer Missbilligung oder Zurückweisung zusammen: zu einer Universität nicht zugelassen werden, einen Job verlieren, das Scheitern einer Beziehung, ein Fehler vor Publikum, Offenheit gegenüber jemand, der voreingenommen darauf reagiert. Unser Instinkt konzentriert sich bei einer solchen Belagerung vollkommen auf die Bedrohung und verpflichtet all unsere psychologischen Ressourcen dazu, uns zu verteidigen. Die Psychologen Geoffrey Cohen und David Sherman beschreiben unsere Reaktion auf diese Bedrohungen als »inneren Alarm, der die Wachsamkeit erhöht, und Motiv, das Selbst zu bestätigen«.[45]

Der Autor, bekannte Stanford-Professor und Sozialpsychologe Claude Steele definierte einen Prozess, durch den wir versuchen, die Bedrohung zu bekämpfen, noch bevor sie überhaupt existiert: Wir bestätigen unsere am tiefsten verankerten Werte – die besten Bereiche unseres Selbst – bevor wir uns in eine potenziell bedrohliche Situation begeben. Er nannte das die Selbstaffirmation-Theorie.

Eine wichtige Klarstellung: Wenn wir den Begriff Selbstaffirmation lesen oder hören, denken wir vielleicht an den Sketch aus *Saturday Night Live* mit dem Titel »Daily Affirmation with Stuart Smalley«. Während er in einen Spiegel schaut, rezitiert der von Al Franken gespielte Smalley darin Sätze wie »Ich bin gut genug, ich bin klug genug und, verdammt noch mal, die Leute mögen mich« und »Ich bin ein wertvoller Mensch«. Je häufiger Smalley diese Affirmationen wiederholt, desto schlechter fühlt er sich natürlich, bis er Sachen sagt wie »Ich befinde mich in einer Peinlichkeitsspirale« und »Ich weiß nicht, was ich tue. Die werden die Show absetzen. Ich werde als Obdachloser und ohne einen Penny und mit zwanzig Kilo Übergewicht abkratzen und niemand wird mich je lieb haben«. Wir lachen darüber, weil wir – sei es intuitiv oder aus Erfahrung – wissen, dass diese Form von Selbstaffirmation normalerweise ins Auge geht.

Die Art von Selbstaffirmation, von der ich rede – und deren Wirkung Steele und andere untersucht haben –, hat nichts damit zu tun, typische Einzeiler vor dem Spiegel aufzusagen und schon gar nichts mit Prahlerei oder Übertreibung in Bezug auf die eigene Person. Stattdessen geht es darum, uns daran zu erinnern, was uns am meisten bedeutet und darüber hinaus, wer wir sind. Genau genommen ist es eine Methode, um uns durch die Wahrheit unserer eigenen Geschichten zu erden. Dadurch fühlen wir uns weniger abhängig von der Zustimmung anderer und kommen sogar mit deren Missbilligung zurecht, wenn wir die ernten.

Hunderte von Studien haben die Wirkung von Selbstaffirmationen untersucht, viele durch die Anwendung einfacher Übungen. Bei einer bekamen die Leute eine Liste verbreiteter grundlegender Werte – beispielsweise Familie, Freunde, Gesundheit und Fitness, Kreativität, harte Arbeit, beruflicher Erfolg, Religion, Liebenswürdigkeit, Nächstenliebe usw. Dann sollten die Probanden daraus einen oder zwei auswählen, die für ihre eigene Identität am wichtigsten wären – die dem Kern ihres eigenen Wesens am nächsten kämen. Anschließend sollten sie einen kurzen Aufsatz darüber schreiben, warum ihnen diese Werte wichtig sind, und einen Zeitpunkt nennen, zu dem sie sich als besonders wichtig erwiesen haben.[46]

So schrieb beispielsweise jemand, dem der Dienst am Nächsten besonders wichtig war: »Anderen Menschen zu dienen, ist mir das Wichtigste. Ich tue das mit Leidenschaft und denke, wenn wir uns mehr darauf konzentrieren würden, uns umeinander zu kümmern, ginge es allen besser. Es erfüllt und befriedigt mich. Ich genieße diese Tätigkeit, die mir außerdem leichtfällt. Als ich noch auf die Highschool ging, verbrachte ich viel Zeit in einem Altersheim in der Nähe, wo die meisten Bewohner allein waren, weil ihre Partner gestorben waren. Ich leistete den Leuten Gesellschaft, setzte mich zu ihnen und hielt manchmal ihre Hand. Das war die befriedigendste Zeit für mich, weil ich an das, was ich tat, wirklich glaubte.«

Um zu sehen, wie Selbstaffirmation tatsächlich wirkt, sehen wir uns eine Studie von David Creswell, David Sherman und ihren Mitarbeitern an. Die Teilnehmer wurden dabei gebeten, aus dem Stegreif eine Rede vor einer Kommission von Sachverständigen zu halten.[47] Als ob eine Rede vor Publikum nicht schon stressig genug wäre, waren die Sachverständigen auch noch angewiesen, streng und unnahbar zu wirken. Nachdem sie ihre Rede gehalten hatten, sollten die Teilnehmer fünf Minuten lang laut rückwärts zählen, und zwar in 13er-Intervallen, ausgehend von 2083, während die Kommissionsmitglieder sie immer wieder anherrschten: »Machen Sie schneller!«

Vielleicht geht es Ihnen so wie mir, dann beschleunigt sich Ihr Puls schon, während Sie sich diese Situation nur vorstellen. Und genau das war auch gewünscht. Dieser besondere Test – bekannt unter der Bezeichnung Trier Social Stress Task (TSST)[48] – wurde entwickelt, um Stress zu maximieren, damit Psychologen untersuchen können, wie Menschen darauf reagieren. Er ist der Albtraum jedes Sozialphobikers.

Aber was hat das mit Selbstaffirmation zu tun? Nun, vor ihren Reden ließ man die Teilnehmer zufällig ausgewählt eines von zwei Dingen tun: entweder über ihren wichtigsten persönlichen Wert schreiben (die Übung, die ich weiter oben schon geschildert habe) oder über einen Wert, der ihnen nicht besonders wichtig war und der mit ihrer Selbstdefinition nichts zu tun hatte.

Nach den Reden und dem qualvollen Rückwärtszählen untersuchten die Wissenschaftler den emotionalen Zustand der Probanden. Sie maßen dafür den Cortisolgehalt im Speichel, weil wir dieses Hormon ausschütten, wenn wir unter Stress, insbesondere unter dem Stress sozialer Beurteilung stehen.[49] Die TSST-Erfahrung hat im Verlauf vieler, vieler Studien gezeigt, dass dabei ein Cortisolspitzenwert entsteht. In der Studie von Creswell und Sherman allerdings wiesen diejenigen, die über persönliche Werte geschrieben hatten, die ihnen wichtig waren, deutlich niedrigere Werte dieses Hormons auf als die anderen Teilnehmer. Genau genommen erlebte die Gruppe mit der Selbstaffirmation überhaupt keinen Anstieg beim Cortisol. Affirmieren des sogenannten authentischen besten Selbst – indem man sich an die einem wichtigsten Stärken erinnert – schützte vor Verunsicherung.

Einige Jahre später replizierte das Team von Creswell und Sherman diese Ergebnisse mit einer Stressquelle aus der Realität – Prüfungen an der Universität. Diesmal wurde bei Studenten vorher und nachher der Gehalt von Epinephrin, das man auch

Adrenalin nennt, im Blut gemessen. Dieses Hormon signalisiert die Stimulation des sympathischen Nervensystems (die Kämpfen-oder-Fliehen-Reaktion).[50] Studierende, die in den Wochen vor den Prüfungen Übungen zur Selbstaffirmation absolviert hatten, zeigten keine Veränderung des Epinephrin-Niveaus, doch die anderen hatten dieses Glück nicht. Ihre Werte stiegen in den Wochen vor den Prüfungen beträchtlich an.

Zusätzlich wurden zu Beginn des Experiments alle Studenten dazu befragt, wie sehr sie sich Sorgen über negative soziale Beurteilungen machten. (Das machte man, indem man fragte, ob Aussagen wie »Ich fürchte, man wird mich für unintelligent halten, wenn ich schlecht abschneide« oder »Ich fürchte oft, dass Leute mich nicht mögen« zuträfen.) Diejenigen Studierenden, die sich in dieser Hinsicht am meisten sorgten, konnten von den Affirmationen ihrer Kernwerte am stärksten profitieren.

Zahlreiche Versuche zum Thema Selbstaffirmation unter Laborbedingungen und im Alltag haben gezeigt, dass sich u. a. dadurch Noten verbessern, Mobbing in der Schule reduzieren lässt, dass man leichter mit dem Rauchen oder mit ungesunder Ernährung aufhören kann und dass sie beim Reduzieren von chronischem Stress und in der Paartherapie, zudem beim Verbessern des Verhandlungsgeschicks und des Auftretens helfen kann. Selbstaffirmation scheint am besten dann zu funktionieren, wenn der Druck hoch ist und es um viel geht.[51]

Diese Studien unterstreichen zusammen eines: Wir können unsere Unsicherheit vor einer Situation, die uns möglicherweise herausfordert, reduzieren, indem wir uns die Teile unseres authentischen besten Selbst bestätigen, die wir am meisten schätzen. Wenn wir uns unserer selbst sicher sind, sind wir deutlich weniger defensiv und offener für Feedback, was auch unsere Fähigkeit zur Problemlösung verbessert.[52]

Was an diesen Erkenntnissen bemerkenswert ist: Die Teilnehmer affirmierten ihre persönlichen Kernwerte – nicht die Werte oder Fähigkeiten, die für die aktuellen stressigen Aufgaben relevant waren. Leute mussten sich nicht selbst einreden, sie seien gute Redner, um voller Selbstvertrauen eine Rede zu halten; sie mussten lediglich einen wichtigen Teil ihres besten Selbst verstärken – beispielsweise »Ich schätze es, kreativ und künstlerisch tätig zu sein«. Zu wissen, wer wir sind, kann nicht nur unser Selbstvertrauen und unsere Performance bei bestimmten Aufgaben steigern, sondern auch die Sinnhaftigkeit des eigenen Lebens.[53] In einer der Studien bekamen die Leute Charakterzüge gezeigt, die sie zuvor als repräsentativ für ihr »wahres« Selbst oder das Selbst, das sie anderen zeigten, hielten (z. B. witzig, gutmütig, diszipliniert, intelligent, geduldig, abenteuerlustig). Dann sollten die Probanden rasch entscheiden – »wie ich« oder »nicht wie ich«. Je schneller sie diese Charakterzüge sich selbst zuordneten – vermutlich weil ihr authentisches Selbst ihnen so klar war –, desto höher schätzten sie Bedeutung und Sinnhaftigkeit ihres eigenen Lebens ein.

In begleitenden Studien wurden die Leute unbewusst mit Begriffen konfrontiert, die nach deren eigener Ansicht ihr wahres inneres Selbst im Kontrast zu ihrem öffentlichen Selbst beschrieben. Bei den meisten von uns gibt es da ja eine Diskrepanz. Danach empfanden auch diese Probanden ihr Leben als bedeutungs- und sinnvoller.

All diese Studien legen nahe, dass Sie Ihr tiefstes Selbst erreichen können, indem Sie einfach ein wenig Zeit mit Reflektieren darüber verbringen, wofür Sie sich halten – und es vielleicht auch aufschreiben. Der Schlüssel zu wirkungsvoller Selbstaffirmation besteht darin, dass sie wahr sein muss. Ihr authentisches bestes Selbst – Ihr stärkstes Selbst – hat nichts damit zu tun, dass Sie sich aufputschen mit Aussagen wie »Ich bin die Beste für diese Aufgabe« oder »Ich bin ein Gewinner«. Ihr stärkstes Selbst tritt hervor durch die Erfahrung, vollen Zugang zu Ihren Werten, Charakterzügen, Stärken zu haben und zu wissen, dass Sie diese durch Ihr Handeln und Ihre Interaktionen autonom und frei ausdrücken können. Das ist mit dem Glauben an Ihre eigene Geschichte gemeint. Letztlich ist Selbstaffirmation eine Übung, die Ihnen Ihre eigene Geschichte verdeutlicht, Ihnen erlaubt, darauf zu vertrauen, dass durch Ihre Worte und Taten von selbst zum Ausdruck kommen wird, wer Sie sind.

Und es ist wichtig, wie Sie sich selbst Ihre Geschichte erzählen. In einer neueren Studie über narrative Identität – wo es also darum geht, wie wir die Ereignisse unseres Lebens erklären – interviewten Wissenschaftler Leute zwischen fünfzig und sechzig. In dieser Lebensphase gibt es oft familiäre, berufliche und gesundheitliche Veränderungen, und oft reflektieren wir unser Leben dann gründlich. Zusätzlich zu den Interviews dokumentierten die Wissenschaftler auch über vier Jahre hinweg die psychische und physische Gesundheit der Probanden.

In diesen Interviews ergaben sich vier narrative Themen aus der Art und Weise, wie die Menschen ihre Lebensgeschichte erzählten: Handlungsfähigkeit (das Gefühl, sein Leben im Griff zu haben), Gemeinschaft (wenn man sein Leben über Beziehungen definiert), Amortisierung (wenn man meint, Herausforderungen hätten die eigenen Ansichten verbessert oder gewisse Einsichten vermittelt) und Kontaminierung (wenn auf einen positiven Anfang ein negatives Ende folgt).

Diejenigen, deren Geschichte in eine der drei positiven Kategorien fiel – Handlungsfähigkeit, Gemeinschaft und Amortisierung – erlebten in den folgenden Jahren einen deutlich positiven Verlauf ihrer mentalen Gesundheit. Schlechter bestellt war es dagegen um die psychische Verfassung der Menschen, die ihr Leben mit dem Begriff Kontaminierung verbanden. Und die Beziehungen zwischen den Geschichten und den gesundheitlichen Folgen waren bei Menschen, die vor großen Herausforderungen wie schwerer Krankheit, Scheidung und Verlust einer nahestehenden Person standen, sogar noch deutlicher.[54]

Um sich Ausstrahlung oder Präsenz anzueignen, müssen Sie also nicht nur Ihre Geschichte kennen und affirmieren – es geht auch darum, wie Sie Ihre Geschichte erzählen. Sich selbst zu erklären, was für Sie zählt, ist die eine Sache, aber mindestens genauso wichtig ist es, die Kontrolle darüber zu haben, wie Sie Ihre Geschichte erzählen – sich selbst und anderen.

Ihr authentisches bestes Selbst zum Ausdruck bringen

Unser authentisches bestes Selbst zu finden und daran zu glauben, kann uns helfen, Bedrohungen zu überwinden, die uns sonst während großer Herausforderungen aus dem Konzept bringen könnten. Aber es genügt nicht allein, damit wir bei solchen Herausforderungen präsent sind. Nachdem Sie Ihr authentisches bestes Selbst entdeckt haben, müssen Sie noch herausfinden, wie Sie es zum Ausdruck bringen.

Mariko, eine junge Japanerin, die für ein großes Unternehmen arbeitete, bereitete sich auf eine Rede vor, die sie auf einer von den Vereinten Nationen gesponserten Konferenz halten sollte. Sie beschrieb sich als »dermaßen gestresst und mit so heftigem Herzklopfen, wie ich es nicht gewohnt bin«, da sie doch sonst eher Selbstvertrauen habe. Daraufhin glaubte sie, ihre Rede öfter üben zu müssen. Also übte sie. Und übte und übte und übte. Aber das war kein Mittel gegen die Flutwelle ihrer Angst. Verzweifelt wandte sie sich an einen vertrauten Ratgeber, der ihr erklärte: »Warum bereitest du dich immer weiter für diese Präsentation vor? Du musst wissen, dass das Wichtigste an einer Präsentation deine Ausstrahlung ist.« Da wurde ihr klar, dass sie sich mit der Vorbereitung verausgabte, was nicht nur nichts mehr nützte, sondern auch der Aufgabe, präsent zu sein, psychologische Ressourcen entzog.

»Ich erkannte, dass ich mich umsonst vorbereitete«, sagte sie. »Und ich erkannte, dass die stärkste Botschaft an andere Leute und an mich ist, *wie* ich der Mensch bin, *der* ich bin.«

Aber um präsent zu sein, genügt es nicht zu wissen, wer Sie sind, und das anderen zu vermitteln; Sie müssen auch danach handeln. 1992 untersuchte der Psychologe William Kahn psychologische Präsenz am Arbeitsplatz und identifizierte dabei vier entscheidende Dimensionen: Eine Person muss aufmerksam, bezogen, integriert und fokussiert sein.[55]

»Diese Dimensionen definieren kollektiv, was es bedeutet, lebendig zu sein, im wahrsten Sinne des Wortes *da* und in der Rolle des Arbeitenden zugänglich«, schrieb er. »Das Ergebnis ist persönliche Zugänglichkeit zur Arbeit (im Sinne von Ideen beitragen und sich anstrengen), zu anderen (im Sinne von Offenheit und Mitgefühl) und Wachstum (im Sinne von Wachsen und Lernen).

Solche Präsenz manifestiert sich in persönlich engagiertem Verhalten.«[56]

Konkret beschreibt er das so:

> Stellen Sie sich beispielsweise die Projektmanagerin in einem Architekturbüro vor, die mit einem Entwurfzeichner zusammenarbeitete. Die Projektmanagerin bemerkte, dass der Zeichner mit einer eigentlich relativ einfachen Dimension der Zeichnung zu kämpfen hatte. Eine Deadline rückte näher, und so ging sie auf den Zeichner zu. Dabei bemerkte sie ihre geballten Fäuste, die sie als ein Symptom ihrer Wut und Frustration nicht nur in Bezug auf den Zeichner, sondern auch auf die schwierige Deadline und den stellvertretenden Chef, der sie festgesetzt hatte, verstand. Sie fragte den Zeichner nach der Arbeit und hörte, dass er seine Schwierigkeiten und seinen Frust mit dem von ihm so empfundenen Mangel an Informationen über die Aufgabe erklärte. Sie stellte weitere Fragen, um seine Erfahrung zu eruieren, machte zu seiner Entspannung einen Scherz, der sich auf das Informationsdefizit im gesamten System (das der Kunde und der stellvertretende Chef so angelegt hatten) bezog, bemerkte, dass er bis zu einem gewissen Grad recht habe, über die relevante Information jedoch verfüge, die er übersehen hatte, zeigte ihm einen Weg auf, das Problem einzugrenzen, und gab ihm Feedback zum gegenwärtigen Stand seiner Arbeit. Während des gesamten Gesprächs war sie entspannt, direkt und engagiert.[57]

Wenn Sie Ihr authentisches bestes Selbst engagieren, macht sich das bezahlt, und Organisationen können eine entscheidende Rolle dabei spielen, dass Angestellte dieses Risiko eingehen. In einer von den Wissenschaftlern Dan Cable, Francesca Gino und Bradley Staats durchgeführten Studie wurden die Teilnehmer zu Beginn einer Reihe von Arbeitsaufträgen ermutigt, über ihre Individualität nachzudenken (z. B. indem sie eine Situation beschrieben, in der sie agiert hatten, als wären sie »zum Handeln geboren« und danach ein persönliches Logo entwarfen). Hinterher hatten sie eher das Gefühl, sein zu können, »wer sie wirklich sind«.[58] Im Ergebnis erzielten sie bei den Aufgaben größere Zufriedenheit, arbeiteten effizienter und machten weniger Fehler.

Manche Organisationen sorgen dafür, dass neue Angestellte Kontakte knüpfen, indem sie sich ganz auf die Identität und die Bedürfnisse der Gruppe konzentrieren, und vergessen dabei, die der Individuen zu berücksichtigen. Das kann Arbeitnehmer sogar davor zurückschrecken lassen, ihre wahre Identität zum Ausdruck zu bringen. Diese Studien verraten uns, dass Leute glücklicher sind und mehr leisten, wenn sie ihre einzigartigen Qualitäten in ihren Jobs einbringen können.

Der Nutzen des Gefühls, sich in einer Situation authentisch zu engagieren, ist sogar über die individualistischen westlichen Gesellschaften hinaus bekannt. In einer Unternehmensstudie, die Cable und seine Kollegen in einem indischen Callcenter durchführten, absolvierten alle neuen Angestellten einen halbtägigen Trainingsworkshop. Einige besuchten Veranstaltungen, die das authentische beste Selbst der Neueinsteiger betonten – sie sollten darüber nachdenken und aufschreiben, was sie Einzigartiges im Job einbringen könnten, und sollten danach fünfzehn Minuten in der Gruppe über ihre Antworten sprechen. Anschließend bekamen sie Fleece-Sweatshirts und Anstecker mit ihrem eigenen Namen. Beim anderen Angestelltentraining wurde betont, wie stolz die Leute auf ihre Zugehörigkeit zum Unternehmen sein sollten – sie lernten etwas über die Firmenkultur und wurden gebeten, sich zu überlegen und aufzuschreiben, auf welche Bereiche des Unternehmens sie am meisten stolz wären; anschließend wurde innerhalb der Gruppe fünfzehn Minuten lang über die Antworten gesprochen. Diese Teilnehmer erhielten Fleece-Sweater und Anstecker mit dem Namen der Firma. Eine dritte Gruppe hatte Kontrollfunktion und bekam die übliche grundlegende Einführung.

Diejenigen Angestellten, die man ermuntert hatte, ihr authentisches bestes Selbst zum Ausdruck und in ihre Arbeit einzubringen, erzielten im Job bessere Leistungen als die Leute aus den beiden anderen Gruppen. Gemessen wurde das Ganze an den Angaben der Kunden zu ihrer Zufriedenheit. Außerdem blieben die Menschen aus der ersten Gruppe länger beim Unternehmen, was in einer Branche mit hoher Fluktuation eine Rolle spielt.

Wir nähern uns einer soliden, funktionalen Definition von Präsenz oder Ausstrahlung und davon, wie sie in der Realität funktioniert. Indem wir unser authentisches bestes Selbst finden, glauben, ausdrücken und schließlich einbringen, vor allem unmittelbar vor unseren größten Herausforderungen, reduzieren wir unsere Furcht vor sozialer Ablehnung und steigern unsere Offenheit anderen gegenüber. Und das wiederum erlaubt uns, ganz und gar präsent zu sein.

»Auftreten« mit Präsenz

Irgendwann in Ihrem Leben, auf dem Weg zu einer entscheidenden Begegnung oder Situation, haben Sie wahrscheinlich schon einmal den Rat »Sei einfach du selbst« bekommen. Intuitiv wissen wir alle, dass das Sinn ergibt; wir leisten Besseres und andere reagieren besser auf uns, wenn wir uns so geben können, wie wir sind. Aber das Schlüsselwort hier ist *geben* – denn schließlich bedeutet »du selbst sein«, solange andere zugegen sind, trotz allem eine Art Vorstellung. Wir neigen dazu, Vorstellung mit Künstlichkeit zu assoziieren, was oberflächlich betrachtet das Gegenteil zu Ausstrahlung zu sein scheint. Und doch lässt sich nicht leugnen, dass ein großartiger Künstler mitten in einer Vorstellung geradezu spektakulär präsent ist, um nicht zu sagen eine fast elektrische Spannung erzeugt. Was können wir also von großen Performern über Ausstrahlung lernen?

Ich persönlich liebe Livemusik. Wie viele Stunden ich schon in Konzerten verbracht habe, will ich gar nicht verraten – und zwar von der winzigsten Bar bis zu den größten Stadien und von obskuren Indie-Bands bis hin zu Rocklegenden. Wenn die Stimmung passt, ist das berauschend. Ich glaube, nichts beseelt mich mehr als ein Augenblick perfekter Innigkeit bei einem Livekonzert. Aber was erzeugt einen solchen Augenblick? Wenn Musiker ganz in ihrem Spiel aufgehen, dann ist alles, was sie tun – auch die Bewegungen ihrer Köpfe oder Körper –, in Harmonie nicht nur mit Rhythmus und Melodie, sondern auch mit dem Inbegriff der Musik. Dann denken sie nicht auf fragmentarische Weise darüber nach, was sie tun – »spiel ein G, neig den Kopf leicht nach links, verlager das Gewicht auf deinen rechten Fuß und halte den Ton über vier Schläge« usw. Wenn Musiker präsent sind, dann sorgen sie gleichzeitig auch für unsere Präsenz.

Jason Webley, ein befreundeter Musiker, erklärte mir einmal, ein guter Auftritt sei einer, der sich nicht anfühlt wie ein Film, den man immer wieder abspulen könnte, sondern eher wie etwas, das sich zum ersten Mal vor deinen Augen zuträgt. »Es stört mich nicht, wenn derjenige, der auftritt, ein bisschen unsicher wirkt«, sagte er. »Ich will nur wissen, dass ich etwas Echtes von jemand zu sehen bekomme, der liebt, was er tut. Das lässt mich glauben, dass das, was ich sehe und höre, wahrhaftig ist. Es bringt mich dazu, dem Musiker zu glauben.«

Bei Tanzaufführungen sehen wir das Gleiche. Meisterhafte Technik genügt nicht, um Balletttänzer in einer Kompanie ganz nach oben – in die Position der Solotänzer – zu bringen. Selbst wenn man eine eindrucksvolle Liste mit Rollen als erste oder zweite Solistin vorzuweisen hat. Eine Primaballerina muss außer technischer Perfektion zu bieten auch eins mit der Musik, ihrer Rolle, ihrem Partner, anderen auf der Bühne und dem Publikum werden. Sie hat nicht nur einen Auftritt oder unterhält. Und ein Publikum spürt das – obwohl die Leute vielleicht nicht ausdrücken können, warum, und es fälschlicherweise allein der technischen Überlegenheit zuschreiben. Aber die Primaballerina muss als Einzige jeden *überzeugen* – ihre Kollegen und die Zuschauer.

Mikko Nissinen ist künstlerischer Direktor des Boston Ballet. In Finnland geboren und aufgewachsen tanzte er mit vielen Kompanien, u. a. mit dem San Francisco Ballet, wo er neun Jahre lang erster Solist war. Es interessierte mich besonders, ihn zum Thema Präsenz und Ausstrahlung zu befragen. »Jegliche neue Erfahrung kann Fragen aufwerfen, Zweifel, und das holt dich aus der Zone weg. Wenn Menschen zu ihrer wahren Präsenz finden, dann besteht ihre Stärke im da *sein*. In einem Zustand der Balance, weil man nicht versucht, sich selbst zu schützen. Man ist einfach. Das ist dann quasi *dein* wahrer Zustand.« Als Beispiel schilderte er, wie er einmal Michail Baryschnikow ein Stück hatte tanzen sehen, das vom legendären Jerome Robbins extra für ihn choreografiert worden war. Mikko hatte Baryschnikow dasselbe Robbins-Stück schon ein Jahr zuvor tanzen sehen, als es für ihn noch neu war – und es war schon damals technisch perfekt. Aber beim zweiten Mal war es eben noch mehr als das: »Ich muss sagen, es war fast wie … ein Augenblick der Transformation. Er tanzte das Stück gut, wie auch schon im Vorjahr, aber diesmal – wegen seiner Präsenz, der Energie zwischen …« Mikko suchte nach Worten, mit offenem Mund und gestikulierend. Zwischen Baryschnikow und dem Publikum? Zwischen Baryschnikow und der Musik? »Er war in der Lage, uns mit … mit *allem* zu verbinden! Er erschuf eine Brücke in den Himmel! Es war einfach unglaublich. Mein Gott, das war die absolute Meisterschaft in Sachen Ausstrahlung.«

Kürzlich sprach ich mit einer Schauspielerin, die ich für eine intuitive Expertin für Präsenz hielt. Ich sage »intuitiv«, aber auch wenn die einzelnen Schritte zur Präsenz für sie vielleicht eine Frage der Intuition waren, bedeutet das nicht, dass sie leicht waren. Durch Erfahrung wurden sie jedoch einfacher, und es sind Schritte, die wir alle lernen können.

Damals forschte ich schon seit ein paar Jahren zu dem Thema, und es mit dieser Schauspielerin zu diskutieren erschien mir wie eine Konversation mit der Verkörperung all meiner zusammengetragenen Forschungsergebnisse. Scharfsinnig und warmherzig schien sie im Verlauf des Gesprächs Feuer zu fangen. Sie lehnte sich zu mir, ihre Augen leuchteten, sie nickte und lächelte als Ausdruck gemeinsamer Begeisterung. Wir hatten eine gemeinsame Basis, aber sie konnte den Inbegriff von Präsenz auf den Punkt bringen, wie es mir nicht möglich gewesen wäre.

Wir saßen in ihrer Küche, wo Familienmitglieder kamen und gingen, Geschirr gespült wurde, Reste aufgegessen wurden, ein Hund bellte, weil er rauswollte, und Nachbarn vorbeischauten. Das Ganze war dermaßen normal, dass ich, wäre unser Thema nicht gewesen, leicht hätte vergessen können, dass ich mich gerade mit einer der größten Hollywoodschauspielerinnen aller Zeiten unterhielt.

Ich bin nicht die Einzige, die Julianne Moores absolut meisterhafte Präsenz schätzt. Etwa zwei Monate nach unserem Gespräch erhielt sie den Oscar als beste Hauptdarstellerin für die Rolle einer Frau mit einer Frühform von Alzheimer in dem Film *Still Alice – Mein Leben ohne Gestern.*[59]

In seiner Filmbesprechung im *Time Magazine* schrieb Richard Corliss über Moore: »Eine der großartigsten Schauspielerinnen Amerikas verwandelt diese Geschichte tragischer Vergesslichkeit in einen heroischen Kampf … Alice hat in Moore das perfekte Gefäß gefunden, denn fast immer gelingt es ihr, furchtlos und perfekt zugleich zu sein.«[60] David Siegel, Juliannes Regisseur in dem Film *Das Glück der großen Dinge,* sagte: »Sie glaubt sehr stark daran, im Moment ihres Auftritts präsent zu sein … aber sie schleppt ihn nicht mit, wenn sie wieder geht.«[61] Sie tritt ohne Furcht auf, spielt ohne Unsicherheit und verlässt die Szene ohne Bedauern.

Julianne und ich unterhielten uns am Ende ganze vier Stunden lang. Ich war gekommen, um mit ihr über Präsenz in ihrem Berufsleben zu sprechen, aber es dauerte nicht lange, bis mir klar war, dass sie die gleiche Präsenz auch in ihrem Privatleben ausstrahlte. In einem Flanellhemd, Leggings und Wollsocken – und genauso hübsch wie immer – wusch sie Dutzende Teelichtgläser aus, die sie während einer Party benutzt hatte, die am Abend vorher stattgefunden hatte, diskutierte gleichzeitig halb im Spaß mit ihrem Ehemann und ihrer Tochter, ob man vor dem Frühstück Cupcakes essen sollte. – Unterscheiden die sich wirklich so sehr von Pfannkuchen? (Cupcakes setzten sich am Ende durch.) Außerdem erzählte sie im Plauderton davon, welche Colleges sie sich mit ihrem Sohn ansehen wollte, der bald mit der Highschool fertig wäre, und kicherte mit mir, als wir Anekdoten über unsere peinlichsten Elternmomente austauschten.

Als ich die Abschrift des Interviews las, war ich entsetzt: Wir hatten zwei der vier Stunden mit den alltäglichsten Dingen verplaudert – und ich hatte fast so viel geredet wie sie. Mein erster Gedanke war, wie hatten wir nur so vom Thema abkommen können? Und wie hatte ich bloß so viel von ihrer Zeit vergeuden können? Aber dann wurde mir klar, dass der natürliche Verlauf der Unterhaltung ein weiterer Beweis für Juliannes Fähigkeit zum Leben im Augenblick war – noch dazu schaffte sie es, andere in diesen Augenblick einzubinden.

Als wir konkret über Präsenz sprachen, konnte man manchmal kaum erkennen, wer von uns beiden eigentlich ein Buch zu dem Thema schrieb.

Ich fragte sie: »Was meinst du hält uns davon ab, für die Menschen in unserem Leben präsent zu sein?«

»Leute fühlen sich dann am wenigsten präsent, wenn sie den Eindruck haben, nicht gesehen zu werden«, sagte sie. »Es ist unmöglich, präsent zu sein, wenn keiner dich sieht. Und das wird zu einem sich selbst verstärkenden Mechanismus. Denn je weniger diese Leute dich zur Kenntnis nehmen, desto stärker wird dein Gefühl, gar nicht zu existieren. Da gibt es keinen Raum für dich … Umgekehrt ist deine Präsenz am stärksten, wenn du am deutlichsten gesehen wirst … Und dann untermauern diese Leute dein Gefühl für dich selbst.« Als Kind wollte Julianne nicht im Mittelpunkt der Aufmerksamkeit stehen, aber wie wir alle sehnte sie sich danach, gesehen und verstanden zu werden. Ihre Familie zog oft um, und sie sagte, in jeder neuen Umgebung fühlte sie sich unweigerlich unsichtbar – für die Mitschüler, die Lehrer. Und in jeder neuen Szene, erklärte sie, musste sie sich eingestehen: »Ich weiß nicht, wer ich in dieser Situation bin. Das muss ich noch rausfinden.«

Jede Aktion bedeutete eine neue Herausforderung. Und in jeder neuen Herausforderung musste Julianne ihr authentisches bestes Selbst identifizieren und bestätigen. Bis sie das beherrschte, *konnte* sie gar niemand sehen.

Ich fragte sie: »Abgesehen vom Gesehenwerden, was bedeutet Präsenz für eine Schauspielerin? Wie lernt man, präsent zu sein?«

»Der Schlüssel zur Präsenz – und das ist eine Sache, die sie einem schon auf der Schauspielschule erzählen – der Schlüssel ist Entspannung«, sagt sie. »Aber wenn du achtzehn bist und gerade auf der Schauspielschule angefangen hast und die dir sagen, du musst entspannt sein, um das zu können, dann denkst du dir: ›Aber all mein Gefühl entsteht aus Anspannung und Furcht – diese großen Ausbrüche von Wut, Panik, Trauer …‹ Und so fängst du an dem Punkt an, wo du mit achtzehn stehst, um Jahre später festzustellen, der Schlüssel dazu, Gefühle zu ermöglichen und Nuancen und Präsenz … das ist Entspannung.«

Ich fragte sie auch nach Vorbereitung. Klarerweise nimmt sie das sehr ernst, und wenn sie sich auf eine Rolle einstimmt, dann arbeitet sie viele der besonderen Gesten und kleinen Gewohnheiten der Figur vorher aus – Dinge, die mit der Persönlichkeit und dem emotionalen Zustand der Figur übereinstimmen müssen. »Ich bin gut genug vorbereitet, um mich meine Erfahrung vor der Kamera machen zu lassen«, sagt sie. »Bin ich nicht vorbereitet, bin ich panisch. Dann kann ich nicht präsent sein.« Aber Vorbereitung ist, wie sie bemerkt, nur ein Teil. Wie sie bei *Inside the Actors Studio* erklärte, lässt sie »fünfundneunzig Prozent der Performance erst am Set entstehen … Ich möchte ein Gespür dafür haben, wer eine Figur ist, und dann will ich dahin und es vor der Kamera mit mir passieren lassen«.[62]

Dies ist ein guter Moment, um genauer auf das Thema Vorbereitung einzugehen. Manchmal glauben Leute fälschlicherweise, ich würde empfehlen, Vorbereitung grundsätzlich sein zu lassen und stattdessen einfach zu improvisieren. Das tue ich nicht. Wir können uns ja gar nicht sicher genug fühlen, um präsent zu sein, wenn wir dem Inhalt dessen, was wir vermitteln wollen, nicht genügend Aufmerksamkeit gewidmet haben. In einem Artikel für die *Harvard Business Review* über die Vorbereitung auf ein Bewerbungsgespräch, erklärt uns Karen Dillon, Co-Autorin von *How Will You Measure Your Life?,* worauf wir uns konzentrieren sollten.[63] Beispielsweise schlägt Dillon vor, »kleine Schilderungen« vorzubereiten, als Antworten auf die zwölf am häufigsten gestellten (und schrecklich vagen) Fragen während eines

Bewerbungsgesprächs, wie »Warum sollten wir Sie einstellen?« oder »Warum ist diese Stelle für Sie geeignet?«. Außerdem empfiehlt sie, auch Antworten auf die Fragen vorzubereiten, die wir vermeiden wollen, nur zur Sicherheit. Dabei geht es nicht darum, einen Text auswendig aufzusagen, sondern um leichteren kognitiven Zugang zu diesem Inhalt. Denn dann sind Sie frei, sich darauf zu konzentrieren, was wirklich passiert, anstatt darauf, wovor Sie sich fürchten.

Hier kommt *meine* Empfehlung: Vorbereitung ist fraglos wichtig, aber ab einem gewissen Punkt müssen Sie mit der inhaltlichen Vorbereitung aufhören und anfangen, Ihre Einstellung vorzubereiten. Sie müssen weg davon, *was* Sie sagen werden, hin zum *Wie.*

Oft stehen wir allerdings vor großen Herausforderungen, bei denen wir wenig darüber wissen, was von uns erwartet wird, und das kann beunruhigend sein – und uns die Vorbereitung fast unmöglich machen. Vor allem, wenn es um etwas geht, was wir gut machen wollen. Was dann?

Julianne überlegte einen Moment und sagte dann: »Das erinnert mich daran, als ich bei Todd Haynes für *Safe* vorsprach. Ich las das Drehbuch und konnte es so deutlich hören, und ich wollte es wirklich, wirklich.« Aber sie wusste nicht, wie der Regisseur Todd Haynes die Rolle sah – konnte sich also nicht nach seinen Vorlieben auf die Figur vorbereiten. »Ich kann mich erinnern, wie ich auf dem Weg zum Vorsprechen den Broadway runterging. Ich trug weiße Jeans und ein weißes T-Shirt, das war sehr … nun, ich wollte einfach irgendwie wie eine Leerstelle aussehen. Und ich dachte, wenn ihm nicht gefällt, was ich machen werde, dann liege ich nicht richtig – dann ist das nicht die Stimme, die er geschrieben hat. Denn genau das höre ich. Und wenn er (Haynes) das Gleiche hört, dann wird er mich engagieren. Aber wenn er etwas anderes will, dann weiß ich, dass ich das nicht tun kann.« Sie erklärte das mit großer Akzeptanz – ohne Frust. (Es zeigte sich, wie Sie sicherlich wissen, wenn Sie *Safe* gesehen haben, dass sie und Haynes die gleiche Stimme hörten.)

Also selbst wenn sie nur als Gefäß für eine Figur dient, kann Julianne ihren Job nur gut machen, wenn sie ihn auf eine Weise macht, die ihr authentisch und aufrichtig scheint.

Mit Blick auf die Art von Herausforderungen, auf die man sich nicht vorbereiten kann, sagte sie: »Der berühmte amerikanische Spruch ›Gib einfach dein Bestes‹ kann Leute fertigmachen, denn was zum Teufel bedeutet das überhaupt? Bedeutet es ›Sei einfach *der* Beste‹? Und wenn man nicht weiß, was von einem erwartet wird, wie kann man dann der Beste sein? Tatsächlich«, fügte Julianne noch hinzu, »denke ich, es geht darum, möglichst authentisch, möglichst präsent zu sein. Es *auszufüllen.* Dich selbst einzubringen.«

»Aber was passiert, wenn man sich selbst einbringt und es nicht gut läuft?«, fragte ich.

In einer der letzten Szenen des Films *Das Ende einer Affäre* von 1999 sollte Julianne sich schluchzend auf den Körper ihres Geliebten werfen. »Ich konnte es nicht. Ich konnte es einfach nicht. Ich versuchte es, wiederholte es immer wieder, und ich schaffte es einfach nicht. Und dabei hatten wir das meiste schon gedreht, und das war meine vorletzte Szene, die wir noch drehen mussten.«

Der Regisseur Neil Jordan ermutigte sie, sich in ihren Trailer zurückzuziehen und zu entspannen. Er sagte zu ihr: »Weißt du, du hast den ganzen Film gedreht. Selbst wenn das hier nicht klappt, wird sich das nicht auf die Leistung auswirken, die du schon geliefert hast.« Julianne sagte, da habe sie gelernt, »dass du manchmal einfach gegen eine Wand knallst. Und das ist okay. Selbst wenn es sich schlecht anfühlt, ist es okay, es sich schlecht anfühlen zu lassen. Weil du irgendwann aufhören wirst, dich schlecht zu fühlen, weil Gefühle einfach nicht sehr lange anhalten.«

Kein Bedauern, kein Grübeln. Keine Scham. Keine Furcht, dass es ihr beim nächsten Mal nicht gelingen würde. Und natürlich drehten sie später die Szene.

Gegen Ende unserer Zeit miteinander sagte Julianne: »Manchmal fühlst du dich, als würdest du durch Morast stapfen und nirgendwo hinkommen; du kannst nicht entfliehen. Und dann hast du manchmal einfach ein Gefühl wie ›Das war jetzt wirklich wie beflügelt‹, weißt du? Dann fühlt man sich sehr lebendig.

Darum machen wir das. Darum macht jeder Schauspieler das. Für diese Momente … weil es sich dann – und ich will jetzt nicht kitschig klingen – übersinnlich anfühlt.«

Aber: »Wenn jemand sich ohnmächtig und niedergeschlagen fühlt, dann ist er zu nervös, um präsent zu sein«, sagte sie. »Und man fühlt sich dann zu geschützt. Wenn man sich vor Verletzung schützt – vor emotionaler Verletzung oder Demütigung –, dann kann man nicht präsent sein, weil man sich zu sehr schützt.«

Sie hielt kurz inne und sagte dann: »Es ist Macht. Es geht doch immer um Macht, nicht wahr?«

Ist es das? Ist Präsenz am Ende und in Wirklichkeit nur ein anderes Wort für »Macht«? Das würde eine Menge erklären.

»Was machst du«, fragte ich sie, »wenn du präsent und bereit bist, dich einzubringen, aber ein anderer Schauspieler in der Szene ist es nicht?«

»Manche Leute haben schon herausgefunden, was sie tun werden, und sie tun es nicht mit dir, also machen sie ihr Ding … und du kannst keine Verbindung zu ihnen aufnehmen, nicht über den Blick, nicht körperlich. Und dabei hat die ganze Schauspielerei so viel mit Austausch zu tun, weißt du?

Wo Aufregendes passiert, wo man gar nicht weiß, was passiert, das ist dort, wo zwei Leute mit Ausstrahlung sich verbinden und etwas hervorbringen, und das ist irgendwie … Da wird es übersinnlich.« Aber wenn der andere Schauspieler nicht eingebunden ist, dann kann die Macht der Ausstrahlung manchmal sogar diese Hürde überwinden, behauptet Julianne.

»Wenn du präsent und verfügbar bist, dann haben Leute das Bedürfnis, dir ihr authentisches Selbst anzubieten. Du musst nichts weiter tun, als sie darum bitten. Niemand behält dann ein Geheimnis für sich. Niemand. Und selbst wenn es ihnen anfangs widerstrebt, dir etwas zu erzählen, dann werden sie dir am Ende trotzdem ihre ganze Lebensgeschichte erzählen«, sagte Julianne. »Und das passiert wegen des Bedürfnisses der Leute, gesehen zu werden.«

Ich erwiderte: »Es scheint so, als würdest du *anderen* erlauben, präsent zu sein, wenn *du* es wirst. Ausstrahlung macht dich also nicht im Sinne eines Alphas dominant, sondern tatsächlich erlaubt sie dir, andere Menschen zu hören. Und anderen, sich gehört zu fühlen, präsent zu sein. Du kannst Menschen helfen, sich stärker zu fühlen, selbst wenn du ihnen keine formale Macht schenken kannst.«

Sie schwieg kurz, dann leuchtete ihr Gesicht auf. »Ja! Und wenn es passiert – wenn deine Ausstrahlung ihre Ausstrahlung hervorlockt –, dann kannst du damit alles besser machen.«

Kapitel 3

Aufhören zu reden, anfangen zuzuhören – wie Ausstrahlung Ausstrahlung erzeugt

»Indem wir unser eigenes Licht leuchten lassen … geben wir anderen die Erlaubnis, das Gleiche zu tun. Wenn wir uns von den eigenen Ängsten befreien, befreit unsere Ausstrahlung automatisch auch andere.«

Marianne Williamson

An einem Frühlingsabend im Jahr 1992 versammelten sich Kleriker in einer kleinen Kirche in Boston. Sie waren zusammengekommen, um auf einen erschreckenden Anstieg der Bandenkriminalität und Mordfälle zu reagieren. Innerhalb eines Jahres waren dreiundsiebzig junge Menschen getötet worden, ein Anstieg um 230 Prozent im Vergleich zu den Zahlen drei Jahre zuvor. Die Menschen waren außer sich und verzweifelt. Sie lebten in der Furcht, ihre Kinder in dem Krieg zu verlieren, der ihre Stadt beherrschte. Nichts, was sie versucht hatten – Extraprogramme nach der Schule, von Eltern initiiertes Wegsperren, erhöhte Polizeipräsenz –, konnte das Gemetzel stoppen. Eine Woche vor dem Treffen waren während einer Totenmesse in derselben Kirche für einen ermordeten Teenager vierzehn Bandenmitglieder hereingestürmt und hatten einen jungen Mann mit neun Messerstichen getötet.

An der Besprechung nahm auch ein junger Baptistenpfarrer teil: Reverend Jeffrey Brown. Er war in der Gemeinde noch relativ neu und mit den Problemen noch nicht sehr vertraut. In Alaska geboren, war er als Sohn eines Offiziers der Army in seiner Kindheit von einer Militärbasis zur nächsten umgezogen. Dann besuchte er ein College in Pennsylvania, bevor er in Boston Religionswissenschaften studierte. An jenem Abend war er unter den über dreihundert Klerikern, weil seine Gemeinde – wie der Großteil der Stadt – unter der Situation litt. Allerdings verfügte er über keinerlei Erfahrung mit Banden, Kriminalität oder den Gründen für deren Aufkommen.

Ich möchte ihn an dieser Stelle beschreiben lassen, was nach dieser Veranstaltung passierte.

»Es passierte das, was immer passiert, wenn man mehrere Prediger zusammen in einen Raum steckt«, sagte Jeffrey. »Sie redeten. Und dann verabredeten sie ein neues Meeting für den nächsten Dienstag, um weiterzureden, und eines für den Dienstag danach … Und sie begannen, Mitglieder ihrer Gemeinden mitzubringen – Lehrer, Eltern, Polizisten –, um mit ihnen darüber zu sprechen, was vor sich ging. Nach zwei Monaten wollten sie sich in Ausschüsse aufteilen, Amy! Und ich wusste, das wäre das Ende – wenn man sich aufteilt, weil nichts funktioniert, dann ist es an der Zeit, etwas anderes auszuprobieren.

Also sagte Eugene – Reverend Eugene Rivers –: ›Wisst ihr, mit wem wir noch nicht gesprochen haben? Wir haben noch keinen Jugendlichen hierhergeholt, um mit ihm zu bereden, was da los ist.‹ Alle meinten: ›Na schön, Eugene, dann nominieren wir dich als Vorsitzenden des Straßenausschusses.‹ Es sollte ihn in Verlegenheit bringen, doch das tat es nicht. Eugene sagte: ›Okay, diesen Freitag bei mir zu Hause.‹ An besagtem Freitag erschienen dreizehn Leute. Eugene wohnte in Four Corners, was damals quasi Ground Zero war – eine der gewalttätigsten Gegenden der Stadt. Wir kamen also zu ihm, und er sagte nur: ›Gut, lasst uns gehen!‹ Wir sagten: ›Wohin denn?‹ Und er: ›Nach draußen!‹«

»Nach draußen«, das war nicht gerade der Ort, an dem Jeffrey Brown sich zu diesem Zeitpunkt in seiner Berufslaufbahn wiederzufinden gehofft hatte. Auf dem College hatte er Kommunikationswissenschaften belegt, und nachdem er in den Dienst der Kirche eingetreten war, stellte er sich vor, Pastor einer Riesenkirche zu werden. Eine dieser großen Vorstadtkongregationen, die sich im ganzen Land verbreiteten und die von Erfolg und Wohlstand predigten. Hätte man ihn vor ein paar Jahren nach seinen Ambitionen gefragt, hätte er wohl geantwortet, dass er sich eine Kirche mit Tausenden Mitgliedern, seiner eigenen Fernsehsendung und diesem ganzen Brimborium wünsche. Bandenkriege waren damals nicht auf seinem Radar.

Natürlich musste er sonntags in der Kirche zumindest ansprechen, was draußen auf den Straßen passierte. »Ich stieg auf meine Kanzel und predigte gegen Gewalt«, sagte er, »und nach dem Gottesdienst stieg ich in mein Auto und fuhr direkt zu meinem hübschen Zuhause in meinem hübschen Stadtviertel.«

Doch das Blutvergießen und die Verzweiflung rückten näher. Jeffrey musste Begräbnisse von sechzehn und siebzehn Jahre alten Jugendlichen leiten und hatte Mühe, etwas Bedeutsames, etwas wirklich Beeindruckendes zu sagen. »Das ging über meine

Vorbereitung als Jungpfarrer hinaus«, sagte er. »Da belegst du deine Kurse über Tod und Sterben, lernst den Wert des Rituals, was du Tröstliches sagen kannst. Aber du bist nicht wirklich darauf vorbereitet, dass ein junger Mensch totgeschossen wird. Und die traumatische Wirkung potenziert sich, wenn da dann junge Menschen sitzen, die schon mehrere Morde miterlebt haben. Es war also beunruhigend, den Versuch zu machen, mit diesen jungen Leuten zu sprechen, eine Verbindung zu ihnen aufzubauen. Das funktionierte einfach nicht. Sie hörten nicht wirklich auf das, was bei einer Beerdigung gesagt wurde. Und einige wirkten geradezu leer. Als seien sie noch völlig verunsichert von dem, was passiert war. Und es gab andere, die wütend waren. Man konnte spüren, wie sich diese Wut sammelte, weil klar war, dass sie Vergeltung üben würden.«

Befreundete Pfarrer, die ebenfalls zu kämpfen hatten, wandten sich hilfesuchend an Jeffrey: Er war ein junger Mann, nicht viel älter als viele der Täter und Opfer der Gewalt, die die Gemeinde erschütterte. Konnte er nicht Verbindung aufnehmen? Einen Weg finden, zu diesen Kids durchzudringen? »Aber ich konnte es nicht«, sagte er. »Das war mir genauso fremd wie meinen befreundeten Kollegen.«

Ungefähr um diese Zeit hatte Jeffrey einen Traum. Darin erschien ihm Jesus in der Kirche, und zwar in einem orangefarbenen Anzug, mit rotem Hemd und violetter Krawatte. Er zeigte Jeffrey sein prunkvolles Büro, führte ihn dann zu einem großen Mercedes und fuhr ihn zu einer Villa. Dann drehte Jesus sich zu Jeffrey um und sagte: »Was meinst du?« Jeffrey antwortete: »Das ist einiges.« Da sah Jesus Jeffrey an und sagte: »Bin das wirklich ich?« Und dann wachte Jeffrey auf.

»Ich träumte das mehr als ein Mal«, sagte Jeffrey, »also dachte ich mir: ›Hier stimmt irgendwas nicht.‹ Ich wusste einfach, dass es so eine Art Botschaft war, weil es nicht in die richtige Richtung ging. Aber das war für mich sehr beängstigend, weil ich mir dachte: ›Ich weiß nicht, wie ich Verbindung aufnehmen soll; ich weiß nicht, was ich tue.‹«

Jeffrey erkannte, dass er sich mehr Mühe geben musste, die Probleme der Gemeinde anzugehen. Er entwickelte neue Programme in seiner Kirche, um gefährdeten Jugendlichen zu helfen. »Ich versuchte es sogar mal mit einer gerappten Predigt«, sagt er lachend. (Ein nettes junges Gemeindemitglied gab ihm danach den Rat: »Versuchen Sie das nicht noch mal.«) Er traf sich mit Schülern der örtlichen Highschool, aber die Bandenmitglieder und Crack-Dealer gingen ja nicht zur Schule und waren auf diese Weise nicht erreichbar. Er wusste nicht, was er noch tun sollte.

Kurz vor dem ersten Treffen der Pastoren war ein 21-Jähriger namens Jesse McKie auf einer Straße in der Nähe von Jeffreys Kirche ermordet worden. Ein paar Bandenmitglieder hatten den jungen Mann aufgehalten, um ihm seine Lederjacke zu klauen. Als er sie ihnen nicht geben wollte, stachen sie ihn nieder und klauten sie. Nur wenige Meter von der Kirchentür entfernt verblutete Jesse.

»Ich war Jesse nie begegnet«, sagte Jeffrey. »Seine Eltern sah ich bei der Trauerfeier zum ersten Mal. Ich glaube, sie hatten mich angerufen, weil ich jung war und sie wussten, dass ich mit Jugendlichen arbeitete. Sie fragten mich: ›Können Sie kommen und eine Mahnwache mit Kerzen anführen und beten?‹ Und ich sagte: ›Natürlich.‹ Aber ich war richtig nervös.«

Jeffrey hatte geglaubt, so ziemlich jeden in der Gegend zu kennen, aber als er in der eisigen Kälte stand und die Mahnwache für Jesse leitete, erblickte er um sich herum lauter Gesichter, die er noch nie gesehen hatte, obwohl viele der Leute in den Sozialwohnungen gleich die Straße runter von seinem Haus wohnten. »Dann kehrte ich zum Haus von Jesses Familie zurück, und sie erzählten von ihm. Es waren so viele Leute dort, die einfach aus der Nachbarschaft stammten. Ich konnte es kaum erwarten, dort wegzukommen.«

Doch was als Nächstes geschah, irritierte Jeffrey. Die Leute kamen auf ihn zu und schüttelten seine Hand. »Obwohl ich doch gar nichts anderes getan hatte, als zu beten. Ich hatte kein Programm für sie, noch nicht mal eine Messe, weißt du, ich betete nur und war *da,* und sie schüttelten mir die Hand.« Er konnte nicht aufhören, darüber nachzudenken. Er grübelte auf der Autofahrt nach Hause und später im Bett. Und immer wieder kam ihm der Gedanke: »Was ich heute Abend getan habe, war echter Pfarrdienst.«

Bald danach fasste die Polizei drei der Kerle, die Jesse getötet hatten. Sie waren Mitte zwanzig, nur ein paar Jahre jünger als Jeffrey. »Das war irgendwie so … Mann, das sind knallharte Gangmitglieder, aber warum denken sie, obwohl sie ungefähr mein Alter haben, so ganz anders als ich? Ich bin schwarz, sie sind schwarz. Ich wohne in der Innenstadt, sie wohnen in der Innenstadt. Und weißt du, ich kapiere das nicht. All das arbeitete damals in mir, und ich hatte keinen, mit dem ich wirklich darüber reden konnte. Ich versuchte zwar, mit einigen meiner Kollegen zu sprechen, aber die waren total versessen darauf, ihre Megakirchen aufzubauen. Sie sagten Sachen wie ›Wie viele Leute sind in diesem Monat deiner Kirchengemeinde beigetreten?‹ Und ich darauf: ›Wen interessiert das? Dieser Jugendliche wurde umgebracht! Sollten wir nicht dagegen was tun?‹«

Der Mord an Jesse wurde für Jeffrey zum Wendepunkt. Er sah die Schwäche – das Paradoxe – an seiner Herangehensweise. »Da hast du diese Jugendlichen in ihren Banden, die ich wie ›die anderen‹ behandelte«, sagt er, »und ich versuchte doch, eine Gemeinde aufzubauen, dabei gab ich ihnen keinerlei Zugang zu meiner Definition von Gemeinde. Also sagte ich: ›Wenn du eine Gemeinde aufbauen willst, dann muss es eine Gemeinde aus allen sein, was auch die Leute einschließt, die andere nicht in der Gemeinschaft haben wollen, also genau diese Kids.‹«

Jeffrey kam an jenem Freitagabend nach der Besprechung der Kleriker zu Eugenes Haus, weil er wusste, dass der Vorsitzende des »Straßenausschusses« recht hatte. Es war an der Zeit, »da draußen« nach einer Lösung zu suchen.

»Also gingen wir los«, erinnerte Jeffrey sich. »Wir marschierten von zehn Uhr abends bis zwei Uhr morgens. Und es war die ganze Zeit erstaunlich.« Am nächsten Freitag tauchten weniger als die Hälfte der ursprünglich dreizehn Geistlichen auf. Bald waren sie nur noch zu viert – Jeffrey, Eugene und zwei andere. Aber sie waren engagiert. »Ich wusste, dieses durch die Straßen Laufen und mit den Jugendlichen Reden war der Schlüssel zu etwas«, sagte Jeffrey. »Auch wenn ich noch nicht wusste, wozu.«

Sich blicken lassen

Es erforderte von Jeffrey und den anderen Geistlichen Mut, sich unaufgefordert und ungeschützt Abend für Abend auf die Straße zu begeben. Und wie man sich denken kann, hieß man sie nicht sofort als Retter willkommen. Aber sie hielten durch und fanden schließlich einen Weg, um nicht nur Verbindung zu den jungen Männern der Gegend aufzunehmen, sondern verbündeten sich sogar mit ihnen, sodass die Gewalt in Boston in dramatischem Ausmaß zurückging.

Präsenz anderen gegenüber bedeutet an erster Stelle, sich blicken zu lassen. Im wahrsten Sinne des Wortes, körperlich anwesend zu sein. Vorher war noch keiner zum Reden auf dem Territorium der jungen Leute und zu ihren Zeiten aufgetaucht, um mit ihnen zu reden. Aber genauer betrachtet geht es bei Präsenz darum, *wie* wir uns sehen lassen – wie wir auf die Menschen zugehen, mit denen wir Verbindung aufnehmen und die wir beeinflussen wollen.

Jeffrey wusste, dass er sich zu einer gefährlichen Zeit in einer der härtesten Gegenden von Boston aufhielt. Die Jugendlichen, die ihm dort begegneten, waren – zumindest von außen betrachtet – so verhärtet und böse, wie man es erwarten konnte. Der normale Instinkt hätte Jeffrey vielleicht geraten, diesen jungen Männern zu beweisen, dass er genauso tough sein konnte wie sie – ein würdiger Gegenspieler. Doch das wäre die denkbar schlechteste Reaktion gewesen. Diese Kids hatten schon ihr Leben lang gegen Härte gekämpft. Tough zu sein, wäre für sie keine Überraschung gewesen.

Jeffrey und die anderen Geistlichen taten also genau das Gegenteil. Sie begegneten toughem Auftreten mit Sanftmut und Freundlichkeit und ernsthaftem Interesse an den Gedanken und Gefühlen der Jugendlichen. Es war ein wenig schockierend – wahrscheinlich das Letzte, womit diese jungen Männer gerechnet hatten. Es war revolutionär. Jeffrey wusste, dass er dadurch zunächst vielleicht wie ein Schwächling wirken würde. Doch das störte ihn nicht. Er tat es, weil er wusste, dass das noch keiner je versucht hatte, und er sich dachte, dass es vielleicht funktionieren würde.

Jetzt könnte man sich sagen: »Na ja, natürlich ist es die beste Strategie, jemand mit Freundlichkeit, Offenheit und Neugier zu begegnen«, aber Sie würden staunen, wenn Sie wüssten, wie oft wir uns instinktiv für einen anderen Ansatz entscheiden, einen, der eher darauf abzielt, unsere eigene Stärke und Kontrolle zu demonstrieren. Seit über fünfzehn Jahren untersuchen die Psychologen Susan Fiske, Peter Glick und ich nun schon, wie Menschen einander bei der ersten Begegnung beurteilen. Nach Forschungen in über zwei Dutzend Ländern sehen wir überall dieselben Muster.[64]

Wenn wir jemand neu kennenlernen, beantworten wir uns bald zwei Fragen: »Kann ich diesem Menschen trauen?« und »Kann ich diesen Menschen respektieren?«. In unserer Forschung bezeichnen meine Kollegen und ich diese Kriterien als *Wärme* und *Kompetenz.*

Üblicherweise schreiben wir einer Person, die wir eben erst kennengelernt haben, entweder mehr Wärme als Kompetenz zu oder mehr Kompetenz als Wärme, aber nicht beides in gleichem Maße. Wir unterscheiden gerne klar – das liegt in der menschlichen Natur. Also sortieren wir neue Bekanntschaften nach Kategorien. Tiziana Casciaro bezeichnet die Typen in ihrer Forschung mit Bezug auf Organisationen entweder als liebenswerte Narren oder kompetente Mistkerle.[65]

Gelegentlich empfinden wir Leute als inkompetent und kalt – dumme Mistkerle – oder als warm und kompetent – liebenswerte Stars. Letztere bilden die goldene Schnittmenge, denn Vertrauen und Respekt von anderen zu bekommen erlaubt gute Interaktion und Performance.

Doch wir schätzen diese beiden Eigenschaften nicht gleichermaßen. Zuerst urteilen wir über Wärme oder Vertrauenswürdigkeit, die wir für die wichtigere der beiden Dimensionen halten. Oscar Ybarra und seine Kollegen fanden beispielsweise heraus, dass Menschen Begriffe, die man mit Wärme und Tugendhaftigkeit verbindet (*freundlich, aufrichtig* u. Ä.), schneller verarbeiten als Begriffe, die wir eher mit Kompetenz assoziieren (*kreativ, fähig* usw.).[66]

Warum hat Wärme für uns höhere Priorität als Kompetenz? Weil es aus evolutionärer Sicht für unser Überleben wichtiger ist, ob jemand unser Vertrauen verdient. Tut er das nicht, bleiben wir besser auf Abstand, weil derjenige potenziell gefährlich ist, vor allem wenn er sich noch dazu als kompetent erweist. Wir schätzen Menschen, die fähig sind, zwar, vor allem in Umständen, unter denen diese Eigenschaft nötig ist, aber wir bemerken sie erst, *nachdem* wir über ihre Vertrauenswürdigkeit entschieden haben.

Als er sich an die ersten Freitagabende erinnerte, als Geistliche und Bandenmitglieder einander auf demselben heiklen Terrain umkreisten, sagte Jeffrey: »Was wir feststellten, war, dass sie uns beobachteten, solange wir dort rumliefen. Und sie wollten ein paar Dinge gleich klarstellen. Erstens, dass unser Verhalten berechenbar wäre – dass wir weiterhin zu ihnen kommen würden. Und zweitens wollten sie sicherstellen, dass wir nicht dort auftauchten, um sie auszunutzen.« Außenstehende, die in ein Problemviertel kommen und groß davon reden, sich »die Hoheit über die Straßen« zurückzuholen, bringen vielleicht ein Fernsehteam, einen Reporter oder auch nur ein aufgeblasenes Ego mit. Die jungen Leute fragten sich laut Jeffrey: »Ist das wieder so ein

Rummel? Ein Egotrip, mit dem ihr mehr für euch selbst und weniger für uns im Sinn habt?« Bevor irgendeine Form von Dialog beginnen konnte – bevor beide Seiten füreinander präsent sein konnten, brauchte es Vertrauen.

Nachdem sie Vertrauen aufgebaut hatten, wollten sie ihre Stärke messen. Oder wie Jeffrey es formulierte: »Sie wollten wissen, ob wir bereit waren, mit dem, was da draußen war, klarzukommen. Solche anfängliche Gespräche können einen einschüchtern, denn man hat junge Leute vor sich, die aggressiv und abwehrend daherreden, und da musst du drüberstehen. Und zwar so, dass du trotzdem noch offen bleibst.«

In Anbetracht all dieser Aspekte ist es witzig, was passiert, wenn ich Leute – Studierende, Freunde, Führungskräfte oder Künstler – frage, ob sie sich selbst eher als vertrauenswürdig oder kompetent sehen: Die meisten entscheiden sich für Letzteres. Was aus zwei Gründen absolut verständlich ist. Kompetenz lässt sich leichter in konkreter, praktikabler Form messen. In einem Lebenslauf, einem Leistungsnachweis oder Testergebnis. Folglich haben wir ein Gefühl von Kontrolle darüber, wie kompetent wir wirken. Und während unsere Vertrauenswürdigkeit und Wärme anderen Menschen zugutekommt, glauben wir, dass unsere Kompetenz und Stärke uns selbst nützt.[67]

Wir wünschen uns also andere warm und vertrauenswürdig, wollen aber, dass sie *uns* als kompetent und stark ansehen. Während das erste Bedürfnis unserer Sicherheit nützt, kann letzteres uns teuer zu stehen kommen.[68]

Ich habe das viele MBA-Studierende während ihrer Sommerpraktika auf die harte Tour lernen sehen. Ihr Ziel ist es, die Firma, bei der sie ihr Praktikum absolvieren, dazu zu bringen, dass sie

sie auffordert, nach ihrem Studienabschluss für einen echten Job zurückzukehren; sie haben also etwa zehn Wochen Zeit zu beweisen, dass sie dieses Angebot wert sind. Also eine Art zehnwöchiges Bewerbungsgespräch.

Oft sind diese Studenten so entschlossen, allen zu zeigen, dass sie die klügsten und kompetentesten von allen sind, dass sie die Kosten ihrer Strategie übersehen. Das kann sie nämlich kalt und abgehoben wirken lassen. Es kann sie von geselligen Anlässen mit Kollegen und Vorgesetzten abhalten. Und es kann sie zu der irrigen Annahme verleiten, um Hilfe zu bitten, würde sie schwach und inkompetent wirken lassen, obwohl die Frage nach Feedback von einem Vorgesetzten oder Kollegen ihnen die Chance geben würde, zu interagieren, Respekt zu beweisen und Teil des Teams zu werden.

Die große Überraschung kommt dann am Ende des Sommerpraktikums, wenn die übereifrigen Studenten zum Gespräch mit den Vorgesetzten gebeten werden und erfahren, dass man ihnen keinen Job anbietet – weil niemand sie wirklich kennengelernt hat. Sie scheinen »keine so guten Teamplayer« zu sein. Ihre Kompetenz steht außer Zweifel, aber direkt oder indirekt teilt man ihnen mit, dass sie keinerlei produktive Zusammenarbeit oder keine Vertrauensbeziehungen entwickelt haben.

Sie sind noch nicht überzeugt? Dann betrachten wir eine Studie aus dem Jahr 2013 mit 51 836 Führungskräften, deren Untergebene sie zunächst bezüglich einer Auswahl von Charaktereigenschaften und anschließend anhand ihrer allgemeinen Führungseffizienz bewerten sollten. Nur 27 von ihnen kamen in das unterste Quartil (unterhalb des 25 %-Perzentils), was Liebenswürdigkeit anging, *und* zugleich in das oberste Quartil (oberhalb des 75%-Perzentils) bei effektivem Führungsstil. Mit anderen Worten: Ihre Chance, als unsympathische, aber effektive Führungskraft gesehen zu werden, beträgt eins zu zweitausend.[69] Andere Forscher haben herausgefunden, dass die häufigsten Eigenschaften, die mit dem Scheitern eines leitenden Angestellten assoziiert werden, ein unsensibler, aggressiver Führungsstil oder Mobbing sind – also das genaue Gegenteil von Wärme und Vertrauenswürdigkeit.[70]

Aber bevor ich hier weitermache, möchte ich noch etwas einschieben – falls Sie sich fragen, warum ich Ihnen von Reverend Jeffrey Brown, Bandenkriminalität, Wärme und Kompetenz und diesen ganzen Dingen erzähle.

Die Lehre daraus ist, dass Vertrauen die Verbindung zu Einfluss ist und der einzige Weg, um echtes Vertrauen zu erzeugen, über positive Ausstrahlung führt. Ausstrahlung ist das Medium, durch das Vertrauen entsteht und Ideen sich mitteilen. Wenn jemand, auf den Sie Einfluss nehmen möchten, Ihnen nicht vertraut, werden Sie nicht sehr weit kommen. Vielleicht lösen Sie sogar Misstrauen aus, weil Sie manipulativ wirken. Sie mögen großartige Ideen haben, aber ohne Vertrauen sind diese Ideen machtlos. Eine warmherzige, vertrauenswürdige Person, die noch dazu stark ist, erzeugt Bewunderung. Aber erst nachdem Sie Vertrauen aufgebaut haben, wird Stärke zu einer Gabe anstatt zur Drohung.

Ich hoffe auch, Ihnen zeigen zu können, dass das Streben nach Präsenz in den schwierigsten Momenten nicht nur gut für Sie ist, sondern auch anderen großen Nutzen bringen kann. Präsenz schenkt Ihnen die Kraft, *anderen* in deren schwierigsten Momenten zu helfen.

Nicht aus Seide sein

Lassen Sie uns zu Jeffrey zurückkehren. Jesses Ermordung war für ihn ein Wendepunkt. Sie machte es ihm natürlich nicht leichter, zu den Jugendlichen durchzudringen, denen er zu helfen versuchte. Aber es war der Auslöser. Bald danach ereignete sich etwas, das Jeffrey endlich verstehen ließ, wie er auf der Straße wahrgenommen wurde. Gleichzeitig konnten auch die Gangmitglieder einen Blick auf den wahren Jeffrey erhaschen.

»Ich lerne also diesen Jungen namens Tyler kennen, der immer so was sagt wie ›Was willst du denn hier, Mann?‹. Ich erinnere mich, dass ich einmal dieses Jackett anhatte und Tyler anfing, es zu befingern. Er sagte: ›Mann, das ist ja Seide.‹ Und ich sage: ›Nein, ist es nicht.‹ Aber er tönt weiter: ›Seht euch den Typen an, der mit einem Seidensakko herkommt.‹ Das macht er jedes Mal. Immer erwähnt er dieses Sakko, bis ich irgendwann genug hatte, es leid war und sagte: ›Mann, hör auf von meinen Klamotten zu reden. Das ist verdammt noch mal kein Seidensakko!‹

Und er meint darauf: ›Yeah, *jetzt* bist du mal echt. Vorher warst du aus Seide.‹ Und ich: ›Oh, okay, ich glaube, jetzt hab ich verstanden, wie es hier läuft.‹ Und dann fingen wir ein echtes Gespräch an. Worüber er wirklich sprechen wollte, war, wie schwer es sein würde, die Einstellung so vieler junger Leute um ihn herum zu ändern. Er sagte was in der Art: ›Du kannst nicht herkommen, dich einmal unterhalten, und dann ändert sich plötzlich alles.‹ Und da wurde mir klar, okay, das wird kein Spaziergang durch den Park. Das wird eine ganze Reise.«

Jeffrey musste diesen Kindern gegenüber authentisch sein, damit sie ihm gegenüber authentisch sein konnten. Durch sein Verhalten musste er seine wahre Geschichte vermitteln – diejenige, die er selbst wirklich glaubte, nicht die, die er andere glauben machen wollte. Er musste sein aufrichtigstes Selbst sein – keine Fassade, keine Hindernisse –, um ihnen zu zeigen, dass es okay war, wenn sie das Gleiche taten. Wenn Sie Ihr wahres Selbst offenbaren, gibt das anderen die Freiheit, es Ihnen gleichzutun. Wir müssen aufhören, wie Seide zu sein.

Die Klappe halten

»Jemand zuzuhören, das ist die
höchste Form menschlichen Respekts.«

William Ury

William Ury ist Mitbegründer des Harvard Program on Negotiation und Koautor des langjährigen Bestsellers *Getting to Yes*. Bill gehört nicht nur zu den erfahrensten und erfolgreichsten Verhandlern, denen ich je begegnet bin, sondern er ist auch der netteste und geduldigste. Mithilfe des freundlichen Ansatzes hilft er rund um die Welt, Konflikte zu lösen – innerhalb von Unternehmen, Regierungen und Gemeinwesen. So löst er Konflikte, in denen andere nichts mehr bewegen konnten. In den 1980er-Jahren half er den USA und der Sowjetunion Krisenzentren zu entwickeln, die dazu gedacht waren, einen aus Versehen ausgelösten Atomkrieg abzuwenden. Er arbeitete daran mit, einen milliardenschweren Streit um die Kontrolle des größten Einzelhandelsunternehmens in Lateinamerika zu beenden. Den Präsidenten von Kolumbien beriet er nach dem Ende eines fünfzig Jahre währenden Bürgerkriegs. Wenn die Konfliktparteien einander zum ersten Mal anhören – wenn man substanzielle Fortschritte auf eine Lösung zu erzielt –, dann halten die Leute Bill tatsächlich für eine Art Zauberer. Er schwört natürlich, dass das nicht stimmt, und behauptet sogar, es sei geradezu peinlich simpel.

Im Jahre 2003 erhielt er einen Anruf vom ehemaligen US-Präsidenten Jimmy Carter, der ihn bat, sich mit dem venezolanischen Präsidenten Hugo Chávez zu treffen. Auf den Straßen von Caracas demonstrierten damals die Massen. Einerseits für ein Ende von Chávez' Präsidentschaft, andererseits zu seiner leidenschaftlichen Unterstützung. Das Land schien am Rande eines Bürgerkriegs zu stehen. Carter hoffte, dass Bill vielleicht in der Lage wäre, einen Ausweg aufzuzeigen. In seinem Buch *Getting to Yes with Yourself* erinnert er sich an die Vorbereitung zu der Begegnung:

> Wie es meiner Gewohnheit entsprach, machte ich einen Spaziergang im Park, um einen klaren Kopf zu kriegen. Ich vermutete, dass ich nur ein paar Minuten mit dem Präsidenten haben würde, also stellte ich mir eine Liste von Empfehlungen vor, die ich ihm geben wollte. Aber dann fiel mir beim Spazierengehen ein, dass ich das genaue *Gegenteil* dessen tun würde, was ich eigentlich geplant hatte: keinen Rat erteilen, außer natürlich, ich würde darum gebeten. Nur zuhören, mich auf den aktuellen Moment konzentrieren und nach Chancen für einen Durchbruch Ausschau halten. Das damit verbundene Risiko war natürlich, dass das Gespräch rasch enden und ich meine einzige

Chance verlieren würde, ihn mit meinen Empfehlungen zu beeinflussen. Aber ich beschloss, sie zu nutzen.[71]

Während seiner ganzen Begegnung mit Chávez hielt Bill an dieser ungewöhnlichen Strategie fest – er hörte genau zu »und versuchte zu verstehen, wie es wäre, in seiner Haut zu stecken«. Chávez erzählte Bill aus seinem Leben, von seiner Erfahrung bei der Armee und seinem Zorn auf die »Verräter«, die ihn stürzen wollten.

Ich konzentrierte mich nur auf den gegenwärtigen Moment, suchte nach einem Zugang, und dann fiel mir eine Frage ein: »Da Sie ihnen, nach allem, was Ihnen passiert ist, verständlicherweise nicht trauen, lassen Sie mich Folgendes fragen: Gibt es überhaupt ein Zeichen, das sie morgen früh setzen könnten, um Ihnen glaubwürdig zu signalisieren, dass sie zu einem Kurswechsel bereit sind?«
»*Señales?* Signale?«, fragte er, während er über diese unerwartete Frage nachdachte.

Ebenso unerwartet war die Tatsache, dass Chávez eine Antwort wusste. »Innerhalb von Minuten willigte der Präsident ein, seinen Innenminister zu beauftragen, mit meinem Kollegen Francisco und mir eine Liste möglicher praktischer Vorschläge auszuarbeiten, die jede Seite umsetzen könnte, um Vertrauen zu bilden und zur Deeskalation beizutragen.«

Rückblickend schreibt Bill: »Ich bin überzeugt, dass der Präsident, wenn ich meiner ersten Idee gefolgt wäre und das Treffen damit begonnen hätte, meine Empfehlungen aufzusagen, die Begegnung nach wenigen Minuten abgebrochen hätte …

Stattdessen war das Treffen höchst produktiv geworden, weil ich mich bewusst gegen den Versuch entschieden hatte, Rat zu erteilen, und einfach nur präsent geblieben war und aufmerksam nach Durchbrüchen Ausschau gehalten hatte.«

Warum fällt es uns so schwer, die Klappe zu halten und zuzuhören?

Darauf gibt es eine schlichte Antwort. Wenn wir jemand treffen, dem wir noch nie zuvor begegnet sind, fürchten wir sofort, dass wir nicht ernst genommen werden. Dass wir »geringfügiger« wirken. Also reden wir als Erstes, um uns den Moment anzueignen, um das Kommando zu übernehmen, um uns zu beweisen. Wir wollen zeigen, was wir wissen, was wir denken, was wir bereits erreicht haben. Als Erster das Wort zu ergreifen bedeutet: Ich weiß es besser als du, ich bin klüger als du, ich sollte reden, während du zuhörst. Zuerst das Wort zu ergreifen, legt die Agenda fest: Folgendes werden wir tun, und zwar folgendermaßen.

Lasse ich dagegen mein Gegenüber zuerst reden, dann weiß ich definitiv nicht, was die- oder derjenige sagen wird. Wenn ich Sie zuerst sprechen lasse, dann gebe ich die Kontrolle über die Situation auf, und wer weiß, wozu das noch führen wird. Die Kontrolle aufzugeben, ist unheimlich. Wie ein Schritt ins Unbekannte. Wer tut so was? Nur ein Narr. Oder der Mutige.

Wie Jeffrey bei seinem Gang durch die nächtlichen Straßen ging Bill in diese Begegnung mit Chávez. In dem Wissen, dass er sich in eine angespannte Situation begab, wo man schon Partei ergriffen, Beschlüsse gefasst und Grenzen gezogen hatte. Zuhören ist manchmal schwierig, und oft drängt sich das Bedürfnis nach einer raschen Lösung in den Vordergrund. Der Schlüssel, sagt Bill, besteht darin, »nach einem Augenblick der Präsenz Ausschau zu halten«.

> In den meisten Situationen gibt es meiner Ansicht nach einen Ausweg, wenn wir aufmerksam genug sind, ihn zu sehen. Aber allzu leicht verfehlen wir ihn. Ich habe schon an so vielen Verhandlungen teilgenommen, wo eine Seite Offenheit signalisierte oder sogar eine Konzession machte und die andere Seite das einfach übersah, weil sie nicht wirklich aufpasste. Ob es sich um einen Ehekrach oder eine Auseinandersetzung um die Ausgabenpolitik in einem Büro handelt, wir lassen uns so leicht ablenken, etwa indem wir an die Vergangenheit denken oder uns um die Zukunft sorgen. Dabei können wir die Richtung des Gesprächs nur im gegenwärtigen Augenblick bewusst auf eine Lösung lenken.

Zuhören ist für die Ausstrahlung von zentraler Bedeutung. Und die Herausforderungen, denen wir gegenüberstehen, wenn wir wirklich zuhören müssen, sind dieselben, die es uns schwermachen, präsent genug zu sein, um genau das leisten zu können.

Echtes Zuhören kann nicht stattfinden, wenn wir nicht das aufrichtige Verlangen spüren, zu verstehen, was wir hören. Und das ist nicht so leicht zu bewerkstelligen, weil wir unser Urteil aufschieben müssen – selbst wenn wir frustriert, verängstigt oder ungeduldig oder gelangweilt sind oder uns sogar bedroht oder verunsichert davon fühlen, was wir gleich hören werden. (Entweder weil wir glauben, es schon zu wissen, oder weil wir es nicht wissen.) Wir müssen anderen Raum und Sicherheit geben, damit sie ehrlich sein können – und wir können nicht defensiv reagieren, während wir zuhören. Für einige von uns bedeutet es auch, dass wir unsere Furcht vor der Stille – oder dem Freiraum – überwinden müssen.

Die Entschlossenheit zuzuhören – wirklich zuzuhören –, stand im Mittelpunkt des Bemühens von Jeffrey und den anderen Geistlichen. Das bedeutete zuzugeben, dass den Lokalpolitikern und der Exekutive die Macht fehlte, um die Gewalt ohne Zustimmung und Mithilfe der Täter selbst zu stoppen. Bandenmitglieder und Crack-Dealer mussten nicht nur angehört, sondern ihr Rat auch befolgt werden. Man musste sich aktiv um ihr Wissen und ihre Ansichten bemühen und sie ernst nehmen. Wenn man bedenkt, wie führende Politiker, Polizeivertreter und andere Erwachsene üblicherweise mit Banden krimineller Jugendlicher umgehen – nämlich nicht mit offenen Ohren und dem Ziel kooperativ zuzuhören –, dann lässt sich erkennen, dass diese Geistlichen etwas Radikales, um nicht zu sagen Riskantes wagten.

Zuhören bedeutete in diesem Fall, dem Verlangen widerstehen, was sie am besten konnten – Predigen. (Wenn Sie sich Jeffreys TED-Talk anhören, werden Sie sehen, wie leicht es ihm fällt, eine Geschichte zu erzählen und eine Botschaft mitzuteilen.) Gewaltlosigkeit zu predigen, wäre so wirkungslos gewesen wie das Auftreten mit einer entschlossenen Haltung, die vermittelte, »ich habe alles im Griff«. Stattdessen stellten die Geistlichen Fragen: »Wie ist das, mit Drogen zu dealen? An der Ecke zu stehen und Crack zu verticken? Wie entgeht man der Polizei? Wie kommt man mit rivalisierenden Gangmitgliedern klar? Wie geht man mit der Tatsache um, dass es keine pensionierten Dealer gibt? Dass das ein schnelles, kurzes Leben ist?«

Zuhören bedeutete für Jeffrey aufgeben, was er zu wissen glaubte. »Es gab so vieles, was ich über das Leben auf der Straße lernen konnte«, sagt Jeffrey. »Mir war schon klar, dass meine Wahrnehmung von den Elf-Uhr-Nachrichten und der Popkultur geprägt war und die Realität ganz anders aussah.« Weil er und die anderen Geistlichen zuhörten, anstatt zu predigen, sagt er, »hörten die Jugendlichen auf, das Problem zu sein, das man lösen musste, und fingen an unsere Partner bei diesem Vorhaben zu sein. Sie wurden unschätzbar ... Wir fragten sie, seht ihr, wie die Kirche in dieser Situation helfen könnte? Was können wir gemeinsam tun?«

Das Paradoxon des Zuhörens ist, dass wir durch das Aufgeben von Macht – der zeitweiligen Macht des Sprechens, Behauptens, Wissens – mehr Macht gewinnen. Wenn Sie aufhören zu reden, zu predigen und zuhören, dann passiert Folgendes:

- **Menschen können Ihnen vertrauen.** Wie wir gesehen haben, werden Sie nie in der Lage sein, echten und nachhaltigen Einfluss auf andere zu nehmen, solange diese Ihnen nicht vertrauen.
- **Sie erhalten nützliche Informationen,** die es Ihnen viel leichter machen, jedes anstehende Problem zu lösen. Sie mögen der Ansicht sein, die Antwort zu kennen, aber bevor Sie einer Person nicht wirklich über ihre Gedanken und Gefühle zugehört haben – über das, was sie wirklich bewegt –, können Sie nicht sicher sein.
- **Sie beginnen, andere Menschen als Individuen – und vielleicht sogar als Verbündete – zu sehen.** Andere Menschen sind keine Stereotype mehr. Sie kommen vom Standpunkt

»wir gegen die« zu einem schlichten »wir«. Dadurch werden Ihre Ziele vom Gegenstand des Konflikts zur Gemeinsamkeit.[72]

- **Sie entwickeln Lösungen, die andere Leute nicht nur zu akzeptieren bereit sind, sondern die sie sogar übernehmen.** Wenn Menschen zu Lösungen beitragen – wenn sie quasi deren Mitbesitzer sind –, steigt die Wahrscheinlichkeit, dass sie sich diesen verpflichten und sie umsetzen. Es steigt sogar die Wahrscheinlichkeit, dass sie ein negatives Ergebnis akzeptieren, solange sie das Gefühl haben, das Verfahren, das dazu geführt hat, sei fair gewesen. Damit etwas »prozessual gerecht« ist, wie Psychologen es nennen, müssen die beteiligten Parteien glauben, dass sie gehört, verstanden und würdevoll behandelt wurden sowie dass der Prozess und dessen Schlüsselfiguren vertrauenswürdig waren. Und sie empfinden ein Prozedere mit deutlich größerer Wahrscheinlichkeit als fair, wenn sie an dessen Entwicklung beteiligt waren. Beispielsweise können Angestellte akzeptieren, dass sie nicht befördert werden, wenn sie bei der Entwicklung von Richtlinien und Erwartungen, die zu dieser Entscheidung führten, beteiligt gewesen sind.[73]
- **Wenn Leute sich gehört fühlen, sind sie eher bereit zuzuhören.** Das ist erstaunlich intuitiv und fällt uns erstaunlich schwer: Wenn Menschen nicht das Gefühl haben, dass man sie »kapiert«, dann sind sie nicht geneigt, ihre Zeit und Energie in Aktivitäten – beispielsweise Zuhören – zu investieren, die ihnen helfen, sie zu verstehen. Und für Führungspersönlichkeiten ist es besonders wichtig zu verstehen, weil sie als Vorbild für gutes Zuhören dienen müssen.[74]

Puuh, das ist eine Menge Zuhören und Verstehen.

Auf der Basis dessen, was sie gehört hatten, entwarfen die vier Geistlichen, darunter auch Jeffrey, ein Dokument, das teils Manifest, teils Leitlinie war. Es bestand aus zehn Punkten: Prinzipien und Aktionen, von denen sie hofften, dass sie dem Morden ein Ende setzen und die Lebensbedingungen in den ärmsten Vierteln verbessern würden, vor allem durch Engagement der Geistlichen und Kirchen auf der Straße – nicht von oben oder aus bequemer Entfernung; sie würden zusammen mit Gangmitgliedern, mit deren Rat und Beteiligung, Lösungen entwickeln.

Die Boston TenPoint Coalition wurde zu einer Bewegung, deren Erfolg die Stadt schockte und die Aufmerksamkeit von Menschen in ganz Amerika und darüber hinaus erregte: Die Ermordung von Jugendlichen in Boston fiel von der großen Zahl von 72 im Jahr 1990 auf den niedrigsten Stand aller Zeiten mit 15 im Jahr 1999. Die Veränderung wurde als Boston Miracle, als Wunder von Boston, bekannt. Wissenschaftler und Fachleute aus der Praxis schrieben es vor allem der Bildung einer Koalition zu sowie den Bemühungen von Jeffrey und seinen Klerikerkollegen. Städte aus aller Welt suchten den Rat der Geistlichen, um gegen Drogen, Kriminalität und Morde zu kämpfen.[75]

Ein weiterer großer Triumph der Koalition – der erst später, nämlich 2006, erzielt wurde – gibt uns eine Vorstellung von den radikalen Strategien, die deren Mitglieder pionierhaft umsetzten. Und zwar beschloss man, die Idee eines Waffenstillstands zu propagieren, weil nach wie vor daran gearbeitet wurde, den endlosen Kreislauf von Bandenangriffen und Rache zu durchbrechen.

»Was uns die Jugendlichen als Reaktion darauf sagten, war, dass man sie nicht von jetzt auf gleich dazu bringen könnte«, sagte

Jeffrey. »Also warum fangt ihr nicht mit einer begrenzten Zeitspanne, einem Waffenstillstand, an? Das vereinbarten wir dann zwischen Thanksgiving und Silvester und nannten es Jahreszeit des Friedens. Sie gaben uns die Anweisungen, was zu tun sei.

Ich hatte sie in einem Raum, schlug das mit der Jahreszeit des Friedens vor und bat um ihre Zustimmung. Und da bekam ich den ersten Hinweis darauf, dass es funktionieren könnte, denn ein junger Typ stand auf und meinte: ›Okay, dann hören wir also am Mittwoch um Mitternacht auf zu schießen? Oder erst am Morgen des Thanksgiving-Tags? Und dürfen wir dann am 31. Dezember oder erst am 1. Januar wieder schießen?‹«

Jeffrey erzählte: »Für mich war das ein innerer Konflikt, weil ich am liebsten gesagt hätte: ›Ich will, dass ihr überhaupt nicht mehr wieder anfangt zu schießen.‹ Aber ich sagte: ›Okay, ihr hört Mittwochnacht auf und könnt nach dem ersten Januar wieder anfangen.‹ Ethisch betrachtet fühlte ich mich so: ›Ich kann nicht glauben, dass du ihnen gerade gesagt hast, sie können nach Neujahr wieder anfangen zu schießen.‹ Aber schließlich waren wir dabei zu versuchen, sie dazu zu bringen, einen Frieden zu etablieren, damit sie ein Gefühl dafür bekamen, wie es wäre, durch die Nachbarschaft spazieren zu können und nicht alle fünf Sekunden über die Schulter schauen zu müssen.«

Wie man sich vorstellen kann, gab es in dieser angespannten Zeit in Boston wenig Zuversicht, dass es einer Truppe von Geistlichen gelingen würde, eine Phase auszurufen, in der Gangmitglieder plötzlich aufhörten, einander abzuknallen.

»Als wir das mit der Jahreszeit des Friedens zum ersten Mal machten, sagten die Cops so was wie ›Viel Glück‹«, fast mit einem Augenzwinkern und kichernd, erinnerte sich Jeffrey. »Weil es vor Thanksgiving 2006 ziemlich heiß herging. Und dann gab es 22 Tage lang keine Schießerei, keinen einzigen abgefeuerten Schuss. Nada. Gary French, bei der Bostoner Polizei für Jugendbanden zuständig, rief mich an, und zwar jeden Tag, und sagte mir: ›Gestern ist nichts passiert.‹ Er wollte wissen: ›Was habt ihr gemacht? Mit wem habt ihr geredet?‹ Weißt du, die Polizei wollte all diese Informationen von uns. Und ich sagte: ›Nun, erstens könnt ihr diese Informationen nicht haben. Aber es gibt auch nicht mehr, als ich euch schon gesagt habe – es geht darum, die Jugendlichen nicht als Problem, sondern als Partner zu sehen.‹«

Damit will ich nicht sagen, dass jedes Mal das gewünschte Ergebnis garantiert ist, nur weil man einem anderen zuhört. Tatsächlich gehört zur Präsenz auch, die Möglichkeit einer Enttäuschung zu akzeptieren und sich davon nicht von seinem Kurs abbringen zu lassen oder an sich zu zweifeln. Was zunächst wie ein Scheitern aussieht, kann sich schließlich auch als etwas ganz anderes erweisen – eine Gelegenheit zur Weiterentwicklung in eine unerwartete Richtung.

Präsenz für sich sprechen lassen

Um diese Zeit herum arbeitete Jeffrey eng mit einem Jungen namens James zusammen. Er war der Anführer einer Gang in Roxbury und einer der Architekten des Waffenstillstands, den die Koalition mit einer anderen größeren Bande bewerkstelligt hatte. Jeffrey beschrieb James als »einen wirklich besonderen Jungen … der sich nicht nur um sich selbst kümmerte, sondern auch um alle anderen, für die er sich zuständig fühlte. Also wollte er wirklich, dass dieser Frieden für die ganze Stadt galt.«

Zwei Tage nach einem Treffen mit James erhielt Jeffrey einen Anruf. »Ich war zu Hause und machte gerade Abendessen«, sagte er. »Und ich musste alles liegen und stehen lassen, ins Auto steigen und losfahren.« James war erschossen worden.

Im Krankenhaus tat Jeffrey sein Bestes, um James' bestürzte Angehörige zu beruhigen, von denen einige vor Trauer hysterisch waren, während andere nicht glauben konnten, dass er wirklich tot war. Im Wartebereich vor der Intensivstation drängten sich James' Freunde und sannen bereits auf Rache für den Mord. »Und ich sagte ihnen Sachen wie: ›Das könnt ihr nicht machen.‹« Das war allerdings nicht das, was die wütenden Bandenmitglieder hören wollten. »Ich rang nach Worten, weil ich mir die ganze Zeit dachte, ich muss doch *irgendwas* sagen, oder? Aber je länger ich darüber nachdachte, was ich sagen sollte, desto weniger fiel mir ein.

Schließlich kamen Ärzte zu mir und sagten: ›Wir müssen diese Intensivstation unter Kontrolle bringen. Können Sie die nicht einfach alle nach draußen führen?‹ Und ich sagte nur: ›Keine Ahnung, aber ich kann's versuchen.‹ Also fing ich einfach an, auf Einzelne zuzugehen, und sagte: ›Kommt, wir gehen raus und beten zusammen. Möchtet ihr beten?‹ Und sie antworteten: ›Na gut, okay.‹ Und so brachte ich sie alle nach draußen. Dann begannen wir zu beten. Je länger ich betete, desto mehr Leute begannen zu weinen und zu heulen und zu schluchzen. Also sagte ich: ›Und jetzt umarmt jemand. Umarmt einfach irgendjemand. Haltet einander fest.‹ Das war eine der Gelegenheiten, als ich mal sprachlos war und auch nicht wusste, was ich tun sollte. Aber dadurch, dass ich nichts sagte, schien es irgendwie ... Ich meine, die Leute begannen, mit mir zu reden, und ich nickte nur und meinte: ›Ich höre dir zu.‹«

Dort, in dieser beklommenen und chaotischen Krankenhausstimmung, lernte Jeffrey eine wichtige Lektion: dass man in manchen Situationen nicht gewinnen kann. Es gab nichts, was irgendjemand hätte sagen oder tun können, um das Leid oder die Wut derjenigen zu lindern, die James zurückgelassen hatte. Jeffrey kämpfte, musste sich aber mit diesen Gedanken abfinden: Ich habe keine Antworten; es gibt keine Worte. Zu glauben, man könne in jedem Fall einen magischen Satz zitieren oder eine beeindruckende Tat vollbringen, wäre schlichtweg selbstherrlich. In Momenten wie diesen genügt es vielleicht, einfach da zu sein und zuzuhören. Auf lange Sicht mag das sogar besser sein als alles andere.

»Manche Leute haben das ›kirchlichen Dienst der Präsenz‹ genannt«, sagte Jeffrey. »Und ich finde, es gehört zu den effektivsten Formen des Kirchendienstes, weißt du? Den Mund halten und einfach da sein.«

Manchmal drücken wir uns am eloquentesten aus, indem wir gar nichts sagen – indem wir unsere Präsenz unausgesprochen und unprätentiös für sich selbst sprechen lassen.

Die erste Versammlung des »Straßenausschusses« fand vor über zwanzig Jahren statt. Heute ist das Ergebnis eine Fallstudie, die an der Harvard Business School gelehrt wird. Wenn ich meinen Studenten etwas über Jeffreys Arbeit beibringe, dann kommt er dazu und beantwortet Fragen. Genaugenommen ist er jedes Mal erschienen, wenn ich den Fall durchnahm – das war schon mindestens zwei Dutzend Mal. Viele Protagonisten von Fallstudien besuchen Vorlesungen oder Seminare, wenn ihre Fälle durchgenommen werden, aber mit Sicherheit kann keiner eine Bilanz wie Jeffrey vorweisen – sowohl was die Häufigkeit als auch was den Eindruck, den er hinterlässt, angeht.

Wenn Jeffrey erscheint, haben meine Studierenden den Fall bereits gelesen – sie sind diesem Mann auf dem Papier begegnet und haben gesunden Respekt vor ihm und Bewunderung für ihn entwickelt. Wenn Jeffrey dann persönlich auftaucht, sind sie trotzdem überwältigt. In dem Moment, wo er den Raum betritt, verstummen alle – vor Ehrfurcht, Bewunderung und Neugier. Er kommt nicht im kirchlichen Gewand eines Reverends, sondern in Jeans, Button-down-Hemd und schickem Blazer. Er spricht mit tiefer, ruhiger, volltönender Stimme. Er ist ehrlich und bescheiden, aber zugleich selbstbewusst und stark. Er beeilt sich nicht. Er fürchtet keine Pausen, und weil er sie nicht fürchtet, tun wir es auch nicht. Das beweist: Präsenz erzeugt Präsenz, Ausstrahlung erzeugt Ausstrahlung.

Kapitel 4

Ich verdiene es nicht, hier zu sein

»Jeder will Cary Grant sein.
Sogar ich will Cary Grant sein.«

Cary Grant

Als Pauline Rose Clance in den späten 1960er-Jahren ihr Promotionsstudium in klinischer Psychologie absolvierte, plagte sie die Furcht, nicht gut genug zu sein.

Alle anderen sind klüger als ich. Diesmal hatte ich noch Glück, aber beim nächsten Mal werde ich durchfallen. Ich sollte nicht einmal hier sein. Sie schlief schlecht, ihr graute vor jeder Prüfung, jedem Test, jedem Leistungsnachweis, und danach quälte sie Bedauern. Sie wusste, dass ihre Freunde schon nichts mehr davon hören wollten, welche Sorgen sie marterten. Und keiner schien so zu empfinden wie sie. *Dass ich hier überhaupt zugelassen wurde, muss ein Fehler sein. Bestimmt wird man mir auf die Schliche kommen.*

»Ich glaubte das wirklich«, erklärte Pauline mir, »und spürte unverhohlene Verunsicherung. Ich dachte: Du musst einfach lernen, damit zu leben. So bist du einfach.«

Als Kind hätte Pauline sich nicht träumen lassen, irgendwann aufs College zu gehen. »Ich wuchs mitten in den Bergen der Appalachen auf. Besuchte kleine Schulen, bis ich auf die Highschool kam, aber nur bis zur elften Klasse, weil es damals noch keine zwölfte gab. Wir hatten keine Bücher zu Hause, doch mein Dad wollte immer, dass wir uns welche aus der Bibliothek holen; meine Eltern interessierten sich für die Welt. Obwohl ich auch Lehrer hatte, die sich wirklich für mich interessierten – und die mir die Botschaft übermittelten, dass ich aufs College könnte –, ließ meine Schulbildung sehr zu wünschen übrig, und ich hatte große Zweifel daran.

»Meine Beratungslehrerin an der Highschool sagte zu mir: ›Du musst darauf gefasst sein, Dreien zu schreiben. Rechne nicht mit Einsen. Sei nicht zu streng mit dir.‹ Ich kam also aufs College und rechnete damit, eine durchschnittliche Studentin zu sein. Aber das war ich nicht. Ich war sogar sehr gut. Ich hatte allerdings Prüfungsangst. Kann ich weiterhin erfolgreich sein? Werde ich das schaffen? Aber das College war so klein, dass ich mit meinen Ängsten zurechtkam.«

Paulines Probleme holten sie wieder ein, als sie an der Graduate School begann. Sie wollte eigentlich an eine bekannte, angesehene Universität, aber so sagt sie: »An der psychologischen Fakultät erklärte man mir explizit, dass ich als Frau dreimal so gut sein müsse wie jeder Mann. Mein Gegenüber beim Bewerbungsgespräch meinte dann noch: ›Wir haben allerdings die Stelle einer Sekretärin zu besetzen.‹ Also landete ich an der University of Kentucky, wo das Komitee für die Zulassung zum Promotionsstudium für klinische Psychologie, das sehr auf Konkurrenz orientiert war, mehr Bewerber zuließ, als es behalten wollte. Man sagte uns klipp und klar: ›Sehen Sie sich um. Viele von Ihnen werden es nicht schaffen.‹ Dann gab es jedes Jahr Tests, um die schwächsten Studenten auszusieben.« Obwohl sie bei diesen Prüfungen gut abschnitt, fühlte Pauline sich weiterhin gefährdet und war sich sicher, die nächste Unglückliche zu sein, die fliegen würde.

Nun sind zwar die Einzelheiten von Paulines Geschichte einzigartig, aber das allgemeine Gefühl, irgendwo nicht hinzugehören – weil wir Leuten was vorgemacht haben und sie uns daher für kompetenter und begabter halten, als wir wirklich sind –, ist so ungewöhnlich nicht. Die meisten von uns haben es schon erlebt, zumindest bis zu einem gewissen Grad. Es ist nicht nur Lampenfieber oder Leistungsangst, sondern eher die tiefe und manchmal lähmende Überzeugung, dass wir etwas erhalten haben, was uns nicht zusteht, was wir nicht verdient haben, und dass uns irgendwann jemand auf die Schliche kommen wird. Psychologen nennen das *Impostor-* oder *Hochstapler-Syndrom.*

Wenn wir, um Präsenz zu zeigen, absolut im Einklang mit unseren wahrsten Gefühlen, Überzeugungen, Fähigkeiten und Werten sein müssen, dann können wir bestimmt nicht präsent sein, während wir uns als Betrüger fühlen. Stattdessen sind wir dann unharmonisch, zerrissen und ganz und gar nicht überzeugend. Und genau wie Präsenz sich selbst verstärkt, tut das auch das Gefühl, ein Schwindler zu sein.

Das Impostor-Phänomen bringt uns dazu, alles noch mal zu überdenken und im Nachhinein anzuzweifeln. Es bewirkt eine Fixierung darauf, was wir glauben, dass andere von uns denken (und bei diesen Fixierungen liegen wir noch dazu meist falsch), und sorgt anschließend dafür, dass wir darauf fixiert sind, wie diese Einschätzungen sich negativ auf unsere Interaktionen auswirken. Wir sind fahrig – sorgen uns, ungenügend vorbereitet zu sein, denken zwanghaft darüber nach, was wir tun *sollten,* bewerten, was wir fünf Sekunden zuvor gesagt haben, machen uns verrückt wegen dem, was Leute von uns denken und was das morgen für uns bedeuten wird.

Das Impostor-Phänomen raubt uns Kraft und erstickt unsere positive Ausstrahlung. Wenn nicht einmal *Sie* glauben, dass Sie hier sein sollten, wie wollen Sie dann irgendjemand anderen davon überzeugen?

Präsenz und Impostor-Phänomen sind zwei Seiten derselben Medaille. Und die Medaille, das sind wir.

Das Gefühl, ein Hochstapler zu sein

Trotz ihrer Selbstzweifel hielt Pauline durch und schloss ihr Promotionsstudium ab. Und weil sie es sogar sehr gut abschloss, nahm sie danach ein Angebot der Fakultät am Oberlin College an, der stark auf Wettbewerb orientierten privaten Hochschule für Geisteswissenschaften in Ohio.

In Oberlin arbeitete Pauline die eine Hälfte ihrer Zeit als Dozentin an der psychologischen Fakultät, die andere in der Studentenberatung. »In der Beratung«, erinnert sie sich, »begegnete ich diesen Leuten, die auf den besten, oft privaten Schulen gewesen waren, hochgebildete Eltern hatten und exzellente, allgemein anerkannte Testergebnisse, Noten und Empfehlungsschreiben. Aber nun saßen sie vor mir und sagten Dinge wie ›Ich habe Angst, diese Prüfung zu verhauen‹ oder ›Ich glaube, das Zulassungskomitee muss sich irgendwie geirrt haben‹ oder ›Das lag nur daran, dass mein Englischlehrer mir so einen fantastischen Brief mitgegeben hat‹ oder ›Ich bin in Oberlin fehl am Platz‹. Sie taten alles ab, was sie erreicht hatten.«

Sie schilderte eine bemerkenswerte Begegnung mit einer Studentin namens Lisa, die geplant hatte, einen Kurs für besonders talentierte Studierende zu besuchen, und es jetzt infrage stellte. »Ich werde nicht in die Talentklasse gehen«, verkündete sie. Pauline staunte. Lisa war eine so leistungsstarke Studentin. Warum hatte sie ihre Meinung geändert? Pauline wollte das wissen. Wovor fürchtete sie sich?

Lisa antwortete: »Dort werden sie garantiert herausfinden, dass ich es gar nicht verdiene, hier zu sein.«

Diese Furcht klang für Pauline vertraut, allerdings waren Lisa und ihre Kommilitonen alle so hervorragend. Wie konnte es sein, dass sie derart empfand? Es war klar, dass sie aus irgendeinem Grund ein falsches Bild von sich hatte. Wie sie weiter feststellte, war dieses Gefühl vornehmlich unter leistungsstarken Frauen verbreitet: Trotz ihrer sichtbaren Errungenschaften fürchteten sie, die Leute hinters Licht zu führen. Sie schrieben ihre Verdienste nicht ihren eigenen Fähigkeiten, sondern Glück oder ihrer Sozialkompetenz zu. Jede dieser herausragenden Studentinnen hatte das Gefühl, *ihre Anwesenheit dort nicht zu verdienen.* Und jede von ihnen meinte, mit dieser Erfahrung allein dazustehen.

Pauline fragte sich, ob man diese besondere Furcht mit anderen teilen könne. Waren sie und die Handvoll Studierenden, die ihr begegnet waren, die Einzigen, die darunter litten? Ließ sich das messen?

Sie beschloss, sich der Erforschung dieser Fragen zu widmen. Pauline und ihre Kollegin Suzanne Imes begannen mit der systematischen Untersuchung des von ihnen so bezeichneten Impostor-Phänomens (IP), das sie als »innere Erfahrung intellektueller Falschheit«[76] definierten, bei der Frauen fürchten, ihre wahren

Fähigkeiten (bzw. deren Fehlen) würde aufgedeckt. Oder wie die Oscarpreisträgerin und Harvard-Absolventin Natalie Portman es in ihrer Rede zum Harvard Class Day 2015 formulierte: »Heute fühle ich mich ungefähr so wie 1999, als ich als Freshman das Harvard-Gelände betrat. Es kam mir vor, als müsse da irgendein Fehler vorliegen, weil ich für diese Firma nicht klug genug war und ich jedes Mal, wenn ich den Mund aufmachte, beweisen musste, dass ich nicht bloß eine dumme Schauspielerin war.«[77]

Mithilfe der Mathematikerin Nancy Zumoff entwickelte Pauline eine Skala, um zu messen, wie stark jemand auf diese Weise empfand. Die Skala fragt bei den Betroffenen ab, ob eine Reihe von Aussagen zutrifft, unter anderem:

> Ich fürchte, dass Menschen, die mir wichtig sind, herausfinden, dass ich nicht so fähig bin, wie sie annehmen.
> Manchmal fühle oder glaube ich, dass der Erfolg in meinem Leben die Folge von irgendeiner Art Irrtum ist.
> Wenn ich bei etwas Erfolg habe und Anerkennung für meine Leistungen erhalte, bezweifle ich, dass ich diesen Erfolg wiederholen kann.
> Ich vergleiche meine Fähigkeiten oft mit denen der Menschen in meiner Umgebung und denke, dass diese vielleicht intelligenter sind als ich.
> Wenn ich viel Lob und Anerkennung für etwas bekomme, das ich geleistet habe, neige ich dazu, die Bedeutung meiner Leistung herunterzuspielen.[78]

1978 veröffentlichten Pauline und Suzanne den ersten akademischen Aufsatz über das Impostor-Phänomen. Der Artikel beschrieb das Grundkonzept des IP, konzentrierte sich auf Frauen, die daran zu leiden schienen, und diskutierte Behandlungsmöglichkeiten. Die Wissenschaftlerinnen betrachteten IP damals als psychische Krankheit, eine Neurose, die »insbesondere unter einer repräsentativen Auswahl höchst erfolgreicher Frauen vorherrschend und ausgeprägt war«[79]. Die Teilnehmerinnen dieser ersten Studie waren 178 höchst erfolgreiche Akademikerinnen, darunter Collegestudentinnen, Promotionsstudentinnen und Frauen aus unterschiedlichen Berufsfeldern wie Jura und Medizin. Die meisten waren weiß, gehörten der Mittel- oder Oberschicht an und waren zwischen zwanzig und 45 Jahre alt. Clance und Imes schreiben dazu in ihrem Artikel:

> Trotz überragender akademischer und beruflicher Errungenschaften glauben Frauen, die das Impostor-Phänomen erleben, weiterhin daran, dass sie nicht wirklich klug sind und jeden getäuscht haben, der etwas anderes denkt. Zahlreiche Erfolge, die man als breiten, sachlichen Beweis eines überlegenen Intellekts ansehen könnte, scheinen sich auf den Glauben an die Hochstapelei nicht auszuwirken.[80]

Es trifft viel mehr, als wir dachten ...

Pauline und viele andere, die das Impostor-Syndrom untersuchten, glaubten zunächst, dieser Zustand beschränke sich auf höchst erfolgreiche Frauen, und spekulierten, dass, »da weiblicher Erfolg den gesellschaftlichen Erwartungen und ihren eigenen internalisierten Selbsteinschätzungen zuwiderläuft, es nicht überrascht, dass Frauen in unserer Stichprobe eine andere Erklärung für ihre Leistungen finden müssen als die eigene Intelligenz«.[81] Aber es dauerte nicht lange, bis Pauline sich zu fragen begann, ob IP verbreiteter sein könnte. »Nach Vorträgen«, meinte sie in einem unserer Gespräche, »kamen immer wieder Männer zu mir und sagten: ›Wissen Sie, ich habe mich auch so gefühlt.‹ 1985 war ich mir dann definitiv sicher, dass Männer diese Erfahrung ebenfalls machen. Und ich habe (in meiner klinischen Praxis) natürlich auch mit Männern gearbeitet, die entsetzlich darunter litten.«

In den letzten Jahren hat das Interesse am Hochstapler-Syndrom massiv zugenommen. Es wird in der Welt der Wirtschaft von Persönlichkeiten wie Sheryl Sandberg und Publikationen wie *Slate* und *Fast Company* deutlich angesprochen. Aber meist ging es dabei um weibliche Selbstoptimierung: Was können Frauen tun, um ihre ehrgeizigsten Ziele zu erreichen? Welche Faktoren, abgesehen vom gut dokumentierten Sexismus[82], mochten sie behindern? Auch ich glaubte, das sei ein weibliches Problem – und dann, nachdem mein TED-Talk im Netz stand, begann ich Mails zum Hochstapler-Syndrom zu erhalten, und viele kamen von Männern. Genaugenommen war von den Tausenden E-Mails, die ich bekam, etwa die Hälfte derer, in denen es darum ging, sich wie ein Schwindler zu fühlen, von Männern.

Pauline und andere Wissenschaftler kamen bald zum gleichen Ergebnis: Frauen und Männer litten gleichermaßen am IP.[83]

Warum schien es dann zunächst ein Problem der Frauen zu sein?

Zunächst weil manche Leute Schwierigkeiten damit haben, es an sich selbst zu erkennen, was Pauline und Suzanne schon von Anfang an bemerkten. Andere Studien haben seither zu ähnlichen Ergebnissen geführt. Vielleicht konnten die daran beteiligten Männer ihre Gefühle einfach nur nicht so deutlich identifizieren wie die Frauen.[84]

Aber es gab noch weitere Hindernisse und wahrscheinliche Gründe. »In der Praxis war es für Männer nicht so üblich, darüber zu sprechen«, erklärte Pauline. »Aber als die Umfrage anonym durchgeführt wurde, waren Männer genauso betroffen wie Frauen.« Sie sprachen wohl mit ihren Freunden und Familienangehörigen nicht darüber oder suchten auch keine emotionale Unterstützung, weil sie sich zu sehr schämten.

Männer, die vom ausgeprägt selbstbewussten Klischee abweichen – mit anderen Worten: diejenigen, die in der Lage sind, Selbstzweifel auszudrücken –, riskieren das, was die Psychologie »Klischee-Gegenreaktion« nennt: Bestrafung, die oft in Form von Schikanen oder sogar Ausgrenzung erfolgt, weil man sich nicht konform zu den gesellschaftlichen Erwartungen verhalten hat.[85] (Diese Gegenreaktion beschränkt sich nicht auf Männer – sie kann jedem passieren, der von den gesellschaftlich vorgeschriebenen Stereotypen bezüglich Rasse, Geschlecht und anderer sozialer »Kategorien« abweicht, zu denen er gehört. Beispielsweise erleben Frauen das oft am Arbeitsplatz, wenn sie sich »zu männlich« benehmen.[86]) Obwohl Männer im selben Ausmaß unter dem Hochstapler-Syndrom leiden wie Frauen, kann es sie sogar noch stärker belasten, weil sie es nicht zugeben können. Sie tragen es also still, im Geheimen und quälend mit sich herum.

IP trifft also Männer und Frauen gleichermaßen. Aber beschränkt es sich auf bestimmte demografische Gruppen – berufsbezogen, nach Hautfarbe oder Gesellschaftsschicht? Nach der bahnbrechenden Arbeit von Pauline und Suzanne lieferte die

Forschung der folgenden Jahrzehnte eine eindeutige Antwort darauf. Wissenschaftler fanden das Hochstapler-Syndrom in Dutzenden von demografischen Gruppen, darunter Lehrer, Buchhalter, Allgemeinmediziner, Arzthelferinnen, Krankenschwestern, Studierende der Fächer Ingenieurswesen, Zahnmedizin, Medizin, Pharmazie und Jura, Doktoranden, junge Existenzgründer, Highschoolstudenten, Menschen, die sich gerade erst mit dem Internet vertraut machten, Afroamerikaner, Koreaner, Japaner, Kanadier, verhaltensauffällige Jugendliche, »normale« Jugendliche, vorpubertäre Jugendliche, ältere Menschen, erwachsene Kinder von Alkoholikern, Kinder von Spitzenkräften, Leute mit und ohne Essstörungen, Menschen, die kürzlich einen Misserfolg oder Erfolg zu verzeichnen hatten … usw.[87]

1985 veröffentliche Pauline zusammen mit Gail Matthews einen Überblick über ihre Patienten in der klinischen Psychologie und gab an, dass von den einundvierzig Frauen und Männern etwa 70 Prozent IP schon erlebt hatten.[88] Mindestens zwei Drittel der Studierenden an der Harvard Business School haben Erfahrung mit dem Hochstapler-Syndrom[89] – und mehr als sechzig Prozent der Studierenden an der HBS sind männlichen Geschlechts.

Kurz vor Ende unseres Treffens sagte Pauline: »Eines noch, wenn ich alles noch einmal machen könnte, dann würde ich es die ›Hochstapler-Erfahrung‹ nennen, weil es eben kein Syndrom, kein Komplex und keine psychische Erkrankung ist. Es ist etwas, das fast jeder schon erlebt hat.«

Angesichts der Verbreitung des Impostor-Syndroms ist es unmöglich, die Ursache jedes einzelnen Falles herauszufinden. Im

Jargon der Sozialwissenschaften scheint es *überdeterminiert* – was so viel bedeutet wie, es gibt so viele mögliche Variablen, dass niemand herausfinden kann, welche dafür verantwortlich ist. Man hat Erlebnisse in der frühen Kindheit damit in Zusammenhang gebracht, aber auch Familiendynamik, gesellschaftliche Erwartungen, Vorurteile, Persönlichkeit sowie Erfahrungen in der Schule und am Arbeitsplatz.[90]

Das bedeutet allerdings nicht, dass manche Menschen nicht empfänglicher dafür sind als andere. Gewisse Charakterzüge und Erfahrungen scheinen mit der Impostor-Erfahrung einherzugehen.[91] Die Anteile von Perfektionismus und Leistungsangst sind bei denjenigen, die unter dem IP leiden, hoch, genau wie geringe Selbstakzeptanz und das schwach ausgeprägte Gefühl, die eigene Umgebung zu beherrschen. Ausgeprägter Neurotizismus wird ebenfalls damit in Zusammenhang gebracht, dazu geringes Selbstwertgefühl und Introvertiertheit. Mit am deutlichsten ausgeprägt ist jedoch Versagensangst, die in vielen Studien als ursprüngliches Problem angesehen wird.[92]

Wer fürchtet das Scheitern am meisten? Menschen, die etwas erreicht haben – Menschen, die nachweislich alles andere als Schwindler sind.

Eines Tages erhielt ich folgende E-Mail von einem Mann namens David, der eine Universitätsverwaltung leitet:

> Seit dem College leide ich unter dem Hochstapler-Syndrom. Das ist so, als würde die Welt mir sagen, ich sei sehr gut, obwohl ich weiß, dass ich nur mittelmäßig bin. Ich habe eine Reihe von Auszeichnungen über meinem Schreibtisch im Büro hängen. Und jedes Mal, wenn ich

> wieder eine erhalte, denke ich mir: »Oh, Mist! Jetzt halten sie mich sogar für hervorragend! Die werden so angepisst sein, wenn sie dahinterkommen, dass ich nur mittelmäßig bin.« Die Auszeichnungen haben mir kein besseres Gefühl verschafft, sondern die Kluft zwischen dem, was »die« denken, und dem, wie ich mich fühle, vergrößert.

Wie kann das sein? Sollten seine tatsächlichen Verdienste – die gewonnenen Auszeichnungen, die erworbenen Titel und der begehrte Job – Davids Impostor-Syndrom nicht »geheilt« haben? Irgendwann sollten wir doch durch das Erreichen außergewöhnlicher Dinge in der Lage sein, diesem Gefühl zu entgehen. Wie kann es sein, dass Menschen wie Denzel Washington, Tina Fey, Maya Angelou und Mahatma Gandhi unter der Hochstapler-Furcht gelitten haben?

Neil Gaiman hat zahlreiche Bestsellerromane geschrieben, auch Comics und Kurzgeschichten, u. a. *The Sandman, Coraline, Anansi Boys, American Gods* und *Der Ozean am Ende der Straße,* dazu über ein Dutzend Film- und Fernsehdrehbücher. Er hat große Literaturpreise gewonnen und war der erste Autor, der die Newbery und die Carnegie Medal für ein und dasselbe Werk (*Das Graveyard-Buch*) erhielt. Nach praktisch allen nur vorstellbaren professionellen Maßstäben ist Neil geradezu spektakulär erfolgreich.

Trotz seiner Berühmtheit litt er unter dem Gefühl, ein Schwindler zu sein. Tatsächlich ist Neil bei Wikipedia als einer von sechs Prominenten genannt, die öffentlich über ihren Kampf gegen das Impostor-Syndrom gesprochen haben. Sein Beispiel unterstreicht, dass tatsächlich niemand dagegen immun ist. Ich fragte ihn, ob er bereit sei, mit mir darüber zu sprechen, und er willigte freundlicherweise ein.

Neil Gaiman hat sanft geschwungene Augenbrauen, traurige Augen und eine Mähne aus braun-silbernen Locken. Mit dem weichen britischen Akzent hat er genau die Stimme, die man zum Einschlafen gern hören würde. Selbst in einer beiläufigen Unterhaltung ist er ein Geschichtenerzähler – nicht in dem Sinne, dass er Dinge erfindet, sondern insofern, als er seine eigenen Erinnerungen in Geschichtenform bringt. Wenn er schweigt, fühlt man sich nicht unbehaglich, und es wirkt nicht einstudiert – eher ist es eine Bestätigung dafür, dass ihm das Gesagte wichtig ist. Während er sich mit einem unterhält, ist er präsent.

Bis seine ersten beiden Bücher erschienen waren, sagte Neil, »war ich ein absoluter Hochstapler, denn Leute gaben mir Geld, um Bücher zu schreiben, und es gab keinerlei Garantie, dass ich tatsächlich irgendwas zustande bringen würde, was man veröffentlichen konnte. Ich wusste wirklich nicht, was ich machte … Wäre in diesen ersten 18 Monaten jemand zu mir gekommen und hätte gesagt: ›Sie sind doch ein Schwindler, Sir‹, dann hätte ich gesagt: ›Ja, da haben Sie wohl recht.‹«

Dann war er auf einmal ein publizierender Autor, der Aufmerksamkeit erregte (der heilige Gral für jeden Schriftsteller), »verdiente wirklich genug für den Lebensunterhalt«. Sehr bald stand er auf der Bestsellerliste und gewann wichtige Literaturpreise. Man schickte ihn als Filmkritiker gratis ins Kino, und er wurde dafür bezahlt, genau das zu tun, was er mochte, anstatt morgens mit dem Gefühl aufzustehen, gleich zur Arbeit zu müssen. Ihm kam das alles seltsam und ungewöhnlich vor. Ich bemerkte, dass Neil, wie es zu einem bekennenden »Hochstapler« gehört,

Probleme damit hatte, auch nur zu beschreiben, wie es war, Geld, Anerkennung und Lob zu erhalten. Er beeilte sich, damit fertigzuwerden und lachte verlegen.

Über dieses erste Jahrzehnt sagte Neil:

> Ich hatte diese wiederkehrende Fantasie, in der es an der Tür klopfte und ich runterging, um zu öffnen. Da standen dann Leute im Anzug – keine teuren Anzüge, nur solche, die einem zeigen, dass jemand einen Job hat. Die Typen hatten ein Klemmbrett mit Papieren drauf. Ich machte die Tür auf und sie meinten: »Hallo, Entschuldigung, ich fürchte wir kommen in einer offiziellen Angelegenheit. Sind Sie Neil Gaiman?« Das bejahte ich. »Also, es heißt hier, Sie seien Schriftsteller und müssten morgens zu keiner bestimmten Zeit aufstehen, außerdem würden Sie täglich nur so viel schreiben, wie Sie wollen.« Und ich sagte: »Das stimmt.« »Und dass Sie das Schreiben *genießen.* Es heißt hier, dass Sie alle Bücher, die Sie möchten, einfach zugeschickt bekommen und sie nicht kaufen müssen. Und Filme: Es heißt, Sie können sie sich einfach anschauen gehen. Wenn Sie sie sehen wollen, rufen Sie einfach den Verleiher an.« Und ich sagte: »Ja, das stimmt.« »Und dass Leuten gefällt, was Sie schreiben, und sie Ihnen nur dafür Geld geben, dass Sie Sachen aufschreiben.« Und ich sagte wieder Ja. Da meinte einer von denen: »Also, ich fürchte, wir haben Sie durchschaut. Wir haben Sie ertappt. Und ich fürchte, jetzt werden Sie losziehen und sich einen richtigen Job suchen müssen.« An diesem Punkt in meiner Fantasievorstellung verließ mich immer der Mut und ich sagte: »Na

gut«, ging los, kaufte mir einen billigen Anzug und fing an, mich um echte Jobs zu bewerben. Dann wenn sie dich einmal ertappt haben, kannst du dagegen nicht an: Sie haben dich ertappt. Das ging mir also im Kopf herum.

Das Impostor-Syndrom beeinträchtigt unsere Fähigkeit, uns über Dinge zu freuen, die wir gut machen, vor allem wenn wir dafür eine Entschädigung bekommen. Vor etwa drei Jahren fuhr ich gerade meinen damals neunjährigen Sohn Jonah zur Schule, und wir führten folgendes Gespräch (ich habe es hinterher aufgeschrieben, wie Eltern das ja oft tun, wenn ihre Kinder etwas besonders Schlaues sagen):

Jonah: Du hast ja von allen Menschen auf der Welt am meisten Glück.
Ich: Wie kommst du darauf?
Jonah: Weil du dafür bezahlt wirst, genau das zu machen, was du auch machen würdest, wenn du kein Geld dafür kriegen würdest.
Ich: Und was wäre das?
Jonah: Rauskriegen, warum Leute machen, was sie machen, und dann das, was du dabei gelernt hast, benutzen, um zu versuchen, den Leuten zu helfen, besser zu werden.

Mein allererster Gedanke – den ich mir nicht deshalb so genau gemerkt habe, weil ich ihn aufgeschrieben habe, sondern weil er mir so intuitiv kam – war folgender: »Äh, ja. Er hat recht. Das kann ich auf keinen Fall auf Dauer geheim halten. Bald werden sie mir draufkommen.« Der Gedanke erfüllte mich mit Schrecken.

Neil hatte das Gefühl, der Mann mit dem Klemmbrett sei gekommen, um ihm seine Identität zu nehmen – was noch dadurch verstärkt wurde, dass Neil genoss, was er tat. Wir denken: »Etwas kann doch an dieser Situation nicht stimmen, weil ich doch unmöglich genießen kann, was ich tue, *und* dafür noch belohnt werde.« Als Reaktion spielen wir entweder unsere Tätigkeit herunter – sie ist nicht wirklich wertvoll –, oder wir vertuschen die Gründe dafür, warum wir in der Lage sind, sie auszuüben: Dann wären wir Schwindler, denen es irgendwie gelingt, unterhalb des Radars zu bleiben, und die ihr glückliches Schicksal nicht verdienen.

Und genau in dem Maß, wie wir unsere Erfolge runterspielen, übertreiben wir unsere Niederlagen. Eine Enttäuschung ist uns Beweis genug, um unsere Überzeugung, wonach wir Scharlatane sind, zu untermauern. Wir vermuten, dass ein einziges schwaches Testergebnis unseren grundsätzlichen Mangel an Intelligenz und Talent belegt.[93] Wir verallgemeinern extrem, weil wir uns an alles klammern, das unser heimliches Wissen bestätigt, wonach wir wertlos sind. Wenn wir Erfolg haben, war es nur ein Glücksfall. Wenn wir scheitern, waren wir inkompetent. Auf diese Weise durchs Leben zu gehen ist hart.

Und hier kommt die grausame Ironie: Errungenschaften löschen unsere Impostor-Ängste nicht aus. Tatsächlich kann Erfolg die Sache sogar noch verschlimmern. Wir können uns eben nicht mit einem stolzen Bild von uns selbst versöhnen, wenn wir doch insgeheim wissen, dass wir es nicht verdienen. Weltlicher Erfolg macht uns nur mit anderen bekannt, die uns als Maßstab nehmen werden, dem wir selbst gar nicht gerecht werden können, wodurch unser wahres schwaches, inkompetentes Selbst zum Vorschein kommen wird. Errungenschaften bringen uns nur in neue Situationen und eröffnen neue Möglichkeiten, die die »Hochstapler«-Ängste nur verschlimmern, da jede neue Situation eine weitere Teststrecke darstellt.

In der Hochstapler-Falle

Dass sie ihren Doktor in Physik im Rahmen eines der begehrtesten und härtesten Wissenschaftsprogramme der Welt gemacht hatte, genügte nicht, damit Elena sich als wertvoll empfand.[94] Nach eigener Aussage war sie »eine arme Latina aus der South Bronx und Tochter hart arbeitender, aber ungebildeter Eltern«. Es fiel Elena schwer, damit klarzukommen, dass eine Ivy-League-Universität sie angenommen hatte. Sie sagte, sie habe sich Sorgen gemacht, nur die Minderheitenquote zu erfüllen, und die Aussicht, dort hinzugehen, verängstigte sie sehr. Mutig tat sie es trotzdem. Rasch wurden ihre eigenen Befürchtungen und Zweifel durch andere Hürden verschlimmert. Sie schilderte das so:

> Nie werde ich den Tag vergessen, als ein Professor mir unumwunden erklärte, aufgrund meines gesellschaftlichen Status gehöre ich dort nicht hin und solle mir doch überlegen zu gehen. Ich machte zwar meinen Abschluss, aber mein Selbstwertgefühl war am Boden. Als ich dann noch promovierte, wurde ich von einem bekannten Professor einer anderen Universität angenommen, der meinte, er »tue mir einen Gefallen«, indem er mir erlaubte, postdoktoral zu forschen und seine Physikklasse ehrenhalber zu unter-

> richten. Ich hatte schreckliche Angst, dass die Studenten mich entlarven würden, aber ich tat es.

Obwohl sie mehr als kompetent forschte und unterrichtete, ließ der Professor sie am Ende wissen, »er habe nur Gesellschaft für seine Ehefrau haben wollen« und sie für die Arbeit im Labor gebraucht. Er warnte sie auch vor, dass sie wahrscheinlich scheitern würde.

> Das war vor über dreißig Jahren, und erst jetzt wird mir klar, dass mein Leben eine gänzlich andere Richtung hätte nehmen können. Ich ließ die Welt der Physik vollkommen demoralisiert hinter mir. Und ich wagte nie eine eigene Karriere, obwohl ich weiß, dass ich das Talent dazu habe.

Wenn wir uns wie Hochstapler fühlen, schreiben wir unsere Errungenschaften keinem inneren und beständigen Aspekt zu, wie Talent oder Fähigkeiten, sondern wir machen etwas außerhalb unserer Kontrolle dafür verantwortlich, wie beispielsweise Glück.[95] Anstatt unsere Erfolge zu beanspruchen, distanzieren wir uns von ihnen. So versagen wir uns genau die Unterstützung, die wir brauchen, um aufzublühen. Elenas Geschichte ist eine herzzerreißende Erinnerung daran, wie verletzbar wir uns selbst machen, wenn wir der Impostor-Erfahrung zum Opfer fallen. Weil sie ihren eigenen Wert anzweifelte, verinnerlichte sie bereitwillig die Stimmen anderer, die an ihr zweifelten.

Die Wissenschaft hat viele kontraproduktive Verhaltensweisen identifiziert, die »Hochstapler« an den Tag legen: Zum Beispiel erwarten sie schlechte Prüfungsergebnisse, selbst wenn sie bisher immer gut abgeschnitten haben. Sie überschätzen die Anzahl der Fehler, die sie in der Abschlussprüfung machen.[96] Diese Verhaltensweisen verstärken den Eindruck, dass wir nicht so gut, klug, begabt oder fähig sind, wie die Welt von uns glaubt. Sie bringen uns dazu, uns selbst unablässig zu kritisieren, ins Schleudern zu geraten, in den denkbar schlimmsten Momenten zu versagen, aufzugeben – dadurch stellen wir praktisch sicher, dass wir selbst in den Dingen, die wir am besten können und am liebsten tun, hinter unseren Leistungen zurückbleiben. Im Extremfall kann IP ein selbst gepflasterter Weg in die Niederlage sein.[97]

Elenas Professoren haben sie im Stich gelassen. Anstatt ihre Stärken zu fördern, befeuerten sie ihre schlimmsten Befürchtungen hinsichtlich ihrer selbst. Unvermeidlich gibt es da draußen Leute, die uns ihre Anerkennung verweigern, sich überlegen gebärden, vielleicht sogar aktiv versuchen, uns zu sabotieren, und wir müssen uns vor solchen negativen Stimmen schützen. Oft prophezeien wir aber auch Kritik und Vorurteile, die gar nicht existieren, und auch das kann unsere Leistung beeinträchtigen. Während wir uns damit quälen, was andere unserer Vorstellung gemäß über uns denken, hören wir nicht, wie sie uns sagen, was sie tatsächlich denken. Und wenn wir sie nicht hören, können wir natürlich auch nicht effektiv reagieren. Die Impostor-Erfahrung hält uns davon ab, im Moment zu reagieren – sie hält uns davon ab, auf die Welt zu reagieren, wie sie wirklich ist. Stattdessen sind wir überwachsam für Hinweise darauf, dass wir kurz vor der Enttarnung stehen. Wir hinterfragen die Dynamik jeder sozialen Situation, plagen uns mit dem Dechiffrieren davon, wie andere uns wahrnehmen und beurteilen, dann versuchen wir, unser Verhalten entsprechend anzupassen. Ist es ein Wunder, dass wir bei alledem die Verbindung zu dem verlieren, was wir denken, schätzen oder fühlen?

Die Forschung hat gezeigt, dass in Situationen mit viel Druck unsere Fähigkeiten messbar schwinden, wenn wir uns von den möglichen Folgen unserer Leistung ablenken lassen. Wenn wir uns selbst sekündlich überwachen, leidet darunter jede Aufgabe, die das Gedächtnis und konzentrierte Aufmerksamkeit fordert.[98] Wir verfügen über nicht genug intellektuelle Bandbreite, um unser Bestes zu leisten und gleichzeitig noch unsere Performance zu kritisieren. Stattdessen sind wir gefangen in einem falschen Teufelskreis; durch den Versuch, vorherzusehen, zu lesen, zu interpretieren und neu zu interpretieren, wie andere Menschen uns beurteilen, was uns davon abhält, mitzukriegen und zu interpretieren, was in der Situation tatsächlich passiert. Diese Dynamik, die Psychologen *Eigenüberwachung* nennen, ist bei Menschen mit Impostor-Erfahrung deutlich ausgeprägter. Dann sind wir neben uns. Es steht unserer Ausstrahlung im Weg.

Die Befürchtung, dass wir als Schwindler enttarnt werden, kann uns schon besiegen, noch bevor wir angefangen haben. Jessica Collett, eine Soziologieprofessorin an der Universität von Notre Dame, interessierte sich dafür, die Wirkung von IP auf Karriere- und Bildungsziele zu studieren. Insbesondere wollten sie und ihre Kollegin Jade Avelis wissen, ob »Hochstapler«-Ängste ein Zurückschalten bewirken – sodass man seine beruflichen Ambitionen zurückschraubt. Dazu befragten sie Hunderte Doktoranden, die meisten davon aus dem naturwissenschaftlichen Bereich, ob sie ihre Ziele geändert hatten, indem sie auf eine Wissenschaftlerkarriere mit befristeter akademischer Stelle und Laufbahnzusage im Bewährungsfall zugunsten weniger umkämpfter Jobs in der Lehre oder der Politik verzichten würden. »Wir sehen, dass vom IP Betroffene in beiden Gruppen überrepräsentiert sind, bei denen, die ernsthaft überlegen, ihr Ziel zu ändern, wie auch bei denen, die es getan haben«, sagte Collett.

Ich war selbst eine »Hochstaplerin«

Ich untersuche das Hochstapler-Syndrom nicht nur, ich habe es auch selbst erlebt. Und ich habe es nicht nur erlebt, ich hatte mich darin eingerichtet. Es war wie ein kleines Haus, das ich bewohnte. Natürlich wusste niemand, dass ich mich dort aufhielt. Es war mein Geheimnis. Das ist es ja fast immer. Dadurch kriegt einen dieses Syndrom ja auch so gut in den Griff – es zahlt einem Schweigegeld. Wenn man niemand von diesen Gefühlen erzählt, denken die Leute mit geringerer Wahrscheinlichkeit: »Hmmm … vielleicht verdient sie es wirklich nicht, hier zu sein.« Man will sie doch lieber nicht auf diesen Gedanken bringen, oder?

In meinem TED-Talk von 2012 erzählte ich eine Geschichte über meine Erfahrungen als Hochstaplerin. Nach meiner Kopfverletzung versuchte ich mehrmals, an die Schule zurückzukehren, nur um daran zu scheitern, weil ich Informationen nicht verarbeiten konnte. Ich war wie in einem Nebel. Nichts fühlt sich schlimmer an, als ein Stück vom Kern der eigenen Identität zu verlieren. Man kann alles Mögliche verlieren, aber trotzdem noch etwas von seiner alten Kraft spüren. Aber ich hatte meine Fähigkeit zu denken eingebüßt – ein ziemlich wichtiger Teil von mir –, und ich fühlte mich absolut ohnmächtig.

Ich erkämpfte mir – sehr langsam – meinen Weg zurück, beendete schließlich das College und überredete jemand, mich fürs Aufbaustudium in Princeton anzunehmen. Aber noch Jahre danach verfolgten mich Hochstapler-Ängste. Jede Errungenschaft führte dazu, dass ich mich noch mehr fürchtete, während selbst der kleinste Rückschlag mich darin bestätigte, dass ich eigentlich nicht dort hingehörte. »Ich sollte nicht hier sein«, ging es mir wieder und wieder durch den Kopf.

Während unseres ersten Jahrs an der Hochschule musste jeder Studierende der psychologischen Fakultät ein zwanzigminütiges Referat vor einer Gruppe von etwa zwanzig Leuten halten. Am Abend, bevor ich dran war, war ich vor Angst so überwältigt, dass ich meiner Studienberaterin erklärte, ich würde alles hinschmeißen – nur damit ich dieses Referat nicht halten müsste.

»Nein, das werden Sie nicht tun«, sagte sie. »Sie werden das Referat halten. Und das werden Sie auch in Zukunft tun – selbst wenn Sie sich dafür verstellen müssen –, bis zu dem Moment, in dem Ihnen klar wird, Sie können das.«

Am kommenden Tag war ich nicht gerade brillant. Ich glaube, an meinem ganzen Körper rührte sich nichts außer meinem Mund. Ich hatte das Gefühl, jeden Augenblick einen Hänger zu haben. Und ich wünschte mir nichts mehr, als dass es vorbei wäre. Als am Ende jemand aufzeigte, um eine Frage zu stellen, dachte ich, ich müsse in Ohnmacht fallen. Aber ich überlebte es, und meine Zuhörer schienen es gar nicht so schrecklich gefunden zu haben wie ich. Und ich hielt weitere Referate – praktisch jedes, das mir angeboten wurde. Ich schlug sogar selbst vor, welche zu halten. Alles, um mehr Übung zu bekommen.

Es dauerte eine Weile, aber nach dem Abschluss in Princeton, einem Jahr als Dozentin für Psychologie an der Rutgers, zwei Jahren als Dozentin an der Kellogg School of Management an der Northwestern und einem Jahr in Harvard – einem Ort, an dem jemand wie ich definitiv nichts zu suchen hatte – erwies sich, dass meine Studienberaterin damals recht hatte: Mir wurde in der Tat bewusst, dass ich es konnte.

Und das kam so: Eine meiner Studentinnen in Harvard, eine junge Frau, die das ganze Semester über kaum ein Wort gesagt hatte, kam vor der letzten Veranstaltung in mein Büro. Ich hatte ihr die Nachricht zukommen lassen, dass sie sich noch nicht beteiligt hatte und es jetzt wirklich drauf ankäme. Da stand sie vor mir, sah vollkommen geschlagen aus und ergriff nach einem langen Schweigen endlich das Wort: »Ich sollte eigentlich gar nicht hier sein.« Während sie das sagte, brach sie in Tränen aus.

Sie erzählte mir von ihrer Herkunft – sie stammte aus einer Kleinstadt, hatte keinen beeindruckenden Stammbaum vorzuweisen und fühlte sich vollkommen als Außenseiterin und jemand, der nur aufgrund eines Versehens zugelassen worden war.

Sie klang genau wie ich früher.

Und in diesem Moment traf mich die Erkenntnis wie ein Schlag: *Ich fühle mich nicht mehr so. Ich bin keine Fälschung. Mir wird man nicht auf die Schliche kommen.* Aber dass diese schlechten alten Gefühle weg waren, hatte ich erst bemerkt, als ich diese Worte aus ihrem Mund hörte.

Mein nächster Gedanke war: *Sie ist auch keine Hochstaplerin. Sie verdient es, hier zu sein.*

Als ich meinen TED-Talk hielt, hätte ich nie erwartet, dass die Anekdote über mein Impostor-Syndrom bei so vielen Zuhörern Widerhall erzeugen würde. Ich hätte die Geschichte sogar fast weggelassen, weil ich fand, sie führe zu weit vom eigentlichen Thema weg – und sei auch viel zu persönlich.

Nachdem ich die TED-Bühne verlassen hatte, kamen einige Leute, die ich nicht kannte, auf mich zu und umarmten mich – die meisten mit Tränen in den Augen. Sie alle sagten mehr oder weniger das Gleiche: »Ich habe mich gefühlt, als würden Sie meine Geschichte erzählen.« Ein schick angezogener Mann, wahrscheinlich Anfang fünfzig, sagte: »Ich bin ein erfolgreicher Geschäftsmann – nach konventionellen Maßstäben –, und ich weiß, von außen würde mir das niemand ansehen, aber ich fühle mich jeden Tag, wenn ich ins Büro gehe, wie ein Hochstapler.« Damals hätte ich mir nicht vorstellen können, dass ich die gleichen Worte noch von Tausenden anderen hören würde, in E-Mails, die ich bis heute bekomme. Und jeder erzählt mir eine neue Geschichte darüber, wie es ist, sich wie ein Schwindler zu fühlen.

Gemäß meiner Ausbildung forsche ich hauptsächlich auf dem Gebiet von Vorurteilen. Meine Dissertation in Sozialpsychologie beschäftigt sich mit Klischees und damit, wie sie Vorhersagen zu bestimmten Diskriminierungsmustern erlauben. Schon immer habe ich mir Gedanken über Menschen gemacht, die sich ausgegrenzt fühlen. Wie können wir die Dinge verbessern? Leider verschwinden Vorurteile nicht über Nacht. Das soll keine Entschuldigung sein, um das Problem zu ignorieren, aber wir werden es nicht schon morgen eliminiert haben. Ich lehre psychologische Forschung zum Thema Sexismus und Rassismus, doch was die Heilmittel dagegen angeht, habe ich wenig Neuigkeiten, die Anlass zur Hoffnung geben.

Das quälte mich. Was sage ich beispielsweise, wenn ich vor einer Gruppe junger Frauen rede, die kurz davorstehen, sich um

Jobs zu bewerben? »Jawohl, die Forschung dokumentiert eindeutig das Vorhandensein von Sexismus am Arbeitsplatz. Danke für eure Aufmerksamkeit. Viel Glück!« Ich studiere nach wie vor aktiv die Ursprünge und Wirkungen von Vorurteilen, doch inzwischen widme ich mehr als die Hälfte meiner Arbeit der Identifikation wissenschaftlich fundierter Miniinterventionen – also Dingen, die Leute tun können, um gute Leistungen zu bringen, selbst wenn sie mit Vorurteilen und verzerrter Wahrnehmung konfrontiert sind. Sogar wenn diese Vorurteile und Fehleinschätzungen ihre eigenen sind.

Können wir uns von unserem Hochstapler-Selbst trennen?

»Den größten Teil meines Lebens war ich davon überzeugt, dass ich da nicht hingehöre, bloß Glück habe und ein Schwindler bin. Niemals, nicht ein einziges Mal, wäre mir in den Sinn gekommen, dass andere sich so fühlen könnten.«

Chris, ein erfolgreicher vierzigjähriger Manager

Im Jahr 2011 hielt die Musikerin und Autorin Amanda Palmer (die auch die Ehefrau von Neil Gaiman ist) am New England Institute of Art (NEIA) in Brookline, Massachusetts, eine Rede vor Universitätsabsolventen. »Sie sprach über die Schwindel-Polizei«, erinnerte Neil sich, »und darüber, wie sie sich davor fürchtete, dass sie auftauchen würde. Und sie bat die Zuhörer, aufzuzeigen, falls sie sich auch wegen der Schwindel-Polizei sorgten. Und ich sah mich um und erblickte all diese erhobenen Hände – vielleicht tausend. Und ich murmelte: ›O mein Gott, das sind ja … alle.‹«

Während ich mir ein Bild vom Forschungsstand mache und mit Leuten wie Pauline und Neil rede, die die gleichen Erfahrungen gemacht haben, fällt mir eine Eigenschaft des IP auf, die wichtiger ist als alle anderen: Es gibt uns das Gefühl, mit unserer Erfahrung *allein* zu sein, und selbst wenn wir erfahren, dass andere Leute ähnliche Ängste haben, fassen wir uns kein Herz. Stattdessen sagen wir uns: »Schön, nur ist deren Furcht unbegründet, während ich jedoch *wirklich* ein Schwindler bin.« Pauline betrachtete ihren fehlenden glanzvollen Stammbaum und den Umstand, dass sie keine glühenden Empfehlungsschreiben vorweisen konnte, als Beweis ihrer Wertlosigkeit. Die Ängste der anderen nahm sie als Verzerrungen wahr. Neil hatte seiner Ansicht nach nicht die richtige Schreiberfahrung und war auch nicht auf dem College gewesen. Doch die NEIA-Absolventen – sie waren außergewöhnlich begabt und hatten sich das soeben selbst bewiesen.

Wenn also die meisten von uns herumlaufen und sich dabei wie Hochstapler fühlen, wie ist es dann möglich, dass keiner von uns das weiß? Weil wir uns genieren und fürchten, darüber zu sprechen. Elena, die trotz ihres Doktortitels in Physik an einer der anspruchsvollsten Universitäten der ganzen Welt auf eine Karriere als Wissenschaftlerin verzichtete, schrieb: »Keiner, nicht einmal mein Mann, versteht, wie schmerzhaft der Verlust meines Selbstvertrauens auf dem College war, als ich von der mit Auszeichnungen überhäuften Starschülerin zu einer ›Versagerin‹ wurde.«

Wenn wir alle doch nur wüssten, wie viele Leute sich als Hochstapler fühlen, dann müssten wir daraus erstens schließen, dass wir alle Hochstapler sind und nicht wissen, was wir tun, oder dass zweitens unsere Selbsteinschätzungen völlig falsch sind. Emotional belastet uns das Herumschleppen dieser geheimen Ängste, während wir glauben, niemand würde empfinden wie wir, schlimmer als das Gefühl, gemobbt zu werden.[99] Tatsächlich aktiviert das Gefühl der Isolation dieselben Hirnareale wie körperlicher Schmerz.[100]

Wenn man davon ausgehen kann, dass jeder sie zu verspüren scheint, gibt es dann überhaupt Hoffnung, dass irgendjemand von uns sich aus den Klauen der Hochstapler-Ängste befreien kann? Neil sagte Ja – er erinnert sich an den Zeitpunkt, als er aufhörte, diese Fantasievorstellung von dem Mann mit dem Klemmbrett zu haben, der an seine Tür klopft. War das, als er mit der Newbery Medal ausgezeichnet wurde, fragte ich, oder bei einer der anderen Ehrungen, die ihm zuteilwurden? Nein, meinte er, und erzählte mir Folgendes:

> Mein Freund Gene Wolfe hat mir in dieser Sache geholfen. Ich schrieb gerade ein Buch mit dem Titel *American Gods,* und das war ein großes Hochstapler-Syndrom-Buch, weil ich dieses Riesenwerk über Amerika schreiben wollte, obwohl ich Engländer bin. Und ich wollte all die Dinge ansprechen – weißt du, Götter und Religionen und Weltanschauungen. Aber ich vollendete *American Gods,* und ich hatte etwa achtzehn Monate daran geschrieben. Und ich war sehr zufrieden mit mir. Und dann begegnete ich zufällig Gene und sagte – dabei muss man bedenken, dass es mein dritter oder vierter Roman war –: »Ich habe die erste Fassung meines Buches *American Gods* fertig, und

ich denke, ich habe rausgefunden, wie man einen Roman schreibt.« Und Gene sah mich mit grenzenlosem Mitgefühl und Weisheit im Blick an und sagte: »Neil, du wirst nie rausfinden, wie man einen Roman schreibt; du lernst nur, wie der Roman zu schreiben ist, an dem du gerade arbeitest.«

Du wirst nie rausfinden, wie man einen Roman schreibt; du lernst nur, wie der Roman zu schreiben ist, an dem du gerade arbeitest. Vielleicht ist das eine kritische Wahrheit in Bezug auf das Hochstapler-Phänomen. Die meisten von uns werden ihre Ängste, betrügerisch zu sein, wohl nie ganz ablegen. Wir arbeiten sie einfach nur ab, wenn sie aufkommen, eine nach der anderen. Genau wie ich nicht versprechen kann, dass das, was Sie über Ausstrahlung lernen, Ihnen in der »ewigen Gegenwart« die Existenz eines Zen-Meisters bescheren wird, kann ich nicht behaupten, dass Sie bald all Ihre Hochstapler-Ängste für immer los sein werden. Neue Situationen können alte Unsicherheiten heraufbeschwören; künftige Gefühle von Unzulänglichkeit vermögen längst vergessene Unsicherheit wiederzuerwecken. Aber je deutlicher wir uns unserer Ängste bewusst sind, je offener wir über sie sprechen[101], und je mehr wir über ihre Funktionsweise wissen, desto leichter werden wir sie abschütteln, wenn sie das nächste Mal auftauchen. Das ist eine Maulwurfsjagd, die wir gewinnen können.

Kapitel 5

Wie Ohnmacht fesselt (und wie Macht befreit)

»Am mächtigsten ist derjenige,
der sich seiner eigenen Macht gewiss ist.«
Lucius Annaeus Seneca (4 v. Chr. bis 65 n. Chr.)

Cassidy, die gerade versucht, sich im Maklerbusiness zu etablieren, schrieb mir diese E-Mail:[102]

> Fünfzehn Jahre lang war ich bundesweit und auf Collegeebene ein Leichtathletikchampion und habe mich mein Leben lang darüber definiert. Seit meinem Collegeabschluss und Rückzug vom Sport hatte ich wirklich damit zu kämpfen, mich keine Eliteathletin mehr nennen zu können. Seit damals frage ich mich: »Tja, jetzt, wo ich aufgehört habe und in die ›echte Welt‹ eingetreten bin, wer bin ich da überhaupt?«
> Ich merke, dass ich neue Karrierewege einschlage, mich aber rasch entmutigen lasse und mich selbst in keiner dieser neuen Rollen sehen kann. Ich habe zwar das Gefühl, klug zu sein und Potenzial zu haben, doch es gibt rein gar nichts mehr, worin ich richtig gut bin, kein Gebiet, auf dem ich mich für eine Expertin halte. Oft fühle ich mich nie-

dergeschlagen, ängstlich und verunsichert. Meine Körpersprache drückt zu fast hundert Prozent Ohnmacht aus – ich kauere nur über meinem Schreibtisch. Ich besitze kein Selbstvertrauen. Ich fürchte mich davor, das Risiko einzugehen, von dem ich weiß, dass es unabdingbar ist, um Fuß zu fassen. Und zwar weil ich mir sicher bin, dass ich scheitern und man mich als inkompetent beurteilen würde. Also meide ich Herausforderungen, lasse mir Chancen entgehen, denn all das erscheint mir als Bedrohung.

Tagtäglich höre oder lese ich Geschichten von persönlicher Ohnmacht – in den E-Mails fremder Menschen, in Gesprächen mit Studenten und auf Veranstaltungen mit Mitarbeitern aller Ebenen in verschiedenen Organisationen. Auch wenn die Details sich unterscheiden, ist das grundlegende Szenario oft gleich: Eine Veränderung geht mit dem selbst so wahrgenommenen Verlust von Macht und Stärke einher, als Folge empfindet man Unsicherheit, Furcht, Entmutigung und Niedergeschlagenheit. Dann kommen noch körperliche Anzeichen der Ohnmacht sowie der Verlust von Selbstvertrauen und Ehrgeiz dazu.

Dieser Erschöpfungszustand, der die Folge eines kleinen Rückschlags oder auch nur einer normalen Lebensveränderung sein kann, wie wir sie alle kennen, überzeugt uns davon, dass es uns an der Macht fehlt, die Situation, in der wir uns befinden, zu ändern. Dann werden, wie Cassidy schrieb, Chancen zu Bedrohungen, die es zu vermeiden gilt, und Furcht verstärkt unser Ohnmachtsgefühl, sodass wir dem kräftezehrenden Teufelskreis nicht entkommen können.

Der Sozialpsychologe Dacher Keltner und seine Kollegen

haben sich diesen Teufelskreis näher angesehen: Sie kamen zu dem Schluss, dass Macht ein psychologisches und verhaltensbezogenes Annäherungssystem aktiviert. Wenn wir uns stark und frei fühlen – unter Kontrolle, unbedroht und sicher.[103] Im Ergebnis sind wir dann eher auf Chancen eingestimmt als auf Bedrohungen. Wir fühlen uns positiv und optimistisch, und unser Verhalten ist im Großen und Ganzen von gesellschaftlichen Zwängen unbehelligt.

Andererseits aktiviert Ohnmacht ein psychologisches und verhaltensbezogenes Hemmungssystem, die »Entsprechung eines Alarmsystems bei Bedrohung«.[104] Wir sind dann eher auf Bedrohungen als auf Chancen eingestellt. Wir fühlen uns generell furchtsam und pessimistisch, und wir sind empfänglich für gesellschaftliche Zwänge, die uns hemmen und unser Verhalten insofern beeinträchtigen, als es nicht mehr unserem wahren Selbst entspricht.

Wenn wir entscheiden, ob wir etwas tun oder lassen – jemand um eine Verabredung bitten, im Unterricht aufzeigen, ja sogar einem Menschen in Not unsere Hilfe anbieten –, konzentrieren wir uns auf eines von zwei Dingen: entweder den möglichen Nutzen des Verhaltens (z. B. eine neue Beziehung, die Möglichkeit, uns auszudrücken, oder Dankbarkeit, weil wir geholfen haben) oder den möglichen Preis unseres Verhaltens (z. B. ein gebrochenes Herz, sich dumm vorkommen oder dämlich wirken). Konzentrieren wir uns auf den möglichen Nutzen, steigt die Wahrscheinlichkeit unseres Handelns und eines positiven Ausgangs. Richten wir unsere Aufmerksamkeit dagegen auf die potenziellen Kosten, tun wir wahrscheinlich gar nichts und vermeiden so mögliche Gefahren.[105]

Macht bewirkt, dass wir uns einer Sache nähern, an sie herangehen, sie anpacken. Ohnmacht bewirkt, dass wir sie meiden.

Macht wirkt sich auf unsere Gedanken, Gefühle, auf unser Verhalten und sogar auf unseren Körper in fundamentaler Weise aus, sodass unsere Präsenz und Performance, eigentlich sogar der Verlauf unseres Lebens, auf direktem Weg erleichtert oder erschwert werden. Wenn wir uns machtlos fühlen, können wir nicht präsent sein. In gewisser Weise *ist* Präsenz Macht – eine besondere Form von Macht, die wir uns selbst verleihen. (Denken wir nur an Julianne Moores Bemerkung, als ich sie nach Ausstrahlung fragte: »Es ist Macht. Es geht doch immer um Macht, nicht wahr?«)

Sollte uns die Verknüpfung von Präsenz und Macht Sorgen bereiten? Denn schließlich korrumpiert Macht doch, oder?

Das mag zwar sein, aber Macht kann auch befreien. Ich möchte sogar behaupten: *Ohnmacht korrumpiert mindestens genauso wie Macht.*

Es ist wichtig zu verstehen, wie das Fehlen von Macht uns verfälscht und entstellt. Ebenso kritisch ist die Erkenntnis, dass der Besitz von Macht – einer gewissen Sorte Macht – unser wahrstes Selbst zum Vorschein bringen kann. Ich liebe, was der Autor und Bürgerrechtler Howard Thurman zu diesem Thema geschrieben hat: »Es gibt etwas in jedem von euch, das wartet und auf den Klang des Echten in euch lauscht. Das ist die einzig wahre Führung, die ihr je haben werdet. Und wenn ihr den nicht hört, dann werdet ihr euer Leben lang eure Tage an Fäden verbringen, die jemand anderer in der Hand hält.«[106]

Wollen Sie Ihre Fäden lieber selbst in der Hand haben oder sich von jemand anderem lenken lassen?

Persönliche Stärke im Vergleich zu gesellschaftlicher Macht

Es gibt zwei Arten von Macht, die ich diskutieren möchte – gesellschaftliche und persönliche. Sie hängen zwar miteinander zusammen, unterscheiden sich aber auch drastisch.

Gesellschaftliche Macht wird charakterisiert durch die Fähigkeit, zu dominieren, Einfluss auf oder Kontrolle über das Verhalten anderer auszuüben. Diese soziale Macht wird durch die disproportionale Kontrolle über wertvolle Ressourcen verdient und ausgeübt. Ein Mensch, der Zugang zu Aktivposten hat, die andere brauchen – Nahrung, Schutz, Geld, Werkzeuge, Information, Status, Aufmerksamkeit, Zuneigung –, befindet sich in einer Machtposition. Die Liste der Dinge, die man mit dieser Macht gewinnen kann, ist endlos, doch gesellschaftliche Macht an sich stellt eine begrenzte Ressource dar. In jedem Fall erfordert sie aber eine gewisse Kontrolle über andere.[107]

Persönliche Stärke oder Macht lässt sich als Freiheit *von* der Dominanz durch andere definieren. Sie ist im Gegensatz zu dieser Nullsumme aber auch unbegrenzt – denn schließlich geht es dabei um den Zugang zu und die Kontrolle über unbegrenzte *innere* Ressourcen wie unsere Fähigkeiten und Fertigkeiten, unsere tiefen Überzeugungen und Werte, unseren wahren Charakter, unser stärkstes Selbst. Persönliche Macht – und darin unterscheidet sie sich, wie ich noch zeigen werde, gar nicht so sehr von gesellschaftlicher – lässt uns offener, optimistischer, risikofreudiger und dadurch empfänglicher für das Nutzen von Chancen sein.

Kurz gesagt ist gesellschaftliche Macht eine Macht *über* etwas – die Fähigkeit, den Zustand und das Verhalten anderer zu kontrollieren; persönliche Macht ist dagegen die Macht, *zu* etwas – die Fähigkeit, unseren eigenen Zustand und unser Verhalten zu kontrollieren. Diese Form von Macht meinte der Holocaustüberlebende und Friedensnobelpreisträger Elie Wiesel, als er schrieb: »Letztlich ist die einzige Macht, nach der der Mensch streben sollte, die über sich selbst.«

Idealerweise wollen wir beide Formen von Macht, aber wie Wiesel nahelegt, ist die persönliche Macht – der Zustand, unsere kostbarsten und authentischen inneren Ressourcen zu beherrschen – einzig entscheidend. Erst wenn wir das Gefühl haben, die Macht über uns selbst zu besitzen, können wir positive Ausstrahlung erreichen, und keine gesellschaftliche Macht der Welt kann ihr Fehlen kompensieren.

Stefan ist ein Kapitalgeber, der über eine Menge sozialer Macht verfügt. Schließlich entscheidet er darüber, ob er in Firmen investieren soll, die bei ihm nach einer Finanzierung fragen. Doch das ist keine Garantie für ebenso große persönliche Macht.

»Meist bin ich deutlich jünger als die CEOs, mit denen ich mich treffe«, sagt er, »und ich merke, dass es mir an Selbstvertrauen fehlt und ich mich sehr reserviert benehme, eine unterwürfige Körperhaltung einnehme, was seltsam ist, weil ich eigentlich in der mächtigeren Position bin. Ich bin derjenige, der das Sagen hat. Aber ich habe eben nicht das Gefühl, dass mir die Position zusteht, die ich einnehme. Schon lange kommt es mir vor, als seien mein Leben und meine Karriere nichts als eine Reihe zufälliger Chancen, die ich glücklicherweise genutzt habe.«

So sieht soziale ohne persönliche Macht aus. Nicht unbedingt beneidenswert. Beginnen wir dagegen mit der persönlichen Macht, dann nimmt dadurch möglicherweise ganz von selbst unsere gesellschaftliche Macht zu. Joe Magee, Professor an der New York University und Experte zum Thema Macht, erklärt: »Bei persönlicher Stärke geht es ausschließlich um das Selbstvertrauen, gemäß der eigenen Überzeugungen, Einstellungen und Werte zu handeln und das Gefühl zu haben, dass die eigenen Handlungen effektiv sein werden.« Effektiv bedeutet in diesem Zusammenhang nicht, dass wir immer das gewünschte Ergebnis erzielen; es bedeutet vielmehr, dass wir nach jeder Interaktion das Gefühl haben, voll und ganz vertreten zu haben, wer wir sind und was wir wollen. Wir können das Ergebnis nicht kontrollieren, weil wir die vielen anderen Variablen, die es bestimmen, nicht kontrollieren können, etwa was andere Menschen tun werden. Aber wir können uns sicher sein, dass wir unser stärkstes und aufrichtigstes Selbst präsentiert haben. Wenn wir das tun, wirken wir mit größerer Wahrscheinlichkeit unwiderstehlich, ja sogar einflussreich, und sorgen mit größerer Wahrscheinlichkeit für das gewünschte Ergebnis – also gesellschaftliche Macht –, gerade weil wir uns darauf nicht konzentriert haben. Persönliche Macht erlaubt uns, die Ängste und Hemmungen zu zerstreuen, die uns davon abhalten, ganz eins mit uns selbst zu sein – mit unseren Überzeugungen, Gefühlen und Fähigkeiten. Kommen wir uns ohnmächtig vor, untergräbt das unsere Fähigkeit, uns selbst zu vertrauen. Und wenn wir uns selbst nicht trauen, können wir kein Vertrauen zu anderen entwickeln.

In einer idealen Welt wäre unser Gefühl von persönlicher Macht unangreifbar. In der Realität schwankt es, insbesondere wenn das Leben es nicht so gut mit uns meint. Wir können beispielsweise unser Gefühl persönlicher Stärke verlieren, wenn unsere soziale Macht einen Schlag einstecken muss. Kürzlich bekam ich eine entsprechende E-Mail von einem Studenten aus dem Iran. Als glatter Einser-Schüler und Klassenbester wurde er in seinem vorletzten Jahr der Highschool von seinen Mitschülern als derjenige ausgewählt, der mit größter Wahrscheinlichkeit nach Harvard oder ans MIT gehen würde. Doch er schrieb: »Bei beiden wurde ich abgelehnt, was meine generelle Einstellung von stark zu ohnmächtig veränderte. Und damit verschwanden mein Selbstvertrauen, weil ich mich für nicht klug genug hielt, sowie mein Stolz, weil ich mich für nicht gut genug hielt. Am Ende blieb ich zu Hause an einer hiesigen Universität. Meine Noten stürzten in den Keller. Ich habe meinen Ehrgeiz verloren.«

Das ist ein gutes Beispiel dafür, wie unsicher und fragil persönliche Stärke sein kann – selbst jemand, der einen gewissen Erfolg erzielt hat, kann von ein paar negativen Einschätzungen ihm vollkommen fremder Leute runtergezogen werden. Und achten Sie auf den Welleneffekt: Machtverlust auf einem Gebiet im Leben dieses jungen Mannes hat seine gesamte Einstellung zur Welt geändert. Sein Gespür für das eigene Potenzial ist geschrumpft, ebenso wie seine Motivation, die Fähigkeit, seinen üblichen Standard zu erreichen, und seine Zukunftsaussichten. Und das alles nur, weil er sich plötzlich machtlos fühlte.

Worauf ich hier hinauswill, ist Folgendes: Ob wir uns mächtig oder machtlos fühlen, hat riesengroße Auswirkungen auf unser Leben. Und wie wir noch sehen werden, lassen sich diese Gefühle viel leichter triggern, als wir vielleicht denken. »Macht transformiert die individuelle Psyche insofern, als der Mächtige auf eine Art und Weise denkt und handelt, die zum Erhalt und zum Erwerb von Macht führt«, schrieben Magee und der Professor der Columbia Business School, Adam Galinsky.[108] Pamela Smith, Professorin für Management an der Rady School of Management an der University of California, San Diego, und Galinsky haben durch ihre Forschung nachgewiesen, dass Macht oft auf einer unbewussten Ebene wirkt, was bedeutet, sie kann ohne unser Wissen aktiviert werden – wie man einen Schalter umlegt – und so unsere Gedanken, Gefühle und unser Verhalten beeinflussen, ohne dass wir es überhaupt merken. Das ist die gute Nachricht. Denn es bedeutet, wir müssen keine Krone tragen, um uns stark zu fühlen, und wir müssen auch keine Strategien entwickeln und Pläne schmieden, um unsere Macht zu nutzen und von ihr zu profitieren.[109]

Rufen Sie sich einen Moment ins Gedächtnis, als Sie sich *persönlich* mächtig gefühlt haben. Eine Zeit, als Sie Ihre Psyche Ihrer Einschätzung nach vollkommen im Griff hatten – als Sie voller Selbstvertrauen auf der Basis Ihres stärksten, aufrichtigsten Selbst handelten, und zwar in dem Bewusstsein, Ihr Tun würde effektiv sein. Vielleicht war es am Arbeitsplatz, in der Schule, zu Hause oder in einem anderen Bereich Ihres Lebens. Nehmen Sie sich genau jetzt ein paar Minuten, um sich an diese Erfahrung persönlicher Macht zu erinnern, daran, wie sich das anfühlte.

Es fühlte sich gut an, nicht wahr? Ob Sie es wissen oder nicht, Sie wurden gerade *instruiert*. Dank dieser kleinen Übung war Ihr psychischer Zustand – und ist es wahrscheinlich immer noch – durchdrungen von Selbstvertrauen und Stärke. Genauso leicht hätte ich Sie bitten können, sich an einen Zeitpunkt zu erinnern, als Sie sich machtlos und gestresst fühlten, aber natürlich will ich

Sie ja nicht runterziehen. Hätten Sie das jedoch getan, dann hätte auch das Ihre seelische Verfassung verändert – zumindest zeitweise –, und zwar zum Schlechteren. Dieses unerfreuliche Gefühl, jemandes Gnade ausgeliefert zu sein, hätte die versteckten Winkel Ihres Gehirns erneut durchdrungen.

Das ist eine Möglichkeit, wie Sozialpsychologen aus Forschung Macht machen: indem sie verschiedene Mittel und Übungen nutzen, damit Probanden sich mächtig oder ohnmächtig fühlen. Nachdem man die Teilnehmer einer Studie auf diese Weise instruiert hat, kann man die Studie selbst durchführen und erkennen, wie unterschiedlich mächtige und ohnmächtige Menschen reagieren.

Das mag wie ein billiger Salontrick wirken, aber es funktioniert – eine kleine Denkaufgabe, wie das Erinnern mächtiger oder ohnmächtiger Momente, dann noch kurz Begriffe sehen, die man mit Macht (*Kontrolle, Befehl, Autorität*) oder deren Fehlen assoziiert (*Gehorsam, Vorrang, Unterordnung*), oder auf Zeit die Rolle des Chefs oder Untergebenen zugewiesen bekommen, und schon erzielt man beim mentalen und emotionalen Zustand einen messbaren Unterschied. Selbst diese sanften Aufforderungen können echte unbewusste Gefühlsregungen auslösen.[110]

Ich weise auf all das hin, damit Sie die wissenschaftliche Forschung, von der später in diesem Kapitel noch die Rede sein wird, leichter verstehen. Aber es illustriert auch etwas Wichtiges: Nämlich dass sich das Gefühl von Macht oder Machtlosigkeit sogar schon durch kleine Schubser in die eine oder andere Richtung heraufbeschwören lässt. Wir sind eben leicht zu manipulieren. Ja, das macht uns verletzlich, kann aber auch zu unserem Vorteil sein. Vor allem wenn wir lernen, uns die kleinen Schubser selbst zu geben.

Das Paradoxon der Ohnmacht

Zu Beginn dieses Kapitels haben wir Cassidy kennengelernt, ehemalige Leichtathletikgröße, die mir über die tief empfundene Ohnmacht schrieb, die sie in ihrem Leben nach dem Sport fühlte. Ängstlich und unsicher vermied sie Versuche aus der Furcht vor dem Scheitern und aus Sorge, Scheitern würde andere dazu bringen, sie für inkompetent zu halten. Kein Wunder, dass sie Chancen als Bedrohung wahrnahm. Dieselben Bedrohungen gibt es für uns alle, aber Ohnmacht schärft unsere Sinne für potenzielle Gefahr und löst eine Kettenreaktion aus, die uns paradoxerweise erst recht lähmt. Der geschärfte Sinn für Gefahr verstärkt unsere soziale Verunsicherung in mehrerlei Hinsicht.

Das Gefühl von Machtlosigkeit beeinträchtigt das Denkvermögen

Kennen Sie dieses Gefühl, beengt oder eingesperrt zu sein, das mit sozialer Verunsicherung oft einhergeht – die Furcht, einen Hänger zu haben oder nicht auf allen Zylindern zu laufen? Nun, damit sind Sie nicht allein. Eine Theorie lautet, dass Verunsicherung durch eine Kombination dessen ausgelöst wird, wie wir einen anspruchsvollen Moment wahrnehmen – ist er Bedrohung oder Chance? – und wie wir dann unsere Fähigkeit nutzen, die nötigen Ressourcen zu mobilisieren, um den Anforderungen dieses Moments zu entsprechen. Wenn wir das Ganze als ominöse Bedrohung empfinden statt als große Herausforderung und dann meinen, nicht den Zugang zu den nötigen Ressourcen zu haben, um mit dieser Bedrohung fertigzuwerden, dann ist unsere Ängstlichkeit am größten.[111] Das ist persönliche Ohnmacht – das Gefühl, wir könnten nicht auf unsere eigenen mentalen Ressourcen zugreifen, wenn wir sie am dringendsten bräuchten. Sowohl chronische als auch akute Besorgnis beeinträchtigen einige unserer wichtigsten kognitiven Funktionen, teilweise weil sie (neben anderen Hirnarealen) die Aktivität im präfrontalen Cortex stören, der eine entscheidende Rolle beim Ausrichten unserer Handlungen und Gedanken nach unseren Zielen und Gefühlen spielt.[112]

Es ist wirklich zum Verrücktwerden: Wenn unsere Sorge von der Furcht vor einem schlechten Eindruck herrührt, dann ist das Schlimmste, was wir tun können, genau die Fähigkeiten zu deaktivieren, die uns helfen würden, einen guten Eindruck zu machen – die Werkzeuge, die es uns erlauben, exakt zu verstehen und angemessen auf andere Menschen zu reagieren.

Aber das ist genau, was passiert, wenn das Gefühl von Ohnmacht uns erfasst. Wir verlieren den klaren Blick, und unser Gehirn ist nicht mehr fähig, den Anforderungen komplizierter oder stressiger Situationen gerecht zu werden. Machtlosigkeit und die daraus resultierende Ängstlichkeit untergraben das, was die Psychologie exekutive Funktionen nennt – höherwertige kognitive Werkzeuge wie Vernunft, Flexibilität in Bezug auf eine Aufgabe und Aufmerksamkeitskontrolle, die allesamt entscheidend sind, um mit schwierigen Situationen zurechtzukommen.[113] Mit beeinträchtigten exekutiven Funktionen sind wir weniger effektiv beim Update mentaler Information, beim Unterdrücken unerwünschter Impulse und bei der Planung künftiger Aktionen. Ängstlichkeit setzt auch dem Arbeitsgedächtnis zu – unserer Fähigkeit, uns an alte Information zu erinnern, während wir gleichzeitig neue

Daten aufnehmen, integrieren und verarbeiten –, das stark von exekutiven Funktionen abhängt.

Man muss sich nur die Ergebnisse von Studien ansehen, bei denen die Probanden instruiert wurden, sich mächtig oder ohnmächtig zu fühlen, bevor sie einfache Aufgaben ausführen sollten – die Art von Herausforderungen, die man kennt, wenn man je auf diesen beliebten Webseiten für »Hirntraining« war.[114] In einer Studie sagte man den Teilnehmern zunächst, sie seien Vorgesetzte oder Untergebene einer computerbasierten Aufgabe für jeweils zwei Personen. Vor der Partneraufgabe (die nie realisiert wurde) musste jeder allein eine »Zwei-zurück«-Aufgabe absolvieren. Dabei wurden auf einem Bildschirm Buchstaben gezeigt, und man musste möglichst schnell angeben, ob der Buchstabe mit dem vorletzten gezeigten identisch war. Dadurch wurde die kognitive Kapazität des Probanden in Bezug auf »Updaten« gemessen: Kontinuierlich musste man die Reihe der Buchstaben im Kopf aktualisieren. Diejenigen, die man instruiert hatte, sich ohnmächtig zu fühlen, begingen signifikant mehr Fehler als jene, denen man vorab das Gefühl von Macht gegeben hatte.

In einer zweiten Studie wurden den Teilnehmern entweder Begriffe gezeigt, die Machtbesitz anzeigen, oder solche, die man mit Machtverlust assoziiert. Danach hatten sie den Stroop-Test, einen der beliebtesten Tests der kognitiven Psychologie zu absolvieren. Der erstmals 1935 von dem Psychologen John Ridley publizierte Test misst unsere kognitive Agilität, während wir versuchen, störende Signale auszublenden.[115] Die Aufgabe ist einfach: Man bekommt eine Reihe von Wörtern gezeigt, darunter viele Namen von Farben wie Rot und Blau, aber jeweils in einer anderen Farbe geschrieben (beispielsweise das Wort Rot in Blau geschrieben und umgekehrt). Ihre Aufgabe ist nun, den Namen der Schriftfarbe schnell und korrekt zu benennen. Das klingt einfach, nicht wahr? Ist es aber nicht, weil es uns schwerfällt, die Gewohnheit auszuschalten, Worte sofort in unserer ersten Sprache zu lesen: Wenn Sie also das Wort Blau in roter Schrift sehen, ist die Versuchung groß, »blau« zu sagen, anstatt »rot«. Bei inkongruenten Versuchen (das Wort Rot in blauer Schrift und das Wort Blau in roter Schrift) machten diejenigen Probanden, die instruiert worden waren, sich ohnmächtig zu fühlen, mehr Fehler als jene, die man als mächtig instruiert hatte, und jene aus der Kontrollgruppe. Kurz gesagt: Das Gefühl von Ohnmacht erschwert es Menschen, ablenkende Informationen auszublenden und ihre kognitiven Impulse zu kontrollieren.

In einer anderen Studie schrieben die Probanden etwas über eines dieser drei Themen: ein Erlebnis, bei dem sie Macht über einen anderen Menschen hatten, ein Erlebnis, bei dem ein anderer Macht über sie hatte, oder darüber, was sie am Vortag getan hatten. Dann spielte man auf dem Computer eine Version von »Der Turm von Hanoi«. Dabei muss man Ringe strategisch von einer Position zur nächsten bewegen, um sie alle an ein Ziel zu schaffen. Maßstab für die »Planungsfähigkeit« war, wie viele Extrazüge (über das Minimum hinaus) sie bei Durchgängen brauchten, die eine Strategie erforderten, die der Intuition zuwiderlief (weil man zunächst einen oder mehrere Ringe vom Zielpunkt entfernen musste). Probanden, denen man vorher Ohnmacht suggeriert hatte, brauchten mehr Extrazüge als jene, die sich mächtig fühlten oder die Teilnehmer aus der Kontrollgruppe. Die Studie zeigte, dass Ohnmacht das Planungsvermögen, eine weitere kritische Exekutivfunktion, beeinträchtigt. Dieselben Autoren fanden auch heraus, dass Ohnmacht etwas hervorruft, was man Zielvernachlässigung nennt – das allgemeine Phänomen, sich nicht auf ein Ziel konzentrieren zu können, was einen wiederum davon abhält, die nötige Aufgabe zu bewältigen.

All diese Studien machen deutlich, dass wir unsere Fähigkeiten nicht richtig präsentieren können, wenn wir keinen Zugang zu unseren exekutiven Funktionen haben. Ohnmacht blockiert sie und macht es uns schwer, zu zeigen, was wir wissen.

Ohnmacht macht uns egozentrisch

Da stehen wir also nun, ohne Vernunft, Konzentration, Arbeitsgedächtnis und Klarsicht und versuchen verzweifelt, durch unsere Ohnmacht zu navigieren. Als ob das alles nicht schon schlimm genug wäre, versetzt uns die Ängstlichkeit noch einen weiteren Schlag – sie entfremdet uns von anderen. Manche Forschungsergebnisse legen nahe, dass soziale Ängstlichkeit unsere Fähigkeit beeinträchtigt, die Welt aus dem Blickwinkel anderer zu sehen.

In einer Reihe von Experimenten unter der Leitung des Sozialpsychologen Andy Todd sollten die Teilnehmer die räumliche Position eines Objekts erkennen – entweder aus ihrer eigenen Perspektive oder aus der anderer Leute.[116] Probanden, denen man zuvor Ängstlichkeit suggeriert hatte, waren deutlich schlechter darin, den Standort des Objekts korrekt zu bestimmen, als man sie bat, es aus der Perspektive anderer zu tun. In einem anderen Experiment bekamen die Teilnehmer ein Foto von einer Person gezeigt, die an einem Tisch sitzt und auf ein Buch links von sich schaut. Als sie sich später erinnern sollten, auf welcher Seite des Tisches das Buch lag, beschrieben die ängstlichen Teilnehmer den Ort des Buches eher aus ihrer eigenen Perspektive (»Das Buch lag auf der rechten Seite des Tisches«) und seltener aus der Perspektive der Person auf dem Foto (»Das Buch lag auf der linken Seite des Tisches«). Je unsicherer die Probanden, desto deutlicher wurde diese Diskrepanz.

Kurz gesagt konnten die ängstlichen Probanden nicht aus sich heraus und sich auf den Standpunkt einer anderen Person stellen. Sie können sich vorstellen, wie sehr diese zeitweilige Unfähigkeit sich auf Ihre Performance bei Interaktionen unter hohem Druck auswirkt, wenn Sie hören und verarbeiten sollten, was Ihr Gegenüber sagt – so wie die Interaktionen zwischen Reverend Jeffrey Brown und den Jugendlichen in Boston.

Die Verbindung zwischen Ängstlichkeit und Egozentrik besteht in beide Richtungen; d.h., eines bedingt das andere. In einem Überblick über mehr als zweihundert Studien kamen Wissenschaftler zu dem Schluss, dass wir umso ängstlicher werden, je stärker wir uns auf uns selbst konzentrieren – und umso depressiver und generell negativer.[117] Selbstbezug macht uns auch empfindsamer für körperliche Probleme wie Bauchschmerzen, eine verstopfte Nase oder Muskelverspannung.[118]

Einmal arbeitete ich mit einem Baseballteam der Spitzenklasse und ließ mir von Spielern und Trainern berichten, was ihre Performance beeinträchtigte. Ein Spieler erwähnte die Belastung durch etwas, das einen wichtigen Teil des Spiels ausmacht – die veröffentlichten Statistiken. »Manchmal ist der Durchschnitt deiner Schlagleistung nicht gut«, sagte er. Er erklärte die Fluktuation des Wertes, vor allem zu Beginn der Saison. Wenn man mit Schlagen dran ist, erzählte er, geht man raus und sieht auf dem Großbildschirm ein riesiges Foto des eigenen Gesichts, den Namen, den Durchschnittswert der Schläge und andere statistische Daten. Er beschrieb das wie eine schwere Last – das Gefühl, alle auf den Tribünen sehen sich das an und denken darüber nach. Er sagte, das fühle sich nicht nur schlecht an, sondern sei auch eine große Ablenkung.

Total verständlich, aber jetzt kommt's: Wenn man ein Profispieler ist und mit Schlagen dran, dann schauen einem eine Menge Leute zu. Und einige von ihnen machen vielleicht fiese Bemerkungen über die Fähigkeit zu schlagen. Aber viele andere Leute trinken auch gerade von ihrem Bier, machen ein Selfie mit Freunden und verpassen komplett, dass man dran ist. Dann sagen sie – vielleicht weil es ihnen peinlich ist, nicht aufgepasst zu haben –: »Oh, den hab ich verpasst. Was ist gerade passiert?« Die Realität ist, dass Leute gar nicht so viel über einen nachdenken, wie man meint – *selbst wenn man gerade im Mittelpunkt der Aufmerksamkeit steht.* Und wenn sie es tun, kann man ohnehin nichts dagegen machen. Das Einzige, was ein Spieler tun kann, ist, den Ball zu schlagen.

Das nennt man den Spotlight-Effekt, und der ist eines der hartnäckigsten und am weitesten verbreiteten egozentrischen Vorurteile – das Gefühl, Menschen würden uns mehr Beachtung schenken, als sie es in Wirklichkeit tun … und zwar im negativen Sinne. Es ist sehr schwer, das abzustellen. *Was denken die von mir? Hält mich diese Person für bescheuert? Hab ich irgendwas zwischen meinen Zähnen?* Eine außergewöhnlich gute Lehrerin erzählte mir einmal von dem Moment, als sie ihre Furcht vor dem Unterrichten überwand: »Mitten im Unterricht bemerkte ich, dass mich nicht mehr beschäftigte, was die Schüler *von mir* dachten; ich achtete nur noch darauf, was *sie dachten.*« Sie war also in der Lage, ihnen dort zu begegnen, wo sie sich in ihrem Lehrstoff gerade befanden, indem sie sich selbst aus ihrer Analyse ausklammerte.

Dutzende von Experimenten haben den Spotlight-Effekt bewiesen. In einer geradezu plumpen Studie wurde eine zufällig ausgewählte Gruppe von Studenten gebeten, eine große Einführungsvorlesung in Psychologie mit grellen Barry-Manilow-Shirts zu besuchen. Danach bat man die Teilnehmer zu schätzen, wie viele ihrer Kommilitonen diesen Aufzug bemerkt hatten. Die Studierenden überschätzten den Anteil bei Weitem – sie meinten, knapp die Hälfte der Anwesenden hätte die Shirts bemerkt, dabei waren es in Wirklichkeit weniger als ein Viertel gewesen. In einer Folgestudie mit weniger auffälligen Shirts war die Diskrepanz zwischen geschätztem und tatsächlichem Anteil der Studenten, die etwas von der Aktion mitbekommen hatten, sogar noch größer – wieder glaubten die Teilnehmer, sie sei knapp der Hälfte der Anwesenden aufgefallen, dabei waren es keine zehn Prozent.[119]

Wir überschätzen die Aufmerksamkeit, die uns zuteilwird, nicht, weil wir egoistisch oder narzisstisch sind. Wir tun es, weil wir jeder im Mittelpunkt unseres Universums stehen und nicht anders können, als die Welt aus unserer Perspektive zu sehen. Das verleitet uns zu der Annahme, andere würden das auch tun. Vor allem passiert das, wenn wir uns unsicher fühlen, wir einen Bad-Hair-Day haben oder etwas Dummes von uns gegeben haben. In all solchen Fällen überschätzen die meisten von uns die Anzahl der Menschen, die davon Notiz nehmen.

Ohnmacht verhindert Präsenz

Es gibt noch mehr schädliche Nebenwirkungen von Machtlosigkeit: Je ängstlicher und egozentrischer wir während einer Interaktion sind, desto mehr Zeit verbringen wir mit der nachträglichen

Verarbeitung – dem Grübeln über diese Interaktion – noch Tage später.[120] Ich habe diese leidige Gewohnheit, mir eine Handlung in endloser Wiederholung vorzustellen, bereits erwähnt, aber was wir nun darüber wissen, wie Machtlosigkeit und Ängstlichkeit unser Gehirn beeinträchtigen, gibt dem Ganzen noch eine zusätzliche Wendung: Das, worüber wir grübeln, existiert nicht einmal – es ist die mit massiven Fehlern behaftete Erinnerung an eine Interaktion. Wir sind während der Interaktion so ängstlich ichbezogen, dass unsere Erinnerung daran verzerrt und löchrig ist. Und trotzdem steigern wir uns hinein. Wir nehmen die verfälschte Erinnerung und verfälschen sie sogar noch weiter, indem wir sie permanent durch unser rostiges »Was denken die von mir?«-Sieb filtern. Unfähig, damit aufzuhören, über die schon vergangene Situation nachzudenken, bleiben wir quasi wie erstarrt in der Zeit stecken.

Kurz zusammengefasst kann man sagen, ängstliche Egozentrik macht es uns fast unmöglich, präsent zu sein – vor, während und sogar nach einer großen Herausforderung.

Mir ist durchaus klar, dass es nichts Neues ist, dass die Angst davor, was andere über uns denken, mies ist. Aber es lohnt sich zu verstehen, wie dieses Verhalten uns unserer Kraft beraubt.

Was es bringt, sich stark und mächtig zu fühlen

Wenn das Gefühl der Ohnmacht uns hemmt, erschöpft und generell aus der Bahn wirft, dann gilt ja automatisch, dass das Gefühl von Macht das Gegenteil bewirkt. Aber um zu verstehen, wie das funktioniert – wie Macht uns helfen kann –, müssen Sie erst einmal alle negativen Vorbehalte, die Sie womöglich gegen Macht haben, zumindest vorläufig beiseiteschieben.

Macht kann uns schützen

Eine wachsende Zahl von Untersuchungen legt nahe, dass Macht ein Puffer gegen negative Gefühle ist – sie scheint uns eine dickere Haut gegenüber Urteilen, Zurückweisungen, Stress und sogar bei Schmerz zu verschaffen.

In einer Studie baten Wissenschaftler der University of California, Berkley, Studenten in einer Beziehung, über einen Zeitraum von zwei Wochen jeden Abend einen Fragebogen auszufüllen.[121] Mithilfe der darin gestellten Fragen sollte gemessen werden, wie stark sie sich fühlten, z. B. »Wer hatte in Ihrer Beziehung heute mehr Macht?« oder »Wer von Ihnen hat heute mehr Entscheidungen getroffen?«. Dann sollten die Studenten angeben, wie feindselig sich ihr Partner verhalten hatte, um das Gefühl der Zurückweisung messen zu können. Außerdem wurde gefragt, wie stark die Probanden vier negative Gefühle empfunden hatten: Wut, Angst, Trauer und Scham. An den Tagen mit ausgeprägter Zurückweisung reduzierte das Gefühl von Macht die negativen Emotionen. Es schützte also vor ihnen.

Selbst hypothetische Macht kann Wunder bewirken. So bekamen in einer anderen Studie derselben Wissenschaftler Probanden fiktive Rollen zugeteilt – entweder mächtige oder ziemlich machtlose Positionen in einem Unternehmen. Dann sollten die Teilnehmer sich vorstellen, man hätte sie zur üblichen Happy Hour nicht eingeladen. Der Kollege, der dafür verantwortlich war, hatte entweder eine höhere, gleichrangige oder niedrigere Stellung als sie selbst in der Firma. Dann wurden die Probanden gebeten, ihre eigenen Gefühle und ihr Selbstvertrauen einzuschätzen. Je mächtiger sie selbst im Vergleich zu demjenigen waren, der sie zurückgewiesen hatte, desto weniger negative Gefühle verspürten sie und desto größer war ihr Selbstvertrauen.

In einer dritten Studie sagte man Studenten vorab, sie würden Partnern zugeordnet, um Denksportaufgaben zu lösen. Dann erfuhren sie, dass sie entweder den Chef (eine mächtige Rolle) oder den Angestellten (eine machtlose Rolle) spielen sollten. Nachdem ihre (fiktiven) Partner etwas über sie erfahren hatten, brachten sie im Hinblick auf die Zusammenarbeit entweder Gefallen oder Missfallen zum Ausdruck. Die wenig mächtigen Teilnehmer (also die Angestellten) fühlten sich schlechter und zeigten ein geringeres Selbstvertrauen, wenn sie mit dem Missfallen ihrer Partner konfrontiert wurden. Den mächtigeren schien es egal zu sein.

In einem Experiment unter der Leitung der Berkley-Professorin Dana Carney sollten die Teilnehmer als Erstes einen Fragebogen zu ihren Erfahrungen mit Leadership ausfüllen. Dann wurden ihnen Rollen mit viel oder wenig Macht zugewiesen. Auch wenn sie glaubten, diese Einteilung sei aufgrund ihrer Antworten gemacht worden, erfolgte sie tatsächlich zufällig. Dann sollten je ein Proband mit viel und einer mit wenig Macht paarweise zusammenarbeiten, um eine Entscheidung über Boni für andere Kollegen zu treffen. Dabei erhielten diejenigen mit mehr Macht deutlich größere Büros, mehr Einfluss bei Besprechungen und das letzte Wort bei der Entscheidung, wie viel (wenn überhaupt) von einem Zwanzig-Dollar-Gehaltsscheck an ihre weniger mächtigen Mitspieler gehen sollte. Carney und ihr Team benutzten einen Stressor – körperlichen Schmerz –, um die Wirkung von Machtempfinden auf die Stressreaktion zu messen. Sie baten jeden Teilnehmer, seine Hand in einen Kübel Eiswasser zu halten, sagten aber auch allen, sie könnten ihre Hand jederzeit herausziehen. Dabei wurde gemessen, wie lange der Teilnehmer es aushielt. Am Ende beließen die Mitspieler in den mächtigen Rollen ihre Hände nicht nur fast 45 Sekunden länger im Kübel – das war fast doppelt so lang wie die anderen –, sondern sie zeigten auch weniger Anzeichen von Schmerz (Grimassen, Verspannung, ruhelose Bewegung) … da sie anscheinend weniger Schmerz empfanden.[122]

Macht kann uns verbinden

Wenn wir uns mächtig fühlen, kann das manchmal unsere Fähigkeit, andere zu verstehen und eine Beziehung zu ihnen einzugehen, verbessern.[123] In einem Experiment wurden die Probanden auf subtile Weise mit Begriffen konfrontiert, die entweder Macht oder Ohnmacht signalisierten (z. B. königlich, Führungsrolle, Kontrolle oder Gehorsam, Diener, unterordnen). Dann zeigte man ihnen Videos von Partnern, die gemeinsam an einer Aufgabe arbeiteten. Die Probanden sollten aufschreiben, was die gesehenen Personen ihrer Ansicht nach während der Interaktion dachten und fühlten. Als man diese Einschätzungen damit verglich, wie die interagierenden Partner ihre innere Verfassung beschrieben hatten, erwiesen sich die Einschätzungen der Probanden, denen man Macht suggeriert hatte, als deutlich treffender.

In einem begleitenden Experiment schrieben die Teilnehmer zunächst über eine Erfahrung, bei der sie Macht über jemand anderen besessen hatten, eine Erfahrung, bei der jemand anderes Macht über sie besessen hatte, oder über ein Ereignis vom Vortag. Dann bekamen alle 24 Fotos von Gesichtsausdrücken gezeigt – Glück, Trauer, Wut, Furcht. Die Probanden sollten bestimmen, welches Gefühl dargestellt wurde. Sie mussten außerdem einige Fragen zu ihrem Führungsstil beantworten. Teilnehmer, denen man das Gefühl gegeben hatte, mächtig zu sein, beurteilten die Mienen häufiger richtig als jene, die sich machtlos fühlten – mit Ausnahme derjenigen, die dazu neigten, ihre Macht mit großem Egoismus und wenig Empathie auszuüben.

Menschen, die sich mächtig fühlen, verzeihen anderen auch mit größerer Wahrscheinlichkeit, vor allem den Menschen, denen sie sich verpflichtet fühlen.[124] In einem Experiment wurden die Teilnehmer gebeten, schriftlich eine Gelegenheit zu schildern, als sie Macht über jemand anderen hatten oder umgekehrt. Dann sollten sie sich vorstellen, sie befänden sich in verschiedenen Situationen und würden von anderen verletzt – beispielsweise indem man peinliche Anekdoten über sie erzählt. Menschen, die sich aufgrund ihrer niedergeschriebenen Erfahrung mächtig fühlten, äußerten eher Bereitschaft, dem Täter zu verzeihen, als diejenigen, die auf Ohnmacht eingestimmt worden waren. Wenn wir uns stark fühlen, nehmen wir eher keine wachsame Haltung anderen gegenüber ein, sondern erlauben uns Offenheit – wenn nicht gar Verletzlichkeit. (Selbst mächtige Affen sind weniger wachsam als ihre machtlosen Artgenossen.[125]) In einer Reihe von Studien sahen Menschen, die sich mächtig fühlten, ihre Interaktionspartner eher als freundlich und weniger als bedrohlich an; bei Menschen, die sich selbst als ohnmächtig empfanden, war es umgekehrt – unbekannten Interaktionspartnern wurde eher Bedrohlichkeit als Freundlichkeit unterstellt. Weil sie sich im Umgang mit ihren Partnern sicher fühlten, brachten die mächtigen Menschen in diesen Studien auch eher ihre wahren Ansichten zum Ausdruck.[126]

In einer frühen Studie zu Macht und Management übten Vorgesetzte, die sich selbst machtlos fühlten, eher Zwang aus – drohten mit Bestrafung oder sogar Rausschmiss –, wenn sie es mit »problematischen« Arbeitskräften zu tun hatten; während solche, die sich selbst als stark empfanden, es eher persönlich und persuasiv versuchten, etwa mit Lob oder Ermahnung.[127] In einer anderen Studie waren Manager, die sich machtlos fühlten, eher egozentrisch defensiv und bewirkten dadurch weniger Einsatz ihrer Untergebenen. Und tatsächlich beurteilten eben diese Manager Angestellte, die ihre Meinung äußerten, eher negativ.[128]

Macht kann unser Denken befreien

Während ein Mangel an Macht unser kognitives Funktionieren beeinträchtigt, scheint Macht unsere Fähigkeit zu guten Entscheidungen unter komplexen Bedingungen zu verbessern. Pamela Smith hat Dutzende Studien dazu durchgeführt, wie Macht und Ohnmacht sich auf unser Denkvermögen auswirken. Nach ihrer Aussage »verarbeiten die Mächtigen Information abstrakter – integrieren sie, um das Wesentliche zu extrahieren, erkennen Muster und Beziehungen« im Unterschied zu den Ohnmächtigen.[129]

Macht macht uns furchtlos, unabhängig und weniger empfänglich für Druck und Erwartungen von außen, was uns erlaubt, kreativer zu sein. In einer Studie wurden die Probanden gebeten, sich vorzustellen, sie würden sich um Jobs in einer Marketingfirma bewerben und Namen für neue Produkte erfinden, u.a. für ein Schmerzmittel und für eine Pastasorte.[130] Für jede Kategorie bekamen sie Beispiele genannt – dabei endeten alle Pastanamen auf *na, ni* oder *ti* und alle Schmerzmittel auf *ol* oder *in.* Diejenigen Probanden, denen man vorher Macht suggeriert hatte, erfanden mehr ganz neue Namen und nutzten seltener die Endungen der Beispiele. Fühlen wir uns stärker, haben wir folglich weniger Hemmungen, unsere Gefühle und Ansichten zum Ausdruck zu bringen, was unser Denken befreit und großartige Taten ermöglicht.

Macht kann uns synchronisieren

In Kapitel 1 habe ich schon über Synchronizität geschrieben – das Harmonisieren verschiedener Elemente unseres Selbst. Wie sich herausstellte, synchronisiert das Gefühl von Macht unsere Gedanken und Gefühle sowie unser Verhalten, was uns Präsenz leichter macht. In einem Experiment, bei dem Menschen, die sich mächtig fühlten, mit Unbekannten diskutieren sollten, entsprachen die nonverbalen Ausdrucksformen ziemlich genau den selbst angegebenen Gefühlen. Fühlten sich diese Leute glücklich und erzählten sie eine fröhliche Geschichte, lächelten sie. Die nonverbalen Signale und selbst angegebenen Gefühle der Machtlosen deckten sich nicht so deutlich.[131]

Ohnmacht kann auch bewirken, dass wir unser Verhalten ändern, um es dem der Menschen in unserer Umgebung oder deren vermeintlichen Erwartungen anzupassen.[132] Wir werden unaufrichtig – dahinter muss gar keine Täuschungsabsicht stecken, eher der Wunsch, uns zu schützen. Schließlich ist es besser, in der Menge unterzutauchen und zu gefallen, wenn man machtlos ist.

Macht kann Handeln auslösen

»Ich akzeptiere nicht mehr die Dinge, die ich nicht ändern kann. Ich ändere die Dinge, die ich nicht akzeptieren kann.«

Angela Davis

Ein Labormitarbeiter führt Sie in einen abgeschiedenen Raum und bittet Sie, dort auf einem Stuhl Platz zu nehmen und zu warten. Nach ein paar Augenblicken bemerken Sie einen Ventilator, der Ihnen direkt ins Gesicht bläst. Das ist ärgerlich. Was tun Sie? Den Ventilator wegrücken? Ihn ausschalten? Oder bemühen Sie sich nach Kräften, ihn zu ignorieren?

Hier noch ein anderes Dilemma: Sie gehören einem dreiköpfigen Diskussionsteam an, das gleich in die letzte Runde eines Wettbewerbs geht. Ihr Team darf entscheiden, ob es als erstes oder zweites dran sein möchte. Einer Ihrer Teamkollegen sagt, Sie sollten den Anfang machen – weil man so den Rahmen und den Ton des Streitgesprächs festlegen kann. Ihr anderer Kollege ist der gegenteiligen Meinung – wer als Zweiter das Wort ergreift, kann die spezifischen Argumente des Gegners widerlegen. Jetzt liegt es an Ihnen – geht Ihr Team als erstes oder zweites ins Rennen?

Beide dieser Szenarien wurden in Experimenten von Wissenschaftlern durchgespielt, um zu verstehen, wie Macht oder Ohnmacht sich darauf auswirkt, ob wir aktiv werden oder nicht. In der Ventilator-Studie waren alle Teilnehmer auf die Weise vorbereitet worden, die ich bereits geschildert habe, um sich entweder mächtig oder ohnmächtig zu fühlen.[133] Während 69 Prozent der mächtigen Teilnehmer den lästigen Ventilator wegrückten oder ihn ausmachten, taten das nur 42 Prozent der eher ohnmächtigen. Der Rest blieb einfach sitzen und ertrug es. Schließlich hatte ihnen ja niemand gesagt, ob sie den Ventilator anfassen durften. Angesichts der eigenen fehlenden Macht brauchten sie die Erlaubnis von jemand mit der Autorität zu handeln. In der Diskussionsstudie votierten von den Teilnehmern, denen man vorher Macht suggeriert hatte, viermal so viele dafür, als Erste in den Wettbewerb zu gehen, wie Teilnehmer, denen man das Gefühl von Machtlosigkeit vermittelt hatte.[134]

Unendlich viele Studien bestätigen die Vermutung, dass ein Gefühl von Stärke die Menschen proaktiv macht. So zeigte beispielsweise eine Studie, dass mächtige Probanden mit größerer Wahrscheinlichkeit um den Preis eines neuen Autos feilschen und das erste Angebot bei Jobverhandlungen machen.[135] Warum? Haben wir das Gefühl von Macht, gibt uns das die Freiheit zu entscheiden, zu handeln, zu *machen.* Teilnehmern einer anderen Studie wurde zuerst Macht oder Ohnmacht suggeriert, dann fragte man sie, wie lange sie für Entscheidungen in verschiedenen Szenarien brauchen würden (bei der Auswahl einer Mitbewohnerin, beim Kauf eines Gebrauchtwagens, bei der Entscheidung für eine Arbeitsstätte).[136] Die machtlosen Probanden sagten, sie bräuchten mehr Zeit als die mächtigen. Das verdient Beachtung: Schnelles Handeln ist nicht unbedingt besser; sich mehr Zeit zum Nachdenken zu nehmen könnte klüger sein. Aber das generelle Muster ist gleich – Macht bringt die Menschen dazu zu handeln. Und in einer Begleitstudie wurden die Probanden gebeten, sich vorzustellen, wie kurz vor der Deadline sie unter Umständen wie bei der Bewerbung um ein Stipendium oder dem Umzug in eine neue Wohnung aktiv werden würden. Die Mächtigen gaben an, solche Dinge früher auf ihrer To-do-Liste abzuhaken. In solchen Fällen wäre rascheres Handeln wohl auch besser. Schließlich bat man die Teilnehmer noch, eine Figur nachzufahren, ohne den Stift vom Blatt zu nehmen oder eine Linie zweimal nachzuspuren – eine tatsächlich unmögliche Aufgabe. Die Mächtigen blieben länger dabei und unternahmen mehr neue Anläufe als die Ohnmächtigen.

Die Entschlossenheit der Macht wurzelt in dem Wissen, dass wir immer Zugang zu den benötigten Ressourcen haben. Das bewirkt ein ausgeprägteres *Gefühl von Kontrolle.* Und damit meine ich nicht Kontrollwahn als Persönlichkeitsstörung. Das Gefühl, das aus persönlicher Macht und Stärke entsteht, ist nicht das *Verlangen* nach Kontrolle; vielmehr ist es die mühelose Gewissheit, sich unter Kontrolle zu haben – klarsichtig, gelassen und unabhängig vom Verhalten anderer. Diese Art von Macht verstärkt sich selbst, wie ich Ihnen hoffentlich noch beweisen kann. Das Denken, die Kommunikation und Aktion, die daraus entspringt, kann sie nur verstärken.

Auf ähnliche Weise kann Machtlosigkeit zu Tatenlosigkeit führen, die das Gegenteil des Angestrebten bewirkt. Menschen, die sich innerhalb der Gesellschaft als machtlos empfinden, sind per Definition von mächtigen anderen abhängig, die ihnen vorangehen. Das bewirkt, dass die Machtlosen die unfairen Systeme befürworten, die ihren Zustand noch verstärken. Bei repräsentativen Stichproben wurde die ökonomische Ohnmacht in den USA in Beziehung zu größerer wahrgenommener Legitimität politischer Ziele und Maßnahmen gesetzt, die die Machtlosigkeit der Teilnehmer verstärkten. Die Autoren der Studie erklären, dass diese Erkenntnisse »kontraintuitiv sind, weil es ja eindeutig nicht im Interesse der Ohnmächtigen liegen kann, ein System zu befürworten, in dem sie machtlos sind … Die Prozesse, die wir identifizieren, werden die Ungleichheit insofern wahrscheinlich fortbestehen lassen, als die Machtlosen sie eher rechtfertigen, als sich um eine Änderung der hierarchischen Strukturen zu bemühen, die sie benachteiligen«.[137]

Macht kann unser Handeln effektiver machen

Macht wirkt sich besonders unter Druck auf die Performance aus und wirkt in einer Situation, in der viel auf dem Spiel steht, beflügelnd. Machtlosigkeit hat das Gegenteil zur Folge, sie dämpft die Performance, wenn es drauf ankommt.[138] Das erklärt sich wieder durch die Approach-Inhibition-Theorie der Macht: Wenn wir uns mächtig fühlen, aktivieren entscheidende Situationen »Approach«-Ziele, inspirieren uns, es zu versuchen, während dieselben Situationen bei Ohnmächtigen »Inhibition«-Ziele aktivieren, die unseren Wunsch nach Engagement in einer möglicherweise riskanten oder bedrohlichen Situation beseitigen.

Fühlen wir uns stark, ändert das sogar unsere Interpretation von Gefühlen, die aufkommen, wenn wir unter Druck stehen: Menschen, die sich selbst großes Selbstvertrauen attestieren – im Grunde genommen also Leute, die sich mächtig fühlten –, interpretierten Konkurrenzangst als leistungssteigernd, nicht als hemmend. Sie gaben auch eine größere Zufriedenheit mit ihrer eigenen Leistung an. Probanden mit geringerem Selbstvertrauen dagegen fühlten sich von Konkurrenzangst in ihrer Leistung beeinträchtigt.[139]

Ein Überblick über 114 Studien zum Verhältnis von Arbeitsleistung und Selbstwirksamkeit – ähnlich der persönlichen Macht, aber eben begrenzt auf eine spezifische Aufgabe – ergab einen klaren, wenn auch nicht besonders überraschenden Zusammenhang zwischen beidem: Wenn Menschen der festen Überzeugung sind, dass sie die vor ihnen liegende Aufgabe bewältigen können, ist auch die Wahrscheinlichkeit größer, dass ihnen das gelingt.[140]

Macht beeinflusst unsere Physiologie

Bis jetzt hat der Großteil der Machtforschung, die wir uns bisher angesehen haben, mit Psychologie zu tun – Macht und Ohnmacht als kognitive und emotionale Zustände. Wie sie uns *denken und fühlen* lassen. Das führt uns zu einer logischen Frage: Existiert Macht nur in unseren Köpfen?

Es wäre überraschend, wenn das so wäre, und zwar aus dem einfachen Grund, weil unsere Wahrnehmung von Macht und Stärke so oft physische, aktive Konnotation hat. Macht ist nicht nur ein Geisteszustand, sondern eine Naturgewalt. Jeder weiß, dass Macht zumindest in gewissem Umfang körperlich ist und für Stärke und Kraft steht. Das wissen wir, weil wir es spüren. Wir sind körperlich. Bedeutet das, dass unsere Macht – sogar unsere innere, persönliche Stärke – auch einen physischen Aspekt hat? Jüngste Forschungen zum Thema Hormone liefern uns faszinierende Hinweise.

Aber bevor ich auf diese Hinweise näher eingehe, möchte ich Ihnen folgende Vorbehalte zu bedenken geben. Nicht nur das

Verhältnis von Hormonen und Verhalten ist komplex, sondern ihr Studium ist noch dazu ziemlich neu und entwickelt sich rasch. Mein Überblick hier beansprucht nicht, die vielen Nuancen und Einschränkungen zu erklären. Außerdem sind Hormone nur eine von unzähligen anderen Variablen, die unser Denken, Fühlen und Verhalten bestimmen. Etwa unser Verhältnis zu den Eltern, wie lange wir letzte Nacht geschlafen haben, das Wetter, was wir zum Frühstück hatten, wie viel Kaffee wir getrunken haben, die Stabilität unserer engsten Freundschaften usw. Warum all diese Einschränkungen? Weil ich bemerkt habe, dass etwas passiert, sobald ich »Hormone« sage: Ohren werden gespitzt. Menschen neigen dazu, die Bedeutung von Hormonstudien zu überschätzen, vielleicht weil Hormone konkreter sind als Gedanken und Gefühle; sie wirken »realer«. Die Wahrheit ist jedoch, dass gegenwärtig die Verhaltensforschung wahrscheinlich mehr über die Wirkung von Gedanken und Gefühlen auf das Verhalten weiß als über den Zusammenhang zwischen Hormonen und Verhalten. Bitte betrachten Sie das Folgende daher als ein Teil eines größeren Puzzles.

Zurück zur Geschichte von Macht und Hormonen …

Testosteron, ein beim Mann in den Hoden und bei der Frau in den Eierstöcken gebildetes Steroidhormon, hilft bei der Entwicklung von Muskel- und Knochenmasse, reproduktivem Gewebe (bei Männern) und sogar bei der Vorbeugung von Osteoporose. Doch Testosteron wirkt nicht nur körperlich, sondern auch auf unser Verhalten.[141]

Das auch als »Dominanz-« oder »Durchsetzungshormon« bezeichnete Testosteron wird mit dominantem Verhalten von Menschen, Schimpansen, Pavianen, Lemuren, Schafen, Vögeln und sogar Fischen in Verbindung gebracht; es reflektiert Veränderungen im Status und bei der Macht eines Individuums.[142] Individuen mit hohem Status – also diejenigen mit großer gesellschaftlicher Macht, die Alphatiere – neigen zu einem hohen Spiegel von grundlegendem Testosteron. So fand beispielsweise der Stanford-Professor Robert Sapolsky in seinen Studien mit Pavianen heraus, dass Individuen mit hohem Testosteronspiegel eher zu konkurrierendem, »nach Status strebendem« Verhalten neigten, wenn sich Gelegenheiten boten, in der Hierarchie aufzusteigen und die Spitzenposition einzunehmen (etwa weil ein etabliertes Alphatier verletzt war).[143] Und dieses Verhältnis zwischen Status und Testosteron ist wechselseitig: So ist das basale Testosteron nicht nur gut, um vorherzusagen, wer aufsteigen wird, sondern so ein Aufstieg an die Spitze lässt auch das übliche Testosteronniveau des Individuums ansteigen. Verbessert sich der Status, erhöht sich der Testosteronspiegel.

Beim Menschen hat man das basale Testosteron mit sozial dominantem, bestimmendem und konkurrierendem Verhalten von Männern wie Frauen verknüpft. Der Testosteronspiegel, egal ob relativ stabil oder nur vorübergehend hoch, resultiert aus einem und bewirkt ein Verhalten, das uns hilft, Herausforderungen mutig anzugehen und gut zu bewältigen.

Doch das ist erst die halbe Geschichte.

Dass ein hoher Testosteronwert mit Macht zusammenhängt, dürfte die wenigsten überraschen – das weiß man quasi intuitiv, da der Stoff ja als Dominanzhormon gilt. Weniger intuitiv und dafür interessanter ist die Rolle des zweiten Hormons, Cortisol, das man auch das »Stresshormon« nennt. Cortisol wird als Reaktion auf körperliche Stressoren, etwa Rennen, um einen Zug noch zu erwischen, wie auf psychische Stressoren, etwa Angst vor einer Prüfung, in der Nebennierenrinde gebildet. Seine primäre Funktion ist es, Energie zu mobilisieren, indem es den Blutzuckerspiegel erhöht und beim Verstoffwechseln von Fett, Eiweiß und Kohlenhydraten hilft. Es sorgt auch dafür, dass andere Systeme, u.a. Verdauung und Immunsystem, heruntergefahren werden. Der Cortisolwert ist morgens am höchsten und bringt Sie zum Aufwachen, fällt dann zunehmend und erreicht seinen Tiefststand am Nachmittag. Wie das Testosteron wirkt dieses Hormon auf Psyche und Verhalten, steigert unsere Wahrnehmung von Bedrohung und die Wahrscheinlichkeit, dass wir schwierige Situationen meiden.[144]

Diese Vorstellung – dass geringer Stress ein fundamentaler Aspekt ist, um sich stark und mächtig zu fühlen und es zu sein – steht in absolutem Widerspruch zu einigen populären Mythen über Leadership. Man hat uns doch gelehrt, dass es an der Spitze einsam und stressig ist. »Schwer ruht das Haupt, das eine Krone drückt« und solches Zeug. Wir neigen dazu, uns vorzustellen, dass die Führungskräfte in Wirtschaft und Politik belastet von Druck und Sorge, weil sie tagein, tagaus so viel Macht ausüben müssen, durchs Leben gehen. Als Reaktion auf dieses Klischee gibt es massenhaft Bücher und Artikel darüber, wie mit diesem »Führungsstress« umzugehen sei.

Klar sind manche Mächtige zweifellos von der Last ihrer Verantwortung gestresst, doch die Forschung sieht da keinerlei ausgeprägten Trend. Stattdessen scheint der Besitz realer Macht eher vor Ängstlichkeit zu schützen.

2012 bildete ich in Harvard ein Team mit Jennifer Lerner, Gary Sherman und noch einigen anderen Wissenschaftlern, um das

Verhältnis von Macht und Stress zu untersuchen. Wir rekrutierten hochrangige Führungskräfte, darunter Armeeoffiziere, Regierungsmitarbeiter und Leute aus der freien Wirtschaft, die allesamt an Schulungen für Führungskräfte teilgenommen hatten. Als Erstes fragten wir sie, wie viel Angst sie verspürten. Dann nahmen wir Speichelproben, um den Cortisolwert zu bestimmen. Verglichen mit Probanden aus der normalen Bevölkerung, die unter den gleichen Umständen befragt und untersucht worden waren, wiesen die Führungskräfte deutlich niedrigere Cortisolwerte auf und gaben auch an, weniger Angst zu haben.

Als wir uns die Mächtigsten unter unseren Führungskräften besahen, stellten wir fest, dass beide Werte noch niedriger waren als bei den weniger mächtigen Probanden. Außerdem kam heraus, dass die mächtigsten Führungskräfte das am stärksten ausgeprägte Gefühl von Kontrolle über ihr Leben hatten – eine weitere Variable, die wir abfragten – und dass dieses Gefühl sie gelassener und weniger besorgt machte als alle anderen.[145] Tatsächlich kommen Menschen mit einem ausgeprägten Gefühl persönlicher Kontrolle – im Gegensatz zu denen, deren Ort der Kontrolle extern ist (z. B. weil er bei anderen Menschen oder äußeren Umständen liegt) – in Krisen (also mit großen, stressigen Herausforderungen) signifikant besser zurecht, weil ihre exekutiven Funktionen intakt sind und sie die Situation nicht als besonders bedrohlich empfinden, weil sie ja den Eindruck persönlicher Kontrolle haben.[146]

Der Vorzug unserer Studie bestand darin, dass wir das Gefühl von Macht nicht durch ein Laborszenario erzeugen mussten – wir maßen die Werte von Leuten mit echter Macht. Ihre Begrenztheit bestand allerdings darin, dass wir die Probanden nicht zufällig in echte Führungskräfte und Nichtführungskräfte teilten und daher auch nicht erfahren konnten, ob Macht ein Mittel gegen Angst ist oder ob gelassene, selbstbewusste Menschen – diejenigen mit ausgeprägter persönlicher Stärke – einfach automatisch in Führungspositionen gelangen. Doch die Verbindung ist klar und Laborstudien legen nahe, dass die Beziehung wie beim Testosteron wechselseitig ist.

Zwei führende Wissenschaftler auf dem Gebiet der sozialen Neuroendokrinologie, die Professoren Pranjal Mehta und Robert Josephs, vermuten, dass Testosteron nur bei einem niedrigen Cortisolwert mit Macht einhergeht. Sie nennen das die Dual-Hormon-Hypothese.[147] Genau wie Machtlosigkeit unsere Führungsfähigkeit mindert und uns ängstlich stimmt, tut dies auch Cortisol. Ist also der Cortisolspiegel hoch, bewirkt auch viel Testosteron kein Gefühl von Stärke und entsprechendes Verhalten. Das ergibt vor allem dann Sinn, wenn Sie Macht als Charakteristikum verstehen, das – wie in diesem Kapitel schon beschrieben – uns dazu bringt, nicht nur risikobereit und bestimmend, sondern auch gelassen, konzentriert, kontrolliert und präsent zu sein. Risikobereit und bestimmend kombiniert mit ängstlich, zerstreut und gestresst ist dagegen kein Rezept für Macht. Es ist eher ein Rezept für einen ziemlich unangenehmen Chef (die meisten von uns haben schon mal unter so jemand gearbeitet). Mehta, Josephs und andere Wissenschaftler haben innerhalb und außerhalb des Labors überzeugende Bestätigungen für diese Dual-Hormon-Beziehung gefunden.

Im Bereich Leadership lässt sich diese Beziehung empirisch belegen. So ergab beispielsweise jüngst eine Studie mit 78 männlichen Führungskräften, dass das ideale Verhältnis von hohem

Testosteron und niedrigem Cortisol sich ausgezeichnet eignet, um vorherzusagen, wie viele Leute diese Führungskräfte unter sich hatten.[148] Im Rahmen einer anderen Studie absolvierten Studenten eine Übung zu Leadership, während der sie nach Bestimmtheit, Selbstvertrauen und allgemeinen Führungsqualitäten bewertet wurden. Auch hier schnitten diejenigen mit hohem Testosteronwert gut ab, aber nur, wenn gleichzeitig das Cortisol niedrig war.[149]

Wissenschaftler haben auch das Niveau dieser Hormone gemessen, nachdem Athleten ihr Spiel gewonnen oder verloren hatten (in einer Studie handelte es sich um Badminton), und stießen auf die gleichen Effekte bei Frauen wie bei Männern: Eine Niederlage führt zum Anstieg von Cortisol und niedrigerem Testosteron.[150] Unter den weiblichen Elitesportlern stieg der Testosteronspiegel während des Wettkampfs an, allerdings nur, wenn der Cortisolspiegel vor dem Spiel niedrig war.[151]

Die Psychologen David Edwards und Kathleen Casto von der Emory University führten eine eindrucksvolle Analyse von Hormonen und Verhalten von Collegespitzensportlerinnen durch, die sechs Studien umfasste.[152] Frauen, die Fußball, Softball, Tennis oder Volleyball spielten, wurden gebeten, ihre Teamkolleginnen auf einer Skala von 1 bis 5 zu Eigenschaften wie Fairness, Führungsstärke und Einsatz zu bewerten.

Auf dem Fragebogen standen u. a. diese Aussagen:

- Sie inspiriert ihre Teamkolleginnen, ihr Bestes zu geben.
- Sie verfügt über ein ausgezeichnetes Gespür, um in jedem Moment genau zu wissen, was das Team braucht, um optimal zu spielen.

- Ihre Aussagen und/oder ihr Verhalten haben/hat eine kontinuierlich positive Wirkung auf die Moral des Teams.
- Sie behält eine positive Einstellung selbst angesichts von Widrigkeiten.
- Wenn nötig, übt sie konstruktive Kritik an ihren Mitspielerinnen.
- Sie arbeitet effektiv mit ihren Teamkolleginnen, um ein Gefühl der Einigkeit zu erzeugen.
- Sie ist zu persönlichen Opfern bereit, wenn es dem Interesse des Teams als Ganzes dient.
- Sie spielt und wetteifert mit Leidenschaft für das Spiel.
- Sie vertritt ihre Teamkolleginnen korrekt und kommuniziert deren Bedenken und Unzufriedenheit auf konstruktive Weise.
- Sie ist in ihrem Verhalten den Mitspielerinnen gegenüber im Spiel und auch sonst berechenbar, fair und authentisch.
- Eine Niederlage motiviert sie auf konstruktive Weise.

Alle Sportlerinnen gaben außerdem Speichelproben ab, damit ihr Hormonspiegel gemessen werden konnte. Dabei stellte sich heraus, dass die Frauen, die von ihren Teamkolleginnen als besonders inspirierend, kommunikativ, fleißig, leidenschaftlich, unterstützend und optimistisch eingeschätzt wurden, auch die höchsten Testosteron- und die niedrigsten Cortisolwerte innerhalb der Gruppe aufwiesen.

Daraus schlossen die Wissenschaftler, dass »zumindest für Individuen mit niedrigem Cortisolniveau gilt, dass ein höherer Testosteronspiegel sie umso fähiger zu dem heiklen Gleichgewicht zwischen nett und herrisch macht, was die Autorität bei Interaktionen mit Teamkolleginnen angeht«.

Wenn wir uns Testosteron und Cortisol ansehen, können wir sogar erkennen, wer mit größter Wahrscheinlichkeit schummelt. Die Harvard-Psychologin Jooa Julia Lee und ihre Mitarbeiter testeten diese Vermutung. Probanden sollten dafür einen Mathetest ablegen und anschließend unbeobachtet selbst bewerten, wobei ein gutes Ergebnis mit einer höheren finanziellen Belohnung verbunden sein sollte. Die Situation war so ausgelegt, dass es den Leuten leicht gemacht wurde zu schummeln bzw. das schon fast wünschenswert war. Die größte Wahrscheinlichkeit zur Täuschung stellte man bei Probanden mit hohem Testosteron *und* Cortisol fest. Der Koautor der Studie, Robert Josephs, erklärte dazu: »Testosteron sorgt für den Mut zu schummeln, erhöhtes Cortisol liefert einen Grund dafür.«[153] Mit anderen Worten: Testosteron macht Menschen vielleicht risikofreudiger, aber ohne das erhöhte Cortisol und die damit einhergehende Furcht, nicht die Kontrolle zu haben, um den Anforderungen der Situation zu genügen, lässt Testosteron keine Vorhersage über das Schummeln zu.

Am interessantesten an diesem umfangreichen Forschungsvorhaben finde ich nicht, dass viel Testosteron in Kombination mit wenig Cortisol sich in Bezug zu Macht setzen lässt. Bemerkenswert finde ich, dass dieses Hormonprofil, zumindest beim Menschen, im Zusammenhang mit verantwortungsvoller Macht steht. Das Testosteron befeuert unser Durchsetzungsvermögen und die Wahrscheinlichkeit zu handeln, während ein niedriger Cortisolwert uns vor der Sorte Stressoren schützt, die uns mit größter Wahrscheinlichkeit während unserer wichtigsten Herausforderungen aus der Bahn werfen würden. Es hängt also mit effektivem, teamorientiertem Führungsstil zusammen, mit der Fähigkeit, anderen gelassen konstruktives Feedback zu geben, sowie mit dem Mut und der Resilienz auch in Anbetracht von Herausforderungen stets weiter zu pushen. Wäre das nicht echtes Selbstvertrauen ohne Arroganz?

Korrumpiert Macht?

Welche der beiden Möglichkeiten ist wahrscheinlicher:

A. Ihr Chef denkt an Ihren Geburtstag.
B. Sie denken an den Geburtstag Ihres Chefs.

Ich habe eine Antwort auf diese Frage, auch wenn ich darauf nicht stolz bin. An dem Tag, als ich begann, an diesem Kapitel zu arbeiten, und der zufällig in die Woche meines Geburtstags fiel, kam ich in mein Büro, wo mich auf dem Schreibtisch ein Geschenk erwartete. Es war von meiner Assistentin Kailey, deren Geburtstag ich nicht wusste (inzwischen allerdings schon).

Macht hilft uns, weniger darauf fixiert zu sein, was andere denken, was befreiend ist, aber sie kann auch bewirken, dass wir weniger an andere Leute denken. Punkt. Und auch, dass wir es gleichgültiger tun, wenn wir es tun. Susan Fiske hat darauf hingewiesen, dass diejenigen mit gesellschaftlicher Macht nur zu leicht in die nachlässige Gewohnheit verfallen, die weniger Mächtigen (Angestellte oder Untergebene beispielsweise) nicht als Individuen, sondern als grobe, klischeehafte Skizzen von Menschen zu sehen und zu behandeln. Ein Grund dafür ist ihrer Ansicht nach, dass Aufmerksamkeit mit der Hierarchie steigt, nicht sinkt. Wir achten auf Leute, die unser Schicksal bestimmen, weil wir in der Lage sein wollen, ihr Handeln vorherzusehen.[154] Dass meine Assistentin sich meinen Geburtstag gemerkt hatte, würde in dieses Schema passen (obwohl sie grundsätzlich ohnehin eine sehr aufmerksame Person ist).

Die Mächtigen können es sich dagegen leisten, den weniger Mächtigen gegenüber unaufmerksam zu sein – ihr Schicksal hängt nicht von ihren Untergebenen ab (oder wenn doch, dann sind diese soeben mächtig geworden). Dazu kommt noch, dass Menschen an der Macht oft schon mehr Anforderungen an ihre eigene Aufmerksamkeit haben und daher weniger davon übrig bleibt.[155] In einer Studie gaben Fiske, Stephanie Goodwin und ihre Kollegen einer Gruppe von Studenten die Macht, Bewerbungen von Highschoolschülern für Sommerjobs zu bewerten.[156] Dabei stellten sie fest, je mehr die Studenten bei der Entscheidung über die Bewerbungen zu bestimmen hatten, desto weniger Aufmerksamkeit schenkten sie den einzigartigen Eigenschaften und Qualifikationen jedes einzelnen Bewerbers.

Doch hier kommt der Silberstreif am Horizont: Als die Wissenschaftler die Studenten einstimmten, mehr Verantwortung zu empfinden, indem sie sie vorab über einige egalitäre Werte nachdenken ließen, nahm die Aufmerksamkeit der Bewerter für die besonderen Vorzüge jedes einzelnen »untergeordneten« Highschoolschülers, über den sie Macht hatten, deutlich zu.

Macht Macht also korrupt? Das kann passieren, wie viele Studien – und von historischen und eigenen Erfahrungen gar nicht zu reden – bewiesen haben. Allzu oft erzeugt soziale Macht die Art von asymmetrischer Abhängigkeit, die Ungleichheit, Ungerechtigkeit und unsoziales Verhalten und Vorurteile hervorbringt. Daher gebe ich der Entwicklung von nicht nullsummenorientierter persönlicher Macht deutlich den Vorzug vor dem Erwerb von nullsummenorientierter sozialer Macht. Aber wie die oben erwähnte Studie nahelegt, können wir daran arbeiten, unsere Voreingenommenheit zu überwinden, und soziale Macht nicht nur nutzen, um uns selbst, sondern auch um anderen Gutes zu tun. Es stellt sich ja sogar heraus, dass viele der negativen Nebeneffekte von gesellschaftlicher Macht sich verringern, wenn Leute von ihrer Selbstwahrnehmung motiviert werden: als fair und nett, als um Korrektheit bemüht, als verantwortungsvoll oder verantwortlich für das Erreichen der Unternehmensziele. Das funktioniert beispielsweise wenn die Chefin sich für die Weiterentwicklung, das Wohlbefinden und die Leistung der Angestellten zuständig fühlt oder für den Erfolg ihrer Organisation.[157]

Und ein Mangel an persönlicher Macht kann ebenso gefährlich werden wie der Besitz von gesellschaftlicher Macht. Tarek Azzam, Professor für Verhaltens- und Organisationsforschung an der Claremonte Graduate University, und seine Kollegen konnten in einer Reihe von Studien zeigen, dass Menschen umso ängstlicher – und aggressiver – gegenüber Außenseitern und Einwanderern wurden, je machtloser sie sich fühlten. (Dieser Effekt war sogar noch stärker bei Männern, die sich ohnmächtig fühlten.)[158]

Und das ist meine Hoffnung: Weil persönliche Macht und Stärke unbegrenzt ist und in keiner Weise erfordert, dass wir jemand anderen kontrollieren, können wir keinen Mangel daran empfinden. Wir müssen nicht in Konkurrenz treten, um sie zu behalten. Sie gehört uns, was auch immer geschieht. Niemand kann sie uns nehmen. Und dieses Wissen, dieses Verständnis, erleichtert das Bedürfnis, sie anderen zu zeigen, ihnen zu helfen, damit sie das Gleiche erkennen. Und so glaube ich, dass persönliche Macht im Gegensatz zur sozialen Macht geradezu ansteckend sein kann. Je mehr persönliche Stärke wir empfinden, desto wahrscheinlicher ist es, dass wir anderen helfen möchten, das Gleiche zu verspüren.

Der mit dem Pulitzerpreis ausgezeichnete Biograf Robert Caro, der Jahrzehnte damit verbracht hat, das Leben und die Machenschaften von Lyndon Johnson aufzuzeichnen, hat einmal in einem Interview mit *The Guardian* gesagt: »Wir haben das Axiom von Lord Acton gelernt: Alle Macht korrumpiert, absolute Macht korrumpiert absolut. Das glaubte ich, als ich mit diesen Büchern begann, aber inzwischen glaube ich es nicht mehr. Macht korrumpiert nicht immer. Macht kann auch läutern. Was meiner Ansicht nach auf Macht immer zutrifft, ist, dass sie stets enthüllt.«[159]

Macht enthüllt. Für mich ergibt das Sinn. Wie ich Sie in diesem Kapitel versucht habe zu überzeugen, denke ich, dass persönliche Macht uns unserem besten Selbst näher bringt, während der Mangel daran unser Selbst verzerrt und verschleiert.

Aber wenn Macht enthüllt, dann lernen wir nur die wirklich Mächtigen kennen, weil nur sie kühn genug sind zu zeigen, wer sie sind. Ohne Ausflüchte und Entschuldigungen. Sie besitzen den Mut und das Selbstvertrauen, sich dem Blick der anderen zu offenbaren.

Insofern ist der Weg zu persönlicher Macht auch der Weg zu Präsenz und positiver Ausstrahlung. So können wir und andere entdecken und umsetzen, wer wir wirklich sind.

Kapitel 6

Lümmeln, Aufrichten und die Sprache des Körpers

»Was du tust, spricht so laut,
dass ich nicht hören kann, was du sagst.«
Ralph Waldo Emerson

Die wildeste Machtgebärde bei einem Rugbymatch in Neuseeland findet vor dem eigentlichen Spielbeginn statt.

Rugby ist im kleinen Neuseeland (4,5 Millionen Einwohner) eine ernste Angelegenheit. Auf das Rugbynationalteam – die All Blacks – ist man dort unglaublich stolz. Die seit 1884 spielenden All Blacks sind praktisch nach jeglichem Maßstab das großartigste Rugbyteam aller Zeiten.[160]

Neuseeland ist einzigartig. Es gibt drei offizielle Landessprachen – Englisch, Māori und die Neuseeland-Zeichensprache. Die Bevölkerung ist zu 74 Prozent europäischen Ursprungs; 15 Prozent stammen von Māori ab.[161] Das wirklich Besondere ist aber etwas Soziokulturelles, und zwar das Ausmaß, in dem die Kulturen der eingeborenen Māori und der europäischen Siedler miteinander verschmolzen sind.

Ich vermute mal, dass die meisten von Ihnen kein Rugby schauen. Und wenn ich damit richtig liege, dann haben wohl die meisten von Ihnen noch nicht gesehen, was vor einem Match der

All Blacks Außergewöhnliches auf dem Spielfeld passiert. Es beginnt wie bei den meisten professionellen Sportveranstaltungen – die Zuschauer erheben sich, während die Nationalhymne gespielt wird. Aber dann stellt sich das Team, fünfzehn der bulligsten, fast herkulischen Männer – geradezu Typen wie aus einem Comic –, zu einer geschlossenen Formation auf, die Gesichter zur gegnerischen Mannschaft, die meist in einer Reihe steht, die Arme auf den Schultern ihrer Mitspieler.

Die Zuschauer warten auf diesen Moment. Die Energie, die davon ausgeht, ist, wie manche sagen, »berauschend«. Für viele Neuseeländer ist dieser Moment bedeutsamer als das Absingen der Hymne.

Die Beine gespreizt und stabil positioniert, die Knie leicht gebeugt warten die All Blacks. Ihr Anführer schleicht wie ein Tiger im Käfig zwischen ihnen hin und her und brüllt dann ein Kommando auf Māori. Mit kontrollierter Wildheit schreien seine Teamkollegen eine Antwort und nehmen gleichzeitig die erste Stellung eines machtvollen und provokativen Tanzes ein. Synchron bewegen sich alle langsam, aber kraftvoll durch eine Reihe sehr energiegeladener Figuren, Gesten und Gesichtsausdrücke – die Augen aufgerissen, mit vorgewölbter Brust, mit den Händen auf die Schenkel schlagend und mit stampfenden Füßen. Ihr Gesang ist laut und tief. Bei jeder Bewegung scheinen sie zu wachsen und Wurzeln in den Boden zu schießen. Langsam bewegen sie sich unaufhaltsam auf die Gegner zu und beenden den Tanz mit wilden Blicken und herausgestreckten Zungen.

Das nennt man Haka, einen traditionellen Māori-Tanz, den die Mannschaft seit 1905 vor ihren Spielen vorführt. Die meisten halten ihn für einen Kriegstanz, aber Haka ist viel mehr als das. Obwohl er auch oft auf dem Schlachtfeld zum Einsatz kam, wurde (und wird) er auch vorgeführt, wenn Gruppen einander friedlich begegnen. Bei Beerdigungen ist er ein deutliches Zeichen des Respekts für den Verstorbenen. Typischerweise zeigen die All Blacks einen Haka namens Ka Mate, der 1820 von Te Rauparaha, dem Häuptling des Ngāti-Toa-Stamms erdacht wurde. Bei besonderen Anlässen zeigt die Mannschaft auch den Kapa O Pango, den der Māori-Kulturberater Derek Lardelli choreografiert hat. In einer Dokumentation hat er kürzlich die Absicht dahinter erklärt: »den multikulturellen Aufbau des modernen Neuseelands widerspiegeln – insbesondere den Einfluss polynesischer Kulturen«.[162] Der Kapa O Pango endet damit, dass die Spieler ihre Hände über den Hals ziehen, was manche Leute als aggressive Geste für das Durchschneiden der Kehle verstehen. Lardelli erklärte jedoch, dass die damit beabsichtigte Bedeutung ist, »Lebensenergie in Herz und Lunge zu bringen«[163]. Ich empfehle Ihnen, die All Blacks im Internet zu suchen und sich ihre Vorstellung anzusehen.[164]

Ein anderer ergreifender Moment der Choreografie heißt Pukana. »Pukana ist ein Akt der Herausforderung durch das Herausstrecken der Zunge«, erklärte Hohepa Potini, einer der Stammesältesten der Ngāti Toa. »Wenn man also am Ende des Haka die All Blacks alle Pukana machen sieht, heißt das so viel wie: ›Traut euch bloß‹.«[165]

Den All Blacks zuzusehen, während sie einen Haka aufführen, ist schon von einem Tribünenplatz im Stadion aus unheimlich. Selbst in einem Onlinevideo wirkt es erstaunlich wild. Ich kann mir aber gar nicht vorstellen, wie sich das für einen Spieler des gegnerischen Teams anfühlen muss.

Als ich zum ersten Mal einen Haka der All Blacks sah, dachte ich: »Das ist die extremste furchterregende Darstellung dominanter Körpersprache, die ich je bei Menschen erlebt habe.« Eine physische Unterlassungsanordnung. Zu viel des Guten. Primitiv.

Wenn es bei Körpersprache um die Kommunikation zwischen Menschen geht, dann ist diese Botschaft simpel und direkt: die nackte Einschüchterung einer Partei durch die andere. Zumindest kam es mir auf den ersten Blick so vor.

Macht erweitert unsere Körpersprache

Macht erweitert nicht nur unseren Verstand, sondern auch den Körper. Expansive, offene Körpersprache ist im Tierreich, bei Menschen, anderen Primaten, Hunden, Katzen, Schlangen, Fischen, Vögeln und vielen anderen Spezies eng mit Dominanz verbunden. Wenn wir uns mächtig oder stark fühlen, machen wir uns größer.

Ob zeitweise oder dauerhaft, wohlmeinend oder in finsterer Absicht, Status und Macht kommen nonverbal zum Ausdruck – durch gespreizte Extremitäten, Vergrößerung des eingenommenen Raums, eine hoch aufgerichtete Haltung. Man denke nur an Wonder Woman und Superman. An jede Rolle von John Wayne. An Kevin Spaceys Frank Underwood in *House of Cards.* An einen Tänzer in einer Choreografie von Alvin Ailey, der Befreiung und Freiheit ausdrückt. Fühlen wir uns stark, strecken wir uns. Wir heben das Kinn, nehmen die Schultern zurück. Wir pumpen unseren Brustkorb auf. Stellen die Füße weiter auseinander. Breiten die Arme aus.

Alle vier Jahre begeistern wir uns fürs Turnen. (Witzig, wie eine Sportart uns während der Olympiade so wichtig erscheinen kann, nur um kurz nach der Abschlusszeremonie gleich wieder in Vergessenheit zu geraten.) Ich bin mir sicher, auch Ihnen ist schon aufgefallen, dass die Turner vor ihrer Übung immer eine kleine Choreografie absolvieren. Sie betreten die Matte, heben die Arme zu einem V über den Kopf, recken das Kinn und streckten die Brust raus. Warum haben die für das Turnen Verantwortlichen unter allen möglichen Posen ausgerechnet diese ausgesucht?

Um das zu beantworten, bitte ich Sie, sich vorzustellen, Sie hätten soeben einen Wettlauf gewonnen. Sie überschreiten die Ziellinie, zerreißen das dort gespannte Band. Was tun Sie dann mit Ihrem Körper? Oder malen Sie sich aus, dass Ihre Lieblingsmannschaft beim Fußball gerade das entscheidende Tor zum Gewinn der Weltmeisterschaft geschossen hat: Was tun Sie dann mit Ihrem Körper? Die Wahrscheinlichkeit ist groß, dass Sie Ihre Arme zu einem V in die Luft werfen, das Kinn heben und Ihre Brust sich weitet. Warum? Weil speziell diese Haltung Triumph, Sieg und Stolz signalisiert – seelische Zustände von Macht. Und indem wir diesen Triumph nonverbal zeigen, teilen wir anderen unseren Status und unsere Macht mit, wie flüchtig diese auch immer sein mögen.

Bevor ich näher auf den Menschen eingehe, lassen Sie uns von anderen Primaten sprechen. Ich liebe die nicht menschlichen Primaten. Wie so viele Leute finde ich sie schön, witzig, faszinierend. Ich erkenne mich in ihnen. Ich komme mir vor, als würde ich Kindern beim Spielen zusehen. Aber als Sozialpsychologin, die sich mit dem Thema Macht beschäftigt, liebe ich es vor allem, das Verhalten der Primaten zu beobachten, weil nicht menschliche

Primaten ein ungefiltertes Bild davon bieten, wie Macht die Körpersprache formt. Menschliches Verhalten ist kontrolliert – durch Sprache, Eindruckssteuerung, durch gesellschaftliche Normen, Klischees, Religion, formale Vorschriften usw. All diese Dinge machen menschliches Verhalten unruhig und schwer interpretierbar. Beobachte ich jemand dabei, wie er tut, was er tun will, oder tut er nur, was er denkt, das andere Menschen von ihm erwarten? Das Sozialverhalten nicht menschlicher Primaten ist deutlich weniger befangen. Der berühmte Primatologe Frans de Waal erklärt das so:

> Ich bin dankbar dafür, dass ich die soziale Ungleichheit von Geschöpfen studiere, die ihre Bedürfnisse und Wünsche offenkundig und unkaschiert ausdrücken. Sprache ist ein feines menschliches Attribut, aber sie lenkt fast ebenso ab, wie sie informiert. Wenn ich führende Politiker im Fernsehen sehe, vor allem wenn sie unter Druck stehen oder debattieren, dann stelle ich manchmal den Ton ab, um mich besser auf Blickkontakt, Körperhaltung, Gesten usw. konzentrieren zu können. Ich sehe richtig, wie sie wachsen, wenn ihnen ein verbaler Hieb gelungen ist.[166]

Die Tatsache, dass dominante, mächtige Primaten – Alphatiere – sich einer expansiven, offenen Körpersprache bedienen, ist auch den meisten Beobachtern ohne Vorkenntnisse klar. Wenn Schimpansen die Luft anhalten, bis sich ihre Brust wölbt, dann signalisieren sie damit ihren Rang in der Hierarchie. Schimpansenmännchen machen sich größer, indem sie aufrecht laufen und sogar ein Stück Holz in die Hand nehmen, um ihre Extremitäten zu verlängern. Dazu sträubt sich auch noch ihr Körperhaar (dieses Phänomen nennt man Piloerektion oder Gänsehaut). Bei den Gorillas trommeln sich männliche Silberrücken tatsächlich mit den Fäusten gegen die gewölbte Brust, um Stärke und Macht zu demonstrieren, wenn ein unwillkommenes Männchen in ihr Territorium eindringt. Primaten demonstrieren ihre Macht auch, indem sie Orte besetzen, die zentral, hoch oder an einer besonders geschätzten Stelle liegen, sodass sie gut sichtbar sind und sich auch auf diese Weise über die anderen stellen können.[167]

Unsere entfernteren tierischen Verwandten sind von sozialem Druck sogar noch weniger eingeschränkt. So präsentieren etwa Pfauen, wenn sie ihr kunterbuntes Rad schlagen, potenziellen Partnerinnen ganz deutlich ihre Dominanz; sie halten nichts zurück. Wenn eine Königskobra zeigen will, wer der Boss ist, hat sie keine Hemmungen, den vorderen Teil ihres Körpers anzuheben, ihre Haube zu spreizen und zu »knurren«. Und Eindruckssteuerung – dieses menschliche, höchst einfühlsame »Was-sollen-die-von-mir-denken?« – kümmert eine Bärenmutter bestimmt nicht, wenn sie sich auf die Hinterbeine stellt, um einen Räuber abzuschrecken, der es auf ihre Jungen abgesehen hat.

Nonverbales Verhalten nutzt viele Kanäle – Gesichtsausdruck, Augenbewegung und starren Blick, Körperausrichtung und -haltung, Handbewegungen, Gangart, stimmliche Signale wie Tonhöhe, Lautstärke und vieles mehr. Die Sozialpsychologinnen Dana Carney und Judith Hall haben machtvolle und machtlose Körpersprache eingehend untersucht. In einer Studienreihe baten sie die Teilnehmer, sich vorzustellen, wie mächtige Menschen sich wahrscheinlich nonverbal ausdrücken.[168] Dazu bekamen die Probanden eine lange Liste und sollten darin die Charakteristika von

Machtmenschen auswählen. Von Individuen mit großer Macht erwartet man, dass sie beim Händeschütteln die Initiative ergreifen, mehr und längeren Blickkontakt suchen, zu ausladenderen Gesten neigen, eine aufrechte, offene Haltung zeigen, sich eher vorbeugen und Körper und Kopf anderen zuwenden, dass sie in ihrem körperlichen Ausdruck lebhaft und selbstsicher wirken.

Sogar unsere Hände und Finger können Stärke signalisieren. Halten Sie Ihre Hände mit den Handflächen zueinander auf der Höhe Ihres Gesichts vor sich. Drücken Sie nun die Fingerspitzen aneinander und spreizen Sie die Finger so weit, wie es Ihnen bequem ist. Wenn Ihnen die Haltung noch nicht klar ist, brauchen Sie sich nur Montgomery Burns aus *Die Simpsons* ansehen. Diese Geste, die Psychologen auch das Dach nennen, ist ein Zeichen für Selbstvertrauen. Sie mag subtil sein, ist aber doch raumgreifend, wenn man sie mit unserer normalen Handhaltung vergleicht. Der ehemalige FBI-Agent und Experte für Körpersprache, Joe Navarro, erklärt: »Das Dach kommuniziert, dass wir eins mit unseren Gedanken sind, nicht wanken, nicht zaudern. Genau in dem Moment, wo wir das Dach bilden, kommunizieren wir aller Welt, dass wir auf unsere Gedanken und Überlegungen vertrauen und auf uns und unsere Überzeugung bauen.«[169]

Macht wirkt sich auch darauf aus, wie wir unsere eigene und die Haltung anderer wahrnehmen. Sich stark zu fühlen, führt sogar dazu, dass Leute ihre eigene Körpergröße überschätzen. Wie ist das möglich? Kann Macht wirklich dazu führen, dass wir uns nicht mehr an unsere eigene Größe erinnern? Natürlich nicht. Ich weiß, dass ich immer einen Meter fünfundsechzig groß bin, egal wie selbstbewusst oder stark ich mich fühle. Aber die Beurteilung meiner *relativen* Größe ist stets subjektiv.

Die Psychologen Michelle Duguid und Jack Goncalo zeigten in drei Studien, dass Menschen – unabhängig von ihrer tatsächlichen Größe – dazu neigen, sich einen großen Avatar auszusuchen, um sich in einem Virtual-Reality-Spiel am besten zu repräsentieren. Und in einem Paarexperiment von Andy Yap unterschätzten die Probanden, die so eingestimmt worden waren, dass sie sich stark fühlten, die Größe einer fremden Person auf einem Foto genauso wie die einer anderen Person, mit der sie im Verlauf der Studie zu tun gehabt hatten.[170] Kurz gesagt bringt Macht uns dazu, uns selbst als größer zu empfinden, als wir in Wirklichkeit sind, und andere für kleiner zu halten, als sie tatsächlich sind.

Aber ist dieses Verhalten erlernt oder steckt etwas Fundamentaleres dahinter? Das heißt, ist Körpersprache etwas gesellschaftlich Erlerntes oder Veranlagung? Anerzogen oder angeboren?

Im Jahre 1872 postulierte Charles Darwin, dass viele Ausdrucksformen von Gefühlen biologisch angeboren und im Verlauf der Evolution angepasst wurden, weil sie wichtige soziale Informationen übermitteln. Er argumentierte, dass der Ausdruck von Emotion uns dient, weil er entsprechend unserer aktuellen Situation eine sofortige Aktion zu unserem Nutzen hervorruft. Sehen wir ein wütendes Gesicht auf uns zukommen, fliehen wir. Aber um zu wissen, dass ein Gesichtsausdruck Wut bedeutet, müssen wir diese bestimmte Miene erst einmal erkennen. Mit anderen Worten: Darwin unterstellte, dass bestimmte Ausdrucksformen von Gefühlen universell sind – also in praktisch jeder Kultur erkannt werden.[171]

Wie schon in Kapitel 1 beschrieben, haben Wissenschaftler den Beweis der Universalität vieler Gesichtsausdrücke von Gefühlen dokumentiert. Beispielsweise ziehen wir, egal, woher wir kommen, bei Ekel die Nase kraus und die Oberlippe hoch. Bei Überraschung ziehen wir die Augenbrauen hoch, machen große Augen und öffnen den Mund ein Stück. (Probieren Sie das ruhig mal aus.)

Aber der Ausdruck von Gefühlslagen endet nicht bei so einfachen Emotionen. Auch komplexere Signale von Macht und Ohnmacht, die auch Körperhaltung und Kopfbewegung umfassen, könnten weltweit gleich sein.

Darüber weiß niemand besser Bescheid als Jessica Tracy, eine Professorin für Psychologie an der University of British Columbia. Tracy hat das komplexe Gefühl von Stolz, das aus Macht, Stärke und Sieg erwächst, umfassend erforscht. Ihre Arbeit zeigt, dass es auch etwas sein könnte, was wir entwickelt haben – eine Vorstellung, die auch Darwin für möglich hielt.

Stolz erfasst den ganzen Körper. Wie Tracy und ihre Kollegen schreiben, umfasst der prototypische Ausdruck von Stolz »eine ausladende und aufrechte Haltung, Kopf leicht nach oben gereckt (etwa im 20-Grad-Winkel), ein kleines Lächeln, die Arme in die Seiten gestemmt oder mit geballten Fäusten über den Kopf gereckt«[172]. In einer Studie, die sie und Richard Robins 2004 veröffentlichten, sahen sich Collegestudenten Fotos von Leuten an, die durch ihre Haltung entweder Stolz, Freude oder Überraschung ausdrückten, und sollten die Gefühle erkennen.[173] Bei der Darstellung von Stolz benutzten zwei Drittel der Studenten passende Adjektive (stolz, triumphierend, selbstbewusst usw.), während fast niemand die freudigen oder überraschten Posen als Ausdruck von Stolz verstand. Das zeigt, wie leicht man Stolz von anderen Gefühlsausdrücken unterscheiden kann.

Spontane Ausdrucksformen von Stolz scheinen auch universell zu sein. Tracy und David Matsumoto analysierten Fotos von Athleten aus über dreißig Ländern, nachdem sie bei den Olympischen und Paraolympischen Spielen 2004 Judokämpfe gewonnen oder verloren hatten.[174] Sportler aus aller Welt schienen das gleiche Verhalten an den Tag zu legen, nachdem sie gewonnen (Lächeln, Kopf in den Nacken, Arme v-förmig nach oben, Brust raus) oder verloren hatten (hängende Schultern, Kinn gesenkt, eingesunkene Brust). Das traf sogar auf Bewerber aus kollektivistischen Gesellschaften zu, wo Stolz weniger geschätzt – oder in einigen Fällen sogar bewusst verhindert – wurde. Der vielleicht stärkste Beweis dafür, dass dieser Ausdruck angeboren ist, war die Tatsache, dass sogar von Geburt an blinde Athleten – Menschen, die noch nie einen Menschen Stolz, Macht oder Sieg hatten ausdrücken sehen – die gleiche Körpersprache benutzten, wenn sie siegten.[175]

Lassen Sie uns für eine Minute darüber nachdenken, wie man sich fühlen muss, nachdem man die hundert Meter schneller gelaufen ist als je ein anderer Mensch in der Geschichte, wie es dem jamaikanischen Sprinter Usain Bolt drei Mal gelang. Das Wort *erschöpft* fällt einem fast automatisch ein. Aus Sicht der Evolution scheint es doch wie Verschwendung, wenn jemand die Brust rausdrückt und die Arme hebt, nachdem er bereits erfolgreich war. Sollte man nicht das, was einem an Energie noch bleibt, nachdem man schon so viel davon verbrannt hat, sparen?

Doch die Siegesgesten scheinen einen anderen Zweck zu erfüllen. Tracy und ihre Kollegen vermuten, dass sie sich entwickelten, um physiologische Veränderungen wie erhöhtes Testosteron hervorzurufen, die es uns erlauben, in einer Situation weiter zu dominieren und einen Sieg zu verteidigen. Vielleicht entwickelten sie sich auch als soziale Funktion, weil sie zu einem bekannten Zeichen von Sieg wurden und so einen höheren Status oder Macht signalisierten.[176] Tatsächlich interpretiert man Stolz automatisch als Zeichen von Status. In einer Studie zeigte man den Teilnehmern Bilder von Leuten mit raumgreifender, kraftvoller Haltung und stellte fest, dass sie die Antwort einer solchen Person auf belanglose Fragen mit größerer Wahrscheinlichkeit akzeptierten, weil sie Stolz als Hinweis auf Kompetenz werteten.[177]

Die durch solche Gesten kommunizierten Signale können so stark sein, dass sie andere Anzeichen für den Status einer Person neutralisieren oder übertrumpfen. In einer Studie von 2012 zeigten Tracy und ihre Kollegen Probanden ein Bild eines Mannes, den sie einmal als Mannschaftskapitän und einmal als Wasserträger vorstellten.[178] Wenn der Kapitän zusammengesunken und beschämt aussah, während der Wasserträger hoch aufgerichtet und mit stolzem Blick dastand, ordneten die Teilnehmer dem Wasserträger eher die Aussagen zu, die von hohem Status zeugten, und dem Kapitän die von niedrigem Status, als es der Fall war, wenn die Haltung andersherum war. Zumindest implizit war die Körperhaltung also ein stärkeres Signal für Status als die Information über die Position in der Mannschaft.

Stolzer Gang und prahlerisches Gerede

Wir haben schon über kraftvolle Haltungen und Gesten gesprochen, aber was ist mit unserem Körper in der Bewegung? Gehen wir auf bestimmte Weise, wenn wir uns stark fühlen? Um das herauszufinden, arbeitete mein Team mit Nikolaus Troje, dem Biologen und Leiter des BioMotion Lab an der Queen's University in Ontario zusammen. Troje und seine Kollegen wenden hoch entwickelte Analysen auf dreidimensionale Bewegungsdaten an (die mit unglaublicher Genauigkeit durch eine Technik namens digitale Bewegungserfassung generiert werden), um festzustellen, wie biologische Bewegung (die Bewegung eines Körpers) mit verschiedenen Emotionen wie Freude, Trauer, Entspannung und Angst zusammenhängt.[179]

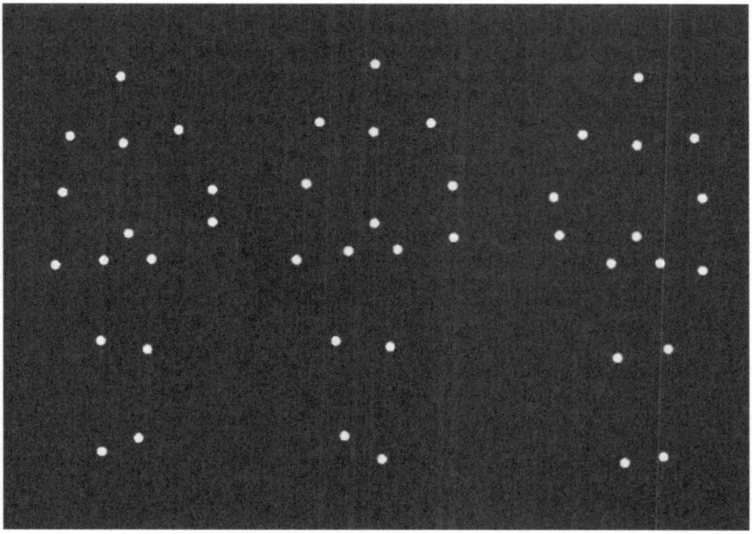

Kraftvoller Gang

In einer Studie zusammen mit Troje baten wir hundert Teilnehmer online eine zufällige Auswahl von einhundert gehenden Figuren danach einzuordnen, wie kraftvoll oder kraftlos sie wirkten. Diese gehenden Figuren wurden grafisch und dynamisch durch fünfzehn sich bewegende Punkte, die den wichtigsten Gelenken des Körpers entsprachen, auf einem Bildschirm dargestellt; zusammen ergab das ein erstaunlich lebendiges Bild von einem Menschen in Bewegung. Mithilfe dieser zehntausend Wertungen (von hundert Teilnehmern, die hundert Figuren beurteilten) konnten wir die Kinematik der kraftvollen und kraftlosen Bewegung mathematisch analysieren und daraus eine einzige animierte Figur kreieren, die sich kontinuierlich vom einen bis zum anderen Extrem manipulieren ließ.

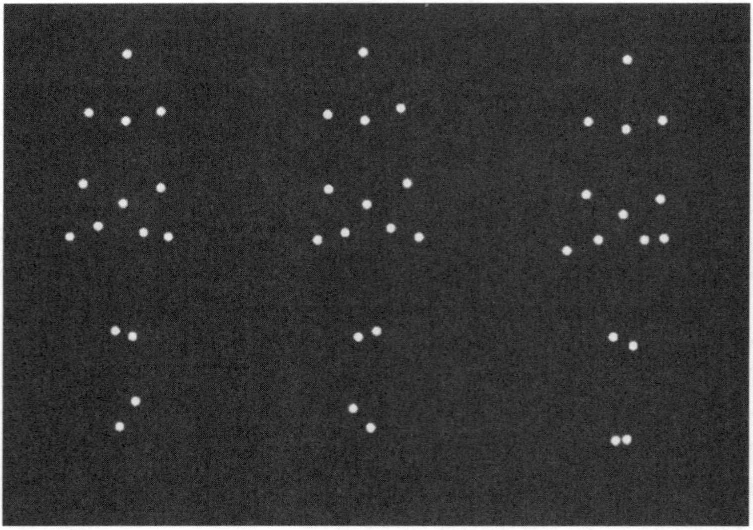

Kraftloser Gang

Wie Sie sehen können, ist kraftvolles Gehen im Vergleich zum kraftlosen viel raumgreifender, mit mehr Armbewegungen und größeren Schritten. Obwohl es schwerer ist, das auf diesen nicht bewegten Bildern zu erkennen, fällt beim kraftvollen Gang auch eine prononciertere Bewegung des Kopfes in vertikaler Richtung auf. Der kraftlose Gang ist viel zurückhaltender, mit schwacher Armbewegung, praktisch starrem Kopf und kürzeren Schritten.[180] (Einige von Niko Trojes Computerdemos finden Sie auf seiner Webseite.[181])

Sogar unsere Stimmen kommunizieren Macht – und das nicht nur durch die Worte, die wir damit aussprechen. Genau wie unser Körper sich ausdehnt und mehr Raum einnimmt, wenn wir uns stark fühlen, wächst auch unsere Stimme. Mächtige Menschen ergreifen öfter das Wort, sprechen insgesamt mehr und suchen dabei mehr Blickkontakt als machtlose Menschen. Wenn wir uns stark fühlen, sprechen wir auch langsamer und nehmen uns mehr Zeit. Wir hetzen nicht. Wir fürchten uns nicht vor Pausen. Wir haben das Gefühl, dass uns die Zeit, die wir beanspruchen, auch zusteht.

Wenn Leute sich mächtig fühlen oder im Rahmen von Experimenten einflussreiche Rollen zugewiesen bekommen, dann senken sie unbewusst ihre Stimmfrequenz oder Tonlage, das gibt ihren Worten einen »größeren« Klang. Und Menschen mit tieferer Stimmlage werden von Fremden automatisch für mächtig gehalten.[182] Wieso das? Nun, Furcht und das Gefühl von Bedrohung wirken sich auf unsere Stimme aus – sie klingt dann hoch und schrill. Fühlen wir uns dagegen stark und sicher, entspannen sich die Muskeln in unserem Kehlkopf, und wir klingen automatisch tiefer.

Ohnmacht lässt den Körper kollabieren

Die Kehrseite all dieser Erkenntnisse ist, dass Machtlosigkeit nicht nur unsere Gedanken, Gefühle und unser Verhalten einschränkt, sondern auch unseren Körper schrumpfen lässt. Wenn wir uns kraftlos oder unwichtig fühlen, krümmen, verspannen und umarmen wir uns, machen uns kleiner (Extremitäten nah am Rumpf, Brust nach innen gewölbt, hängende Schultern, gesenkter Kopf, verzogene Haltung). Wir beschränken dann auch Gesten und Sprache, indem wir u. a. zögern, zu hastig, mit kleiner, schriller Stimme reden. Ohnmacht spiegelt sich sogar in unserer Mimik, etwa in zusammengepressten Lippen.[183] Unsere Studie über die gehenden Figuren zeigte, dass Machtlosigkeit in der Bewegung mit einem verkümmerten, eingesunkenen Gang assoziiert wird – mit kurzen Schritten und deutlich weniger Arm- und Kopfbewegungen als bei kraftvollen Menschen. Selbst wenn sie gehen, versuchen die Betroffenen, weniger Raum einzunehmen. Als versuchten sie zu verschwinden.

Eine besonders vielsagende Geste der Ohnmacht mag zunächst gar nicht so dramatisch wirken: eine an den Nacken gelegte Hand. Das machen wir, wenn wir uns besonders unwohl und in körperlicher oder seelischer Hinsicht unsicher fühlen, und wir signalisieren damit eindeutig Furcht und dass wir uns als bedroht empfinden. Warum wir diese Geste machen? Um uns vor den Reißzähnen eines Räubers zu schützen, indem wir unsere Halsschlagader mit der Hand bedecken. Wenn Sie das nächste Mal unter vielen Menschen sind, achten Sie doch mal darauf, wer das tut und wann. Leute machen das keinesfalls, wenn sie sich stark fühlen. Niemals. Wenn Sie sich aber machtlos fühlen, beginnen sie, sich zusammenzufalten, zu schützen, zu bedecken und einzuhüllen, beinahe als wollten sie in die Fötushaltung zurück.

Andere Lebewesen machen das genauso. Schimpansen mit niedrigem Rang innerhalb des Rudels kauern sich zusammen, ziehen die Knie an, legen ihre Arme um Beine oder Rumpf, nehmen eine Fötushaltung ein, fast als wollten sie sich unsichtbar machen. Unterwürfige Hunde ziehen den Schwanz zwischen die Beine, ducken sich und legen die Ohren flach nach hinten, um so ihre absolute Kapitulation zu signalisieren. Schreikraniche mit geringem Status halten ihren Körper fast horizontal über dem Boden, biegen den Hals und senken den Kopf tiefer als die anderen Vögel. Nähert sich ihnen ein dominanter Kranich, geht ihm ein unterlegener rasch aus dem Weg.

Elizabeth Baily Wolf ist eine Doktorandin, mit der ich an der Harvard Business School vier Jahre lang zusammengearbeitet habe. Eines Tages berichtete sie mir von einem Fußballspiel, das sie und ihr Mann besucht hatten. Sie fragte mich: »Ist Ihnen schon mal aufgefallen, was die Leute auf den Tribünen mit ihren Händen machen, wenn ihre Mannschaft einen Fehler macht oder einen Ball verschießt? Sie machen alle das Gleiche – sie schlagen sie vors Gesicht.« Das stimmte. Wenn Sie sich Zuschauer ansehen, sobald ihr Team einen gravierenden Fehler macht, werden Sie merken: Sie heben sofort die Hände und bedecken ihre Gesichter oder Köpfe damit. Wenn man sich die Sportler selbst ansieht, fällt auf, dass viele die gleiche Geste machen, sobald ihnen ein Fehler unterläuft oder sie eine Chance verpassen.

Wolf beschloss, ein paar Experimente durchzuführen, um dieses Phänomen zu studieren. Sie zeigte also Hunderten von

Teilnehmern Fotos von Leuten, die auf unterschiedliche Weise die Hände vor dem Gesicht oder auf dem Kopf hatten, dann bat sie um Bildbeschreibungen im Hinblick auf bestimmte Charakterzüge. Wie erwartet wurden die Menschen mit einer Hand im Gesicht als weniger mächtig und eher verzweifelt, verlegen und geschockt eingestuft als jene mit unbedeckten Gesichtern. Bei denjenigen, die beide Hände vor dem Gesicht hatten, verstärkte sich der Eindruck sogar noch.[184]

Wenn wir uns machtlos fühlen, machen wir uns praktisch auf jede erdenkliche Art und Weise kleiner. Anstatt mehr versuchen wir, weniger Platz einzunehmen – durch unsere Haltungen, Gesten, unseren Gang und sogar unsere Stimme. Wir verkürzen, krümmen, sinken zusammen und beschränken unsere Körpersprache. Und wenn andere uns dabei zusehen, betrachten sie uns zwangsläufig als ohnmächtig und ängstlich.

Körpersprache und Geschlecht

Eine der Fragen, die mir am häufigsten gestellt werden, wenn ich Vorträge über Körpersprache halte, ist: »Benutzen Männer nicht eine viel expansivere Körpersprache als Frauen?« Ja. Das tun sie ganz bestimmt. Männer legen generell mehr nonverbale Dominanz an den Tag und beanspruchen mehr Raum, sie reden mehr und unterbrechen andere häufiger. Frauen zeigen generell ein eher unterwürfiges, kontrahierendes nonverbales Verhalten, sprechen weniger (ja, das Klischee, wonach Frauen gesprächiger sind als Männer, stimmt überhaupt nicht[185]), sie unterbrechen seltener und werden selbst häufiger unterbrochen.[186]

Was den Gang betrifft, sind die Geschlechterunterschiede enorm. In unserer Studie dazu war das Verhältnis zwischen Geschlecht und kraftvoller Bewegung sehr stark: Der Gang von Frauen war deutlich zurückhaltender als der von Männern, in Bezug auf die Dimensionen, die wir als machtrelevant identifiziert hatten – Armbewegung, Kopfbewegung und Schrittlänge.[187]

Adam Galinsky, Professor an der Columbia Business School und Experte für die Psychologie von Macht, belegt durch entsprechende Daten, an, dass Geschlechterdifferenz mit Unterschieden bei der Macht einhergeht: Typisch weibliche Verhaltensweisen sind demnach typisch für machtlose Menschen und umgekehrt. In praktisch jeder Gesellschaft verfügen Frauen nach wie vor formal über weniger gesellschaftliche Macht als Männer – mit anderen Worten: Macht und Geschlecht sind fast immer miteinander vermengt, was es erschwert, herauszufinden, was den größeren Einfluss auf das Verhalten der Menschen hat. Galinsky demonstrierte, dass prototypisch geschlechtsspezifische Verhaltensunterschiede sich eliminieren lassen, wenn man manipuliert, wie mächtig sich eine Person, unabhängig von ihrem Geschlecht, fühlt.[188]

Das soll nun nicht heißen, dass es keine biologisch begründeten Geschlechterunterschiede gibt, denn die gibt es natürlich. Aber diese Differenzen sind weitaus kleiner, als man gemeinhin annimmt – man kann also nicht sagen: Frauen tun dies, Männer tun jenes. Und diese Unterschiede werden auch durch Klischees und Vorurteile sehr verstärkt, die uns dazu bringen, nach Informationen Ausschau zu halten, die diese Klischees bestärken. Kurz gesagt: Viele der Unterschiede, die wir im Verhalten von Frauen und Männern – und in ihrer Körpersprache – beobachten, basieren eigentlich nicht auf biologischen Differenzen, sondern differierender Macht.

Um die Dinge noch weiter zu verkomplizieren, mildert die Gesellschaft diese Unterschiede, sodass der geschlechtsspezifische Machtunterschied größer oder kleiner wird. Eine Frau namens Sadaaf, die in Bangladesch geboren wurde und aufwuchs, heute aber in Dallas lebt, schrieb mir, kurz nachdem mein TED-Talk online war. »Frauen neigen dazu, sich im Vergleich mit Männern klein zu machen. Ich bin in Bangladesch aufgewachsen, und dort lehrt uns die Gesellschaft nicht, uns stark zu fühlen. Männer sind das dominante Geschlecht, und Frauen müssen kämpfen, um sich in einem Raum mit ihnen zu spüren und stark zu sein. Das spiegelt sich mit Sicherheit auch in der Körpersprache wider.« Sie erklärte weiter: »Nachdem ich Ihren Vortrag gesehen habe, ermahne ich mich immer selbst, doch ein wenig mehr Raum einzunehmen, als ich es bisher gewohnt war. Ich tue gar nichts Extremes, sondern gerade genug, um das Gefühl zu haben, dass meine Blase mir gehört! Ich werde nicht kleiner! Ich werde diesen ganzen Raum nutzen. Dann habe ich ein klein wenig mehr das Gefühl, das Sagen zu haben.«

Ich erhielt auch eine zutiefst berührende E-Mail einer jungen Vietnamesin namens Uyen, die über ihre Erfahrungen als Neuankömmling in den USA sinnierte. Sie staunte über die Unterschiede in der Körpersprache von Frauen in den USA und in Vietnam. Es verwirrte sie, diese Unterschiede damit in Einklang zu bringen, was weibliche ältere Verwandte ihr als Kind beigebracht hatten (z. B. »Senke deinen Blick, wenn du mit Papa sprichst«, »Gibt Papas Freunden, wenn sie uns besuchen, nur flüchtig die Hand«, »Schlag die Beine übereinander, wenn du mit Schulkollegen sprichst« und sogar »Frauen sind unwichtig – wir sollten uns klein machen und unsere Bedeutung vor anderen verstecken«). Während sie mir das schrieb, erzählte sie, »sitze ich in einem Coffeeshop in Boston, beobachte die hereinkommenden und hinausgehenden Frauen und registriere ihre Körpersprache. Amerikanerinnen halten selbstbewusst Blickkontakt, während sie ihren Kaffee an der Theke bestellen; sie breiten die Arme aus, während sie mit Freunden und Kollegen sprechen.« Doch wie sollte sie respektieren, was ihr wohlmeinende Ältere in einer Kultur beigebracht hatten, während sie sich in einer anderen ein Gefühl für Macht und Stolz aneignete?

Auch wenn diese Geschlechterzuschreibungen in manchen anderen Ländern extrem sein mögen, ist auch in den USA sicher noch nicht alles eitel Wonne, wie meine Kollegen und ich bei einem Experiment unter Beteiligung amerikanischer Kinder feststellten.

Eltern kleiner Kinder – oder auch jeder, der schon einmal kleine Kinder beobachtet hat – merken vielleicht, dass Jungen wie Mädchen unbeschwert expansive Haltungen einnehmen und sich entsprechend bewegen. Unbehelligt von gesellschaftlichen Normen scheinen kleine Mädchen mit der gleichen Selbstverständlichkeit wie kleine Jungen die Arme in die Luft zu werfen, die Schultern zurückzunehmen und sich breitbeinig hinzustellen. Doch irgendwann ändert sich das offenbar. Jungs nehmen weiter reichlich Platz ein, während Mädchen langsam in sich zusammensinken. Als mein Sohn in die Middle School kam, sah ich, wie sich die Körperhaltung seiner Freundinnen änderte. Sie zogen sich irgendwie in sich zurück, die Schultern hoch, legten die Arme eng um ihren Rumpf, verschränkten Beine und Füße, senkten das Kinn. Es kann ja durchaus mehrere Gründe dafür geben, aber einer davon ist mit Sicherheit, dass sich Mädchen ungefähr in diesem Alter stärker auf gesellschaftliche Klischees einstimmen, die – mehr oder weniger exakt – vorgeben, was attraktiv auf das andere Geschlecht wirkt. Und dies mag der Grund sein, warum Ihre einst so lebhafte Tochter auf einmal zu »welken« beginnt, kaum dass die Middle School begonnen hat.

Meine Kollegen und ich begannen per Zufall, die Rolle des Geschlechts in der Körpersprache von Kindern zu untersuchen. Annie Wertz – Entwicklungspsychologin am Max-Planck-Institut in Berlin (Nachbarin in meiner Kindheit und zehn Jahre lang das Kind, das ich als Babysitter betreut habe, sowie Tochter meiner Lehrerin Elsa in der dritten Klasse) –, Kelly Hoffman, Jack Schultz, Nico Thornley und ich starteten gerade eine Studie zur sozialen Entwicklung, um das Alter herauszufinden, ab dem Kinder beginnen, expansive Körperhaltungen mit Macht und kontraktive mit Ohnmacht zu assoziieren. Wir überlegten uns mehrere Möglichkeiten, um den Kindern diese Posen zu demonstrieren: Wir konnten entweder selbst die entsprechende Haltung einnehmen; wir konnten ihnen Bilder anderer Leute in entsprechender Haltung zeigen; wir konnten Comicfiguren oder Strichmännchen verschiedene Haltungen einnehmen lassen … viele Möglichkeiten. Es war jedoch wichtig, geschlechtsneutrale Reize zu geben, damit das Experiment so sauber wie möglich wäre. Bei einem Brainstorming kamen wir auf die Idee, eine leicht zu bewegende Gliederpuppe aus Holz zu benutzen, wie Künstler sie verwenden. Also kauften wir uns eine solche und ließen sie ein paar machtvolle und ohnmächtige Haltungen einnehmen, die wir jeweils fotografierten. Wir überlegten uns, dass es sinnvoll sei, unsere Fotos von der Puppe der Einfachheit halber vorab an ein paar Kindern (z. B. denen unserer Freunde) auszuprobieren, um ihre ersten Reaktionen zu testen, bevor wir mit der eigentlichen Studie beginnen würden. Der Grund war vor allem, dass Studien zur sozialen Entwicklung kleiner Kinder sehr zeit- und arbeitsaufwendig sind; wir wollten uns einfach sicher sein, die richtigen Methoden anzuwenden. Als wir das taten, fanden wir zufällig etwas Beunruhigendes heraus: Die Kinder schienen zu glauben, die machtvollen Puppen seien Jungen und die machtlosen Mädchen. Also änderten wir unseren Ansatz ein wenig und anstatt zu untersuchen, ab wann Kinder eine raumgreifende Haltung mit Macht assoziieren, beschlossen wir zu untersuchen, ab welchem Alter sie beginnen, raumgreifende Haltung mit einem bestimmten Geschlecht zu verbinden.

Wir sammelten die Eindrücke der Kinder, indem wir ihnen sechzehn Bilderpaare zeigten, auf denen jeweils eine Puppe in eher kraftvoller Pose und eine Puppe in eher kraftloser Pose zu sehen waren. Nachdem sie sich ein Paar angesehen hatten, baten wir die Kinder uns zu sagen, welche von beiden ein Junge und welche ein Mädchen sei. Ein Wert von 9 oder mehr bedeutete eine Tendenz zu männlich-mächtig; ein Wert von 8 oder weniger deutete auf die Tendenz weiblich-mächtig hin. Ein Ergebnis von 16 hieß, dass ein Kind in jeder Puppe mit starker Pose einen Jungen und in jeder mit schwacher ein Mädchen gesehen hatte. Null Punkte waren der Hinweis darauf, dass ein Kind alle starken Puppen für Mädchen und alle schwachen für Jungen gehalten hatte.

Etwa sechzig Kinder, die wir in einem Kindermuseum angesprochen hatten, machten bei der Studie mit: Die eine Hälfte waren Vierjährige, die andere Sechsjährige. Basierend auf Forschungsergebnissen zum Zeitpunkt der Entwicklung von Geschlechteridentität und der Übernahme gesellschaftlicher Stereotype, lautete unsere Hypothese, dass die Kinder Puppen in den machtvollen Posen als Jungen und diejenigen in ohnmächtiger Haltung als Mädchen identifizieren würden und dass diese Tendenz bei den Sechsjährigen noch ausgeprägter sein würde. Wir wollten wissen, welcher Prozentsatz der Kinder eine Tendenz zur Gleichsetzung von männlich mit Macht hatte. Das war bei 73 Prozent der Vierjährigen und 85 Prozent der Sechsjährigen der Fall. Die Ergebnisse verblüffen noch mehr, wenn man sich den Prozentsatz mit der »vollen« Punktezahl von 16-mal männlich = stark ansieht. Während nur 13 Prozent der Vierjährigen diesen Wert erreichten, waren es unter den Sechsjährigen schon 44 Prozent. Mit anderen Worten: Während beide Gruppen eine starke Tendenz zur Gleichsetzung des männlichen Geschlechts mit Macht zeigten, war die Wahrscheinlichkeit bei den Sechsjährigen ungefähr dreimal so groß, jede Macht ausstrahlende Puppe als männlich und jede Ohnmacht ausstrahlende als weiblich zu betrachten. Und es gab keinerlei Unterschiede zwischen Mädchen und Jungen – die Tendenz war bei allen gleich.

Was tun wir dagegen, fragen Sie sich vielleicht?

Ich richte eine Aufforderung an uns alle, und ich nehme sie nicht leicht: *Lassen Sie uns das ändern.* Wenn Sie sehen, wie Ihre Töchter, Schwestern und Freundinnen beginnen, in sich zusammenzusinken, intervenieren Sie. Zeigen Sie ihnen Beispiele von Mädchen und Frauen in Triumphpose, die sich mit dem Gefühl von Stärke bewegen und mit echtem Stolz sprechen. Ändern Sie die Bilder und Klischees, die Kinder sehen. Wir müssen Frauen nicht sagen, sie sollen wie Männer sein. Aber wir müssen Mädchen tatsächlich ermutigen, keine Angst davor zu haben, ihre persönliche Stärke zu zeigen. Lassen Sie uns aufhören zu denken, starke Posen seien maskulin und schwache feminin. Ich will Ihnen nicht empfehlen, sich mit breit gespreizten Knien oder mit den Füßen auf dem Tisch in ein Meeting zu setzen, oder sich die Körpersprache eines Alphamännchens zuzulegen – egal ob Sie ein Mann oder eine Frau sind. Ich möchte Ihnen nur sagen, dass Sie es *verdienen,* offene, bequeme Haltungen und Ihren rechtmäßigen Anteil am Raum einzunehmen, egal welches Geschlecht Sie haben.

Sollten wir einfach jeden mit unserer Körpersprache dominieren?

2014 schickte mir jemand aus dem Bundesstaat Washington einen Link zur Website einer staatlichen Stelle, wo erklärt war, was man zu tun hat, wenn einem in der Wildnis ein Puma begegnet. (Lassen Sie mich betonen, dass auf dieser Seite auch steht, wie extrem unwahrscheinlich so eine Begegnung ist, und dass der einzig bekannte tödliche Zusammenstoß eines Menschen mit einem Puma sich im Jahr 1924 ereignete.) In dem Video sagt der Sprecher, ein Umweltexperte namens Chris Morgan: »Ein paar Dinge über Pumas zu wissen, bedeutet Sicherheit für Sie, Ihre Familie und die Pumas.« Eine der Vorsichtsmaßnahmen, zu denen er rät, lautet: »Sollte es zu einer Begegnung kommen, rennen Sie nicht weg, sondern machen Sie sich groß!« Dazu sieht man eine kurze Szene von einem Mann im Wald, der das Rückenteil seiner Jacke hoch über den Kopf hebt, um größer zu erscheinen.

Bei einem Vortrag im letzten Jahr bezog ich mich auf diese Empfehlung. Hinterher kam ein Mann um die fünfzig zu mir und erzählte: »Ich weiß, das klingt jetzt verrückt, aber als ich noch ein kleiner Junge war, begegneten mein Dad und ich beim Fischen in Oregon mal einem Puma – und da haben wir es genau so gemacht. Mein Dad sagte: ›Kletter auf meine Schultern und zieh dein Hemd noch über deinen Kopf hoch, damit wir größer aussehen als der Puma.‹ Natürlich hörte ich auf ihn. Und der Puma haute einfach ab! Seither weiß ich das.«

Erinnern Sie sich an die bereits erwähnten Schimpansen, die Stöcke in die Hand nehmen, damit ihre Extremitäten länger wirken? Gleiches Prinzip.

Eine deutliche Körpersprache signalisiert anderen, sich uns entweder zu nähern oder uns zu meiden. In diesem Fall wollen wir dem Puma natürlich anzeigen, dass er uns aus dem Weg gehen soll – weil wir groß, dominant, stark und gefährlich sind.

Aber bedenken wir Folgendes: Die meisten von uns werden niemals einen Puma vertreiben müssen. Oder eine andere Wildkatze. Oder ein großes Raubtier. Während solche Posen, die ich oft Cowboy-Posen nenne, vielleicht evolutionär angemessen waren, solange wir uns bemühen mussten, nicht von einem Säbelzahntiger gefressen zu werden, sind sie in geschäftlichen Besprechungen, Klassenzimmern oder bei Diskussionen innerhalb der Familie nicht sonderlich hilfreich. Sie wirken sich sogar oft nachteilig aus, wenn wir sie bewusst einsetzen.

Wenn ich einen Vortrag vor Publikum halte – egal ob vor Studenten, Ärztinnen, Managern oder Bibliothekarinnen –, lautet eine der häufigsten Fragen: »Was soll ich tun, wenn ich mit jemand zusammenarbeiten muss, der die Körpersprache eines dominanten Alphas benutzt?« Diese Frage zeigt, dass der Versuch, durch Körpersprache zu dominieren, die meisten von uns abstößt. Das mag zunächst widersprüchlich klingen nach allem, was wir über die Bedeutung der Haltung für Stärke und Macht gehört haben, aber es gibt mehrere Gründe, warum es eine schlechte Idee wäre, nonverbale Ausdrucksformen von extremer Macht anzuwenden.

Vertrautheit statt Einschüchterung

Status und Macht sind keine Synonyme, aber eng miteinander verknüpft. Wissenschaftliche Forschung zeigt, dass wir dominanten Individuen mit hohem Status besondere Aufmerksamkeit schenken, genau wie es auch die nicht menschlichen Primaten tun. Und das ist auch sinnvoll, weil die dominanten Mitglieder einer Gruppe im Allgemeinen in der Lage sind, Ressourcen zuzuteilen, Gruppenentscheidungen zu beeinflussen, Regeln für angemessenes Verhalten aufzustellen, Konflikte anzuzetteln und Streitigkeiten zu befrieden.

Allerdings wenden Schimpansen und Gorillas ihre Blicke von Individuen ab, die Dominanz zu offen zur Schau stellen (z. B. durch expansive Körpersprache). Dominanz darzustellen ist etwas anderes als eine dominante, mit hohem Status verbundene Rolle in der Hierarchie einzunehmen; man kann Letzteres tun, ohne es offenkundig zu zeigen. Offen gezeigte Dominanz, vor allem durch ein Gruppenmitglied mit hohem Status, bedeutet also etwas. Den Blick abzuwenden ist eine Geste der Unterwerfung.

Wenden Menschen ebenso ehrerbietig den Blick ab wie ihre Verwandten unter den Primaten?

Elise Holland, Elizabeth Bailey Wolf, Christine Looser und ich stellten diese Frage im Rahmen eines Doppelexperiments.[189] Wir baten Leute, sich eine Reihe Fotos von Männern und Frauen anzusehen: Manchmal nahmen die fotografierten Personen dominante, kraftvolle Posen ein – z. B. standen sie mit gespreizten Beinen und den Händen in die Hüften gestemmt da, saßen mit gespreizten Knien und hinter dem Kopf verschränkten Händen, sodass die Ellbogen nach außen zeigten; manchmal nahmen sie aber auch unterwürfige Haltungen ein, z. B. mit gekreuzten Füßen, sich selbst umarmend, oder sie saßen mit hängenden Schultern, gesenktem Kinn und gefalteten Händen da.

Mithilfe einer videobasierten Methode namens Eye-Tracking konnten wir die genauen Blickmuster der Probanden dokumentieren, während diese die Fotos betrachteten. Während ein Teilnehmer auf einem Stuhl vor einem Bildschirm saß, auf dem die Bilder zu sehen waren, fokussierte eine Kamera auf dessen Augen und zeichnete deren Bewegungen auf. So ließ sich exakt festhalten, wo jemand wann und wie lange hinschaute. Weil es Menschen sehr schwerfällt, ihren Blick zu kontrollieren, wenn sie etwas zum ersten Mal sehen, ist Eye-Tracking so eine Art Gedankenlesen – indem man zeigt, wo man hinschaut, verrät man etwas darüber, was man gerade denkt.

Die Unterschiede zwischen den Blickmustern, wenn die Probanden dominante oder unterwürfige Posen sahen, waren enorm: Bei den dominanten Haltungen wandten die Teilnehmer rasch den Blick vom Gesicht der Person ab und sahen auf die Beine und Füße der abgebildeten Person oder wandte den Blick gleich ganz ab. Bei der Betrachtung unterwürfiger Körperhaltungen folgten die Blicke der Probanden eher dem normalen Sozialverhalten – sie schauten in die Gesichter der Abgebildeten. Diese Blickmuster entsprechen der Art und Weise, wie wir mit Leuten in Wirklichkeit interagieren würden – wir wollen uns nicht auf Leute einlassen, die ihre Dominanz auffällig zur Schau stellen. Wir spüren, dass ihr Verhalten asynchron ist, und sie erscheinen uns zu gefährlich.

Jessica Tracy fand noch einen weiteren Grund dafür, warum Menschen übertriebenen Blickkontakt meiden: Wir fassen ihn als offensichtlichen, arroganten Versuch auf, uns zu dominieren, und lehnen ihn daher ab. Die Wissenschaftlerin schrieb dazu: »Wenn Leute eher nach oben blicken als direkt in die Augen der Person, mit der sie sich gerade beschäftigen, während sie in ihrer Haltung Stolz ausdrücken, werden sie als eher authentisch und weniger anmaßend empfunden. Das mag daran liegen, dass direkter Blickkontakt als dominant empfunden wird.«[190] Dies ist ein weiterer Grund, um bei geschäftlichen Meetings diese Starr-Duelle mit bohrenden Blicken lieber abzumildern.

Wie ich bereits gesagt habe, neigen wir in den meisten sozialen Situationen dazu, die Körpersprache des anderen unbewusst zu imitieren, um den Umgang miteinander zu erleichtern. Manchmal jedoch ergänzen wir die Körpersprache unserer Mitmenschen auch. Dieses Phänomen ist besonders verbreitet, wenn zwischen den Beteiligten die Macht ungleich verteilt ist. Dann bedient sich die höher gestellte Person eher übertriebener Machtgesten, worauf die im Rang niedrigere Person zu übertrieben ohnmächtiger Körpersprache neigt.[191]

In diesen Situationen macht das eigene Größerwerden andere

nur kleiner (und umgekehrt), wodurch eine enge Beziehung nur schwieriger zu etablieren ist. Erinnern wir uns daran, dass das Ziel lautet: Wir wollen Macht, *um* etwas zu tun, nicht Macht *über* jemand. Wir möchten selbstbewusst und gelassen wirken, nicht so, als gäben wir unser Bestes, um zu dominieren. Das Ziel ist Vertrautheit, nicht Einschüchterung. Einen Raum zu beherrschen, als wären Sie ein Silberrücken, das lässt allen anderen physisch und emotional kaum Raum.

Um zu illustrieren, wie das mit der Körperhaltung gegenüber anderen schieflaufen kann, hat die Webseite Vooza ein Satirevideo veröffentlicht, das eine Besprechung in einem Konferenzraum zeigt. Ein Mann kommt rein und beginnt, einen seiner Kollegen zu coachen, damit er selbstbewusster und kraftvoller auftritt, indem er lächerliche Posen wie den »selbstbewussten Gorilla« und den »doppelten Bergsteiger« einnimmt. Die Posen werden immer aggressiver und übertriebener, während die anderen Teilnehmer immer heftiger mit den Augen rollen und zunehmend angewidert sind. Das Ganze gipfelt darin, dass der »wütende Elch« eine Ladung Pfefferspray ins Gesicht bekommt. Das wirkt witzig, weil es vertraut ist: So einen Mistkerl kennen wir alle. Keiner will so sein wie er.

Vielleicht haben Sie schon mal vom »Manspreading« oder »Männerspreizen« gehört. Das ist ein Thema in Städten, wo die öffentlichen Verkehrsmittel ständig überfüllt sind. Der Ausdruck beschreibt die Gewohnheit einiger männlicher Fahrgäste, sich mit unelegant gespreizten Beinen hinzusetzen, sodass sie zwei oder gar drei Plätze einnehmen, während andere stehen müssen. Und böse schauen. Wenn Sie mal mit der New Yorker U-Bahn fahren, kann es sein, dass Sie Poster mit der Aufschrift

DUDE … STOP THE SPREAD, PLEASE also: Alter, lass das Spreizen bitte sein.

Oft sind wir versucht, die Kontrolle über eine Situation an uns zu reißen, indem wir uns besonders gerade halten oder andere mit einem extrafesten Händedruck bedenken. Das ist gerade in Vorstellungsgesprächen sehr verbreitet. Und wissenschaftliche Untersuchungen ergaben, dass das, nun ja … praktisch nichts bringt. Im Rahmen einer Studie beispielsweise versuchten Bewerber einen besonders nachhaltigen Eindruck zu hinterlassen, indem sie oft Blickkontakt suchten, doch das funktionierte nicht gut. Je länger und strukturierter das Bewerbungsgespräch verlief, desto häufiger wirkte sich nonverbale Taktik, um Eindruck zu schinden, negativ aus. Erinnern Sie sich noch an die Debatte über Synchronizität im ersten Kapitel? Auch das ist hier ein Faktor. Vielleicht am wichtigsten war jedoch, dass den Gesprächspartnern diejenigen Kandidaten, die Körpersprache so offensichtlich benutzten, nicht authentisch, sondern manipulierend erschienen. Es reicht wohl zu sagen, dass sie nicht eingestellt wurden.[192]

Sie könnten gesellschaftliche Normen verletzen

Körpersprache unterscheidet sich je nach Kultur deutlich, und sich dieser Idiosynkrasien bewusst zu sein, kann über den Erfolg oder Misserfolg von Interaktionen über Kulturgrenzen hinweg entscheiden. Sie variieren auf vielen Ebenen: Wie viel Blickkontakt? Schüttelt man sich die Hände? Wie fest? Wer streckt zuerst seine Hand aus? Verbeugt man sich? Wie lange? Wer verbeugt sich zuerst? Sitzt oder steht man? Wo sitzt man? Wie bringt man einen Trinkspruch aus? Wie viel Abstand lässt man zum anderen?

In einer Studie stellte die Professorin für Organisationsverhalten an der University of Waterloo, Wendi Adair, fest, dass kanadische Unterhändler eine deutlich entspanntere Körpersprache und negativere Gesichtsausdrücke benutzten als ihre chinesischen Gesprächspartner. Die Chinesen nahmen dafür am Tisch deutlich mehr Platz ein als die Kanadier. Diese Unterschiede wirkten sich sowohl auf die konkreten Verhandlungsergebnisse als auch auf die Zufriedenheit der Teilnehmer mit dem Gesprächsprozess aus.[193]

Adair untersuchte auch, wie Leute aus unterschiedlichen Kulturen versuchen, sich in geschäftlicher Umgebung aneinander anzupassen. Sie fand heraus, dass, wenn westliche Unterhändler versuchen, so viel Platz einzunehmen wie ihre Gegenspieler aus dem Osten, man das als unangemessenes Dominieren verstehen könnte. Kulturelle Missverständnisse in Bezug auf Körpersprache können dazu führen, dass Leute auf potenziell lukrative Geschäfte verzichten.

Cowboy-Posen mögen sich in Texas noch gut machen, in Japan sollte man damit hingegen vorsichtig sein. Einem neuen Bekannten in Brasilien den Arm um die Schulter zu legen, kann völlig unproblematisch sein, in Finnland würde es allerdings eine ganz andere Reaktion hervorrufen. Wenn man sich nicht die Zeit nimmt, um diese Unterschiede zu verstehen, führt das möglicherweise zu geplatzten Deals und verpassten Jobchancen, wenn nicht zu Schlimmerem.

Damit kommen wir noch einmal zurück zum Rugby, den All Blacks und dem Haka.

Haka handelt »vom Triumph des Lebens nach dem Tod«, erklärte Hohepa Potini, einer der Weisen vom Stamm der Ngāti

Toa.[194] »Neuseeland ist ein kleines Land, und wenn wir also losziehen und uns diesen Ländern stellen, die drei- oder viermal so groß sind wie wir, dann kämpfen wir darum, zu überleben und zu bestehen – um unser *mana*, unsere Integrität. (Die All Blacks) tun das mit ungeheurem Stolz. Und den gibt ihnen dieser Haka … Es ist unser kulturelles Vermächtnis. Sich einer Herausforderung stellen. Den Sieg feiern.«

Auch die Spieler der All Blacks selbst sprechen mit großer Hochachtung vom Haka, wie von etwas, das sie sich nie erträumt hätten. »Wir sind wirklich stolz auf unser Erbe, und wenn wir zusammen Haka machen, ist das eine Gelegenheit für uns, uns alle anzusehen, unsere Mannschaftskollegen, und uns richtig mit dem Mann neben uns zu verbinden«, sagt der Spieler Keven Mealamu. »Viele Kinder in Neuseeland üben schon als kleine Jungen den Haka und wünschen sich, eines Tages die Chance zu bekommen, ihn vorzuführen«, fügt sein Teamkollege Aaron Cruden hinzu, der außerdem meint, beim Haka ginge es um »das Schöpfen spiritueller Kraft aus den Jungs neben einem und aus der Erde, auf der wir stehen«.

Aber was hat der Haka nun mit uns zu tun?

Nun, eindeutig prägen Gedanken und Gefühle die Körpersprache, und die Körpersprache des Einzelnen richtet sich an andere. Wir nutzen ein rein körperliches Vokabular, unsere Innenleben kommunizieren miteinander, von einem zum anderen, hin und her. Wir führen ganze Konversationen, tauschen wichtige Informationen aus, ohne dass auch nur ein einziges Wort über unsere Lippen kommt.

Aber da passiert noch etwas, das nicht so offensichtlich ist: Unser Körper spricht auch zu uns selbst – zu unserem Inneren.

Und er erzählt uns nicht nur, wie wir uns fühlen – es ist komplizierter. Vielleicht besteht die Macht des Haka nicht einfach aus der Wirkung auf die gegnerische Mannschaft. Vielleicht liegt die Macht des Haka auch darin, was er mit den Spielern der All Blacks macht. (An dieser Stelle denken Sie sich bitte einen bedeutungsvollen Trommelwirbel.)

Kapitel 7

Surfen, lächeln und singen wir uns zum Glück

»Ich musste beschließen, aufrecht auf meinem Surfbrett zu stehen. Ich wusste nicht, dass mir das helfen würde, mich auch im Leben aufrecht zu halten.«

Eve Fairbanks

Falls Sie, so wie ich, zufällig einen Australier heiraten, bleibt Ihnen die demoralisierende Erfahrung, Surfen zu lernen, wahrscheinlich nicht erspart. Ich habe einiges an Zeit investiert, um wackelnd auf einem Board zu stehen (und runterzufallen), aber erst als ich las, was die Journalistin Eve Fairbanks darüber geschrieben hat, wurde mir klar, wie viel dieser Vorgang mit Präsenz und Ausstrahlung zu tun hat.

Fairbanks glaubt, dass das Surfenlernen sie auch etwas über das Leben auf dem Trockenen gelehrt hat.[195] In der *Washington Post* schrieb sie: »Surfen destilliert die üblicherweise langwierige, intellektuelle, komplexe Herausforderung, gleichzeitig zu akzeptieren, womit das Leben einen konfrontiert, und das Beste daraus zu machen, zu einem rein körperlichen Moment.«

Ihre Analyse des Surfenlernens – ein Prozess, bei dem wir unsere körperliche Haltung kontrollieren müssen, um unsere Psyche zu beeinflussen – bringt den Zusammenhang von Körper und

Seele perfekt auf den Punkt. Sie zeigt, wie und warum es funktioniert und warum wir, leider, dazu neigen, genau das zu übersehen.

Unser erster Fehler, sagt sie, besteht darin, uns zu sehr auf die spezifischen Fähigkeiten zu konzentrieren, von denen wir glauben, sie zu brauchen, um ein guter Surfer zu werden – oder um in unserem Job als gut zu gelten oder als attraktiv für potenzielle Partner. Fairbanks schreibt: »Amateure glauben, dass es bei Abenteuersportarten ausschließlich um Fähigkeiten geht: Wir müssen Kraft und Muskelgedächtnis entwickeln, bevor wir eine sportliche Leistung vollbringen können.« Mit dieser Einstellung war Fairbanks zunächst darauf fixiert, wie sie im Vergleich abschnitt, ob sie Talent hatte oder nicht und wo auf der Lernkurve sie sich befand – all das verunsicherte sie. »Zuerst«, sagt sie, »verspürte ich beim Runterfallen das verzweifelte Verlangen danach, dass mein Lehrer mir sagte, meine Fehler seien normal und dass ich im Vergleich zu seinen bisherigen Schülern nicht schlechter abschnitt. Das hatte so große Ähnlichkeit mit meiner so häufigen Sehnsucht zu hören, dass meine Fehler kein schlechtes Licht auf meinen Charakter werfen.«

Aber an einem gewissen Punkt änderte sie ihre Herangehensweise. »Nach einer Mischung aus Erfolgen und Misserfolgen erklärte mein Lehrer mir, irgendwann müsse ich einfach ›entscheiden, auf dem Brett zu bleiben‹«, erinnert sie sich. »Es war eine erstaunliche Erfahrung zu erleben, was für einen großen Unterschied diese schlichte Entscheidung und das Festhalten daran bewirkte. Nachdem ich vorher meistens runtergefallen war, begann ich jetzt jeder Welle standzuhalten. Das Vergnügen wuchs und mit jedem neuen Versuch wurde ich mir meiner wachsenden Fähigkeiten gewisser.«

Ihre Erfahrung legt nahe, dass wir das Erfolgsrezept vielleicht von hinten nach vorn lesen sollten. »Ratgeber erklären uns oft, wir müssten uns unserer Entscheidungen sicher sein. Diese Entscheidungen stehen am Ende eines Gewissheitsfindungsprozesses und ratifizieren quasi eine innere Wahrheit. Aber tatsächlich funktioniert es andersherum: Entscheidungen erzeugen Sicherheit. Das habe ich auf meinem Surfbrett gelernt.«

Sie merkte sich diese Lektion und stellte bald fest, dass sie sich nicht nur auf dem Board anwenden ließ. »Angesichts von Entscheidungen an Land – die Sorte, vor der ich manchmal zurückschrecke – erinnerte ich mich an meinen Körper auf dem Brett, wo ich mich entschieden hatte und dann tatsächlich aufrecht stehen geblieben war. Das machte es mir so viel leichter, daran zu glauben, dass ich auch auf dem metaphorischen Brett eines Plans stehen konnte.«

Durch das Stehenbleiben auf dem Board zeigte ihr eigener Körper Fairbanks, wozu sie imstande war, was sie sich niemals zugetraut hätte. »Das Problem ist«, meint sie, »dass das, was in unseren Köpfen passiert, unsichtbar ist. Wir können es uns nur vorstellen. Aber unsere Körper nehmen wir mit den Sinnen wahr. Daher bewirkt es so viel, wenn wir unseren Charakter sinnlich erleben, weil unser Körper ihn ausdrückt und wir ihn mit all unseren Sinnen spüren.«

Unseren Charakter sinnlich erleben, weil unser Körper ihn ausdrückt …

»Ich bin glücklich, weil ich singe«

Der Mythos, wonach Körper, Gehirn und Seele getrennte, autonome Gebilde sind, irritiert mich genauso maßlos wie die Auffassung, alle drei als miteinander verbunden zu sehen, sei eine Randmeinung. Befindet sich das Gehirn denn nicht im Körper? Und wenn das nicht genügt: Bewegt, spricht, reagiert, atmet, lebt der Körper denn nicht wegen des Gehirns? Körper und Gehirn sind Teil eines einzigen, ganzheitlichen, komplizierten, wunderschönen Systems. Oder wie es Oakley Ray, verehrter ehemaliger Psychologe an der Vanderbilt University, formulierte: »Es gibt keine wirkliche Trennung zwischen Verstand und Körper, und zwar wegen der Netzwerke der Kommunikation, die zwischen dem Gehirn und den neurologischen und endokrinen Systemen und dem Immunsystem existieren.«[196]

Und kann man ohne Gehirn eine Seele besitzen? Dass Körper, Gehirn und Seele zusammenhängen, sollte eigentlich zu den am wenigsten kontroversen Vorstellungen in der gesamten Wissenschaft gehören. Trotzdem rufen Aussagen über diese Verbindung oft skeptische Reaktionen hervor. Als ich mich einmal zum Zusammenhang von Körper und Seele äußerte, erwiderte ein Fremder zynisch: »Haben Sie eine Schachtel Chopras geraucht?« (Damit meinte er natürlich den Achtsamkeitsguru Deepak Chopra.)

Die psychologische Fakultät der Harvard University residiert in der William James Hall. Deren Namensgeber, William James (1842–1910), muss ein toller Bursche gewesen sein. Viele große Psychologen haben die Hallen von Harvard bevölkert, aber James' Vermächtnis überstrahlt sie alle. Er war der erste Pädagoge der

USA, der eine Psychologievorlesung auf Collegeniveau hielt. Bis heute gilt er als einer der berühmtesten Philosophen Amerikas, und man bezeichnet ihn als Vater der amerikanischen Psychologie.

Obwohl zahllose Ideen von James dazu beigetragen haben, das heutige Curriculum für Psychologie zu gestalten, berührt mich seine berühmte Feststellung »Ich singe nicht, weil ich glücklich bin; ich bin glücklich, weil ich singe« am tiefsten.

Diese provokative Aussage behauptet, dass körperliche Erfahrung Gefühle auslöst, nicht andersherum. Laut James erleben wir eine körperliche Empfindung oder führen eine körperliche Tätigkeit aus, die dann ein bestimmtes Gefühl auslöst. »Ein rein körperloses Gefühl ist ein Nichts«[197], schrieb er 1884. James, das kann man wohl mit Sicherheit behaupten, rauchte keine Chopras. Deepak Chopra kam nämlich erst 36 Jahre später zur Welt.

In der Überzeugung, dass unsere Gefühle Interpretationen unserer körperlichen instinktiven Erfahrungen sind, stellte James die Theorie auf, dass wir ein Gefühl vortäuschen können, bis wir es verwirklichen – dass wir uns glücklich singen oder verzweifelt weinen können. Der großartige Intellektuelle – eine Kategorie, die heutzutage oft mit Zyniker verwechselt wird – war auch voller Hoffnung und ermutigte Menschen, »jetzt zu beginnen zu sein, was sie in Zukunft sein werden«.

Vielleicht erscheint Ihnen James' Theorie gar nicht so kontrovers, aber vergessen Sie nicht, dass Menschen zu der Ansicht neigen, dass zuerst das Gefühl passiert, bevor die körperliche Empfindung auftritt, und dass das, was in unserem Kopf passiert, der *Grund* dafür ist, was unser Körper tut und fühlt, nicht wie James postulierte, das *Ergebnis.*[198] Er schrieb: »Der gesunde Menschenverstand sagt, wir verlieren unser Vermögen, sind traurig und heulen; wir begegnen einem Bären, fürchten uns und laufen davon; wir werden von einem Rivalen beleidigt, ärgern uns und schlagen zu. Die Hypothese, die hier verteidigt werden soll, sagt, dass diese Reihenfolge nicht korrekt ist … und die rationalere Feststellung ist, dass wir traurig sind, weil wir heulen, verärgert, weil wir zuschlagen, und furchtsam, weil wir zittern.«[199]

James schlug sogar vor – und zwar im Jahre 1890 –, seine Theorie zu testen, indem man die Gefühle von Menschen ohne körperliche Empfindungen untersuche. Es dauerte dann noch über hundert Jahre, bis eine Gruppe von Wissenschaftlern unter der Leitung von Hugo Critchley seinem Rat folgte und die emotionalen Erfahrungen von Patienten mit dem Bradbury-Egglestone-Syndrom (auch: Pure Autonomic Failure oder PAF) untersuchte. Bei dieser Erkrankung sind die Feedbackmechanismen des sympathischen und parasympathischen Nervensystems degeneriert – was bedeutet, dass bei Menschen mit PAF körperliche Empfindungen signifikant vermindert sind.

Verglichen mit uns anderen ergab die Studie, dass bei PAF-Patienten die Gefühlserfahrungen gedämpft waren, weniger furchtinduzierte neurale Aktivität vorhanden war und dass sie weniger Verständnis dafür aufbrachten, wie eine Situation sich auf die Gefühle anderer Menschen auswirkte. Mit anderen Worten: Eine beeinträchtigte Verbindung zum Körper führt zu einer gedämpften Verbindung zu den eigenen Gefühlen – und irgendwie auch zu einer verminderten Fähigkeit, die emotionalen Reaktionen anderer zu verstehen.[200]

Ganze Abteilung kehrt!

Wenn Sie heute ein Experiment durchführen sollten, um James' Hypothese, wonach körperliche Reaktionen Gefühle auslösen, zu testen, wo würden Sie beginnen? Das Gesicht scheint für den Anfang geeignet, aber mit welchem Gesichtsausdruck? Welcher Emotion? Um einen korrekten Test zu erreichen und zu sehen, wie der Körper die Seele beeinflusst, müssten Sie jemand dazu bringen, eine bestimmte Miene aufzusetzen, ohne die damit verbundene Emotion zu assoziieren. Eine ziemlich schwierige Angelegenheit.

1974 veröffentlichte der Psychologe James Laird die Ergebnisse einer Studie, in der er versucht hatte zu messen, ob physisch expressives Verhalten eine emotionale Erfahrung erzeugen kann – oder einfacher formuliert: ob Stirnrunzeln uns ärgerlich und Lächeln uns froh machen kann.[201]

Laird wusste, dass es die Ergebnisse hätte verfälschen können, wenn er den Probanden den Zweck des Experiments erklärt hätte, also überlegte er sich einen schlauen Trick, um sie in die Irre zu führen. Als Erstes erklärte er den Teilnehmern (männliche Studienanfänger), Ziel des Experiments sei es, »die Aktivität der Gesichtsmuskeln unter verschiedenen Bedingungen« zu studieren. Dann befestigte er Elektroden an mehreren Stellen ihrer Gesichter und verband diese mit einer hübsch anzusehenden Apparatur, die in Wirklichkeit zu nichts diente.

Um eine »ärgerliche« Miene zu erzeugen, berührte er die Elektroden zwischen den Augenbrauen der Probanden und sagte: »Nun spannen Sie bitte diese Muskeln an.« Er berührte auch die Elektroden am Kinn und bat sie, die Muskeln dort zu kontrahieren, beispielsweise indem sie die Zähne zusammenbissen. Für eine »glückliche« Miene bat er die Teilnehmer, die Muskeln an ihren Mundwinkeln anzuspannen.

Während die Studenten die jeweilige Miene beibehielten, sollten sie ihre Gefühle einstufen. Laird erklärte ihnen, er brauche diese Angaben, um mögliche Fehler auszuschließen, weil Gefühle manchmal unwillkürliche Veränderungen in der Gesichtsmuskulatur hervorrufen würden. Auch das war natürlich falsch.

Selbst nachdem er all jene Teilnehmer ausgenommen hatte, die vermuteten, worum es eigentlich ging, stellte Laird fest, dass Probanden sich ärgerten, wenn sie ein verärgertes Gesicht machten, und Glück empfanden, wenn sie lächelten. Ein Teilnehmer ließ ihn sogar wissen: »Als ich die Kiefer zusammenpresste und meine Augenbrauen zusammenzog, bemühte ich mich, nicht wütend zu sein, aber es passte einfach so gut zu der Miene. Ich war gar nicht in wütender Stimmung, aber meine Gedanken wanderten irgendwie zu Dingen, die mich wütend machten, was ziemlich dumm ist, wie ich vermute. Ich wusste, es war ein Experiment und dass ich keinen Grund hatte, so zu empfinden, aber ich verlor einfach die Kontrolle.«

In einem berühmten Aufsatz gingen 1988 Fritz Strack, Leonard Martin und Sabine Stepper sogar noch weiter, als sie die Ergebnisse einer Studie schilderten, in der sie getestet hatten, was man bis dahin die Faciale-Feedback-Hypothese genannt hatte.[202] Ohne zu erklären, warum, hatten sie die Teilnehmer gebeten, einen Bleistift im Mund festzuhalten, indem sie die Muskeln benutzten, die man normalerweise beim Lächeln braucht. Andere, zufällig ausgewählte Teilnehmer sollten einen Bleistift so im Mund halten, dass sie die zum Lächeln nötigen Muskeln nicht benutzten. Dann bekamen alle Probanden Comics zu lesen. Diejenigen, die künstlich lächelten, fanden die Comics deutlich witziger als diejenigen, die nicht lächeln konnten. Das Ergebnis fiel auch in Japan und Ghana ähnlich aus[203] und wurde durch die Verwendung anderer Methoden und die Analyse verschiedener Ergebnisse ausgearbeitet. So erwiesen sich beispielsweise Menschen, die man zum Lächeln gebracht hatte, tendenziell als weniger rassistisch.[204]

Wie Forscher in den folgenden Jahrzehnten herausfanden, beschränkt sich das faziale Feedback nicht nur auf Lächeln und positive Stimmung: Es erzeugt auch negative Gefühle. In einer Studie eines japanischen Wissenschaftlerteams fühlten sich die Probanden, denen man in der Nähe der Tränenkanäle Wasser auf die Wangen träufelte, viel trauriger als jene zufällig Ausgewählten, die in keine auf irgendeine Weise mit Weinen in Verbindung gebrachte Situation kamen.[205] In anderen Studien zwang man die Teilnehmer zum Zusammenziehen der Brauen – entweder indem man starkes Klebeband in ihren Gesichtern anbrachte oder indem man sie einfach bat »die Augenbrauen zusammenzuziehen« – und sorgte damit für einen subjektiven Anstieg bei Gefühlen wie Trauer, Wut und Abscheu.[206]

Genauso wie das Schneiden bestimmter Grimassen entsprechende Gefühle auslöst, kann das Verhindern dieses Mienenspiels Gefühle blockieren; zu dieser Erkenntnis kam man bei der Behandlung von Depressionen, und zwar ausgerechnet mit Botox. Wenn wir die Stirn runzeln, werden bestimmte Muskeln – Darwin nannte sie unsere Trauermuskeln – aktiviert. Botox (Botulinum Toxin A) lähmt diese Muskeln zeitweise, wodurch Falten auf der Stirn und zwischen den Brauen reduziert werden. Diese zeitweise Paralyse schwächt allerdings auch das Feedback der gelähmten Muskeln ans Gehirn.

Erste Hinweise darauf, dass Botox sich auf den Gefühlshaushalt auswirken kann, lieferte eine Studie 2009, die den Schweregrad der Depression bei Frauen, die Injektionen in die Stirn bekommen hatten, mit denen von Frauen verglich, die andere kosmetische Behandlungen erhalten hatten, und zwar in einem Zeitraum von sieben Tagen bis zu drei Monaten vorher.[207] Die Empfängerinnen von Botulinum Toxin A wiesen deutlich geringere Werte auf, was Reizbarkeit, Depression und Ängstlichkeit anging. (Werte von vor der Behandlung waren nicht verfügbar.) Zudem gab es keine signifikanten Unterschiede zwischen beiden Gruppen, was die Selbsteinschätzung der Attraktivität betraf. Das Ergebnis ist faszinierend, jedoch auch ein wenig schwer zu interpretieren, weil die Wissenschaftler die Behandlung der Frauen nicht nach dem Zufallsprinzip bestimmt hatten und es keine gesammelten Daten zu den Gefühlen der Frauen bezüglich Reizbarkeit, Depression und Ängstlichkeit von vor der Behandlung gab.

Ein anderes Forscherteam führte eine randomisierte kontrollierte Studie mit Männern und Frauen mit behandlungsresistenter Depression durch.[208] Dabei wurde einer Hälfte der Probanden Botox in die Stirn gespritzt, der anderen ein Placebo. Sechs Wochen später war der Schweregrad der Depression bei den Botoxempfängern um fünfzig Prozent geringer als vor der Behandlung. In der Kontrollgruppe waren die Werte nur um zehn Prozent gesunken.

Bedeutet das also, dass man Depressionen mit Botox heilen kann? Bevor Sie nun aber losstürmen, um diesen Blues und Ihre Falten auf einmal loszuwerden, bedenken Sie bitte eine weitere Studie, die die Sozialpsychologen David Neal und Tanya Chartrand durchgeführt haben.[209] Sie verglichen Probandinnen, die Botoxinjektionen bekommen hatten, um Stirnfalten und Krähenfüße zu mildern, mit Frauen, die sich Füller injizieren ließen, die allerdings die Kommunikation zwischen Muskeln und Gehirn nicht unterbrachen. Ein bis zwei Wochen nach der Behandlung ließen Neal und Chartrand die Teilnehmerinnen eine Aufgabe am Computer absolvieren: Nacheinander wurden ihnen 36 Schwarz-Weiß-Fotos von Augen und deren unmittelbarer Umgebung gezeigt (ungefähr der Bereich, den eine Schlafmaske bedecken würde). Bemerkenswert an diesen Fotos war, dass jedes ein leicht verändertes Gefühl darstellte (z. B. waren die Fotografierten gereizt, sehnsüchtig, verlegen, nachdenklich usw.). Die Probandinnen sollten nun jedem Augenpaar das passende von vier möglichen Gefühlen zuordnen. Die Botoxfrauen taten sich schwerer: Im Schnitt waren sie um sieben Prozent schlechter beim Erkennen der subtilen emotionalen Hinweisen in den Augen von Menschen.

Woher kommt das? Es liegt daran, dass wir die Gefühle anderer decodieren, indem wir ihre Miene automatisch imitieren. Im Alltag passiert diese Mimikry so schnell und subtil (sie dauert etwa eine Drittelsekunde[210]), dass wir sie nicht einmal bemerken. Trotzdem erlaubt sie uns dank des fazialen Feedbacks, die Gefühle anderer nachzuempfinden und zu verstehen. Aber weil Botox unsere Gesichtsmuskeln lähmt, verhindert es diesen Prozess. David Neal erklärte: »Mimikry ist wie ein Fenster ins Innenleben anderer Menschen. Indem es die Mimikry unterbindet, verdunkelt Botox dieses Fenster ein wenig.«[211]

Und das ist nicht der einzige Grund dafür, warum Sie Ihre Falten schätzen sollten. Bedenken Sie auch, dass Botox manchmal Muskeln und Falten trifft, die für den Ausdruck negativer *und* positiver Gefühl zuständig sind – nicht nur fürs Stirnrunzeln, sondern auch fürs Lächeln, bei dem sich dieselben Muskeln um die Augen zusammenziehen, die Krähenfüße verursachen. Es ist schwer, sich schlecht zu fühlen, wenn man die Augenbrauen nicht zusammenziehen kann. Aber es ist auch schwer, sich glücklich zu fühlen, wenn man nicht lächeln kann.

Kurz gesagt: Indem wir die Muskeln lähmen oder entspannen, die uns erlauben, echte Gefühle auszudrücken, dämpfen wir unsere eigenen emotionalen Erfahrungen und unsere Fähigkeit, diese bei anderen zu erkennen. Sonst werden wir wie die PAF-Patienten – eingeschränkt im Herstellen von Kontakt. Neal sagte: »Das ist irgendwie komisch – die Leute benutzen Botox, um in sozialen Situationen besser zu funktionieren. Dann sieht man vielleicht besser aus, leidet aber möglicherweise darunter, wenn man die Gefühle anderer Leute nicht mehr so gut entschlüsseln kann.«[212] Die Lehre, die sich daraus ziehen lässt: Seien Sie nett zu Ihren Krähenfüßen, dann sind sie auch nett zu Ihnen – und erleichtern es Ihnen, nett zu anderen zu sein.

In der Zeit, seit William James seine umstrittene Körper-Seele-Theorie der Gefühle postuliert hat, wurden Berge von experimenteller Forschung zu ihrer Überprüfung zusammengetragen. In einem jüngst veröffentlichten Überblick über diese Literatur kamen die Psychologen James Laird, der das ursprüngliche Experiment zum Fazial-Feedback durchführte, und Katherine Lacasse zu folgendem Schluss: »In im wahrsten Sinne des Wortes Hunderten von Experimenten traten die korrespondierenden Gefühle auf, nachdem man Gesichtsausdrücke, expressives Verhalten oder intuitive Reaktionen hervorgerufen hatte. In jedem Fall von Verhaltensmanipulation wurde eine Vielzahl von Gefühlen ausgelöst oder verstärkt … Die Verhinderung dieser Ausdrucksformen reduzierte viele derselben Gefühle … Insgesamt ist der vernünftige Schluss, den wir daraus ziehen, dass James in der Tat recht hatte: Gefühle sind die Folgen … emotionalen Verhaltens und körperlicher Reaktion.«[213]

Bis jetzt haben wir nur über die Wirkung kleiner Veränderungen der Muskeln, die unsere Gesichtszüge kontrollieren, gesprochen. Aber was, wenn wir weiter zu den Muskeln und Knochen schauen, die unsere Körpersprache vom Hals abwärts ausmachen? Unsere Schultern, Arme, Hände, der Rumpf, Beine und Füße? Auch sie drücken etwas aus. Gibt es so etwas wie körperliches Feedback? Kann unser Körper uns lehren, dass wir uns stark, selbstbewusst, gelassen und synchronisiert fühlen? Können all diese Körperteile uns zu Präsenz und Ausstrahlung verhelfen?

Präsenz mithilfe des Körpers

»Er spazierte den Lee-Fluss entlang, die Hände hinter dem Rücken verschränkt. Eine neue Gangart für ihn. Ausgreifend und in aller Öffentlichkeit. Die Haltung eines denkenden Mannes. Er genoss diese Pose, fand sie seiner Vorstellung von sich selbst zuträglich.«

Colum McCann, TransAtlantic
(aus der Beschreibung von Frederick Douglass)

Die »Vorstellung von sich selbst« ist eine bestechende Idee. Das Selbst kann mutmaßlich sein, was es will. Es kann sogar neu sein, ohne unaufrichtig oder unauthentisch zu wirken. Es legt nahe, dass Sie sich eine gewisse Vorstellung von sich machen und dann Schritte unternehmen, um dieses Selbst zu verwirklichen. In dem Beispiel oben aus einem Roman von Colum McCann aus dem Jahr 2013 sind dies tatsächlich Schritte: Frederick Douglass, ein afroamerikanischer Bürgerrechtsaktivist des 19. Jahrhunderts, benutzte eine neue Gangart, nahm eine andere Haltung an, die ihm zusagte – er fand sie der Vorstellung von dem Menschen, der er zu sein gedachte, zuträglich.

Unser Körper, suggeriert McCann damit, trägt uns nicht nur an gewünschte Orte: Er trägt uns auch zu der Person, die wir sein wollen. Und wie wir noch sehen werden, scheint es Belege dafür zu geben: Wo der Körper uns hinführt, dorthin folgen auch unsere Gedanken und Gefühle.

Um dieses Phänomen zu verstehen, hilft es, sich anzusehen, was passiert, wenn der Körper uns im Stich lässt und uns in einen defensiven, furchtsamen, hyperwachsamen Zustand zwingt, anstatt uns größere persönliche Kraft zu geben. Ich rede hier von posttraumatischem Stress.

Stellen Sie sich alle Aspekte von Machtlosigkeit vor – Sorge, Stress, Furcht, Bedrohung, Selbstzweifel, schlechte Stimmung, Defensivität, eingeschränktes Handlungsvermögen, Gedächtnisprobleme, ablenkende Gedanken, Vermeidungsverhalten – und nun multiplizieren Sie diese noch. Mit einer großen Zahl. Nun haben Sie eine ungefähre Vorstellung davon, wie jemand mit posttraumatischem Stress oder PTS[214] das Leben empfindet. Traumatische Erlebnisse können uns unserer persönlichen Stärke vollkommen berauben.

Ein Trauma wie Machtlosigkeit kann eine ausgeprägte Disharmonie zwischen Körper und Seele auslösen. Der Psychiater und langjährige PTS-Experte Bessel van der Kolk stellte fest, dass ein Trauma »zum Zusammenbruch eingespielter körperlicher Synchronizität führt«. Er schrieb: »Wenn Sie den Wartebereich der PTS-Klinik betreten, können Sie Personal und Patienten sofort anhand der erstarrten Mienen und kollabierten, gleichzeitig aber fahrigen Körper erkennen.«[215] PTS zerbricht uns, hinterlässt tiefe seelische Risse und Konflikte, während wir kämpfen, um im Alltag zu bestehen – um für unsere Kinder, Eltern, Freunde und Kollegen präsent zu sein –, während wir uns wachsam vor Bedrohungen schützen und versuchen, quälende Erinnerungen abzuschütteln. Wir sind zerrissen.

Traditionelle psychotherapeutische Behandlungen für PTS gehen davon aus, dass das Trauma in der Seele lebt, und peilen es dort an. Kognitive Verhaltenstherapie (KVT), die auf der Vorstellung gründet, dass Gedanken das Verhalten lenken, versucht die Denkmuster des unter PTS Leidenden neu zu vernetzen. Konfrontationstherapie bemüht sich, den Betroffenen für das quälende Trauma zu desensibilisieren, indem man ihn zur Erinnerung zwingt, damit er sich erneut damit beschäftigt und es noch mal durchlebt.

Manche Leute wie eben auch van der Kolk stellten diese Ansätze infrage. »Trauma hat nicht das Geringste mit Wahrnehmung zu tun«, erklärte er der *New York Times*. »Es hat damit zu tun, dass Ihr Körper darauf umprogrammiert wurde, die Welt als gefährlichen Ort zu interpretieren.«[216] Die Vorstellung, das Trauma lebe im Körper – und müsse daher dort ausfindig gemacht und geheilt werden –, leuchtet einem intuitiv ein. Jeneen Interlandi schrieb dazu in der *Times:*

> In so vielen Fällen wurde den Körpern der Patienten schlimme Gewalt angetan, und es waren ihre Körper, die sie im Stich gelassen hatten – Beine, die nicht schnell genug gerannt waren, Arme, die nicht kräftig genug weggestoßen hatten, Stimmen, die nicht laut genug geschrien hatten, um der Katastrophe zu entgehen. Und es waren ihre Körper, die jetzt unter dem geringsten Stress zusammensackten – die bei jeder Autoalarmanlage, die sie hörten, nach Deckung suchten oder in jedem Fremden einen lauernden Angreifer sahen. Wie sollten ihre Seelen denn heilen, solange sie die Körper, in denen sie sich befanden, so unerträglich fanden?

Oder wie es der Künstler Frank Gelett Burgess formuliert hat: »Unsere Körper eignen sich als unsere Autobiografien.«

Viele Menschen, die an PTS litten, oder ihre Angehörigen und Freunde haben mich schon gefragt, ob Körper-Seele-Interventionen angewendet werden, um die Symptome dieser hartnäckigen Störung zu lindern. Mindestens zwei Drittel der E-Mails, die ich zu diesem Thema erhielt, stammten von Veteranen oder deren Familien. Die Frage quälte mich: Wenn es bei einem Trauma letztlich um extreme Ohnmacht geht und die gestörte Beziehung zwischen Körper und Seele es charakterisiert, können dann gewisse körperliche Interventionen helfen, Bedrohungsgefühle zu mildern und ein Gefühl von Stolz wiederherzustellen? Vielleicht könnte der Körper die Seele aus dem posttraumatischen Stresszustand herausführen.

Wie sich herausstellte, hatte schon eine Reihe von Wissenschaftlern viel zu diesem Thema erforscht.

Ein Großteil dieser Forschung konzentrierte sich auf Veteranen. Nach vorsichtigen Schätzungen von Experten leidet einer von fünf Veteranen an PTS, wobei die Anzahl unter denjenigen, die Kampfeinsätze hatten, signifikant höher sind. PTS bei Veteranen hat sich als ausgesprochen schwer behandelbar mit Medikamenten und traditionellen psychotherapeutischen Methoden wie KVT und Konfrontationstherapie erwiesen. Dazu kommt, dass die Zahl der Abbrüche im Rahmen von PTS-Behandlungsprogrammen gigantisch hoch ist, vor allem unter Veteranen, und zwar aus mehreren Gründen. Da geht es um Stigmatisierung, konkurrierende Lebensanforderungen und die verständliche Furcht davor, das traumatische Erlebnis, das den PTS ursprünglich ausgelöst hat, noch mal zu durchleben. Inzwischen zerrüttet diese Störung das Leben zahlloser Veteranen und ihrer Familien.

2012 machte sich die Stanford-Stipendiatin Emma Seppälä daran, die Wirksamkeit von körperlich-seelischen Behandlungsmethoden gegen PTS bei Veteranen zu untersuchen.[217] 21 amerikanische Veteranen aus den Kriegen im Irak und in Afghanistan nahmen an ihrer Studie teil. Elf zufällig ausgewählte Männer wurden mit Yoga behandelt, die anderen zehn kamen auf eine Warteliste. Sieben Tage lang bekamen die elf Veteranen täglich drei Stunden Unterricht in Sudarshan Kriya Yoga, einer auf Atemtechnik basierenden Variante, die sich im Rahmen anderer Studien als effektiv zur Reduzierung von Angst, Depression, impulsivem Verhalten und sogar Tabakkonsum erwiesen hatte und zusätzlich Optimismus, Wohlbefinden und emotionale Ausgeglichenheit fördern sollte.[218]

Bevor ich hier weitermache, möchte ich eines klarstellen: Ich bin kein Yogafan. Bis ich mich intensiv mit der Fachliteratur dazu beschäftigte, war ich ziemlich skeptisch. Dabei glaubte ich zwar nicht, dass Yoga *schlecht* wäre, aber ich konnte mich auch nicht mit der Vorstellung anfreunden, dass es so *gut* wäre, wie die Yogapraktizierenden behaupteten. Ein bisschen bin ich da wie die Leute, die dazu neigen, sich gegen Trends zu wehren, die plötzlich alles zu dominieren scheinen. Noch dazu fragte mich häufig jemand wegen meiner früheren Balletterfahrung und meiner Forschungsschwerpunkte: »Sie machen bestimmt viel Yoga, nicht wahr?« Das steigerte meine Abwehr nur noch mehr.

Aber ich bin Wissenschaftlerin, also muss ich nun meinen Widerstand aufgeben, weil sich die Beweise für positive psychische und physische Folgen von Yoga nicht leugnen lassen. Seit auf Yoga basierende Maßnahmen Eingang in den medizinischen Mainstream gefunden haben, wurden Hunderte – wenn nicht Tausende – empirische Studien durchgeführt, die dessen zahlreiche gesundheitliche Vorteile beschreiben. Von der Senkung des Blutdrucks und Cholesterins bis zur Linderung chronischer körperlicher und emotionaler Schmerzen sowie sozialer Probleme.[219] Ob jedes Ergebnis valide ist und jede Studie ohne Beanstandung? Wahrscheinlich nicht, aber das ist nun mal das Kreuz mit der Wissenschaft. Aber ich betrachte Yoga inzwischen nicht mehr als übertrieben gehypten Trend. Wenn es korrekt angewendet wird, kann es außerordentlich wirkungsvoll sein.

Jetzt zu versuchen, auf ein paar Seiten jeden Aspekt dessen zu erläutern, wie Yoga auf Körper und Seele wirkt, wäre absurd. Wir reden hier über eine uralte Methode, etwa dreitausend Jahre alt, die gleichzeitig körperliche Bewegung, Atemkontrolle und meditative Achtsamkeit umfasst, die allesamt miteinander verknüpft sind und in eins zusammenfließen. Wenn Sie mehr über den möglichen Nutzen von Yoga erfahren möchten, empfehle ich *Schmerzen lindern durch Yoga* von der Stanford-Psychologin Kelly McGonigal. Hier unternehmen wir nur einen kurzen Streifzug ins Yoga, gerade weit genug, um zu untersuchen, wie und warum es Sorge und Furcht bei Menschen, die unter PTS leiden, und bei uns allen verringern kann, während es gleichzeitig Kraft und Selbstvertrauen gibt.

Ich wollte mehr über Emma Seppäläs Arbeit mit Veteranen wissen, also bat ich sie um ein Gespräch über ihre Forschung. Begeistert willigte sie ein. Seppäläs Yogaintervention für Veteranen, erklärte sie mir, begann damit, dass die Teilnehmer einfach nur »bequem dasaßen – und tief atmeten«, was die Brust auf natürliche Weise weitet. Die Gruppe praktizierte, was man im Yoga den Siegeratem nennt. »Das tun wir, wenn wir uns in tiefer Entspannung befinden«, was wiederum den Beruhigungsreflex auslöst – und ein elegant einfaches Beispiel für die Fähigkeit des Körpers ist, die Seele zu beeinflussen.

»Der Atem ist eine so wunderbare Möglichkeit, die physiologische Aktivierung zu reduzieren«, sagte Seppälä. »Zu verstehen, dass man seinen Atem kontrollieren kann, ist ein erster Schritt, um zu verstehen, wie man auch seine Angst kontrollieren kann – dass man selbst im Besitz der Werkzeuge dafür ist. Wenn die Gedanken rasen, wenn in einer sozialen Situation etwas Unerwartetes passiert, wenn man nicht weiß, was man machen soll, dann zu wissen, dass man sich durch kontrollierte Atmung selbst beruhigen kann.«

Um die Effektivität von Yoga bei Veteranen in ihrer Studie zu bewerten, maßen Seppälä und ihre Kollegen in Stanford vorher und nachher das Blinzeln als Reaktion auf laute Geräusche (weil die Schreckreaktion bei Menschen, die unter PTS leiden, generell erhöht ist), außerdem gab es Selbsteinschätzungen der Angst (z. B. anhand der Häufigkeit traumatischer Erinnerungen oder von Albträumen). Angesichts der gut dokumentierten Behandlungsresistenz von PTS staunte Seppälä über die Ergebnisse: Einen Monat nach Abschluss der Intervention zeigten diejenigen Veteranen, die an dem Yogaprogramm teilgenommen hatten Verringerungen bei allen Messungen bezüglich PTS. Und sie staunte auch, als ein ganzes Jahr danach die PTS-Symptome und die Angst der Veteranen immer noch signifikant geringer waren.

Seppälä bezeichnete die Studie als »das Bereicherndste, was ich je in meinem ganzen Leben gemacht habe«. Ein Teilnehmer schrieb ihr: »Ich erinnere mich noch an alles, was passiert ist (d. h. an das traumatische Erlebnis), aber es hat mich nicht mehr in der Hand.« Ein anderer sagte schlicht: »Danke, dass Sie mir mein Leben zurückgegeben haben.«

»Einige dieser Leute lebten wie eingebunkert in ihren Kellern und gingen nie raus«, sagte sie. »Jetzt gehen sie zur Arbeit, zu Dates, unter Menschen, kommen raus. Ich sehe sie wieder lächeln. Einer von ihnen erzählte mir, er habe Ferien mit seinem Vater gemacht und nicht glauben können, wie glücklich er sich dabei fühlte. Aber das Wichtigste für ihn war, dass sein Dad sagte: ›Ich habe meinen Sohn wieder.‹ Und jetzt wird er einer der Ansprechpartner für dieses Programm werden.«

Sie besitzen bereits die Werkzeuge, um präsent zu sein

Als er 1997 in Südafrika mit der Wahrheits- und Versöhnungskommission arbeitete, besuchte Bessel van der Kolk ein Treffen einer Gruppe von Vergewaltigungsopfern in Johannesburg und erkannte selbst in dieser für ihn völlig fremden Umgebung die universale Körpersprache des Traumas. »Die Frauen saßen in sich zusammengesunken da – traurig und wie erstarrt – (wie auch in) so vielen Therapiegruppen von Vergewaltigungsopfern, die ich in Boston gesehen hatte«, erinnert er sich in seinem Buch *The Body Keeps the Score* (dt. *Verkörperter Schrecken*). »Ich spürte eine vertraute Hilflosigkeit und fühlte mich, umgeben von diesen zusammengebrochenen Menschen, mental ebenfalls wie zusammengebrochen.«[220]

Was danach passierte, klingt wie eine Umsetzung von William James' Worten: »Ich singe nicht, weil ich glücklich bin; ich bin glücklich, weil ich singe.«

> Eine der Frauen begann zu summen, während sie sich sanft vor und zurück wiegte. Langsam bildete sich ein Rhythmus heraus; nach und nach stimmten andere Frauen ein. Bald sang die ganze Gruppe, geriet in Bewegung und erhob sich, um zu tanzen. Es war eine erstaunliche Verwandlung: Menschen, die ins Leben zurückkommen, entsprechende Gesichter, in Körper zurückkehrende Vitalität. Da schwor ich mir anzuwenden, was ich dort sah, und zu studieren, wie Rhythmus, Gesang und Bewegung helfen können, Traumata zu heilen.[221]

Van der Kolk hielt sein Versprechen und studierte jahrzehntelang Körper-Seele-Methoden um PTS zu überwinden, leitete Forschungsprojekte, behandelte Patienten und bot Workshops an. Seine jüngsten Bemühungen konzentrieren sich auf Frauen, deren PTS durch häusliche Gewalt ausgelöst wurde, eine Gruppe, die sich wie die Veteranen als schwer erfolgreich behandelbar erwies.

Für eine Studie rekrutierte van der Kolk 64 Frauen mit chronisch therapieresistentem PTS für ein Therapieprogramm. Die Hälfte wurde nach dem Zufallsprinzip für eine Yogagruppe eingeteilt, die übrigen kamen in eine Selbsthilfegruppe für Frauengesundheit, in der man nach dem traditionellen Konzept der Gesprächstherapie vorging. Jede Gruppe traf sich zehn Wochen lang einmal wöchentlich für eine Stunde.

Die Frauen wurden vor, während und nach der Behandlung evaluiert, und zwar mithilfe weit verbreiteter von Klinikern vorgenommenen Beurteilungen des PTS. Vor der Behandlung unterschieden sich die Gruppen nicht voneinander. In der Mitte zeigten beide signifikante Verbesserungen, auch wenn die Ergebnisse derjenigen aus der Yogagruppe viel besser waren: 52 Prozent der Patientinnen erfüllten die Kriterien für PTS nicht mehr, im Vergleich zu 21 Prozent in der anderen Gruppe. Die Evaluation nach der Behandlung ergab, dass die Frauen, die die traditionelle Behandlung erhalten hatten, später einen Rückfall erlitten und schließlich wieder die gleichen PTS-Symptome zeigten wie vorher. Bei denjenigen aus der Yogagruppe hielt die Wirkung an.[222]

Und der psychologische und physiologische Nutzen von Yoga beschränkt sich gewiss nicht auf Menschen mit PTS. Obwohl die Vorteile therapeutischer Langzeitprogramme offensichtlich sind, haben Wissenschaftler herausgefunden, dass sogar schon eine einzige fünfzehnminütige Yogaeinheit auf einem Stuhl sich als nützlich erweist. Im Rahmen einer Studie nahmen die Teilnehmer eine Reihe sanfter Yogahaltungen für jeweils dreißig bis sechzig Sekunden ein (z. B. die Arme über den Kopf strecken und sich nach hinten und zur Seite beugen); dann wurde dieser Bewegungszyklus wiederholt. Die Probanden zeigten signifikante Stressminderung, eine ruhigere Atmung und eine gesteigerte Herzfrequenzvariabilität (HRV nach engl. *heart-rate variability*). Eine geringe HRV belegt fehlende Schwankungen in der Herzfrequenz als Reaktion auf die Atmung, was man allgemein mit Angst und emotionaler Erschöpfung verbindet. Eine hohe HRV belegt dagegen, dass Atmung und Puls im Einklang sind. Mit anderen Worten: Eine erhöhte HRV und eine langsamere Atmung sind generell gut und ein Indikator für Wohlbefinden.[223]

Wir sind uns wahrscheinlich alle darin einig, dass das, was wir mit unserem Körper beim Yoga machen, irgendwelche deutlichen positiven Effekte hat. Aber das wirklich Aufregende ist, dass selbst diejenigen unter uns, die in nächster Zeit nicht vorhaben, Yoga zu üben, viele ähnliche Ergebnisse erzielen können, weil die körperlich-seelische Wirkung, die Yoga aktiviert, für uns alle auch im Alltag zugänglich ist. Die Werkzeuge, die wir für Präsenz und Ausstrahlung benötigen, sind in unserer Biologie bereits vorhanden. Eines davon ist in seiner Funktion so selbstverständlich, dass wir es meist völlig unbewusst benutzen: die Atmung.

Zahlreiche psychophysiologische Mechanismen sind in körperlichen Interventionen wie auch dem Yoga enthalten, nur bringen die meisten eines dieser beiden gegen null: das sympathische Nervensystem (SNS), das unsere Stressreaktion stimuliert, auch

»Kampf-oder-Flucht-Reaktion« genannt, oder das parasympathische Nervensystem (PNS), das unsere Entspannungsreaktion stimuliert, auch »Erholen-und-Verdauen-Reaktion« genannt (die setzt beispielsweise nach dem Essen, beim Schlafen oder bei sexueller Erregung ein). Diese beiden gegensätzlichen Systeme regulieren Erregung im gesamten Körper. Vereinfacht könnte man sagen, das SNS ist das Gaspedal, das PNS die Bremse.

Die Schlüsselstelle des PNS ist der Nervus vagus, ein Hirnnerv, der Sinnesinformation zwischen dem Hirnstamm und vielen unserer lebenswichtigen Organe, darunter Herz und Lunge, transportiert. Wenn der Nervus vagus seine Arbeit macht (das heißt, wenn wir einen hohen vagalen Tonus haben), signalisiert er dem Herz, langsamer zu schlagen, und der Lunge, tiefer zu atmen, was einen Zustand der Ruhe fördert. (Langstreckenläufer, Schwimmer und Radsportler neigen zu einem hohen vagalen Tonus.) In Situationen, in denen Ihr Körper eine akute Stressreaktion erlebt, das sympathische Nervensystem das Kommando übernimmt und die Kämpfen-oder-Fliehen-Reaktion auslöst, wird der Nervus vagus blockiert.

Unser Nervus vagus muss nicht permanent aktiviert sein. Manche Situationen erfordern Wachsamkeit und Adrenalin – etwa eine schwere mentale Herausforderung oder eine körperliche Bedrohung –, sodass der vagale Tonus sich von selbst reduziert und eine Stressreaktion auslöst. Aber oft kommt es auch unnötigerweise zu einer Stressreaktion, und das fordert seinen negativen Tribut. In Ruhe wird ein hoher vagaler Tonus mit positiver physischer und mentaler Gesundheit gleichgesetzt, während exzessiver vagaler Rückgang nach Aussagen der Betroffenen mit großem Stress, Angst und Depression einhergeht.[224]

Aber hier kommt die gute Nachricht: Wir verfügen in der Tat über eine gewisse Kontrolle über unseren Sympathikus und Parasympathikus. Wie gesagt übermittelt der Nervus vagus Informationen zwischen dem Hirnstamm und den Organen; das funktioniert in beide Richtungen. Wie van der Kolk erklärt, »sind etwa 80 Prozent der Fasern des Nervus vagus (der das Gehirn mit vielen inneren Organen verbindet) afferent; das heißt, sie verlaufen vom Körper ins Gehirn. Das bedeutet, dass wir unser Erregungssystem direkt dadurch trainieren können, wie wir atmen, singen, uns bewegen. Ein Prinzip, das man an Orten wie China und Indien schon seit Menschengedenken nutzt.«[225]

Nehmen Sie sich doch genau jetzt mal eine Sekunde, um sich auf Ihre Atmung zu konzentrieren: Atmen Sie rasch ein und langsam wieder aus. Noch einmal: zwei Sekunden lang ein, dann etwa fünf Sekunden lang ausatmen. Merken Sie etwas? Das langsame Ausatmen triggert Ihren Parasympathikus, senkt den Blutdruck und steigert die HRV. Hunderte von Studien haben die Wirkung von auf Entspannung ausgerichteter Atmung gemessen und sind zu ähnlichen Ergebnissen gekommen. Zu den psychologischen Folgen zählen verminderte Angst und Depression sowie gesteigerter Optimismus, Emotions- und Schmerzkontrolle. In Bezug auf das Verhalten vermindern sich Aggression und impulsives Verhalten; außerdem verbessert sich das Abhängigkeitsmanagement, und die Leistungsfähigkeit in der Schule und am Arbeitsplatz steigt.[226]

Das ist einer der Gründe dafür, warum Yoga Ihr Befinden ändern kann – es bringt Sie automatisch dazu, langsam und rhythmisch zu atmen, wie das auch Singen, Tai-Chi, Qigong und Meditation tun. Dabei müssen Sie keine dieser Tätigkeiten ausüben, sondern können vom kontrollierten Atmen fast überall und jederzeit profitieren. Mit ein paar tiefen, langsamen Atemzügen haben Sie soeben Ihren Körper- und Seelenzustand verändert. Bedenken Sie, dass das etwas ist, was wir alle unzählige Male am Tag tun, ohne jegliche bewusste Anstrengung. Die Atmung ist eine ziemlich erstaunliche Sache – und wir fangen gerade erst an, das zu begreifen.

Der Neurowissenschaftler Pierre Philippot und seine Kollegen führten ein kluges Experiment durch, bei dem sie eine Gruppe von Teilnehmern baten, ihre Atmung zu ändern, um Gefühle wie Freude, Zorn und Furcht (immer nur eine Emotion auf einmal) zu verspüren, und danach genau darüber zu berichten, wie sie das angestellt hatten.[227] Das klingt ziemlich seltsam, nicht wahr? Wie erzeugt man ein Gefühl, indem man seine Atmung ändert? Keine Sorge, sagte man den Probanden – versuchen Sie es einfach.

Als sie damit fertig waren, bat man die Teilnehmer dieser Gruppe, ihre Atemtechnik den Teilnehmern der zweiten Gruppe zu beschreiben, ohne jedoch zu erwähnen, dass die Atmung bestimmten Emotionen entsprechen sollte. Dann sollten die Menschen aus der zweiten Gruppe so atmen, wie man es ihnen gezeigt hatte, und angeben, welche Gefühle sie dabei empfanden.

Können Sie das Ergebnis schon erahnen? Wenn die Probanden aus Gruppe zwei die Anweisungen zum Atmen für »Freude« befolgten, fühlten sie Freude. Genauso funktionierte es mit Wut und Furcht.

Indem sie also nur schneller oder langsamer, tiefer oder verstärkt durch die Nase, zitternd oder seufzend atmeten, konnten Menschen ihre Gefühle und ihren seelischen Zustand ändern. Die Wissenschaftler stellten fest, dass die Wirkungen der imitierten Atmung mindestens so stark waren wie bei den Studien zum fazialen Feedback.

Sollten Sie übrigens mal eben einen kleinen Freudenschub verspüren wollen – dies ist die Atemanleitung, die die Teilnehmer der zweiten Gruppe dafür erhielten: »Atmen Sie langsam und tief durch die Nase ein und aus; Ihre Atmung geht sehr regelmäßig, Ihr Brustkorb ist entspannt.« Fühlen Sie sich schon besser?

Indirekt können wir die Entspannungsreaktion der Atmung messen, indem wir uns physiologische Marker wie gestiegene HRV und niedrigeren Puls, Blutdruck und die Spiegel von Stresshormonen wie Cortisol ansehen. Sie alle hängen mit emotionaler Entspannung zusammen. Und sie alle tragen zur Verbesserung der physischen Gesundheit bei. Weniger Stresshormone lassen beispielsweise auf ein niedrigeres Risiko für Herzerkrankungen, Infektionen und Krebs schließen.[228]

Posen für Präsenz

Das vernehmliche Urteil der Wissenschaft fällt eindeutig aus: »William James hatte recht.« Unsere Körper sprechen mit uns. Sie sagen uns, wie und was wir zu fühlen und sogar zu denken haben. Sie verändern, was in unserem Hormonsystem, unserem autonomen Nervensystem, Gehirn und der Seele passiert, ohne dass es uns im Geringsten bewusst wäre. Wie Sie sich halten – Ihre Miene, Haltung, Atmung –, wirkt sich deutlich darauf aus, wie Sie denken, fühlen und sich verhalten.

Eve Fairbanks, die das Entscheiden in Vorstandsetagen gelernt hat, indem sie sich auf ihrem Surfbrett aufgerichtet hat, mag dabei weder an Yoga noch an William James gedacht haben, aber sie wusste, dass mehr dahintersteckte. »Wie viele andere Verhaltensweisen«, fragte sie sich, »mögen unsere Denkweise verändern?«

Dieses Kapitel war der Versuch, diese Frage zu beantworten. Wir haben entdeckt, dass es die Welt lustiger erscheinen lässt, wenn wir uns einen Stift zwischen die Zähne klemmen, wie Botoxinjektionen unsere Gefühlspalette verkleinern und dass gleichmäßiges Atmen uns augenblicklich entspannt.

Wie wär's, wenn wir in größerem Rahmen denken? Über Mienenspiel und Atmung hinaus? Können wir unseren ganzen Körper – durch Haltung, Gesten und Bewegung (selbst wenn sie nur imaginär ist) – nutzen, um unsere persönliche Stärke flexibel zu steigern, wenn wir sie am dringendsten brauchen? Können wir durch Posen mehr Präsenz und Ausstrahlung erzeugen?

Nun, warum eigentlich nicht?

Kapitel 8

Der Körper formt den Geist (Also Brust raus!)

»Stell dich gerade hin und sei dir bewusst, wer du bist und dass du deine Lebensverhältnisse überragst.«

Maya Angelou

Als ich ein kleines Mädchen war, lebte ich in einem winzigen Steinhaus mitten in einem Naturschutzpark im Osten des Bundesstaates Washington. Das Haus thronte auf einer Klippe, mehr als dreißig Meter über dem riesigen, eineinhalb Kilometer breiten Columbia River.[229]

In einem Ort mit knapp dreihundert Einwohnern gab es nicht viele Spielkameraden, also verbrachte ich viel Zeit draußen und versuchte, mich mit allem möglichen Getier anzufreunden. Stundenlang wühlte ich im Garten neben dem Haus, drehte jeden Stein um, um zu sehen, welche Insekten darunter lebten. Immer schon hatte ich eine Schwäche für wenig geschätzte Kreaturen, und so waren damals meine Lieblingstiere Kugelasseln, die wie winzige Gürteltiere aussehen. Wenn man sie berührt, rollen sie sich zu einer perfekten kleinen Kugel zusammen, kleiner als ein Pfefferminzbonbon. Wenn ich so eine fand, nahm ich sie und legte sie auf meine offene Handfläche, die ich absolut still hielt in der Hoffnung, sie würde mir vielleicht so weit trauen, dass sie sich wieder auseinanderrollte. Aber das kam selten vor. Ich hatte ein schlechtes Gewissen. Wusste ich doch, dass sie Angst hatte – wenn ich, riesig und stark, versuchte, mit ihr ohnmächtigem Winzling zu kommunizieren. Natürlich machte sie sich da so klein wie möglich und schützte sich, so gut sie es vermochte. Dabei wollte ich doch nur, dass sie im Schutz meiner Hand herumlief, weil sie irgendwie wissen müsste, dass sie mir vertrauen könnte. Ein Ding der Unmöglichkeit, ihr das mitzuteilen, wie vorsichtig ich mich auch bewegte.

Dass ich das nächste Mal auf Körpersprache wirklich achtete, war nach meinem Autounfall. Weil ich damals nicht am Steuer gesessen hatte, war es mir fortan instinktiv unheimlich, Beifahrerin zu sein – etwas, worüber ich vorher nie nachgedacht hatte. Bis heute beunruhigt es mich, aber zu Anfang war es entsetzlich. Ich fühlte mich total machtlos, meine körperliche Unversehrtheit zu schützen. Wenn ich auf dem Beifahrersitz Platz nahm, zog ich die Knie an die Brust, schlang die Arme eng darum herum und drückte das Kinn dazwischen. Ich stellte mir vor, eine kleine Kugelassel zu sein. Dabei spielte es keine Rolle, ob ein vertrauenswürdiger Fahrer am Steuer saß. Mein Körper rollte sich so klein wie möglich zusammen. Und ich schottete mich auch mental ab. Ein Gespräch war nicht möglich, stattdessen hielt ich wachsam nach möglichen Gefährdungen im Verkehr Ausschau und machte mir alle erdenklichen Sorgen. Freunde und Familienangehörige waren manchmal von meinem Verhalten genervt oder gekränkt – warum vertraute ich ihrem Fahrkönnen nicht? Aber ich konnte nicht anders. Das passierte instinktiv. Sie hatten alle Macht, ich besaß keine. Also machte ich mich wohl besser auf das Schlimmste gefasst.

Je fester ich meine Knie umklammerte, desto kleiner und unscheinbarer wurde ich. Und desto schneller rasten mein Herz und meine Gedanken.

Aber was wäre passiert, wenn ich Mut vorgetäuscht hätte? Wenn ich versucht hätte, mir selbst einzureden, dass ich mich auf dem Beifahrersitz wohlfühlte? Wenn ich meinen Körper gezwungen hätte, sich allen psychischen Kräften entgegenzustellen, die auf meinen Zusammenbruch hinarbeiteten? Hätte ich mich ein wenig sicherer gefühlt, wenn ich mich nicht beschützt hätte? Ein bisschen weniger machtlos? Etwas präsenter?

Fünfzehn Jahre danach wusste ich das immer noch nicht.

Dann ergab sich die Erkenntnis aus der unwahrscheinlichen Kombination von zwei Erfahrungen, die ich rein zufällig ungefähr zur gleichen Zeit machte.

Erstens sorgte ich mich um die Studenten, die ich unterrichtete und die sich nicht beteiligten. Für jeden Studierenden an der Harvard Business School ist diese Beteiligung wichtig: Sie macht die Hälfte der Abschlussnote aus, und es geht dabei nicht nur um »Redezeit«. Man erwartet, dass die Studenten scharfsinnige, überlegte Äußerungen tun, die zur Diskussion anregen. Das bedeutet für jeden eine echte Aufgabe. Und wie ich schon erwähnt habe, ist manchen die Beteiligung ein Graus. Für viele ist es die größte Herausforderung – die beängstigendste Bedrohung in Form einer sozialen Bewertung.

Die Verweigerer unter meinen Studenten irritierten mich. Im Unterricht wirkten sie fast unnahbar. Hätte ich nicht auch sonst mit ihnen zu tun gehabt, hätte ich sie für desinteressiert, unengagiert, vielleicht sogar unvorbereitet gehalten. Doch ich wusste, dass das nicht stimmte. Ich sah dieselben jungen Leuten in meiner Sprechstunde, unterhielt mich mit ihnen und las ihre Arbeiten. Zweifellos waren sie genauso klug wie diejenigen, die sich im Unterricht regelmäßig zu Wort meldeten. Aber ich konnte ihnen keine gute Note geben, solange sie keinen Weg fanden, sich einzubringen. Präsent zu sein.

Als ich mich mit diesem Problem beschäftigte, begann ich Details zu bemerken, die mir zuvor nicht aufgefallen waren, und je genauer ich hinsah, desto mehr entdeckte ich. In den paar Minuten, bevor die Lehrveranstaltung begann, gingen die sich Beteiligenden herum, gestikulierten und strebte zur Mitte des Raums hin, während die sich nicht Beteiligenden direkt auf ihre angestammten Plätze zusteuerten, wo sie sich über ihre Unterlagen oder Handys beugten.

Wenn die Teilnehmenden sich meldeten, taten sie es mit Überzeugung und reckten den Arm gerade nach oben – nicht aggressiv, aber auf eine Weise, die vermittelte: *Ich glaube, ich habe etwas Bedeutsames zu sagen. Ich habe etwas beizutragen.* Falls die Nichtteilnehmenden überhaupt aufzeigten, dann taten sie es zaghaft – mit gebeugtem Ellbogen, der oft auch noch von der anderen Hand gehalten wurde, und mit wackelndem Arm, sodass offensichtlich war, wie zwiespältig sie der Tatsache gegenüberstanden, Aufmerksamkeit auf sich zu ziehen.

Die Teilnehmenden saßen während der Stunde gerade, mit nach hinten gezogenen Schultern. Die anderen verknoteten sich mit ihren eigenen Extremitäten, griffen sich an den Hals, spielten mit ihren Haaren, ihrer Kleidung oder Schmuck, schlugen die Beine übereinander oder kreuzten die Fußknöchel (eine Haltung, die ich Twisty Legs nenne). Ihre Körper kommunizierten den

Wunsch, zu schrumpfen, sich in einem unsichtbar machenden Tarnumhang zu verstecken. Während des Unterrichts rührten sie sich kaum oder drehten auch den Kopf nicht, um Blickkontakt zu anderen Studierenden aufzunehmen, selbst wenn sie sich zu der Bemerkung von jemand äußerten. *Sie sahen verlegen aus.*

Die schriftlichen Arbeiten dieser Studenten verrieten mir, dass sie neugierig, leidenschaftlich und in intellektueller Hinsicht voll engagiert waren. Wenn man dagegen ihre Körpersprache las, erfuhr man eine andere Geschichte über ihr Gefühlsleben: Im Unterricht fühlten sie sich außerstande, ihren eigenen Gedanken zu glauben. Sie konnten sich nicht dazu bringen, darauf zu vertrauen, dass ihre Kommilitonen ihnen mit Respekt begegnen würden. Wenn sie den Mund aufmachten, kam es ihnen in gewisser Weise vor, als würden sie lügen: Sie glaubten ja ihre eigenen Geschichten nicht.

Sie waren zwar anwesend, aber zugleich abwesend.

Die zweite Sache, die mir passierte, hatte damit überhaupt nichts zu tun. Der Leiter meiner Fachschaft, ein Ökonom namens Brian Hall, interessierte sich für die Schriften von Joe Navarro (einem ehemaligen FBI-Agenten und Experten für Körpersprache, den ich bereits erwähnt habe). Brian lud Joe ein, einen Tag in Harvard zu verbringen. Und zwar für ein Brainstorming zu der Frage, wie sich seine Arbeit in die MBA-Ausbildung integrieren ließe. Brian bat mich, an dem Gespräch teilzunehmen und eine kurze Präsentation zu halten – was ich auch tat, und zwar zusammen mit der Sozialpsychologin Dana Carney, die damals Professorin an der Columbia Business School war.

Joe ist ein ungewöhnlicher Praktiker. Am liebsten berät und lehrt er, wenn er seine riesige professionelle Erfahrung mit wissenschaftlichen Beweisen kombinieren kann. Auf dem neuesten Stand der Wissenschaft zu sein ist ihm ein echtes Anliegen. Ich kam aus der genau entgegengesetzten Ecke und strebte stets nach Beispielen aus dem echten Leben, um meine wissenschaftliche Forschung zu beseelen.

Aber Joe machte mich nervös. Seine eigene Körpersprache signalisierte Dominanz, und ich machte mir Sorgen darüber, wie er meine interpretieren würde. Ich stand damals erst am Beginn meines zweiten Jahrs als Juniormitglied der Fakultät, und nun sollte ich vor einem ehemaligen FBI-Agenten präsentieren. In Anwesenheit des Fakultätsvorstands und zusammen mit der Expertin für nonverbales Verhalten, Dana Carney, die ich sehr schätzte, und mit einem weiteren geschätzten, erfahrenen Kollegen, nämlich Andy Wasynczuk, der CEO der New England Patriots (genau, der NFL-Mannschaft) gewesen war, bevor er an die Harvard Business School kam.

Ich wollte geradezu verzweifelt einen guten Eindruck machen und in dieser Situation gut präsentieren. Aber stattdessen verstrickte ich mich in Sorgen darüber, was andere Leute von mir dachten, und versuchte dem gerecht zu werden, was sie vermeintlich von mir erwarteten. In meiner Nervosität von einem Experten für Körpersprache durchschaut zu werden, das war mein schlimmster Albtraum. Und ironischerweise kämpfte ich als Folge dieser Fixierung um meine Präsenz. Da es schließlich ums Thema Körpersprache ging, wies Joe natürlich auf einige Signale von Ohnmacht und Unsicherheit während meines Vortrags hin. Ich berührte meinen Hals, spielte mit meinen Haaren, schlang die Arme um meinen Rumpf – Anfängerfehler, sehr ähnlich denen, die ich selbst im Unterricht an meinen Studenten bemerkte. Unter Stress benahm ich mich offenbar wie ein Nichtteilnehmender, obwohl ich mich doch mehr als alles andere in die diskutierte Arbeit einbringen wollte.

Joe erzählte uns eine Geschichte über eine denkwürdige Vernehmung. Der Verdächtige benutzte, wie Joe uns erklärte, eine dominante Körpersprache. Er interpretierte das Pfauengehabe des Mannes nicht als Botschaft an denjenigen, der ihn verhörte, sondern als Signal an sich selbst – eine Methode, um sich in einer schwierigen Situation Mut zu machen. Ich fragte Joe, ob schon jemand diese Hypothese wissenschaftlich überprüft habe, wonach man sich selbst dazu bringen kann, sich stärker zu fühlen, indem man dominante Körpersprache »vortäuscht«. Seine Antwort: »Noch nicht, aber Sie werden das tun.«

Da fügte sich alles zusammen. Furcht hemmte mich, und sie hemmte meine Studenten, aber vielleicht war das gar nicht zwingend. Wir würden das verdammt noch mal erforschen – wir würden untersuchen, wie der Körper mit der Seele spricht.

Bei dieser Wissenschaft geht es nicht nur darum, wie Menschen uns durch unsere Körpersprache wahrnehmen. Und in dieser Story geht es um mehr als darum, ob Collegestudenten sich im Unterricht zu Wort melden oder nicht. Die Art und Weise, wie wir uns von einem Moment zum nächsten geben, markiert den Weg, den unser Leben nimmt. Wenn wir Scham und Ohnmacht verkörpern, unterwerfen wir uns dem Status quo, wie auch immer der aussehen mag. Wir erdulden Gefühle, Taten und Ergebnisse, die uns widerstreben. Wir zeigen nicht, wer wir wirklich sind. Und all das hat Folgen im echten Leben.

Die Art und Weise, wie Sie sich geben, ist eine Quelle persönlicher Stärke – die Stärke, die wiederum der Schlüssel zu positiver Ausstrahlung ist. Dieser Schlüssel erlaubt Ihnen, sich selbst zu öffnen – Ihre Fähigkeiten, Ihre Kreativität, Ihren Mut und sogar Ihre Großzügigkeit. Er verleiht Ihnen keine Fähigkeiten oder Talente, die Sie nicht besitzen; aber er hilft Ihnen, die mit anderen zu teilen, die Sie haben. Dadurch werden Sie weder schlauer noch besser informiert, aber belastbarer und resilienter und offener. Das ändert nicht, wer Sie sind; aber es erlaubt Ihnen wirklich zu *sein,* wer Sie sind.

Expandiert Ihr Körper, dann expandiert auch Ihr Geist, was Ihnen wiederum Präsenz verschafft. Und die Folgen einer solchen Präsenz können weitreichend sein.

Die Kontrolle über Ihre Körpersprache zu gewinnen bedeutet mehr als starke Posen. Es handelt auch davon, dass wir viel öfter als gedacht Posen der Ohnmacht einnehmen – und das müssen wir ändern.

Unsere Experimente mit Power-Posen

Als Wissenschaftler brauchten wir zuerst eine eindeutige Hypothese.

Wir dachten folgendermaßen: Wenn die nonverbalen Ausdrucksformen von Stärke so fest veranlagt sind, dass wir unsere Arme v-förmig hochreißen, nachdem wir einen Wettlauf gewonnen haben – unabhängig von kulturellem Hintergrund, Geschlecht oder davon, ob wir diese Geste jemals bei jemand anderem gesehen haben –, und wenn William James recht damit hat, dass unsere Gefühle genauso Ergebnis wie Ursache unseres körperlichen Ausdrucks sind, was würde passieren, wenn wir eine raumgreifende Haltung einnehmen, obwohl wir uns ohnmächtig fühlen? Da wir ganz selbstverständlich mit unserem Körper mehr Platz beanspruchen, wenn wir uns stark fühlen, fühlen wir uns dann auch ganz selbstverständlich stark, wenn wir mit unserem Körper mehr Platz beanspruchen?

Falls unser Experiment als Antwort ein Ja ergäbe, konnte es das Werkzeug liefern, nach dem ich schon gesucht hatte, um Studenten (und anderen) zu mehr Präsenz zu verhelfen, wenn sie diese am nötigsten brauchten. Das Werkzeug, das ihnen angesichts der größten Herausforderungen helfen würde, sich von ihrer besten Seite zu zeigen.

In dem Bestreben, unsere Hypothese zu testen, beschlossen wir, nach zwei Schlüsselfaktoren zu suchen: Gefühle von Stärke und Selbstvertrauen sowie Risikobereitschaft.

Aber bevor meine Kollegen Dana Carney, Andy Yap und ich mit dem ersten Experiment beginnen konnten, mussten wir entscheidende Vorarbeit leisten – nämlich angemessene Posen identifizieren und testen. Nach gründlicher Durchsicht der Fachliteratur zur Körpersprache wählten wir fünf Körperhaltungen für viel Macht (siehe Abb. 1–5) und fünf für wenig Macht (siehe Abb. 6–10) aus. Die mit viel Macht verbundenen Posen waren expansiv (d. h., der Körper nahm dabei beträchtlichen Raum ein) und offen (d. h., die Extremitäten waren weit vom Rumpf entfernt). Die mit wenig Macht assoziierten Haltungen waren dagegen zusammengepresst und verkrampft, so wie ich beim Autofahren nach meinem Unfall.

Machtvolle Posen

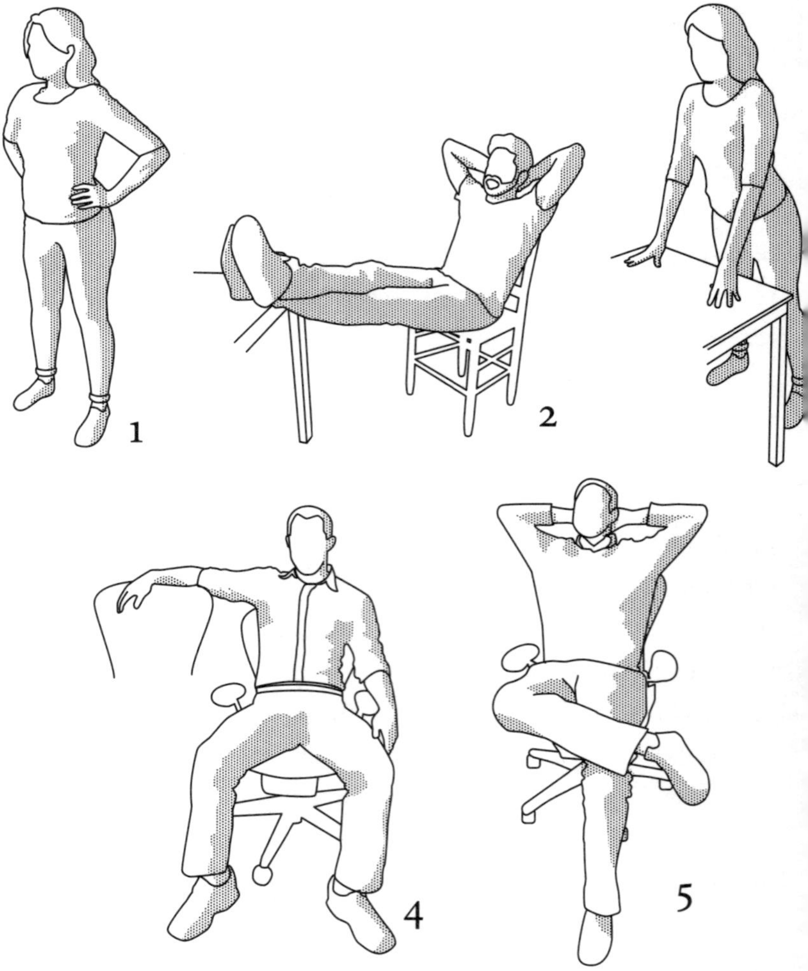

Machtlose Posen

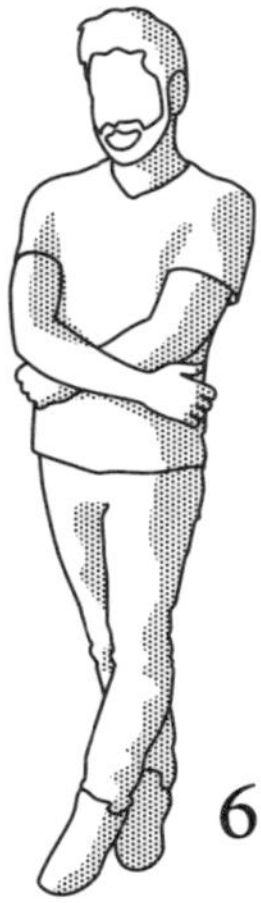

6

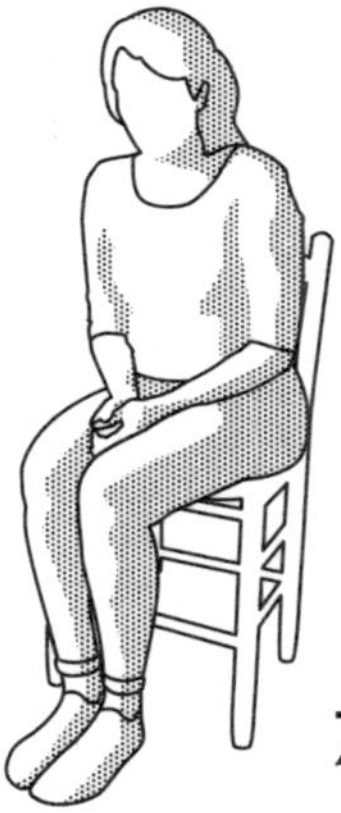

7

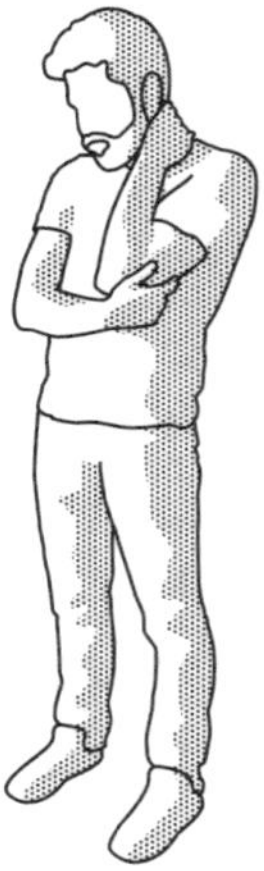

8

9

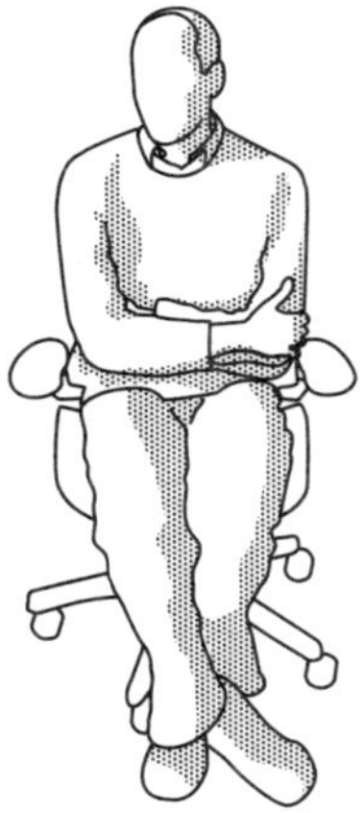

10

Um hundertprozentig sicher zu sein, dass »normale« Menschen (also Nichtpsychologen) diese Haltungen mit Macht verbinden würden, führten wir vorab eine Untersuchung durch, in der wir die Teilnehmer baten, die Posen mit Zahlen von eins bis sieben zu bewerten (1 für sehr wenig, 7 für sehr viel Macht). Wie erhofft, stuften sie die expansiven, offenen Haltungen ganz deutlich als machtvoller ein (mit einem Durchschnitt von 5,4) und die verschlossenen, verkrampften im Schnitt mit 2,4. Wir mussten auch sicherstellen, dass sich keine der Posen, was die Bequemlichkeit anging, deutlich unterschied; denn den Körper in einer unbequemen Pose halten zu müssen, konnte die Stimmung merklich dämpfen. Also rekrutierten wir eine weitere Gruppe von Testpersonen, ließen sie die abgebildeten Stellungen einnehmen und anschließend im Hinblick auf Bequemlichkeit, Schmerz und Schwierigkeitsgrad benoten. Alle erzielten ungefähr gleiche Werte.

Nachdem diese Vorarbeit geleistet war, starteten wir unser erstes Experiment und bemühten uns dabei, alles so einfach wie möglich zu halten.[230] Zunächst rekrutierten wir eine Gruppe von Probanden. Keinem wurde etwas über den Zweck der Studie gesagt. Nachdem sie im Labor angekommen waren, wurde jeder in einen kleinen Raum geführt, wo es einen Tisch, einen Stuhl und einen Computer gab. Bevor der Mitarbeiter den Raum verließ, erklärte er, auf dem Bildschirm würden gleich Bilder von Menschen in fünf verschiedenen Haltungen erscheinen. Die sollte der Proband sich ansehen und so lange imitieren, wie sie ihm gezeigt wurden – sechzig Sekunden. Die Probanden wussten nicht, dass nach dem Zufallsprinzip bestimmt worden war, ob sie entweder nur die mit viel Macht oder nur die mit wenig Macht assoziierten Posen sahen.

Jeder Teilnehmer bekam anschließend das Standardhonorar bezahlt, allerdings bot der Versuchsbetreuer nach Abschluss noch zwei Dollar extra an und erklärte, man könne den kleinen Bonus entweder behalten oder riskieren, ihn entweder zu verdoppeln oder ganz zu verlieren. Dazu musste man würfeln und eben vier Dollar gewinnen oder die zwei verspielen. (Die Wahrscheinlichkeit betrug eins zu sechs, aber allen wurde versichert, dass sie die reguläre Bezahlung in jedem Fall bekämen.)

Konnte das Einnehmen einer expansiven Haltung für ein paar Minuten tatsächlich das Verhalten von Menschen in dieser Situation beeinflussen? Es sollte Sie nicht überraschen, dass es genau so war: Diejenigen mit den Power-Posen würfelten signifikant öfter. Ein Drittel von ihnen, 33 Prozent, gingen das Risiko ein, im Vergleich zu nur acht Prozent derjenigen mit den Ohnmachts-Posen.

Schließlich wurden die Probanden noch gebeten, auf einer Vier-Punkte-Skala anzugeben, wie »stark« und »verantwortlich« sie sich fühlten. Diejenigen mit den Power-Posen empfanden sich signifikant als stärker und verantwortlicher.

Die Ergebnisse unseres ersten Experiments legten deutlich nahe, dass der Körper den Geist beeinflusst. Die Art der Körperhaltungen wirkte sich darauf aus, wie mächtig oder ohnmächtig sich die Leute fühlten, und auch auf ihre Risikobereitschaft.

Aber wir überlegten uns, dass der Effekt auch nur davon herrühren mochte, dass jemand die Power-Posen auf dem Bildschirm gesehen hatte. Vielleicht befeuerte das Betrachten der Power-Posen – und nicht so sehr das Nachahmen – die Vorstellung von Stärke und brachte unsere Probanden zu ihrem Verhalten. Das hätte auf einen rein geistigen Effekt hingewiesen, worauf unsere

Forschung nicht abzielte. Wir wollten ja isolieren und messen, wie der Körper den Geist beeinflusst.

Als Vorsichtsmaßnahme veränderten wir also einige Details des Experiments. Beim zweiten Mal zeigten wir den Probanden keine Bilder, sondern ein Mitarbeiter erklärte die Posen mit Worten und achtete darauf, dass jede davon eine ganze Minute lang gehalten wurde. Wir reduzierten außerdem die Körperhaltungen von fünf auf zwei, sodass insgesamt nur zwei Minuten lang posiert wurde. Schließlich verbargen wir jeden möglichen Hinweis auf Macht und Stärke, indem wir uns eine Geschichte zur Tarnung überlegten: Wir verkabelten die Probanden mit drei Attrappen von EKG-Leitern und erzählten ihnen, bei der Studie ginge es darum, wie die Positionierung der Elektroden den Puls beeinflusst. Und weil die Chance, beim Würfeln im Vorgängerexperiment mit eins zu sechs so niedrig gewesen war, änderten wir sie diesmal auf fünfzig-fünfzig, um das »Risiko« vernünftiger wirken zu lassen.

Und dann gab es noch eine letzte wichtige Änderung: Diesmal werteten wir nicht nur die von den Teilnehmern angegebenen Gefühlen und ihre Risikobereitschaft aus, sondern maßen auch hormonelle Veränderungen. Erinnern Sie sich aus Kapitel 5 noch daran, dass Testosteron (das Selbstbewusstseinshormon) und Cortisol (das Stresshormon) als Reaktion auf die Gefühle von Macht und Status des Individuums variieren? Wenn die Macht zunimmt, steigt der Testosteronspiegel und das Cortisolniveau fällt. Dieses Hormonprofil entspricht großer Selbstsicherheit und wenig Ängsten, ist also die ideale Kombination, um in Momenten der Herausforderung präsent zu sein.

Falls die Power-Posen den Probanden tatsächlich das Gefühl von mehr Stärke gaben – falls sie die innere physiologische Bereitschaft änderten, damit die Menschen stärker (oder schwächer) wären –, konnten diese Haltungen auch eine messbare Änderung des Hormonniveaus bewirken. Es war an der Zeit, das herauszufinden.

Eine kleine, 2004 in der Zeitschrift *Human Physiology* veröffentlichte Studie lieferte Ergebnisse, die unseren Prognosen voll entsprachen. Die Autoren maßen die körperlichen Auswirkungen von etwa drei Minuten in einer sehr expansiven Haltung aus dem Hatha-Yoga, die man die Kobra nennt.[231] Das können Sie selbst ausprobieren: Legen Sie sich dazu flach auf den Bauch, die Beine und Füße gestreckt, Hände auf den Boden, und zwar so, dass die Handflächen genau unter den Schultern liegen und die gebeugten Ellbogen eng an den Rumpf gepresst sind. Dann strecken Sie die Arme so, dass Ihr Oberkörper – Schultern, Brust und Bauch – sich vom Boden abhebt und nach hinten wölbt. Nun heben Sie noch den Kopf und schauen leicht nach oben, eben wie eine Kobra es macht. (Im Internet finden Sie genügend entsprechende Bilder.) Dabei wird der Rücken nach hinten gedehnt, und es ist für Ungeübte nicht gerade die bequemste Haltung.

Die Wissenschaftler interessierte eines: Die Wirkung der Kobra auf das Niveau verschiedener Hormone, darunter auch die beiden, die uns interessierten – Testosteron und Cortisol.[232] Also nahmen sie Blutproben, kurz bevor die Probanden die Pose einnahmen und kurz nachdem sie diese beendet hatten.

Folgendes fanden sie heraus: Das Blutserum jedes Teilnehmers wies erhöhte Testosteron- und niedrigere Cortisolwerte auf. Im Durchschnitt stieg das Testosteron um 16 Prozent und sank das Cortisol um 11 Prozent; diese Veränderungen waren bei beiden Hormonen statistisch signifikant.

Solche erstaunlichen Ergebnisse belegten, dass das Einnehmen einer einzigen expansiven Haltung bereits einen signifikanten, messbaren Unterschied bei den für Selbstvertrauen und Ängste relevanten Hormonen macht.[233] Aber könnte das Einnehmen von Power-Posen – einfachen Haltungen, die nicht auf dem Yoga basieren – nicht die gleiche Wirkung erzielen wie Yoga, dessen gesundheitlicher Nutzen, wie wir gesehen haben, klar erwiesen ist? Und würden dann »Posen der Ohnmacht« das Gegenteil bewirken?

Um die Hormonveränderungen in unserem Experiment zu messen, nahmen meine Kollegen und ich Speichelproben der Probanden, und zwar vor sowie fünfzehn bis zwanzig Minuten nach der Power-Pose.[234]

Was fanden wir heraus? In unserer Testgruppe aus Frauen und Männern bewirkten die Power-Posen einen Anstieg beim Testosteron um 19 Prozent und einen Rückgang beim Cortisol um 25 Prozent. Bei denjenigen, die eine Ohnmachtshaltung eingenommen hatten, zeigte sich die gegenteilige Wirkung – ein 10-prozentiger Rückgang beim Testosteron und ein 17-prozentiger Anstieg beim Cortisol. Genau wie wir es vorhergesehen hatten.

Zusätzlich war, wie beim ersten Experiment, das Ausmaß, in dem die Körperhaltungen das subjektive Gefühl der Probanden bezüglich Macht oder Ohnmacht beeinflussten, erstaunlich ähnlich. Das Gleiche galt für die Risikotoleranz. Auch wenn die Bereitschaft, zwei Dollar zu verspielen, natürlich bei allen stieg, nachdem das Risiko nur noch fifty-fifty war, blieb der Unterschied zwischen denjenigen mit der Power-Pose und denjenigen mit der Ohnmachtshaltung praktisch identisch: 86 Prozent zu 60 Prozent (eine Differenz von 26 Prozentpunkten). Vergleichen wir das mit den 33 zu 8 Prozent (eine Differenz von 25 Prozentpunkten), als die Wahrscheinlichkeit zu gewinnen nur eins zu sechs betrug. Mit anderen Worten: Die Risikobereitschaft wuchs im Verhältnis zur Gewinnwahrscheinlichkeit, doch der absolute Unterschied zwischen den Leuten, die eine Macht-Pose eingenommen hatten, und denen, die mit ihrer Haltung Ohnmacht ausdrückten, blieb gleich.

Unsere ersten Studien lieferten deutliche Beweise dafür, dass das Einnehmen expansiver, offener Haltungen – des körperlichen Ausdrucks von Macht – nicht nur Psyche und Verhalten änderten, sondern auch den physiologischen Zustand unserer Probanden änderte. Das alles passt perfekt zu den bekannten Auswirkungen von Macht.

Wir waren nicht die ersten Psychologen, die die Effekte einer offenen im Vergleich zu einer verschlossenen Haltung untersuchten. Obwohl er Haltung nicht mit Macht oder Präsenz in Verbindung brachte, zeigte der Psychologe John Riskind in einer Reihe von Experimenten in den 1980er-Jahren, dass eine aufrechte Position im Unterschied zur gebeugten viele Vorteile mit sich bringt. Unser Selbstvertrauen und das Gefühl von Selbstkontrolle wachsen, während der Stress geringer wird; wir erweisen uns als beharrlicher bei der Lösung von Problemen, und es hilft uns sogar, konstruktiver auf Feedback zu reagieren.[235] Anfang der 1990er fanden Sabine Stepper und Fritz Strack (die mit dem Lächeln, während man einen Stift im Mund hält) heraus, dass die Nachricht von einer erfolgreich bewältigten Aufgabe uns mit mehr Stolz erfüllt, wenn wir sie aufrecht sitzend entgegennehmen, als wenn wir zusammengesunken dahocken.[236]

Seit Veröffentlichung unserer ersten Experimente mit Power-Posen im Jahr 2010 gibt es schon eine beträchtliche Menge weiterer Forschung bezüglich dieses und eng verwandter Körper-Geist-Phänomene, die alle zusammen die zahlreichen Vorteile belegen, die es bringt, expansive, starke Posen einzunehmen und sich aufrecht und »gut« zu halten.

Die Arbeit von Riskind wie auch viel der seither geleisteten Forschung offenbart etwas Erstaunliches. Nämlich dass nicht nur deutliche Power-Posen Wirkung zeigen. Sogar sehr subtile Formen der Expansion – das gute alte schlichte »Sitz gerade« – kann Ähnliches bewirken. Genauer betrachtet kann sich sogar expansive Bewegung – und sogar eine expansive Sprechweise, etwa durch langsames Reden – auf unser Denken, unsere Gefühle und unser Verhalten auswirken.

Wenn Sie auf eine Haltung achten, die Stärke ausdrückt, steuert das Ihre Gefühle, Gedanken und Ihr Verhalten dahin, dass Sie sich stark und präsent fühlen (und sogar mehr leisten), und zwar in alltäglichen Situationen genauso wie bei schwierigsten Herausforderungen.

Lassen Sie mich das genauer erklären.

Fühlen

Die Ergebnisse der Experimente, die meine Kollegen und ich durchführten, um die Wirkung von Power-Posen auf die Hormone zu untersuchen, sind »sticky«[237], wie wir in der Psychologie sagen – sie faszinieren die Leute. Ich finde sie auch faszinierend. Aber sie sind nur Teil eines größeren Ganzen. Die vielleicht wichtigste und solideste Erkenntnis ist, dass wir uns, wie wir in unseren Experimenten gezeigt haben, in mehrerlei Hinsicht besser und effektiver *fühlen,* wenn wir eine expansive, offene Körperhaltung einnehmen. Wir fühlen uns stärker, selbstbewusster, durchsetzungsfähiger, weniger gestresst und ängstlich, glücklicher und optimistischer.

In unseren Studien haben meine Kollegen und ich die Leute oft gebeten, ihre Gefühle nach dem Power-Posen anzugeben, und zwar mithilfe einer Vielzahl von Fragen zur persönlichen Stärke. Andere Wissenschaftler haben ähnliche Methoden genutzt, und die Wirkung auf das bewusste Empfinden von Macht wurde vielfach demonstriert.[238]

Aber der Nutzen von Power-Posen ist auch auf einer weniger bewussten Ebene offensichtlich. So verglichen beispielsweise die Psychologin Li Huang und ihr Team die Effekte von Power-Posen mit denen traditioneller Manipulationen für mehr Stärke – wie ich sie in Kapitel 5 beschrieben habe – etwa Rollenspiele (Manager im Gegensatz zu Untergebenem).[239] Jeder Proband bekam eine Macht- oder Ohnmachts-Pose zugewiesen sowie eine Rolle mit viel oder wenig Macht. Um die Haltung der Probanden zu ändern, ohne den Hintergrund zu verraten, erklärte Huang ihnen, sie führe eine Marketingstudie für ergonomische Stühle durch. In der expansiven Haltung legten die (wieder zufällig ausgewählten) Probanden einen Arm auf die Armlehne und den anderen über die Lehne des benachbarten Stuhls. Huang wies sie auch an, die Beine so zu kreuzen, dass ein Knöchel auf dem Oberschenkel des anderen Beins lag und ein Knie nach außen zeigte. Die daraus resultierende Haltung ähnelte der von Abb. 5 bei unserem Experiment. In der kontraktiven (d.h. ohnmächtigen) Haltung saßen die Teilnehmer auf ihren Händen, hatten die Beine geschlossen und ließen die Schultern hängen. Diese Haltung ähnelte der von Abb. 7. Dann teilten die Wissenschaftler den Leuten die Rolle des mächtigen Managers oder des machtlosen Untergebenen zu. Den Managern erklärte man, sie würden die Untergebenen bei einem gemeinsam zu lösenden Puzzle führen, bewerten und belohnen; den Untergebenen sagte man, sie würden bei dieser Aufgabe von Managern geführt, bewertet und belohnt. (Beachtenswert ist, dass es zu dieser Aufgabe nie kam; den Leuten ihre jeweiligen Rollen zuzuschreiben genügt, um ihre Stärke zu manipulieren.)

Danach wurde das unbewusste Machtempfinden der Teilnehmer – das Ausmaß, in dem die Vorstellung von Macht kognitiv »aktiviert« oder »zugänglich« wurde – gemessen. Dazu sollten die Probanden eine Reihe von Wortfragmenten vervollständigen, die allesamt Begriffe ergaben, die zum Wortfeld Macht gehörten oder auch nicht. Beispielsweise »l_ad« – das Wort lässt sich zu »lead« (führen) oder »load« (laden) vervollständigen. Dabei sollten die Probanden aus den Fragmenten »das erste Wort, das ihnen einfällt«, bilden.

Obwohl die Power-Pose und die Zuschreibung einer mit Macht verbundenen Rolle das bewusste Machtempfinden stärkten, fand Huang heraus, dass nur die Haltung – nicht aber die Rolle – sich auch auf das unbewusste Gefühl von Stärke auswirkte. Expansive Haltungen brachten die Leute dazu, bei der Vervollständigung mehr Wörter mit Bezug zu Macht und Stärke zu bilden, was das unbewusste Aktivieren von Machtempfinden widerspiegelte. Wie Huang schreibt, »zeigen unsere Experimente, dass die Haltung tatsächlich eine stärkere Wirkung als eine Rolle auf die behavioralen und psychologischen Manifestationen von

Macht hat … das stärkt die Vermutung, wonach Macht verkörpert wird oder auf einem körperlichen Zustand gründet. Um zu denken und zu handeln wie eine starke Person, müssen Leute nicht über die Macht einer Rolle verfügen oder sich an eine solche Rolle erinnern«. Kurz gesagt: Eine einfache Körperhaltung, nur ein paar Minuten lang, erzeugt ein stärkeres Feedback als die Zuschreibung einer mit Macht einhergehenden Rolle … Das ist doch ziemlich aufregend.

Überwinden die Effekte des Power-Posens wohl auch kulturelle Grenzen? Um das herauszufinden, führten die Psychologin Lora Park und ihre Kollegen eine kulturübergreifende Studie durch, in der sie die Ergebnisse amerikanischer mit denen ostasiatischer Teilnehmer verglichen. In vielen ostasiatischen Gesellschaften wird dominante Körpersprache in der Öffentlichkeit grundsätzlich missbilligt, daher könnte man vermuten, dass Power-Posen für Menschen aus diesem Kulturkreis nicht funktioniert. Wenn man jedoch an die universelle Assoziation von expansiver Haltung mit Dominanz denkt – und zwar in aller Welt und sogar im Tierreich –, dann sollte man erwarten, dass Power-Posen (insbesondere wenn es im Privaten stattfindet) fast überall wirken.

Und tatsächlich stellte Park fest, dass ihre amerikanischen und ostasiatischen Probanden den Selbstvertrauensschub des Power-Posens verspürten, nachdem sie die expansive »Hände auf dem Tisch spreizen«-Geste eingenommen hatten, die auch meine Kollegen und ich in unseren eigenen Experimenten verwendet haben, sowie nach der aufrechten Sitzposition, die Huang in ihren Studien anwandte.

Aber angesichts kultureller Unterschiede bei den nonverbalen Gesten, die als angemessen gelten, war mit gewissen Nuancen zu rechnen – manche Posen funktionierten demnach bei bestimmten Menschen besser als andere. Park stellte fest, dass unter ihren ostasiatischen Teilnehmern eine bestimmte Pose – und zwar die mit den Füßen auf dem Schreibtisch, hinter dem Kopf verschränkten Händen und gespreizten Ellbogen – nicht das Gefühl von mehr Macht oder Dynamik brachte.

Warum nicht?

Es könnte daran liegen, dass Ostasiaten sich körperlich eher entlang einer vertikalen Achse ausbreiten, während Westler das eher entlang der Horizontalen tun. Ostasiatische Power-Posen erkennt man beispielsweise daran, wer sitzt oder steht, wie tief man sich verneigt oder wie hoch ein Glas bei einem Toast gereckt wird usw. Der Kulturpsychologe Seinenu Thein fand heraus, dass in manchen Gegenden Myanmars von den Kindern erwartet wird, dass sie die Köpfe tiefer halten als die älteren Menschen. Ein Kind bleibt dort am Boden sitzen, bis seine Eltern am Morgen aus dem Bett aufstehen. Wenn ein Mönch ein Haus betritt und auf einem Stuhl Platz nimmt, erwartet man von Kindern und anderen Erwachsenen, dass sie sich auf den Boden setzen. Der eigene Rang in der sozialen Hierarchie scheint sich über die Vertikalität zu bestimmen: Geringe vertikale Expansion entspricht einem geringen Status.[240]

Während Menschen der westlichen Hemisphäre kein Problem mit horizontal raumgreifenden Posen wie den Füßen auf dem Tisch oder Gesten mit ausgebreiteten Armen haben, gelten solche expansiven Selbstdarstellungen in der Öffentlichkeit in den Kulturen Ostasiens als sozial unangemessen oder unhöflich. Eine einfach Bilderrecherche bei Google nach den Begriffen »Amerikanische CEOs« und »Japanische CEOs« dürfte diese Einschätzung untermauern. Also ergeben Parks Erkenntnisse einen Sinn: Jemand mit ostasiatischem kulturellem Background würde die Füße auf dem Tisch, eine Pose, die fast ausschließlich horizontale Expansion bedeutet, als irritierend und unangenehm empfinden. Wie Park und ihre Koautoren erklärten, wurde diese Pose »von Amerikanern wie Asiaten als die am wenigsten mit den ostasiatischen kulturellen Normen von Bescheidenheit, Demut und Zurückhaltung vereinbare betrachtet … die Wirkungen der Haltung hängen sowohl vom Typ der Haltung als auch von ihrer symbolischen Bedeutung in einer Kultur ab«.

Expansive Posen reduzieren auch Angst und helfen uns, mit Stress fertigzuwerden. John Riskind fand heraus, dass »Menschen in gebeugter, bedrohter Körperhaltung verbal größeren Stress zum Ausdruck brachten als jene in entspannter Haltung«. Wenn Leute negatives Feedback bekommen, während sie sich in einer expansiven Haltung befinden, untergräbt die Kritik mit geringerer Wahrscheinlichkeit ihren Glauben daran, dass sie selbst – und nicht jemand anders – ihr Schicksal bestimmen.[241] Es ist dann weniger erschütternd.

Ein weiteres Beispiel kommt von Wissenschaftlern der University of Auckland, die den Teilnehmern sagten, sie wollten erforschen, wie Athletic Tape sich auf die Physiologie, Stimmung und Leistung auswirkt.[242] Dann brachten sie das Klebeband auf den Rücken der Probanden an, und zwar entweder so, dass es eine aufrechte, oder so, dass es eine gebeugte Haltung förderte. In diesen Posen absolvierten die Teilnehmer eine Version des Trier-Sozial-Stress-Test, eine Aufgabe, von der Sie schon im Zusammenhang mit verschiedenen in diesem Buch erwähnten Experimenten gehört haben: Jeder hatte einen fünfminütigen Vortrag dazu vorzubereiten, warum er der beste Kandidat für den jeweiligen Traumjob sei, und diesen dann vor einem Tribunal aus enervierend teilnahmslosen Leuten vorzutragen. Aber im Gegensatz zu unseren Power-Posen-Studien sollten diese subtilen Posen während des Vortrags eingenommen werden, das heißt während die Teilnehmer in einer expansiven oder kontraktiven Haltung dasaßen, etwa aufgerichtet mit zurückgenommenen Schultern oder gebeugt mit hängenden Schultern (siehe Abb. 11 und 12). Danach sollten die Probanden ihre Stimmung, ihr Selbstwertgefühl und die empfundene Bedrohung angeben – wie ängstlich sie sich ihrer Ansicht nach in verschiedenen Bedrohungsszenarien gefühlt hatten. Im Vergleich zu den zusammengesackten Teilnehmern fühlten sich die aufrechten enthusiastischer, stärker, weniger nervös und träge. Sie berichteten von weniger Furcht und größerem Selbstwertgefühl.

Auch der Inhalt ihrer Vorträge unterschied sich. Aufrecht Vortragende verwendeten weniger negative und mehr positive Wörter, was mit einigen anderen Erkenntnissen, die wir schon kannten, übereinstimmte, aber sie verwendeten auch weniger Pronomen der ersten Person wie *ich, mir* und *mich*. Sie sprachen weniger von sich selbst, reflektierten weniger ichbezogene Sorge und mehr Freiheit, sich auf das einzulassen, was in diesem gegenwärtigen Moment der Herausforderung vor sich ging. Tatsächlich fanden die Sozialpsychologen Ewa Kacewicz, James Pennebaker und ihre Kollegen in einer Reihe von Studien heraus, dass Leute umso häufige »ich« sagen, je weniger stark und selbstsicher sie sind. Pennebaker formulierte das in einem Interview mit dem *Wall Street Journal* so: »Es ist ein Irrglaube, dass Menschen mit Selbstvertrauen, Macht und hohem Status dazu neigen, häufiger ›ich‹ zu sagen als jene mit geringerem Status … Das ist vollkommen falsch. Derjenige mit hohem Status blickt auf die Welt um sich herum, und der mit geringem schaut auf sich selbst.«[243]

Aufrechte und gebeugte Sitzhaltung

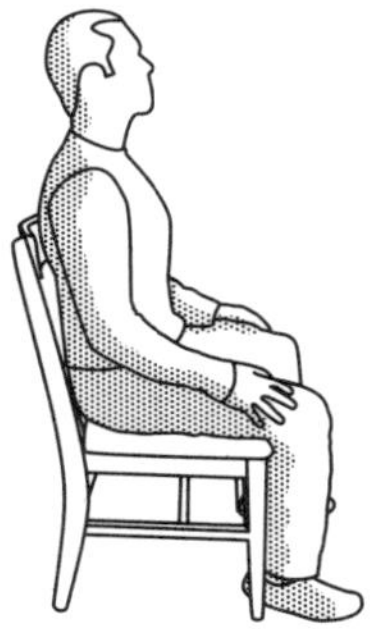

11

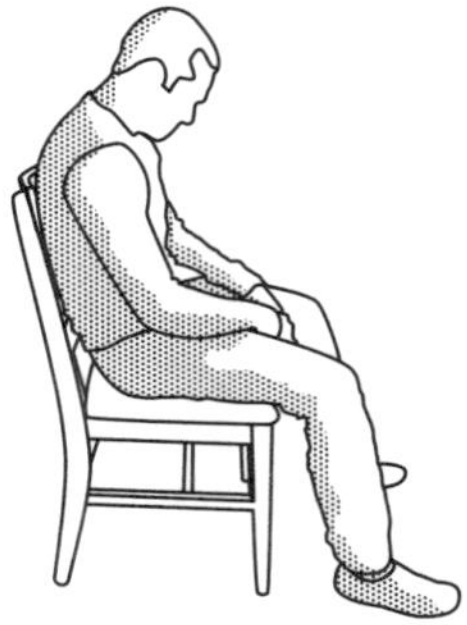

12

Im Jahr 2014 führte der Psychologieprofessor Johannes Michalak von der Universität Witten/Herdecke eine Studie mit dreißig klinisch depressiven stationären Patienten durch, die nach dem Zufallsprinzip aufgefordert waren, in aufrechter oder in gebeugter Haltung zu sitzen.[244] Dann wurden den Patienten auf einem Computerbildschirm 32 Wörter gezeigt, von denen die Hälfte positiv war (z. B. *Schönheit, erfreulich*) und die andere Hälfte einen Bezug zu Depressionen hatte (z. B. *Erschöpfung, deprimiert*). Danach absolvierten alle einen Test, in dem sie sich an die Wörter erinnern sollten. Diejenigen, die zusammengesunken dagesessen hatten, erinnerten sich an signifikant mehr Begriffe mit Depressionsbezug als an positive Wörter. Patienten, die aufrecht gesessen waren, zeigten diese Tendenz nicht, sondern wussten noch genauso viele positive wie negative Wörter. Michalak vermutet daher, dass »es die zum Negativen tendierende Informationsverarbeitung dämpfen könnte, wenn man depressive Patienten lehrt, gewohnheitsmäßig gestörte Haltungs- oder Bewegungsmuster zu verändern« und dass »es hilfreich sein könnte, depressive Patienten achtsames Körperbewusstsein zu lehren, weil das ein intuitives Verständnis des Zusammenwirkens körperlicher und emotionaler Vorgänge fördert«.

Michalak, der auch den Gang depressiver Menschen studiert hat – wenig erstaunlich ist der von einem reduzierten Mitschwingen der Arme, wenig Kopfbewegung und einer insgesamt gebeugteren Haltung geprägt –, fragte sich, ob das nicht nur ein Ergebnis, sondern auch Ursache der Stimmung sei. Um der Frage auf den Grund zu gehen (die methodisch eine ziemliche Herausforderung darstellt – wie bringt man Menschen dazu, depressiv oder fröhlich zu gehen?), tat er sich mit unserem Kollegen Niko Troje zusammen, der als Biologe das BioMotion Lab an der Queen's University in Ontario leitet (von dem in Kapitel 6 im Abschnitt »Stolzer Gang und prahlerisches Gerede« bereits die Rede war).[245]

Nach ihrem Eintreffen im Labor wurden an den beweglichsten Körperteilen der Probanden Bewegungssensoren angebracht, also an ihren Gelenken, Füßen und Händen. Dann sollten die Teilnehmer beginnen, auf einem Laufband zu gehen. Nach sechs

Minuten zeigte ein Monitor jedem eine große horizontale Skala, auf der ein Cursor den Status irgendeiner Eigenschaft der Bewegung markierte … allerdings wurde nicht verraten, um welche spezifische Eigenschaft es sich dabei handelte. Die Probanden erfuhren nur, dass der Zweck der Studie darin bestünde herauszufinden, ob Menschen ihre Gangart einem Feedback in Echtzeit oder »Biofeedback« anpassen können.

Die Skala war unbeschriftet, aber der Cursor bewegte sich, wenn der Proband seinen Gang änderte, nach links oder rechts. Die Versuchsleiter baten dann darum, die Bewegung so anzupassen, dass der Cursor sich so weit wie möglich nach links oder rechts bewegte, ohne zu erklären, wie das zu machen sei. Die Probanden wussten nicht, dass ein Extrem den Gangeigenschaften von Fröhlichkeit entsprach (aufrecht und dynamisch expansiv) und das andere den Eigenschaften von Traurigkeit (gebeugt und dynamisch eingeschränkt). Außerdem wurden, weil manche von uns tendenziell positive oder negative Assoziationen zu rechts und links haben, die Seiten gleichmäßig verteilt: bei manchen bedeutete also rechts positiv und links depressiv, bei anderen rechts depressiv und links froh.

Innerhalb von etwa einer Minute hatten die meisten Teilnehmer raus, was sie tun mussten, um den Cursor wie gewünscht ganz nach links oder rechts zu bewegen – obwohl sie nach wie vor nicht wussten, was die Skala eigentlich maß. Nach ein paar weiteren Minuten sollte jeder eine Reihe von positiven und negativen Begriffen lesen und entscheiden, ob das Wort sie charakterisierte. Anschließend wurde weitere acht Minuten gegangen. Am Ende sollten die Probanden sich an die gelesenen Begriffe erinnern – und was passierte? Wenn sie auf fröhliche Weise gegangen waren (natürlich ohne das explizit zu wissen), erinnerten sie sich mit großer Wahrscheinlichkeit an viele positive und wenige negative Wörter, was eine emotionale Tendenz der Erinnerung bewies. Leider galt das auch für das andere Extrem: Probanden, die auf traurige Weise gegangen waren, tendierten in ihrer Erinnerung zu den Negativbegriffen. Diese Neigung wurde an Menschen mit klinischer Depression schon vielfach nachgewiesen.

Bewegungen wie die Körperhaltung geben dem Gehirn zu verstehen, wie es fühlt, und bestimmen sogar, woran es sich erinnert. Wird der Gang dagegen offener, aufrechter und lebensfroher, folgen auch unsere Erinnerungen an uns selbst dieser Tendenz.

Wie ich schon in Kapitel 6 erwähnt habe, breitet sich sogar unsere Stimme aus und nimmt mehr Raum ein, wenn wir uns stark fühlen. Die Psychologinnen Lucia Guillory und Deborah Gruenfeld von der Universität Stanford nennen das »eine Möglichkeit, sozialen Raum zu reklamieren«. Wir sprechen dann nicht gehetzt und fürchten Pausen nicht. Wir haben das Gefühl, die Zeit, die wir brauchen, zu verdienen. Wir nehmen während des Sprechens sogar mehr direkten Blickkontakt auf. Guillory und Gruenfeld vermuten, dass eine langsame Sprechweise eine gewisse Offenheit beweist: »Langsam sprechende Menschen riskieren, von anderen unterbrochen zu werden. Wer langsam spricht, signalisiert also, dass er oder sie nicht fürchtet, unterbrochen zu werden. Bei diesen Menschen ist die Wahrscheinlichkeit, dass sie deutlich gehört und verstanden werden, größer. Sie beanspruchen auch die Zeit derjenigen, mit denen sie kommunizieren.«

Die beiden Wissenschaftlerinnen sagten auch vorher, dass

langsames Sprechen die gleiche körperlich seelische Feedbackwirkung haben würde wie eine expansive Körperhaltung, und führten Studien durch, um diese Hypothese zu prüfen. Dazu lasen Probanden eine Sammlung von Sätzen laut und in unterschiedlichem Tempo vor, das von einem über den Bildschirm laufenden Banner gesteuert wurde. Danach beantworteten sie eine Reihe von Fragen, die dazu dienen sollten, herauszufinden, wie stark, selbstbewusst und effektiv sie sich selbst empfanden.[246] So wurden die Teilnehmer beispielsweise aufgefordert, auf einer Skala von 1 bis 7 anzugeben, wie sehr sie der Aussage »Ich fühle mich ausgeglichen, wenn ich sie ausspreche, ich schwanke in meinen Ansichten kaum« zustimmten. Letztlich verhielt sich das Sprechtempo umgekehrt proportional dazu, wie stark sich die Teilnehmer fühlten. Das bedeutet also, je langsamer sie die Sätze lasen, desto stärker, selbstbewusster und effektiver fühlten sie sich danach. So gesehen erlaubt uns eine nicht gehetzte Sprechweise, Zeit genug zu haben, um klar zu kommunizieren, ohne dass unkontrollierbare soziale Ängste uns daran hindern, unser wahres Selbst zu präsentieren.

Eine expansive Körpersprache – durch Haltung, Bewegung und Sprechweise zum Ausdruck gebracht – gibt Ihnen mehr Selbstvertrauen und Stärke, sorgt dafür, dass Sie weniger ängstlich und ichbezogen und generell positiver sind.

Denken

Haltung beeinflusst nicht nur, wie wir uns fühlen, sondern auch, wie wir über uns selbst denken – von Selbstbeschreibungen bis hin zu der Sicherheit und Gelassenheit, mit der wir unsere Haltung einnehmen. Und dieses Selbstbild kann unsere Fähigkeit, Verbindung zu anderen aufzunehmen, unsere Jobs zu machen und ganz einfach präsent zu sein, entweder erleichtern oder erschweren.

Jamini Kwon, eine Doktorandin an der Seoul National University, begann sich für die Verbindung von Körper und Geist zu interessieren, nachdem sie mehrere Monate im Bett hatte verbringen müssen. Und zwar wegen einer seltenen, durch Medikamente hervorgerufenen Teillähmung, die ihr wiederfuhr, als sie an der Columbia University studierte. Sie hatte eine Trigeminusneuralgie entwickelt. Der Trigeminusnerv übermittelt Empfindungen vom Gesicht ans Gehirn. Wird er beschädigt, kann das schreckliche Schmerzen als Reaktion auf die leichteste Stimulation, etwa beim Zähneputzen oder Schminken, auslösen. »Es tat so weh, dass ich kaum Wasser trinken konnte«, sagte sie. »Ich verlor fast 15 Kilo an Gewicht.«

Sie verbrachte viel Zeit im Bett. Der Schmerz in Kombination mit der abrupten Haltungsänderung von aufrecht und offen zu liegend und abwehrend machte es ihr schwer, die sie beschleichenden destruktiven Gedanken abzuwehren, die zu zunehmender Hoffnungslosigkeit beitrugen. »Wenn ich reglos im Bett lag, fühlte ich mich ständig müde und deprimiert.«

Aber langsam fing sie wieder an, sich zu bewegen, sehr vorsichtig aufzustehen und Dinge zu tun. Sie fing wieder an zu malen – eine Leidenschaft, die sie hatte aufgeben müssen und die sie nun aus der kontraktiven Haltung zwang, in der sie so viel Zeit verbracht hatte. »Normalerweise arbeite ich an riesigen Gemälden, also war es nötig, aufzustehen und meine Arme auszubreiten, als ich wieder damit begann«, sagte sie.

Das erneute Bewegen half ihr nicht nur, sich körperlich zu erholen, sondern auch psychisch. »Mir gab diese ›kognitive Verkörperung‹ wieder ein Leben. Ich bin fest davon überzeugt, dass unsere kognitiven Prozesse sich durch unseren Körper modifizieren lassen.« Allerdings möchte ich klarstellen, dass körperliche Behinderungen Menschen ziemlich sicher nicht zu einem Leben in Depression, Hoffnungslosigkeit und Ohnmacht verdammen. Die emotionale Erfahrung, von der Kwon spricht, ergab sich kurz nach dem Auftreten der Symptome, was ziemlich üblich ist, und die enorme Unklarheit ihrer Diagnose und Prognose verstärkten diese Gefühle vermutlich noch. Menschen mit körperlichen Einschränkungen finden viele Möglichkeiten, sich anzupassen und Erfolg zu haben, aber darauf werde ich später in diesem Kapitel noch eingehen.

In dem Versuch, das, was sie in ihren Lehrveranstaltungen gelernt hatte, mit ihrer persönlichen Erfahrung zu verknüpfen, wuchs ihr besonderes Interesse daran, wie die Haltung die Gedanken über uns selbst und unsere Fähigkeiten beeinflusst und inwiefern diese Gedanken unsere Kreativität hemmen oder fördern. Also führte sie Experimente durch und verglich die Effekte der Ohnmachtsposition, an die sie selbst sich so gewöhnt hatte, mit denen von nicht machtvollen, sondern neutralen Haltungen. In ihren Studien schadeten Posen der Ohnmacht in signifikantem Ausmaß dem Durchhaltevermögen und der Kreativität bei der Lösung komplexer Probleme. Verstärkt wurde diese Wirkung durch vermehrt selbstzerfleischende Gedanken wie »Ich bin zu nichts nütze« und »Ich verliere rasch die Zuversicht«.[247]

Mit anderen Worten: Zeitweise eine Ohnmachtshaltung einzunehmen verstärkt negative Gedanken, die jemand über sich selbst hat, was wiederum den Elan, sich Herausforderungen zu stellen, dämpft und der Kreativität schadet. Menschen in neutraler Haltung grübelten dagegen nicht über all ihre negativen Eigenschaften; sie dachten an die nächstliegenden Aufgaben. Sie lebten im Moment und waren nicht gedanklich gefangen in einer imaginären Zukunft, die von den Folgen ihres drohenden Scheiterns ruiniert war.

Andere Wissenschaftler haben ähnliche Wirkungen der Haltung auf das Selbstbild nachgewiesen. So studierte Erik Peper, Professor für ganzheitliche Medizin an der San Francisco State University, über dreißig Jahre lang das Verhältnis von Körper und Seele. In einer gemeinsam mit der Sportpsychologin Vietta Wilson durchgeführten Studie nahmen die Probanden zwei Posen ein – die eine gebeugt, die andere aufrecht –, und zwar jeweils eine Minute lang, während sie sich an positive Ereignisse aus ihrer eigenen Vergangenheit erinnerten. Die große Mehrheit der Teilnehmer – 92 Prozent – empfanden es als leichter, glückliche, optimistische Gedanken zu haben, während sie aufrecht dasaßen.[248]

Riskind bezieht sich auch auf diese »Kongruenz«: Es ist leichter, positive Erinnerungen abzurufen, wenn wir eine positive Körperhaltung einnehmen als eine negative, wie auch Michalak in dem Experiment mit den Gangarten bewies. Positive Erinnerungen und positive Haltungen passen zusammen. Sie sind – um eine Bezeichnung wieder aufzugreifen, die ich schon im ersten Kapitel verwendet habe – synchron. Und wenn es leichter ist, positive Erinnerungen an uns selbst abzurufen, dann ist es auch leichter, den Glauben an uns selbst auf die Gegenwart und Zukunft anzuwenden. Dann betrachten wir uns selbst optimistischer.

Pablo Briñol, Psychologieprofessor an der Unabhängigen Universität von Madrid, führte mit einem Team von Wissenschaftlern eine ähnliche Studie durch.[249] Dabei trug man den Probanden auf, sich entweder gerade und mit vorgereckter Brust hinzusetzen oder nach vorn gebeugt, sodass das Gesicht zu den Knien zeigte. (Versuchen Sie das mal!) Nachdem sie einige Minuten lang in dieser Haltung ausgeharrt hatten, sollten die Teilnehmer sich entweder mit drei positiven oder drei negativen Charakterzügen beschreiben, die ihnen wahrscheinlich in ihrem künftigen Berufsleben noch nützen oder schaden würden. Am Ende der Studie wurde allen gesagt, sie könnten sich nun entspannen und ihre normale Haltung wieder einnehmen, bevor sie einen Fragebogen ausfüllten, in dem sie ihr eigenes Potenzial für Erfolg in künftigen Jobs beurteilen sollten.

Die Wissenschaftler fanden heraus, dass die eigene Bewertung der Studenten davon abhing, in welcher Haltung sie ihre Charakterzüge beschrieben. Nicht nur fiel es den aufrecht Sitzenden leichter, positiv und ermutigend über sich zu denken, sie glaubten auch stärker an die selbst genannten Vorzüge. Die krumm Sitzenden dagegen schienen weder von ihren positiven noch von ihren negativen Eigenschaften überzeugt und hatten sogar Mühe zu wissen, wer sie waren.

Wie schon in Kapitel 5 erwähnt, können starke Menschen auch leichter abstrakt denken – das Entscheidende aus einer Botschaft extrahieren, Information einbeziehen und Muster oder Beziehungen zwischen Ideen erkennen. Dasselbe gilt für Menschen, die ein paar Minuten in einer Power-Pose verbracht haben. Li Huang, die die Pose-versus-Rolle-Studie durchführte, maß auch die Wirkung auf das abstrakte Denkvermögen und zwar in

Form einer Wahrnehmungsaufgabe, bei der man Elemente aus unvollständigen, mehrdeutigen Bildern von Gegenständen zu einem Ganzen kombinieren musste, das die verschiedenen Teile zusammenfügte. Auch hier übertrafen diejenigen mit den Power-Posen diejenigen mit Ohnmachts-Posen und Ohnmachts-Rollen, aber auch die Probanden, die eine mit Macht verbundene Rolle zugewiesen bekamen: Teilnehmer mit Power-Posen erzielten die besten Ergebnisse beim abstrakten Denken.

Die Vorstellung von abstraktem Denken ist ja an sich schon abstrakt, und die Vorteile, die es bringt, darin gut zu sein, liegen vielleicht nicht so klar auf der Hand. Aber lassen Sie mich das in einen sozial evaluierenden Zusammenhang stellen: Bei stressigen Verhandlungen müssen Sie gleichzeitig zuhören und vielfältige Ideen und Meinungen einbeziehen, von denen Sie teilweise noch nie gehört haben, und effektiv darauf reagieren. Das Aufnehmen verschiedenster Informationsbestandteile, das Erkennen ihrer Essenz und ihre sinnvolle Berücksichtigung – und all das auch noch schnell –, das ist das entscheidende Element von Präsenz unter Druck. Dabei spielt es keine Rolle, ob Sie sich in einem Hörsaal, einer Vorstandsetage oder sonst wo befinden.

Wenn Sie eine raumgreifende Körperhaltung einnehmen, bewirken Sie damit, dass Sie sich selbst in einem positiven Licht sehen und sich selbst vertrauen. Es sorgt außerdem für einen klaren Kopf, Platz für Kreativität, kognitive Ausdauer und abstraktes Denkvermögen.

Schauspielern

Power-Posen aktivieren das verhaltensbezogene Annäherungssystem (siehe Kapitel 5) – das mit größerer Wahrscheinlichkeit dafür sorgt, dass wir uns behaupten, uns Gelegenheiten annähern und sie nutzen, Risiken eingehen und Ausdauer zeigen. Und diese Tendenz, etwas anzupacken, geht darüber hinaus, in einem Labor zum Würfel zu greifen.

In einer Studie von Psychologen der Coastal Carolina University über die Wirkung von Körpersprache auf die Führungsfähigkeit wurden die Probanden aufgefordert, sich nur eine Minute lang entweder offen und aufrecht oder zusammengesackt hinzusetzen. Danach wurden alle befragt, wo am Tisch sie bei einer Teambesprechung Platz nehmen würden. Diejenigen mit der aufrechten Haltung wählten durchgehend Plätze nah am Kopfende des Tisches, während die anderen diesen Bereich mieden. Die Autoren kamen zu dem Schluss: »Eine aufrechte Sitzhaltung beizubehalten, kann die individuelle Wahrnehmung von Führung vor wichtigen Interviews, Besprechungen, Aufgaben und Entscheidungen stärken.«[250] Manchmal funktioniert es sogar subtiler: So fanden japanische Wissenschaftler heraus, dass Schulkinder, die in einer guten Haltung dasaßen, produktiver waren als ihre Klassenkameraden, sofern es um Aufgaben ging, die schriftlich zu erledigen waren.[251] Gute Haltung steigert unser Gefühl, »energiegeladen zu sein«, was es grundsätzlich leichter macht, Dinge zu erledigen.[252]

Die Psychologin Jill Allen und ihre Kollegen fragten sich, ob eine expansive Haltung Menschen mit Essstörungen helfen könnte, weil dabei Menschen aufgrund ihres negativen körperlichen Selbstbilds ihre Kalorienaufnahme drastisch reduzieren. In ihrer Studie nahmen Probandinnen mit Essstörungssymptomen nur für wenige Minuten starke, neutrale oder kontraktive Posen ein. Diejenigen mit den Power-Posen waren in der Tat von Befürchtungen über ihren Körper befreit, konnten weniger eingeschränkt essen und nahmen eine gesündere Menge an Kalorien zu sich. Die Wissenschaftler fanden heraus, dass sogar spontan expansive Haltungen von Frauen mit weniger restriktivem Essen assoziiert wurden als kontraktive. Der Aufsatz darüber trug den passenden Titel »Sit Big to Eat Big«.[253]

Prosoziales Verhalten – also Aktionen zum Nutzen anderer – erfordert oft den Mut zu einer tatkräftigen Einstellung. So fragte man beispielsweise Leute, nachdem sie eine mit viel oder eine mit wenig Stärke verbundene Haltung eingenommen hatten, wie groß ihre Bereitschaft zum Handeln in ein paar prosozialen Szenarien wäre: etwa beim Verlassen der Absturzstelle eines Flugzeugs, um Hilfe zu holen, oder das Engagement in einer Bewegung zur Befreiung eines zu Unrecht Inhaftierten. Die Probanden mit den Power-Posen waren signifikant eher bereit, anderen in diesen hypothetischen Situationen zu helfen.[254]

Wie Jamini Kwon – die Studentin, die nach ihrem Kampf mit der zeitweiligen Lähmung zu malen begonnen hatte – in ihrer Forschungsarbeit zeigte, verringern kontraktive Haltungen das Durchhaltevermögen angesichts von Herausforderungen. Tatsächlich schaden ohnmächtige, verschlossene Posen nicht nur der Ausdauer, sondern steigern auch erlernte Hilflosigkeit. In diesem Prozess meiden Menschen Herausforderungen, mit denen sie in der Vergangenheit bereits zu kämpfen hatten, in der Annahme, ihnen sowieso nicht gewachsen zu sein. Das mag in primitiven Zeiten hilfreich gewesen sein, als wir uns noch vor Raubtieren verstecken oder unsere Unterwerfung gegenüber gefährlichen und sprunghaften Alphas signalisieren mussten. Im 21. Jahrhundert wird man jedoch kaum noch eine Situation finden, in der das nützlich wäre.

Die Expansion Ihres Körpers befreit, sodass Sie sich an Dinge heranwagen, handeln und Durchhaltevermögen zeigen.

Körper

Der Körper prägt die Seele und die Seele das Verhalten. Aber der Körper steuert sich auch selbst.

Ausstrahlung beginnt oft physisch – durchs Auftauchen und Dableiben. Wenn wir uns herausgefordert oder ängstlich fühlen, wollen wir eher kämpfen oder fliehen – was uns beides, auf unterschiedliche Weise, Präsenz kostet. Flucht hindert uns daran, uns zu engagieren, weil wir in jeder Hinsicht nicht da sind; Kämpfen bewirkt das Gleiche, weil wir uns dann viel zu bedroht oder geärgert fühlen, um zu registrieren, was gerade passiert, und darauf zu reagieren.

Unsere nonverbale Haltung bereitet den Körper darauf vor, präsent zu sein. Hormone bewirken den entsprechenden Mechanismus. Wie schon in Kapitel 7 erwähnt, kann schon die bloße Veränderung Ihrer Atmung signifikant ändern, was Ihr Nervensystem tut, nämlich eine überaktive Kampf-oder-Flucht-Reaktion dämpfen und Ihr Gefühl von Stärke fördern. Aber das sind nicht die einzigen Möglichkeiten, um mit Power-Posen den Körper stark zu machen und in der Gegenwart zu erden.

Die Psychologinnen Eun Hee Lee und Simone Schnall von der University of Cambridge ließen Probanden Schachteln halten, die ein paar Kilo schwer waren, und zwar vor und nachdem sie entweder in einer Power- oder einer Ohnmachtshaltung gesessen waren. Nach der expansiven Sitzposition empfanden die Teilnehmer die Schachteln als deutlich leichter. Das lag wahrscheinlich an der Gewöhnung an deren Gewicht. (Probanden die vorher keine bestimmte Haltung eingenommen hatten, nahmen die Schachteln beim zweiten Halten ebenfalls als leichter wahr.) Hatte jemand allerdings eine Ohnmachtshaltung eingenommen, beseitigte das diesen Gewöhnungseffekt, und er fand die Schachtel danach genauso schwer wie vorher.[255]

Es wird Sie nicht überraschen zu hören, dass Sportpsychologen sich besonders dafür interessieren, wie Athleten ihre Leistung durch Körpersprache steigern können. In einer Studie über Körpersprache und Erfolg beim Elfmeterschießen im Fußball aus dem Jahr 2008 untersuchten die Sportpsychologen Geir Jordet und Esther Hartman alle durch Elfmeterschießen beendeten Spiele, die es je im Weltcup, bei Europameisterschaften und in der Champions League gegeben hatte – insgesamt 36 Elfmeterschießen und 359 einzelne Torschüsse. Spieler, deren Körpersprache unmittelbar vorher hektisch und vermeidend gewesen war (etwa weil der Spieler Blickkontakt mit dem Torwart vermied), hatten eine signifikant höhere Rate von Fehlschüssen zu verzeichnen. Die Autoren kamen zu dem Schluss, dass vermeidendes nonverbales Verhalten dazu führen kann, dass Athleten unter Druck schwächeln und versagen.[256]

Expansive Körpersprache steigert unseren Glauben an körperliche Stärke und Fähigkeit; kontraktive Körpersprache schwächt ihn.

Wenn Sie mit Ihrem Körper physisch viel Raum einnehmen, bereitet Sie das auf das Präsentsein vor; so überwinden Sie den Instinkt, zu kämpfen oder zu fliehen, und erlauben sich, geerdet, offen und engagiert zu sein.

Schmerz

Power-Posen können uns das Gefühl geben, stärker zu sein. Können sie unser körperliches Wohlbefinden auch in anderer Hinsicht steigern? Wenn man davon ausgeht, dass Schmerz eine ebenso psychische wie physische Erfahrung ist (eine Tatsache, die schon in vielen wissenschaftlichen Disziplinen nachgewiesen wurde), gibt es dann eine Beziehung zwischen Haltung und Schmerz?

Um das herauszufinden, berechneten die Psychologen Vanessa Bohns und Scott Wiltermuth Veränderungen der Schmerzschwellen von Probanden bevor und nachdem sie eine dominante, unterwürfige oder neutrale Haltung eingenommen hatten. Mit der sogenannten Tourniquet-Technik konnten sie auch die Schmerzschwellen der Teilnehmer gleich nach deren Eintreffen im Labor messen. Dazu wurde eine Blutdruckmanschette um den Arm gelegt und im immer gleichen Tempo aufgepumpt, bis der Proband, wie vorher verabredet, wegen zu großen Schmerzes den Vorgang unterbrach. Sofort nach dieser ersten Messung sollten die Teilnehmer nach dem Zufallsverfahren zwanzig Sekunden lang eine bestimmte Pose einnehmen. Anschließend wurde die Schmerzschwelle erneut bestimmt.[257] Wie zu erwarten, stärkte die dominante Haltung (stehend die Beine gespreizt und Arme seitwärts ausgestreckt) die Probanden, sodass sie mehr Schmerz aushielten als diejenigen in der unterwürfigen Pose (in der Hocke, sodass der Po die Waden berührte, während die Hände im Schoß lagen) und jene, die eine neutrale Haltung eingenommen hatten (einfach dastehen mit locker herabhängenden Armen).

Eine expansive Haltung wappnet Sie gegen körperlichen Schmerz.

Performance und Präsenz

All diese Wirkungen expansiver Körpersprache – das Steigern unseres Gefühls von Stärke, Selbstvertrauen und Optimismus, das Verringern von Stress, die Förderung eines positiven Selbstbilds, die Befreiung zu mehr Durchsetzungsvermögen, Handlungsfähigkeit und Ausdauer im Angesicht von Herausforderungen und dass sie unseren Körper darauf vorbereitet, stark und geerdet zu sein – erleichtern es uns auch, während unserer größten Herausforderungen präsent zu sein.

Aber spüren die Menschen, mit denen wir zu tun haben, diese Ausstrahlung? Und verbessert sie unsere Performance messbar? Zusammen mit meinen Kollegen Caroline Wilmuth, Dana Carney und Andy Yap sagte ich voraus, dass es so wäre. Unsere Hypothese besagte insbesondere, dass das Einnehmen vorbereitender Power-Posen *vor* einem stressigen Bewerbungsgespräch unsere Präsenz verbessern würde, was dann zu einer besseren Bewertung und letztlich mehr Einstellungen der Bewerber führen müsste.[258] Warum vorher? Weil, wie ich bereits erklärt habe, das Einnehmen großer Posen *während* sozialer Interaktionen sich oft nachteilig auswirkt: Es ist nicht nur seltsam, sondern erzeugt auch Unbehagen. Stellen Sie sich nur vor, Sie würden jemand zum ersten Mal begegnen, während der in Siegerpose dasteht, die Füße auf den Tisch gelegt oder die Arme in die Seiten gestemmt hat. Und jetzt stellen Sie sich noch eine Bewerberin vor, die das während ihres Vorstellungsgespräch macht …

Nach ihrem Eintreffen im Labor bekamen unsere Probanden mitgeteilt, sie sollten an einem intensiven gespielten Bewerbungsgespräch für ihren Traumjob teilnehmen. Erinnern Sie sich noch an die Studie, die ich im ersten Kapitel vorgestellt habe? Hier benutzten wir ein ähnliches Paradigma. Die Teilnehmer bekamen kurz Zeit, um eine fünfminütige Antwort auf die Frage »Warum sollten wir Sie einstellen?« vorzubereiten. Wir sagten ihnen, sie müssten die Antworten zwei ausgebildeten Personalern vortragen, die sie danach bewerten würden. Außerdem erfuhren sie, dass sie gefilmt würden und diese Aufzeichnung von einem anderen Expertenteam beurteilt würde. Schließlich sagten wir ihnen noch, dass sie sich realistisch darstellen sollten und die gesamten fünf Minuten über reden müssten.

Die beiden Kollegen, die die Personaler gaben, trugen Laborkittel und hatten Klemmbretter. Sie waren angewiesen, keinerlei Feedback zu geben und einfach neutral zu wirken. Wie wir aus anderen Studien wussten, ist es oft irritierender, gar kein Feedback von einem Zuhörer zu bekommen als eine negative Reaktion.

Während sie ihre Vorträge vorbereiteten, sollten die Probanden entweder die Power-Pose oder eine Ohnmachtshaltung einnehmen, die wir schon in früheren Studien erprobt hatten. Das Posieren passierte jedoch vor den Gesprächen, nicht währenddessen – ein entscheidender Aspekt dieser Studie. Jedes Gespräch wurde gefilmt und die Aufnahme von jeweils drei Zweierteams bewertet, die nichts von unserer Hypothese oder sonst irgendetwas über das Experiment wussten. Das war wichtig.

Zwei der Bewerter äußerten sich zu Performance (»Wie gut war das Gespräch insgesamt?«) und Einstellbarkeit (»Sollte dieser Bewerber für den Job genommen werden?«), zwei beurteilten die Qualität des verbalen Inhalts der Antworten auf die Fragen (intelligent, strukturiert und geradeheraus) und zwei äußerten sich zu der Variablen, die mich am meisten interessierte: die nonverbale Präsenz der Bewerber (selbstbewusst, enthusiastisch, fesselnd und nicht unbeholfen).

Wie erwartet performten die Teilnehmer, die sich auf das Bewerbungsgespräch in einer Power-Pose vorbereitet hatten, signifikant besser und wären ebenso signifikant häufiger eingestellt worden. Auf den Inhalt ihrer Vorträge hatten die Power-Posen keine Wirkung. Bei der nonverbalen Ausstrahlung punkteten die Power-Poser wieder deutlich besser – und es war die nonverbale Präsenz, die ganz und gar über eine Einstellung entschied. Mit anderen Worten: Man wollte die Power-Poser wegen ihrer nonverbalen Ausstrahlung einstellen.

iHaltung

Wenn Sie das nächste Mal in einem Wartezimmer oder Zug oder an irgendeinem öffentlichen Ort sind, schauen Sie sich um. Wie viele Leute beugen sich krumm über ein elektronisches Gerät? Fast überall auf der Welt dürfte die Antwort »viele« lauten.

Es ist ja schon schwer genug, auf seine Haltung zu achten, während man vor dem Computer sitzt. Doch unsere Körpersprache wird übrigens auch davon beeinflusst, auf was für einem Möbelstück wir sitzen, in welcher Umgebung, und davon, welche Technologie wir nutzen – und all das können wir noch schwerer beeinflussen.

Der Physiotherapeut Steve August aus Neuseeland hat Maßnahmen gegen das, was er den iHunch (dt. in etwa »iBuckel«) nennt, entwickelt. Ich habe auch schon die Bezeichnung »text neck«, also SMS- oder Chat-Nacken, gehört, und meine Kollegen und ich haben das in unserer Forschung iPosture, iHaltung, genannt. Als wir uns darüber unterhielten, meinte August: »Bei jemandem in perfekter Haltung befindet sich das Ohrläppchen genau über der Schulter. Als ich vor über dreißig Jahren begann, Leute zu behandeln, gab es natürlich schon Witwenbuckel – bei denen der obere Rücken sich in einer starren Krümmung befindet – bei Großmüttern und Urgroßmüttern. Heutzutage begegnen mir die gleichen starren Verkrümmungen im Thorakalbereich bei Teenagern. Sehen Sie sich dazu doch einfach Leute von der Seite an – das ist leicht zu erkennen. Eine krumme Haltung kann man noch selbst wieder aufrichten, einen Buckel nicht – und dazu kommt es rasch. Der Umfang des Problems ist bereits enorm und explodiert geradezu.«[259]

Ein Kopf wiegt im Durchschnitt 5,4 Kilogramm. Dieses Gewicht lastet auf unserem Hals, wenn wir den Kopf gerade zwischen den Schultern halten. Doch wenn wir den Hals um sechzig Grad beugen, um unsere Handys zu benutzen, steigt das effektive Gewicht auf bis zu 27 Kilogramm. August demonstriert das mit einem Besenstiel: »Balancieren Sie einen Besen vertikal auf Ihrer ausgestreckten Hand. Nicht so schwer, kostet kaum Mühe. Nun nehmen Sie den Besen und halten ihn ungefähr im Sechzig-Grad-Winkel.« Jetzt kostet das Balancieren enorme Mühe. Er erklärte mir, dass Leute ihn verstehen, wenn er ihnen das mit dem Besen vormacht. »Genau das vollbringen unsere Nackenmuskeln, wenn wir uns über Laptop, Tablet oder Smartphone beugen. Machen Sie das mal acht Stunden lang – kein Wunder, wenn Sie danach Schmerzen haben!«[260]

August kontaktierte mich, nachdem er meinen TED-Talk gesehen hatte, weil er sich zu fragen begonnen hatte, was auch mir Sorgen bereitete: Ist es möglich, dass Stunden am Handy, Tablet oder Laptop dieselbe Wirkung haben wie Ohnmachts-Posen? Die moderne Technik macht Präsenz ohnehin schon schwer genug. Anstatt uns auf die Menschen einzulassen, die neben uns sitzen, sind wir in unsere Geräte vertieft, beantworten alte E-Mails, machen Status-Updates, befördern uns selbst aus dem Jetzt und lösen uns aus der Welt, die uns umgibt. Unsere elektronischen Geräte stehlen in kognitiver Hinsicht bereits unsere Aufmerksamkeit für das Jetzt, aber zwingen sie uns auch in körperliche Haltungen, die unsere Macht und Fähigkeit zur Präsenz unterdrücken?

Bis wir begannen, uns auszutauschen, hatte August sich auf die Folgen der buckligen Haltung für Muskeln und Skelett konzentriert – »akute Schmerzen im oberen Rücken und Nacken, Kopfschmerzen und zahlreiche andere gesundheitliche Probleme« –, weniger auf die psychischen Konsequenzen. »Die Effekte der buckligen Haltung auf Selbstvertrauen und die quasi Unterwerfung gegenüber anderen hatte ich nicht bedacht«, sagte er. Aber diese Ergebnisse passen zu seiner klinischen Erfahrung. »Während die Geräte immer kleiner werden, schwindet nicht nur die Durchsetzungsfähigkeit [der Patienten], sondern das Gewicht für den Nacken (das sofort oder später zu Verspannung und Kopfschmerz führt) nimmt genau proportional zu. Das ist ein perfektes (und logisches) Verhältnis: kleineres Gerät, stärker gebeugte Haltung, um es zu nutzen, weniger Durchsetzungsvermögen, mehr Gewicht auf dem Nacken, mehr Schmerzen und Kopfweh.«[261]

In einer E-Mail führte Steve August das Ganze genauer aus. »Zusammengefasst passiert Folgendes:

1. Die Scharniere im oberen Rücken, die diese Bewegung erst erlauben, erstarren in der gebeugten Haltung, und das harte Kollagen rund um die Wirbelsäule verkürzt sich rund um die unbeweglichen Gelenke. Wenn das alles fest genug ist, kann niemand mehr die Scharniere aus eigener Kraft bewegen. Dann muss die Kraft von außen kommen. Es ist eine Frage der Hebelwirkung.
2. Die Muskeln im Nacken müssen um ein Vielfaches mehr arbeiten, um den Kopf aufrecht zu halten, wenn wir nicht nur nach vorn, sondern auf einen kleinen Bildschirm schauen. Also sind sie überanstrengt, vernarben (adhäsive Fibrosis) als Teil der Reparatur der Überdehnung und sind wegen der Vernarbung schließlich verkürzt.
3. Die Muskeln an der Vorderseite des Halses arbeiten weniger und werden schwach, sodass das Kinn nach vorn ragt.
4. Diese gebückte Haltung mit vorgerecktem Kinn presst jedes Gelenk im Nacken zusammen, sodass es früher oder später zu Blockaden kommt, die Nackenschmerzen, Übertragungsschmerzen und Kopfweh auslösen …«

Diese Verbindung lohnt es sich zu studieren. Der Sozialpsychologe Maarten Bos und ich entwickelten ein Experiment, das uns erlauben sollte, die Hypothese zu überprüfen, wonach die iHaltung Menschen wirklich weniger selbstbewusst auftreten lässt.[262] Nach dem Zufallsprinzip teilten wir den Probanden eines von vier elektronischen Geräten zu, die sich größenmäßig deutlich unterschieden: ein iPhone, ein iPad, ein MacBook Pro Laptop und einen iMac Desktopcomputer.

Jeder Proband beschäftigte sich fünf Minuten lang mit dem zugewiesenen Gerät, allein in einem Raum (jeder wurde, mit seiner Zustimmung, gefilmt, damit wir sicher sein konnten, dass alle sich an die Vorgabe hielten). Dabei musste jeder den gleichen »Pro-forma«-Fragebogen ausfüllen – diese Aufgabe diente nur zur Ablenkung während der festgelegten Zeitspanne.

Das entscheidende Maß bezüglich des Verhaltens tarnten wir allerdings. Nachdem sich die Leute fünf Minuten lang mit dem Gerät beschäftigt und irgendwelche unerheblichen Aufgaben erfüllt hatten (die bei allen Teilnehmern gleich waren), kehrten die Versuchsleiter zurück, nahmen die Geräte mit, zeigten auf eine Uhr an der Wand und erklärten: »Ich komme in fünf Minuten zum Debriefing zurück und bezahle Sie, damit Sie gehen können. Sollte ich nicht auftauchen, kommen Sie mich bitte vorn am Empfang holen.« Wie lange würde jeder warten, bis er sich bemerkbar machte? So konnten wir das Selbstvertrauen der Teilnehmer messen – vielleicht die zentrale psychobevahiorale Komponente von Stärke. Nicht vergessen darf man, dass wir die Handys der Probanden bei ihrer Ankunft eingesammelt hatten, sodass sie nun nichts anderes zu tun hatten, als auf die Uhr zu starren, während sie darauf warteten, dass unser Mitarbeiter zurückkehrte.

Wie erwartet, wirkte sich die Größe des elektronischen Geräts signifikant darauf aus, ob es den Leuten unangenehm war, den Versuchsbetreuer zu holen. In den zehn Minuten, bis er von selbst zurückkehrte, kamen nur fünfzig Prozent der Smartphone-Probanden heraus, um mitzuteilen, dass sie jetzt gern gehen würden.

Im Gegensatz dazu machten sich 94 Prozent der Desktopbenutzer auf, um ihn zu holen. Sie sehen die Ergebnisse im Einzelnen in der Grafik: Je größer das elektronische Gerät, desto wahrscheinlicher meldeten sich die Probanden von sich aus. Noch dazu taten sie es früher. Wir schlossen daraus, je kleiner das Gerät, desto kleiner müssen wir uns machen, um es zu benutzen, und je mehr Zeit wir in dieser geschrumpften, nach innen gerichteten Haltung verbringen, desto hilfloser fühlen wir uns.

Unsere Erkenntnisse decken eine grausame Ironie auf: Während viele von uns täglich viele Stunden lang an kleinen mobilen Geräten arbeiten, oft mit dem Ziel, unsere Produktivität und Effizienz zu steigern, bewirkt die Interaktion mit diesen winzigen Dingern, selbst wenn es sich nur um kurze Zeitspannen handelt, dass unser Selbstvertrauen schwindet und wir unsere Produktivität und Effizienz möglicherweise *unterminieren.*

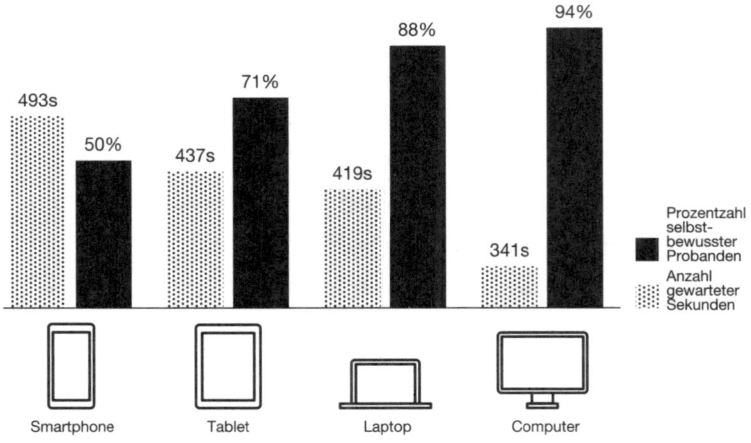

iHaltung und Selbstvertrauen

Wenn Sie also viel Zeit vor einem Bildschirm verbringen müssen, was viele von uns tun, dann wählen Sie dieses Gerät mit Bedacht und gestalten Sie Ihren Raum so, dass Sie eine möglichst aufrechte und expansive Haltung einnehmen können.

Sich eine starke Haltung denken (Ihr Körper in Ihrem Kopf)

Christine arbeitet für eine Non-Profit-Organisation, die Menschen mit Behinderungen hilft, Ansichten abzulegen, die sie einschränken. Kurz nachdem mein TED-Talk veröffentlicht war, schrieb sie mir:

> Meine Power-Posen passieren nicht physisch. Keiner sieht sie. Keiner weiß, dass ich sie einnehme – ich stelle sie mir vor. Mein Körper ist vollkommen unbeweglich: Ich kann zwar alles spüren, aber nur einen Finger an einer Hand bewegen. Trotzdem stelle ich mir vor, wie ich Gesten verwende und meine Hände bewege. Kurz vor einem Vortrag in einem Klassenzimmer stelle ich mir eine Power-Pose vor, weil man sie ja wirklich verinnerlichen muss.
> Ich denke, wenn Menschen mich sehen, lautet ihr typisches Urteil: weiblich, das ist schon mal eine Sache, die gegen dich spricht; behindert und im Rollstuhl, das kommt als Nächstes. Man könnte mich für ziemlich ohnmächtig halten. Dabei bin ich in Wirklichkeit stark. Es spielt keine Rolle, was mein Körper tut; ich stelle mir vor, dass ich

> mich bewege und diesen ganzen Raum in Besitz nehme. Ich bin selbstbewusst und kompetent, manchmal furchtlos (und vielleicht sogar ein bisschen leichtsinnig, aber das geht schon in Ordnung). Ich denke, das ist alles der Stärke zu verdanken, die ich selbst erzeugt habe. Ich kann all meine Gesten und Posen ausdrücken, eben mit Blicken. Ich frage mich, ob wir Menschen mit körperlichen Behinderungen ermutigen können, sich tatsächlich selbstbewusster zu fühlen, indem sie ihre Fantasie benutzen?

Christine ist nicht der einzige Mensch, der sich das fragt. Ich habe schon von vielen Leuten mit Behinderungen gehört, die ihre Körperhaltung stark beeinträchtigten. Und viele von ihnen sagten das Gleiche: *Ich stelle mir vor, eine starke Pose einzunehmen, und dann fühle ich mich stark. Haben Sie das schon erforscht?*

Damals hatte ich das noch nicht. Aber ich hatte Grund zu der Annahme, dass die bloße Vorstellung von einem selbst in einer Power-Pose das Selbstvertrauen stärkt. Über viele Jahre hinweg durchgeführte Forschung ergab, dass hinsichtlich Hirnaktivität und Verhaltenseffekten die mentale Vorstellung von Bewegung der tatsächlichen körperlichen Bewegung sehr nahekommt. Studien zeigen, dass es die Fähigkeit, sie in der Realität auszuführen, steigert, wenn man eine Reihe von Bewegungen vorher im Geist durchgeht. Die Forschung zeigt außerdem, dass viele Hirnregionen – in und um den Motorcortex –, die aktiv sind, wenn man bestimmte Aktionen ausführt, auch reagieren, wenn man sich diese Aktionen nur vorstellt. Ein weniger direkter Beweis für die neurale Überlappung simulierten und tatsächlichen Verhaltens rührt von der Tatsache her, dass wir ungefähr genauso lange brauchen, uns eine Handlung vorzustellen, wie wir brauchen, um sie auszuführen, und dass Parkinsonpatienten, die sich langsam bewegen, auch in der mentalen Simulation von Bewegung langsam sind.[263]

Jüngste Forschungsarbeiten ergaben, dass die Nutzung von Magnetresonanzbildern, um die Hirnaktivität von gelähmten Patienten während Übungen mit mentalen Bildern beurteilen zu können, erkennen lässt, woran diese denken und was sie ihre Extremitäten tun lassen möchten. Bei einer Studie fand man heraus, dass sich unterscheiden lässt, ob die Person sich vorstellt, durch ein Haus zu gehen oder Tennis zu spielen, wenn man sich die entsprechenden Scans der funktionellen Magnetresonanztomografie ansieht.[264] (Diese wissenschaftliche Methode wird auch genutzt, um festzustellen, ob Patienten mit Locked-in-Syndrom – die zwar ein Bewusstsein haben, aber wegen ihrer totalen Paralyse unfähig sind, sich zu bewegen oder zu kommunizieren – bei Bewusstsein sind, indem man sie auffordert, sich vorzustellen, sie spielten Tennis, während man ihr Hirn scannt.[265]) In einer anderen Studie wurde ein Tetraplegiker gebeten, sich vorzustellen, wie er den Arm ausstreckte und nach etwas griff, während sein Hirn gescannt wurde. Dann installierte man sogenannte Mikroelektrodenreihen in den Bereichen der hinteren Parietalrinde, die aktiv wurden, wenn man diese Bewegungen plante. Der Patient benutzte dann die Sensoren, um einen Roboterarm so zu bewegen, als wäre es sein eigener.[266] Natürlich gibt Ihnen Ihr Körper keinerlei sensorisches Feedback, wenn Sie sich eine Aktion Ihres Körpers nur vorstellen, aber sich vorzustellen, eine Power-Pose einzunehmen, kann schon genügen, damit Sie sich stark und mächtig verhalten.

Angeregt durch E-Mails, die ich von Menschen mit körperlichen Behinderungen erhalten habe, hat mein Labor begonnen, Experimente durchzuführen, um die Hypothese zu testen, dass allein die Vorstellung, sich in einer Power-Pose zu befinden, ein Gefühl der Stärke vermittelt. In unserem ersten Experiment dazu rekrutierten wir etwa 200 Probanden online und lieferten ihnen eine anschauliche Beschreibung, wie sie sich vorstellen sollten, in einem Raum eine besonders viel oder eine besonders wenig Macht vermittelnde Haltung einzunehmen. Diese Vorstellung sollte zwei Minuten dauern. Um zu verhindern, dass die Teilnehmer sich langweilten, wiesen wir sie an, sich außerdem ein paar Fremde vorzustellen, die den imaginären Raum betraten und wieder verließen, während sie in dieser Pose verharrten, und sich ein Bild von diesen Fremden zu machen.[267]

Nach diesem imaginären Posieren baten wir die Teilnehmer zu beschreiben, wie sie sich während der Übung gefühlt hatten. Wir gaben dafür keinerlei Begriffe vor, nicht einmal solche, die uns interessiert hätten, etwa *stark, ohnmächtig, präsent, eingeschüchtert* usw. Zu bedenken ist noch, dass es sich um einen breiten Querschnitt von Probanden handelte, also um Menschen aus dem ganzen Land mit unterschiedlicher Hautfarbe, Religion und gesellschaftlichem Hintergrund.

Unter denjenigen, die sich vorstellen sollten, eine Haltung einzunehmen, die viel Stärke vermittelte, benutzten 70 Prozent Worte, die wir »angenehm selbstbewusst« nannten. Was uns erstaunte, war nicht nur der große Prozentsatz der Teilnehmer, die von diesen Gefühlen berichteten, sondern auch die Einheitlichkeit ihrer Beschreibungen – viele benutzten fast identische Worte. Sie ergänzten den Satz »Ich fühlte mich …« mit Ausdrücken, die ihr mentales Selbstbild widerspiegelten:

offen und stark
geerdet und selbstbewusst
wohl und bereit
geerdet, selbstbewusst und stabil

Die Probanden, die sich eine Haltung mit geringer Stärke hatten vorstellen sollen, machten eine deutlich weniger angenehme Erfahrung: 72 Prozent benutzten Begriffe, die wir »sozial bedroht« nennen. Auch das reflektierte das mentale Selbstbild der Teilnehmer:

ängstlich und angespannt
verschreckt und allein
dumm und geniert
abgeschottet
bedroht und verletzlich
sehr, sehr unbehaglich

Manche schilderten das Erlebnis noch drastischer, etwa »als müsste ich ersticken« oder »entsetzt, als würde ich gefoltert«.

Wir baten die Studienteilnehmer auch, uns zu berichten, was in ihren imaginierten Situationen passierte. Wieder handelte es sich um eine offene Frage ohne vorgeschlagene Begriffe oder Anleitung. Bedenken Sie, dass wir die Probanden gebeten hatten, sich ein paar rein- und rausgehende Fremde vorzustellen, während sie in ihrer expansiven oder kontraktiven Pose verharrten, um die Aufgabe etwas spannender zu machen. Und dass wir keine Details dazu lieferten, wer diese Leute sein sollten. Wenn das Einnehmen einer kontraktiven, ohnmächtigen Haltung uns das

Gefühl gibt, bedroht und verletzlich zu sein, was glauben Sie, wie sich das dann darauf auswirkt, wie wir die zufällig um uns herum gehenden Fremden in Erinnerung behalten?

Falls Sie vermuten, dass Probanden, die sich in eine Ohnmachts-Pose hineindenken sollten, wachsamer waren, was die Fremden anging, liegen Sie richtig. Als Antwort auf die offene Frage, wie sie sich diese Leute vorstellten, während sie die gewünschte imaginäre Haltung einnahmen, lieferten 82 Prozent derjenigen mit einer Pose der Schwäche detaillierte Beschreibungen der Fremden. Die Berichte waren ziemlich unterhaltsam, wie diese Beispiele zeigen:

»Ein Biker, eine Ärztin und ein Hippie kamen rein.«

»Da war ein Cowboy mit Hut, Stiefeln und blau kariertem Hemd. Dann war da ein blondes Mädchen mit Pferdeschwanz und einem T-Shirt, auf dem I (Herz) NY stand, gefolgt von einem braunen Bären mit Nikolausmütze, der um irgendwas bettelte. Außerdem ein dicker Mann mit einer großen Tüte voller Hamburger, die ich quer durch den Raum riechen konnte.«

»Ein paar große Männer kamen rein und starrten mich an. Sie fragten mich, was ich da mache, und ich sagte Yoga. Sie lachten, versuchten mich umzustoßen, und ich fiel um. Ich erklärte ihnen, sie würden nicht mehr lachen, wenn sie es selbst ausprobieren und sehen würden, dass es funktioniert.«

»Ein Typ, der aussah wie Jack Sparrow (aus *Fluch der Karibik*), mit Eyeliner und Piratenhose, ein kleines Mädchen in blauem Kleid und mit Zöpfchen, ein älterer Mann mit kurz geschnittenem weißem Bart. Der sah irgendwie aus wie der Kerl aus den Werbespots für Jose Cuervo.«

Selbst wenn ich versuche, von Probanden so detaillierte Antworten zu bekommen, gelingt es mir nicht. Sie hervorzulocken, ohne dass ich es beabsichtigt hatte – und dann noch von so vielen Teilnehmern –, ist selten. Nahmen die Probanden uns vielleicht auf den Arm? Anscheinend nicht, denn diejenigen mit den Power-Posen hatten sich längst nicht so viele Gedanken über die unspezifischen Fremden gemacht: Nur 16 Prozent beschrieben sie überhaupt detailliert. Und wenn wir darum baten, sie möchten ihre Zeit, in der sie mental posierten, nacherzählen, blieben sie gleichmütig auf ihre eigene Haltung und die Umgebung konzentriert und gaben nüchtern schmucklose Beschreibungen von sich. Sie hatten sich einfach aufs *Sein* beschränkt:

»Ich stehe in einem Raum mit Holzboden und weißen Wänden, die Hände in die Hüften gestemmt, und beobachte reinkommende Fremde, von denen ich mir einen Eindruck verschaffe.«
»Ich stand in einem Raum, die Füße etwa 50 Zentimeter auseinander, die Hände in die Hüften gestemmt und die Ellbogen nach außen zeigend. Ich soll mir die ersten Eindrücke von Menschen vorstellen, die in diesen Raum kommen.«
»Ich befand mich bei einem Schreibtisch, und unbekannte Leute kamen rein und gingen herum.«
»Ich stehe in einem kleinen weißen Zimmer; der Boden ist aus Holz. Ich habe die Hände in die Hüften gestemmt

und die Ellbogen nach außen gedreht. Meine Füße stehen fünfzig Zentimeter auseinander. Leute kommen herein.«

»Ich stehe in einem Raum, die Hände in die Hüften gestemmt und Ellbogen nach außen. Meine Füße sind fünfzig Zentimeter voneinander entfernt. Das Zimmer ist geräumig und hat einen Holzboden.«

Menschen mit Präsenz achten weniger darauf, wie andere sie beurteilen könnten oder ob sie sie bedrohen. Wir sollten in der Lage sein, auf andere zu achten und zu reagieren, aber ihnen zu viel Aufmerksamkeit zu schenken, ist nicht nur kontraproduktiv, sondern auch destruktiv, untergräbt unser Selbstvertrauen und stört unsere Fähigkeit zu bemerken, was in diesem Moment kommuniziert wird. Selbst in der imaginierten Power-Pose waren die Menschen fähig, sich ganz auf den Augenblick einzulassen – ihre Umgebung nüchtern zu betrachten und sich von Fremden, die rein- und rausgingen, weder bedroht noch dominiert zu fühlen.

Sie fragen sich vielleicht, ob diese Erkenntnisse mit denen der Studie der University of Auckland übereinstimmen, wonach Menschen, die vorher eine Ohnmachtshaltung eingenommen hatten, in ihrem Vortrag mehr Pronomen in der ersten Person verwendeten. Der entscheidende Unterschied besteht darin, dass es beim einen Experiment um eine gesprochene, beim anderen um eine geschriebene Interaktion ging. In der Imaginationsstudie interagierten die Teilnehmer mit niemand und wurden auch von niemand bewertet; in der Studie mit dem Vortrag passierte genau das – in Echtzeit, nämlich während die Teilnehmer sprachen. Die Verwendung der Pronomen der ersten Person durch diejenigen, die in der Ohnmachts-Pose ausgeharrt hatten, spiegelte wahrscheinlich das Bedürfnis, sich vor negativer Beurteilung zu schützen, indem man versuchte, die Entscheider verbal zu drängen, einen in gewisser Weise zu sehen, anstatt sich überlegt einzubringen und den Bewertern zu erlauben, ihre eigenen Schlüsse zu ziehen. Wenn die Probanden dagegen schriftlich einen Moment reflektierten, in dem sie nicht sozial bewertet wurden, wie das die Probanden des Imaginationsexperiments taten, machte sich Präsenz als Selbstbewusstsein bemerkbar – indem man den eigenen körperlichen und seelischen Zustand bemerkt –, was die Verwendung von mehr, nicht weniger Pronomen der ersten Person erfordert.

Wie Christine mir in ihrer E-Mail erklärte und wie unsere eigene Forschung und die anderer eindeutig bewies, braucht man keinen voll funktionsfähigen Körper, um die Früchte von Power-Posen zu ernten. Tatsächlich erleben viele von uns – egal ob mit oder ohne Behinderung – Situationen, in denen wir nicht den Raum oder die Privatsphäre finden, um eine Power-Pose einzunehmen, bevor wir uns einer großen Herausforderung stellen. Aber wir können uns immer in unserer kleinen Gedankenblase vorstellen, Wonder Woman oder Superman zu sein.

Die virtuelle Haltung

Die Vorzüge des Power-Posens gelten nicht nur in körperlicher und mentaler Hinsicht, sondern lassen sich auch auf den virtuellen Raum übertragen. Selbst die körperlichen Eigenschaften Ihres Avatars – in einem Videospiel oder in der virtuellen Realität – können ändern, wie Sie sich im wahren Leben verhalten. Die

Forschung hat gezeigt, dass wenn Menschen mit ihrer Wahrnehmung virtuelle Repräsentanten von sich selbst erleben, sie dann dazu neigen, die Eigenschaften des Avatars anzunehmen. Dieses stabile Phänomen nennt man auch Körpertransferillusion und es funktioniert sogar über Geschlechtergrenzen hinweg (d. h., ein männlicher Teilnehmer verkörpert einen weiblichen Avatar).[268]

Die Stanford-Wissenschaftler Nick Yee und Jeremy Bailenson erforschten, wie die Größe eines Avatars sich auf das Verhalten des Probanden in einer Verhandlung auswirkt, die in einer virtuellen Umgebung stattfindet.[269] In der echten Welt erlangen Menschen, die mehr vertikalen Raum einnehmen als andere, im Durchschnitt mit größerer Wahrscheinlichkeit soziale Macht und Status. Yee und Bailenson teilten den Probanden jeweils einen großen, durchschnittlichen oder kleinen Avatar zu, und traurigerweise verlieh sogar in der virtuellen Welt Körpergröße einen Vorteil. Menschen, die einen großen Avatar zugewiesen bekommen hatten, verhandelten bessere Deals als diejenigen mit einem durchschnittlichen oder kleinen. Tatsächlich waren die mit einem kleinen etwa doppelt so oft bereit, einen unfairen Deal zu akzeptieren, wie alle anderen. Yee und Bailenson bezeichnen das Phänomen, die Eigenschaften eines Avatars zu verkörpern, als Proteus-Effekt – benannt nach dem griechischen Gott, der seine Gestalt ändern kann.

In einem meiner Lieblingsexperimente, das entwickelt wurde, um die behavioralen Effekte immersiver virtueller Realität zu testen, wurde Probanden willkürlich eine von zwei Erfahrungen in einem Videospiel zugeteilt. In einer besaßen sie die Fähigkeit, wie ein Superheld zu fliegen (ihre Armbewegungen dienten dazu, den Flug zu kontrollieren), und bei der anderen flogen sie als

Passagiere in einem Hubschrauber mit.[270] Zusätzlich bekam die eine Hälfte jeder Gruppe noch die Aufgabe, einen Hilfseinsatz in dem Videospiel zu übernehmen (einem Kind mit Diabetes Insulin besorgen), während die andere Hälfte eine Aufgabe erhielt, die nichts mit Helfen zu tun hatte (die Stadt von oben erkunden). Also gab es vier mögliche Umstände: den Helfer mit Superpower, den Helfer im Helikopter, den Touristen mit Superpower und den Touristen im Helikopter. Als das Experiment vermeintlich beendet war, stieß der Versuchsleiter »aus Versehen« einen Behälter mit fünfzehn Stiften um, die alle über den Boden rollten. Die Wissenschaftler wollten herausfinden, wer am ehesten helfen würde, sie wieder aufzuheben.

Wie sich herausstellte, hatte die Art der Aufgabe, die die Probanden bekommen hatten – Tourismus oder Hilfseinsatz – keine Auswirkung auf die Wahrscheinlichkeit, dass sie beim Aufheben halfen. Der Flugmodus allerdings schon: Verglichen mit den Hubschrauberpassagieren zeigten Superhelden eine signifikant größere Hilfsbereitschaft und reagierten auch schneller. Die fliegenden Superhelden gaben auch an, sich während des Spiels »präsent« gefühlt zu haben – sie kamen sich »echter« und während der virtuellen Aufgabe engagierter vor.

Habachtstellung

Soldaten erhalten oft den Befehl, in Habachtstellung zu stehen, was grundsätzlich meint: Kinn hoch, Brust raus, Schultern zurück und Bauch rein. Es ist eine aufrechte, geerdete und reglose Haltung. Sie signalisiert nicht nur Respekt, sondern ist auch den

Gefühlen Wachsamkeit und Stärke am zuträglichsten. Soldaten werden aus einem einfachen Grund darauf trainiert: Wenn ein kommandierender Offizier eine Information mitteilt, die Entscheidungen über Leben oder Tod beeinflussen kann, dann müssen Soldaten psychisch ganz präsent sein. Die Habachtstellung sorgt für Präsenz.

Wenn wir nicht mehr aufpassen, werden wir empfänglicher für die potenziell destruktiven Folgen sowohl der expansiven als auch der kontraktiven Haltung. Wir haben bereits gesehen, wie Unaufmerksamkeit uns torpediert, wenn wir uns über unsere Smartphones beugen oder auch nur auf unserem Sitzmöbel lungern. Wenn wir aufhören, auf unsere Körperhaltung zu achten, dann lassen wir uns selbst im Stich.

Noch dazu kann es uns in manchen von Versuchungen geprägten Situationen auf Abwege führen, wenn es uns nicht gelingt, auf unsere Haltung zu achten. Weil Macht auch enthemmen kann, ist es wichtig, dass wir uns im Griff haben. Wenn unsere Macht geschönt ist und wir nicht aufpassen, dann lockern wir manchmal unsere Maßstäbe und nehmen unerlaubte Abkürzungen, um an unser Ziel zu gelangen. Beispielsweise ließen in einer Studie unter der Leitung von Andy Yap meine Kollegen und ich Probanden in einem realistischen Videospiel Autorennen fahren, bei dem es ein Lenkrad und Pedale gab. Ziel des Spiels war ganz einfach zu gewinnen. Nach einer Übungsrunde bekamen die Teilnehmer zehn Dollar extra geboten, wenn sie eine Runde in weniger als fünf Minuten schafften, allerdings gab es einen Haken: Sie mussten sich dabei an die Verkehrsregeln halten.[271]

Was die Probanden nicht wussten: Wir hatten zwei unterschiedliche Bereiche mit Fahrersitzen gestaltet. Der eine erlaubte maximale Expansion: ein hoher Stuhl und guter Überblick, Arme und Beine konnten bequem zum Lenkrad und den Pedalen hin ausgestreckt werden. Im anderen Bereich waren die Spieler gezwungen, sich auf einen tiefen Stuhl zu setzen und von dort unten hinzusehen; Arme und Beine mussten angewinkelt werden, um das Lenkrad zu steuern und die Pedale bedienen zu können. Wir stellten fest, dass die expansive Sitzmöglichkeit die Probanden zu einer rücksichtsloseren Fahrweise im Videospiel verleitete – sie kollidierten mit mehr Objekten und warteten nach Unfällen nicht, wie sie es eigentlich hätten tun sollen.

Diese Ergebnisse lassen vermuten, dass das Bewusstsein von und die Kontrolle über unsere persönliche Stärke vital wichtige Elemente von Präsenz und positiver Ausstrahlung sind und dass wir auch als Zivilisten Habacht stehen (und sitzen) sollten.

Mach den Seestern!

Als ich einmal auf einer Flughafentoilette meine Hände wusch, drehte sich die Frau am Waschbecken neben mir um und sagte: »Entschuldigen Sie vielmals, aber sind Sie …« Sie schwieg, und anstatt die Frage zu beenden, breitete sie ihre Arme nach oben aus. Ich sagte: »Ich glaube schon. Ja.« (Inzwischen bin ich eher gewohnt, dass jemand »Sind Sie …« sagt und dazu die Hände in die Hüften stemmt.) Sie hieß Shannon und erzählte mir, dass sie Power-Posen nicht nur in ihr eigenes Leben integriert, sondern auch ihre Kollegen, Freunde und Verwandten damit bekannt gemacht habe. Sie, ihr Mann und die vier Kinder hatten sich sogar eine eigene Bezeichnung dafür ausgedacht: »Starfish up!« – Mach den Seestern. Wenn ihre Kinder nervös sind, erinnert sie sie daran: »Starfish up!«

Was mir daran so gefiel, war, dass Shannon und ihre Familie sich die Übung wirklich angeeignet hatten. Und dass sie funktionierte. Um mir zu beweisen, wie sehr es sie geprägt hat, zeigte sie mir ihr Lieblingsschmuckstück: einen zierlichen Seesternring mit Diamanten, den ihr Mann ihr zum Geburtstag geschenkt hatte, um sie mit diesem Starfish an die persönliche Kraft zu erinnern, die ihr stets zur Verfügung steht.

Die Aktivistin Maggie Kuhn hat einmal gesagt (und ich denke, die meisten von uns stimmen ihr darin zu): »Macht sollte sich nicht in den Händen so weniger und Ohnmacht nicht in den Händen so vieler befinden.« Das gilt für persönliche genauso wie für gesellschaftliche Macht. Wir haben die schreckliche Angewohnheit, uns selbst den Weg nach vorn zu verstellen, insbesondere in den schlimmsten Momenten. Viel zu oft finden wir uns mit Gefühlen der Ohnmacht ab. Wir pflichten ihnen bei, was sie nur noch verstärkt und uns von der Realität unseres Lebens entfernt.

Aber wir können unseren Körper nutzen, um persönliche Stärke zu erzeugen. Ein Berg von wissenschaftlichen Nachweisen zeigt, dass unser Körper unsere Gedanken, Gefühle und unser Verhalten anstößt, prägt und sogar bestimmt.[272] Dass der Körper die Psyche beeinflusst, kann man wohl mit Fug und Recht behaupten. Und zwar auf eine Weise, die es uns entweder leichter oder schwerer macht, unser authentisches bestes Selbst angesichts größter Herausforderungen zum Einsatz zu bringen.

Bedeutet das, »Mach den Seestern!« oder sich hinstellen wie Wonder Woman wirkt bei jedem Menschen in jeder Situation?

Natürlich nicht, wie Sie sich denken können. Weil es einfach keine Intervention gibt, die bei jedem Menschen in jeder Situation funktioniert. Ich möchte aber, dass Sie eines verstehen: Ihr Körper sendet ununterbrochen überzeugende Botschaften an Ihr Gehirn, und *Sie* müssen die Kontrolle über den Inhalt dieser Botschaften gewinnen. Hunderte (wenn nicht gar Tausende) von Studien haben die Beziehung Körper-Seele untersucht, mit verschiedensten Methoden – von Atmung über Yoga bis zur Stimmlage, dem bloßen Vorstellen einer expansiven Haltung und dem schlichten aufrechten Sitzen. Es gibt unzählige Möglichkeiten, wie wir mit unserem Körper mehr Raum einnehmen können. Und ob der Körper-Seele-Effekt durch den Vagotonus, Blutdruck, Hormone oder einen anderen noch unentdeckten Mechanismus eintritt, ist noch nicht abschließend geklärt, aber das Ergebnis ist schon jetzt klar: Wenn unser Körper eine raumgreifende Haltung einnimmt, dann ändert das, wie wir uns fühlen, und erzeugt eine positive Dynamik. Mir ist daher wichtig, dass Sie die Methode finden, die am besten zu Ihnen passt. Denn wenn Sie das nicht tun, lassen Sie sich eine kostbare Chance entgehen.

Letztlich bewirkt eine expansive Haltung bei Ihnen Präsenz und verbessert Ihre Performance. Obwohl unsere Körpersprache darüber bestimmt, wie andere Menschen uns wahrnehmen, bestimmt sie auch, wie wir uns selbst wahrnehmen und wie wir diese Wahrnehmungen und Eindrücke durch unser Verhalten, unsere Interaktionen und sogar unsere Physiologie verstärken.

Warum sollten wir nicht Stolz und persönliche Stärke ausstrahlen? Wenn wir das tun, gelingt uns Präsenz in den anspruchsvollsten Momenten. Und wie Sie sich halten, bestimmt darüber, wie Sie Ihr Leben führen.

Ihr Körper prägt Ihren Geist. Ihr Geist prägt Ihr Verhalten. Und Ihr Verhalten bestimmt über Ihre Zukunft. Lassen Sie sich also ruhig von Ihrem Körper sagen, dass Sie stark sind und es verdienen, dann werden Sie präsent, enthusiastisch und authentisch Sie selbst sein. So finden Sie Ihre eigene Methode für »Mach den Seestern!«.

Kapitel 9

Die richtige Haltung für mehr Ausstrahlung

»Sitz gerade!«

Ihre Oma

Wann sollten wir eine Power-Pose einnehmen? Die meisten von uns würden von einem Powerschub vor einem Bewerbungsgespräch, einer Unterredung mit einer Autoritätsperson, einer Diskussion im Seminar, einer schwierigen Besprechung, einer Verhandlung, einem Vorsprechen, einem Sportereignis oder einer Präsentation vor einer Gruppe profitieren. Mir haben auch Leute geschrieben, wie hilfreich eine Power-Haltung sein kann,

- bevor man sich in neue Situationen begibt, neue Leute trifft oder im Ausland eine Sprache spricht, die nicht die Muttersprache ist,
- wenn man für sich oder jemand anderen eintritt,
- wenn man um Hilfe bittet,
- wenn man eine – berufliche oder private – Beziehung beendet,
- wenn man seine Kündigung ausspricht,
- bevor man kritisches Feedback erhält oder gibt.

Wir stehen nicht alle vor den gleichen Herausforderungen oder sind von den gleichen Erfahrungen eingeschüchtert. Daher ist es auch wichtig, die Situationen (und Leute) zu identifizieren, die eine Körpersprache der Ohnmacht triggern – damit Sie wissen, wann Sie Power-Posen als Vorbereitung nutzen sollten. Sie werden auch enorm profitieren, wenn Sie es sich zur Gewohnheit machen, Ihre Haltung zu kontrollieren, und zwar sowohl während schwieriger Situationen als auch grundsätzlich im Tagesverlauf.

Vorbereitung mit großen Posen

Nutzen Sie große Haltungen, um zu sich selbst zu sprechen, bevor Sie sich großen Herausforderungen stellen. Indem Sie kurz vor einem Ereignis so viel Platz einnehmen, wie Sie es bequem können, sagen Sie sich selbst, dass Sie stark sind – dass Sie es draufhaben –, denn das gibt Ihnen die Freiheit, Ihr stärkstes, authentischstes Selbst einzubringen. So optimieren Sie Ihr Gehirn und sorgen für hundertprozentige Präsenz, wenn Sie sich in die Situation begeben. Stellen Sie es sich als Warm-up vor einem Event vor.

- In gewisser Weise ist jeder Tag eine Herausforderung. Bereiten Sie sich durch Power-Posen gleich als Erstes am Morgen darauf vor. Sobald Sie aufgestanden sind, begeben Sie sich nur für ein paar Minuten in Ihre Lieblingshaltungen.
- Zu Hause, im Büro oder in anderen geschützten Räumen sind Sie nicht durch gesellschaftliche Normen, Klischees oder Hierarchien eingeschränkt. Mit anderen Worten: Sie können so dominant aussehen, wie Sie möchten. Nutzen Sie das aus: mit großen Posen an solchen Orten.

- Wenn sich Ihnen die Gelegenheit bietet, nutzen Sie Abgeschiedenheit an öffentlichen Orten – posieren Sie im Aufzug, in einer Toilettenkabine oder im Treppenhaus.
- *Setzen* Sie sich in Wartebereichen nicht hin und beugen sich über Ihr Handy. Bleiben Sie lieber stehen oder gehen Sie herum.
- Wenn Sie eine Pose physisch nicht einnehmen können, tun Sie es mental: Stellen Sie sich vor, Sie befänden sich in Ihrer stärksten, expansivsten Haltung, die Sie kennen. Seien Sie in Ihren Gedanken ein Superheld.
- Wenn Sie kurz vor einer Herausforderung keine andere Möglichkeit haben als zu sitzen, dann legen Sie die Arme um die Stuhllehne und verschränken Sie die Finger. Das zwingt Sie, Ihre Schultern und den Brustkorb zu öffnen.
- Wenn möglich, treffen Sie vor Ihrem Publikum ein. Machen Sie sich damit vertraut, den Ort Ihrer Präsentation einzunehmen. Machen Sie den Raum zu dem Ihren, sodass das Publikum quasi zu Ihnen nach Hause kommt, nicht umgekehrt.[273]

In guter Haltung präsentieren

Wie wichtig es auch sein mag, vor einer anspruchsvollen Situation eine starke Power-Pose einzunehmen, genauso wichtig ist es, *während* solcher Situationen eine weniger auffällige, aber immer noch starke, aufrechte und offene Haltung beizubehalten. Power-Posen ist klasse, wenn Sie sich auf eine herausfordernde Begegnung vorbereiten, aber mitten in einem Meeting nicht so toll. Nimmt man High-Power-Posen in echten Interaktionen ein, geht der Schuss sehr wahrscheinlich nach hinten los – weil Sie Normen verletzen, andere zum Schrumpfen bringen o. Ä., wie ich bereits erklärt habe. Es ist auch nicht so leicht, eine solche Pose beizubehalten, während Sie den ganzen Tag an Ihrem Computer arbeiten. Zum Glück gibt es ein paar subtile Alternativen, wenn es nicht angebracht wäre, sich wie ein Silberrücken aufzuführen:

- Sitzen oder stehen Sie gerade, während Sie etwas präsentieren oder auf andere Weise interagieren.
- Nehmen Sie die Schultern zurück, sodass sich Ihr Brustkorb öffnet.
- Atmen Sie langsam und tief – erinnern Sie sich daran, wie richtiges Atmen uns zentrieren kann. (Das ist mit hängenden Schultern und eingesunkener Brust kaum zu bewerkstelligen.)
- Heben Sie das Kinn und halten Sie es gerade, aber nicht so hoch, dass Sie andere Leute an Ihrer Nase herunter betrachten müssen.
- Im Stehen oder Sitzen sollen Ihre Füße festen Halt haben (nicht die Knöchel verschränken). Sie sollen das Gefühl haben, nicht aus dem Gleichgewicht zu geraten, wenn jemand Sie sanft anschubsen oder gegen Sie stoßen würde.
- Gehen Sie, wenn möglich, auf und ab. Einer der wichtigsten Trends der letzten Jahrzehnte für Reden in der Öffentlichkeit ist die Bewegung weg vom Rednerpult. Warum? Weil Bewegung das Publikum mehr fesselt. Aber sie bedeutet auch mehr Energie für den Redner selbst. Denn sie erlaubt Ihnen, mehr Raum einzunehmen und auszufüllen.
- Wenn die Örtlichkeit es zulässt, machen Sie ein paar Schritte und bleiben dann an einer Stelle stehen, während Sie weiterreden. (Gehen Sie nicht unablässig auf und ab. Das wirkt nervös

und gereizt.) Bewegungen sollten weder erratisch noch ununterbrochen sein, sondern klar und definiert.[274]

- Suchen Sie Halt. Wenn Ihr Körper dazu neigt, in eine Ohnmachtshaltung zu sinken, während Sie sprechen, suchen Sie nach Halt, der Sie zwingt, sich zu strecken. Stützen Sie sich etwa im Stehen mit der Hand auf einen Tisch oder eine Stuhllehne oder auf eine Tafel. Im Sitzen können Sie sich vorbeugen und die Hände auf den Tisch legen oder die Arme auf den Lehnen ablegen, anstatt die Hände in Ihrem Schoß zu verknoten. Wenn es keine großen Stützen gibt, behelfen Sie sich mit einer kleinen: Nehmen Sie ein Wasserglas, einen Laserpointer oder eine Fernbedienung in die Hand – was auch immer Sie davon abhalten kann, die Arme hängen zu lassen und die Hände zu verschränken oder zu wringen.
- Gewöhnen Sie sich offene Gesten an: Sie wirken stark und herzlich zugleich. Wenn Sie beispielsweise die Arme mit den Handflächen nach oben ausbreiten, signalisiert das Willkommen und Vertrauen.
- Vermeiden Sie »Pinguin-Arme«. Wenn man sich unsicher und ohnmächtig fühlt, presst man oft die Oberarme – von der Achsel bis zum Ellbogen – an den Rumpf und gestikuliert nur mit den Unterarmen. (Probieren Sie es mal aus.) Das ist nur eine weitere Art zu schrumpfen, aber dadurch fühlen wir uns ängstlich und unsicher, und es lässt uns genau so wirken.[275] (Ich habe diesen hilfreichen Rat von guten Freunden – John Neffinger und Matt Kohut, ihres Zeichens Autoren und Experten für Körpersprache.)
- Nehmen Sie nicht nur physisch, sondern auch temporal, also über einen gewissen Zeitraum hinweg, Raum ein. Dieser Rat

gilt für alle Gelegenheiten, bei denen Sie vor anderen sprechen (außer wenn Sie Teilnehmer einer Gameshow sind und sehr schnell sprechen sollen), etwa bei einer Präsentation, einem Pitch, in einem Vorstellungsgespräch, bei einer schwierigen Unterhaltung, bei einer Besprechung mit Ihrem Arzt oder als Reaktion auf kritisches Feedback im Job. Wenn wir uns unsicher und unaufmerksam fühlen, hetzen wir, aus Furcht, zu viel Zeit zu beanspruchen, außerdem scheinen wir dann der Situation möglichst rasch entfliehen zu wollen.

- Machen Sie Pausen! Aus Furcht vor dem Schweigen lassen wir uns die immense Macht von Pausen entgehen.
- Versuchen Sie, die Muskeln in Ihrer Kehle zu entspannen, sodass Ihre Stimme so tief wird, wie es ihrer natürlichen Tonhöhe entspricht.
- Falls Sie einen Fehler machen – was uns allen unweigerlich mal passiert –, gestatten Sie sich nicht, innerlich zu kollabieren. Wenn Sie merken, dass das passiert, kämpfen Sie dagegen an. Nehmen Sie die Schultern zurück, entfalten Sie sich und zeigen Sie Stärke.

Achten Sie den ganzen Tag über auf Ihre Haltung

Es ist wichtig, dass Sie vermeiden, in Ohnmachts-Posen zu verfallen, die wir oft gedankenlos einnehmen. Wie kann das gelingen?

- Achten Sie darauf, was in den Momenten passiert, wenn Sie beginnen zu schrumpfen, zu kollabieren, quasi zu verschwinden. Welche Situationen und Stimuli lösen das aus? Welche spezifischen Dinge geben Ihnen das Gefühl der Ohnmacht? Allein schon dieses Bewusstsein wird Ihnen helfen, dem Drang zu widerstehen, wenn Sie sich das nächste Mal in einer ähnlichen Lage befinden.

- Sorgen Sie für Erinnerungshilfen in Bezug auf Ihre Haltung:
  - Machen Sie Ihr Handy vom Feind zum Verbündeten.
  - Speichern Sie eine stündliche Erinnerung ein, damit Sie Ihre Haltung kontrollieren.
  - Hüten Sie sich vor dem iBuckel.
  - Kleben Sie Notizzettel an Türen und andere Stellen im Büro oder zu Hause und über Ihren Bildschirm.
  - Lassen Sie sich von vertrauenswürdigen Freunden, Verwandten und Kollegen helfen. Bitten Sie sie, darauf zu achten, ob Sie in sich zusammensinken (und fragen Sie, ob Sie das Gleiche für sie tun sollen).
- Organisieren Sie die Räume, in denen Sie sich aufhalten, so, dass diese Ihnen eine gute Haltung erleichtern.
  - Mein Kollege Nico Thornley platziert seine Maus immer so weit von sich entfernt, dass er sich strecken muss, um sie zu erreichen.
  - Hängen Sie einige Bilder von Leuten und Dingen, die Sie glücklich machen, hoch genug an die Wände, sodass Sie sich strecken und aufschauen müssen, um sie zu gut sehen zu können.
- Wenn Sie für gewöhnlich in Fötushaltung schlafen, strecken Sie sich kurz vor dem Einschlafen bewusst aus. Und wenn Sie in Fötushaltung aufwachen, strecken Sie sich zumindest, bevor Sie aufstehen.

- Verbinden Sie die Power-Posen so oft es geht mit Ihrer täglichen Routine. So stützt beispielsweise meine Forschungsassistentin Anna beim Zähneputzen immer einen Arm auf der Taille ab.
- Wenn Sie viel Zeit am Telefon verbringen, benutzen Sie ein Headset und strecken Sie sich beim Sprechen (oder Zuhören), anstatt die Arme an den Rumpf zu drücken (auch um das Telefon ans Ohr zu halten).
- Ständig erfahren wir mehr über die vielen psychischen und sonstigen gesundheitlichen Vorteile des Arbeitens im Stehen, ob am Computer oder sonst wie. Falls Sie die Möglichkeit dazu haben, probieren Sie es doch einfach mal aus.[276]
- Gönnen Sie sich im Tagesverlauf Pausen für Spaziergänge. Erwägen Sie auch, Besprechungen im Gehen abzuhalten, was nicht nur Ihre Stimmung verbessern wird, sondern auch die Kommunikation, den Arbeitseinsatz und die Fähigkeit zu kreativer Problemlösung.[277]
- Sie können sich auch ein tragbares kleines Gerät kaufen, das Ihre korrekte Haltung überwacht und Sie gegebenenfalls erinnert, aber für viele Menschen sprechen die Kosten dagegen. Die entsprechende Technik entwickelt sich in halsbrecherischem Tempo, daher empfehle ich kein bestimmtes Gerät; aber es gibt zahlreiche Möglichkeiten.
- Frieren Sie wegen der Klimaanlage in Ihrem Büro ständig? Dann hören Sie auf, sich wie ein Fötus in ein Tuch, einen Schal, eine Decke, eine übergroße Strickjacke oder was auch immer zu kuscheln. Es tut mir leid, wenn ich wie eine strenge Mutter klinge, aber ziehen Sie zum Warmhalten lieber mehrere Schichten übereinander an!

- Nutzen Sie die jeweiligen Gegebenheiten, um sich zu dehnen. Besuchen Sie ein Fitnessstudio, gehen Sie joggen oder nehmen Sie Yoga- oder Tanzunterricht. Lassen Sie sich keine Gelegenheit zur Expansion entgehen!

Kapitel 10

Sich selbst einen Ruck geben: Wie kleine Veränderungen Großes bewirken können

»Jeder vermag, seine Last zu tragen, wie hart sie auch sein mag, bis der Abend anbricht. Jeder vermag für einen Tag, seine Arbeit zu tun, wie hart sie auch sein mag. Jeder vermag, süß, geduldig, liebevoll, rein zu leben, bis die Sonne untergeht. Und das ist alles, was das Leben wirklich ausmacht.«

Robert Louis Stevenson

Bei bestimmten Formen von Druck geriet ich früher in Panik. Wenn ich beispielsweise eine negative Beurteilung oder Absage für einen Artikel erhielt, den ich bei einer wissenschaftlichen Zeitschrift eingereicht hatte, wechselte ich in den totalen Mach-es-besser-indem-du-was-tust-egal-was-Modus. Ohne Atem zu holen, stürzte ich mich sogleich wieder in die Arbeit, zerlegte die Kommentare des Herausgebers oder Kritikers bis zum Erbrechen, zerbrach mir den Kopf darüber und ging dann auf jeden einzelnen davon ein, und zwar in einer »perfekten« Überarbeitung. Außerdem verfasste ich den klügsten, sorgfältigsten Antwortbrief und schickte das Ganze sogleich wieder zurück. Sofort. Und all das aus einer Haltung der Furcht und einem Gefühl der Bedrohung heraus.

Oft genug ermahnte meine Freundin Holly, eine unbeirrbare Stimme der Vernunft, mich: »Du musst heute erst mal gar nichts tun.« Und in den meisten Fällen hatte sie recht. Ich musste am jeweiligen Tag überhaupt nichts tun. Mindestens sollte ich eine Nacht darüber schlafen (was psychologisch bewiesen oft die Qualität unserer Entscheidungen verbessert und worüber ich in der Vergangenheit bereits geschrieben habe[278]).

Einige Jahre später erkannte ich zwei Dinge. Erstens, dass es eine starke Aktion ist, sein Tempo zu verringern. Allein schon langsamer zu sprechen, Pausen einzulegen und Raum einzunehmen bedeutet Stärke; das Gleiche gilt auch dafür, sich Zeit zu nehmen, um zu überlegen, wie man reagiert, und so den eigenen Entscheidungsprozess in Momenten mit hohem Druck zu verlangsamen. (»Perfektionismus«, schrieb Anne Lamott, »ist die Stimme des Unterdrückers, des Feindes der Menschen. Sie zwingt Sie Ihr Leben lang zu Verkrampftheit und Irrsinn.«[279]) Verlangsamung ist nur eine andere Form von Expansion. Holly empfahl mir, mir Zeit zu nehmen – meine Zeit, also etwas, das mir bereits gehörte.

Denn etwas galt für mein übereiltes, panisches Reaktionsverhalten: Als würde ich mich selbst körperlich klein machen, war es Ausdruck eines Gefühls der Ohnmacht und ging immer ins Auge. Warum sich beeilen, um eine Entscheidung zu treffen, die wahrscheinlich eine armselige ist, wenn Stress mich ohnehin schon daran hindert, mit voller Kraft zu agieren? Das bedeutet nicht Stärke, sondern lediglich Reaktivität.

Ein Zug außer Kontrolle wird sich, zumindest nach Isaac Newton, bewegen, bis eine Kraft ihn zum Halten zwingt. Um zu bremsen – um den außer Kontrolle geratenen Zug meiner Gedanken zu stoppen –, brauchte ich Kraft. Um mein Tempo zu verlangsamen, brauchte ich das Gefühl, dazu berechtigt zu sein. Meine Erfahrung von Ohnmacht in diesen Augenblicken großen Drucks brachte mich dazu, meinen Entscheidungsprozess wie verrückt zu beschleunigen und mich auf viel weniger Raum zusammenzuquetschen, als mir eigentlich zustand – und das konnte ja niemand guttun. Ich musste aufhören, dem Gefühl der Machtlosigkeit nachzugeben, und anfangen, auf meine persönliche Stärke zuzugreifen, was mir schwerfiel.

Zweitens, und das mag jetzt etwas seltsam klingen, bedeutete, nichts zu tun, ja auch, etwas zu tun. Es milderte mein Empfinden einer Bedrohung. Das Nichtstun erinnerte mich daran, dass ich sehr wohl einige Kraft besaß, um den dahinrasenden Zug zu stoppen. Und es befreite mich, sodass ich die Situation mit voll funktionsfähiger kognitiver Maschinerie sehen und darauf reagieren konnte – mit einem besser funktionierenden Gedächtnis, größerer Klarheit und der Fähigkeit, verschiedene Perspektiven einzunehmen. Nichts tun bewirkte demnach nicht nur etwas, sondern es war sogar noch viel besser, als irgendetwas zu tun, erst recht besser als das, was ich immer getan hatte.

Jedes Mal wenn ich versuchte, ein wahrgenommenes Problem oder eine Bedrohung hastig und nervös sofort zu »reparieren«, war ich hinterher nie damit zufrieden, was ich getan hatte. Und das Ergebnis fiel auch nie aus wie gewünscht. Wie im ersten Kapitel erläutert hat Präsenz und Ausstrahlung nichts mit Gewinnen zu tun. Sie lässt sich nicht nach Wunsch für ein bestimmtes Ergebnis motivieren – obwohl das Ergebnis wahrscheinlich besser ausfällt, wenn Sie präsent sind. Es geht vielmehr darum, Ihren größten Herausforderungen ohne Schrecken zu begegnen, sie furchtlos zu meistern und sie ohne Bedauern hinter sich zu lassen.

Wir gelangen dort nicht hin, indem wir beschließen, uns ab sofort zu ändern. Wir tun das auf sanfte Weise, schrittweise, indem wir uns selbst anstupsen – jedes Mal ein Stückchen weiter. Ich selbst musste mich tatsächlich jedes Mal, wenn ich den Druck wichtiger Entscheidungen verspürte, dazu zwingen, mein Tempo zu drosseln und weniger fixiert auf die Ergebnisse zu sein. Ich konnte mich nicht sofort ändern, einfach indem ich die Änderung beschloss. Aber jedes Mal, wenn ich mich in die richtige Richtung schubste, schuf ich damit eine Erinnerung, auf die ich das nächste Mal zurückgreifen konnte, wenn ich wieder Panik verspürte. Ich konnte mir selbst sagen: »Das habe ich schon mal geschafft, also warum nicht wieder?« Das Verlangsamen verstärkte sich auf diese Weise selbst. Und weil ich nun in der Lage war, mich zu beruhigen und aus der Warte der Vernunft, nicht der Bedrohung, zu reagieren, wurde mein Verhalten auch von anderen Menschen verstärkt.

Auf diese Weise »genas« ich auch von einer traumatischen Hirnverletzung – schrittweise, nach und nach und quälend langsam.[280] Wenn Leute fragen: »Wie hast du dich erholt?«, dann ist das eigentlich die einzige Antwort, die ich darauf habe. Ich habe mich selbst angeschubst und durch unzählige miese Tage getrieben. Jede winzig kleine persönliche Erfahrung einer Verbesserung wurde mir zur neuen Quelle von Inspiration und Information – eine Erinnerung daran, dass ich es weiterhin versuchen konnte. Jedes Mal, wenn es mir gelang, eine Vorlesung zu absolvieren, ohne in Panik zu geraten, weil ich Mühe hatte, kognitiv zu verarbeiten, was ich hörte, war das ein kleiner Sieg. Und als es dann leichter wurde, reagierten andere auf mich, als wäre ich tatsächlich kompetent und stark – auch wenn ich mir das selbst noch nicht abnahm.

In einer Million Jahre hätte ich mir nicht vorgestellt, Professorin in Harvard zu werden. 1992 wollte ich es nur von Woche zu Woche schaffen, ohne die Hoffnung zu verlieren. Einen Kurs schaffen, ohne ans Aufgeben zu denken (und ich gab mehr als einen auf, weil mein Gehirn für den Unterricht einfach noch nicht bereit war). Ich hatte kein konkretes Ziel im Sinn. Ich wollte mich einfach wieder ein bisschen mehr wie ich selbst fühlen, ein bisschen schärfer, weniger, als würde ich aus einem Goldfischglas nach draußen schauen, und mehr wie eine Beteiligte daran, was gerade passierte. Ich kann nicht einmal behaupten, dass ich all die Veränderungen voll und ganz bewusst zur Kenntnis nahm.

So funktioniert das. In jeder Situation, die eine Herausforderung darstellt, geben wir uns selbst einen kleinen Ruck: Wir ermutigen uns, etwas mehr Mut zu haben und ein bisschen entschlossener aufzutreten – aus den Mauern unserer eigenen Furcht, Unsicherheit und Ohnmacht vorzutreten. Ein bisschen mehr Präsenz zu zeigen. Und nach und nach, im Laufe der Zeit, gelangen wir dorthin, wo wir sein wollen … selbst wenn wir diesen Ort zu Anfang selbst noch gar nicht hätten benennen können.

Anstöße

Um das Jahr 2005 herum begann eine Gruppe von Wirtschaftswissenschaftlern und Psychologen auf der Basis von Ergebnissen vieler Studien die These zu erforschen, dass die beste Methode, um menschliches Verhalten zu verbessern, nicht darin besteht, große Veränderungen der Einstellungen und Vorlieben zu erbitten oder zu verlangen, sondern darin, die Leute auf subtile, kaum wahrnehmbare Weise in eine heilsame Richtung zu stupsen. Die Methoden dieses Ansatzes sind weder dramatisch noch stark und die erzielten Änderungen anfangs konservativ. Aber im Laufe der Zeit breiten sich die Veränderungen aus und verstärken sich. Schrittweise bauen sie aufeinander auf und wandeln letztlich nicht nur das Verhalten, sondern auch Einstellungen und sogar gesellschaftliche Normen, was wiederum die Verhaltensänderungen innerhalb von Gemeinschaften und darüber hinaus verstärkt und ausweitet. Sie werden letztlich zum neuen Status quo.

Im Jahr 2008 veröffentlichten der Wirtschaftswissenschaftler Richard Thaler von der University of Chicago und Professor Cass Sunstein von der Harvard Law School den Bestseller *Nudge* (dt. *Nudge: Wie man kluge Entscheidungen anstößt*), der Entscheidungsträger in aller Welt veranlasste, ihre Ansichten über menschliches Verhalten zu überdenken. 2010 beauftragte der britische Premierminister David Cameron das Behavioural Insights Team, das auch Nudge Unit genannt wurde, diese neue Wissenschaft zu testen und im Sozialwesen anzuwenden: Ziel war es, den Zugang zu und die Nutzung von Sozialeinrichtungen zu verbessern und effektivere Strategien zu entwickeln. In einer Anwendung wurden die britischen Steuerzahler lediglich daran erinnert, dass viele Mitbürger ihre Steuern pünktlich entrichten, wodurch die Nudge Unit die Zahl der pünktlichen Steuereingänge drastisch erhöhen konnte; am Ende wurden dadurch 210 Millionen Pfund mehr eingenommen. Für eine so preiswerte Intervention kein schlechtes Ergebnis.[281] 2013 begann die US-Regierung ihr eigenes Team von Verhaltensforschern zu engagieren, das man auch als Nudge Squad – also Anstoß-Truppe – bezeichnete, um gesellschaftliche Probleme wie ungesunde Ernährung, Schulabbruch u. Ä. anzugehen.

Bedenken Sie diese wahre Geschichte funktionierender Denkanstöße. Alte Ansätze, um den Energieverbrauch in Privathaushalten zu verringern, forderten die Menschen zu großen Änderungen auf, etwa indem sie ihre Häuser isolierten oder neue Haushaltsgeräte mit geringerem Stromverbrauch anschafften. Was ist daran falsch? Es ist eine zu große Bitte. Nur ein kleiner Prozentsatz von Leuten kam ihr nach. Und tendenziell waren das Menschen, deren Ansichten und Lebensumstände schon ziemlich genau dem erwünschten Verhalten entsprachen. Jemand, der, sagen wir, ein Haus besitzt (und nicht mietet), sich als Umweltschützer versteht, Interesse an einer Renovierung seiner Küche hat und über genug Geld verfügt, zieht vielleicht die Anschaffung einer neuen Geschirrspülmaschine in Erwägung. Obwohl diese Maßnahmen für die wenigen, die sie umsetzten, eine beträchtliche Energieersparnis bedeuteten, waren die meisten nicht bereit, Tausende Dollar auszugeben, nur weil eine allgemeine Empfehlung auf der Rückseite der Stromrechnung stand. Die Aufforderung zu so großen Veränderungen taugte nicht, um die Einstellung von Leuten zu ändern, die sich nicht ohnehin schon Gedanken übers Energiesparen machten.

Im Jahr 2006 beschlossen zwei junge Männer, es mit einem ganz anderen Ansatz zu versuchen. Sie starteten Opower, eine Firma, deren Ziel es war, dass die Leute weniger Energie verbrauchten. Anstatt große, teure Neuerungen vorzuschlagen, stießen sie zu kleinen, schrittweisen Veränderungen an, indem sie den Leuten einfach mit Hilfe von Smileys Feedback zu ihrem persönlichen Energieverbrauch im Vergleich zu dem der Nachbarn gaben. Je mehr Smileys jemand bekam, desto besser schnitt er im Vergleich zur Nachbarschaft ab. Diese winzige Intervention führte zu einer Energieeinsparung zwischen 1,5 und 3,5 Prozent bei 75 Prozent der kontaktierten Haushalte. Und zwar nicht nur in ein, zwei Städten, sondern an unterschiedlichen Orten und in demografisch sehr unterschiedlichen Gegenden in ganz Amerika. Vergleichen Sie diese Methode mit der älteren, schwergängigen, die nur zu Änderungen bei einem winzigen Prozentsatz von Haushalten führte.[282]

Frühe Nudge-Forscher wie der Psychologe Daniel Kahneman definierten Nudges als »Investitionen in Nanogröße«, die »Vorteile mittlerer Größe« bewirken.[283] Die Kosten sind gering, und die Mechanismen funktionieren darüber, was die Verhaltensökonomie »Entscheidungsarchitektur« nennt – Kontexte, die extra so gestaltet sind, dass man zu guten Entscheidungen neigt.[284]

Nudges wirken aus mehreren Gründen. Erstens sind sie klein und erfordern nur minimale psychologische und körperliche Verpflichtung. Opower brachte ans Licht, dass sogar Menschen, die sich nicht als Umweltschützer betrachteten, bereit waren, ihren Energieverbrauch ein wenig zu reduzieren, nachdem sie erfahren hatten, dass ihre Nachbarn das taten.

Zweitens *funktionieren Nudges mittels psychologischer Abkürzungen.* Wie ich schon mehrmals erwähnt habe, verfügen wir nur über begrenzte kognitive Ressourcen. Das bedeutet, wir können nicht all die Informationen berücksichtigen, die uns zu jeder unserer Entscheidungen zur Verfügung stehen. Eine Abkürzung besteht darin, einfach das zu tun, was mit der geringsten Scham oder

Peinlichkeit im Verhältnis dazu, was andere tun, verbunden ist. Im Fall von Opower wurde das Verhalten der Leute durch *normativen Einfluss* angestoßen (also durch die Entscheidung, wie man sich im Hinblick auf das gesellschaftlich Angemessene benehmen soll) und nicht durch *informativen Einfluss* (also eine Verhaltensentscheidung auf der Basis einer Einschätzung der objektiven Realität). Menschliches Verhalten wird eher durch Ersteres bestimmt als durch Letzteres. Wir schauen oft darauf, was andere Leute tun, und leiten davon ab, welches Handeln angemessen ist, insbesondere wenn wir uns mit diesen Menschen identifizieren. Je ähnlicher andere uns sind, desto mehr Einfluss haben sie auf unser Verhalten. Obwohl viele das beunruhigend finden, ist es eine Tatsache, dass wir, sosehr wir uns gern als einzigartige Individuen empfinden, es uns doch ein sehr großes Anliegen ist, uns anzupassen. Das soll nicht heißen, wir würden alle von einer Klippe springen, wenn wir sähen, dass unsere Freunde dies tun; es bedeutet einfach, dass wir uns bei einem nicht sonderlich aufwendigen Verhalten lieber anpassen, als viel Zeit und kognitive Energie zu investieren, um genau herauszufinden, was »das Richtige« oder »das Beste« wäre.

Drittens funktioniert, auch wenn die meisten Menschen glauben, unser Verhalten sei eine Folge unserer Ansichten (so sei etwa der Grund für den Kauf eines bestimmten Produkts unsere positive Einstellung dazu), die Kausalität zwischen Ansicht und Verhalten genauso in umgekehrter Richtung – dann folgen unsere Ansichten unserem Verhalten. Konkret heißt das: Wir haben eine positive Einstellung zu einem Produkt, weil wir es bereits gekauft haben – und vielleicht haben wir das getan, weil ein Freund es benutzt, weil es ein Sonderangebot war oder einfach, weil es im Regal am besten positioniert war.

Studien, die zeigen, wie leicht wir uns von anderen beeinflussen lassen, erregten in der Vergangenheit viel Aufmerksamkeit. Aber was ist mit unserem eigenen Einfluss auf uns selbst?

2013 begann ich, über drei Prinzipien nachzudenken – *minimale psychologische und körperliche Verbindlichkeiten, die Benutzung psychologischer Abkürzungen sowie Einstellungen, die dem Verhalten folgen* – und darüber, ob diese sich für die persönliche Veränderung aus eigenem Antrieb nutzen lassen. So wie Organisationen einen Denkanstoß zum Verhalten großer Gruppen geben können, sind Individuen in der Lage, sich selbst den Anstoß zu gesünderen, produktiveren Gewohnheiten zu geben.[285]

Die Idee dahinter war, dass schrittweise Veränderungen, die auf winzigen Anstößen basierten, letztlich nicht nur zu beruflichem Erfolg, sondern auch zu Selbstvertrauen, Behaglichkeit, verbesserter Selbstwirksamkeit, einer gesteigerten Beziehungsqualität, Gesundheit und Wohlbefinden führen würden. Im Allgemeinen erwarten die Leute von solchen Anstößen überhaupt nicht viel, wenn sie dann eine Veränderung bemerken, sind sie oft erstaunt – »Hey, das funktioniert ja wirklich!«.

Self-Nudges, wie ich sie nannte, sind minimale Modifikationen in der eigenen Körpersprache und/oder Geisteshaltung, die unmittelbar kleine Verbesserungen für Psyche und Verhalten bewirken sollen. Winzige Justierungen mit dem Potenzial, im Laufe der Zeit zu großen Veränderungen zu führen. Im Unterschied zu ehrgeizigeren, programmatischen Änderungen, langfristigen Lebenszielen und erzwungenen Selbstaffirmationen von Dingen, die wir nicht wirklich glauben, sprechen Self-Nudges unsere natürlich veranlagten Neigungen an. Wenn Sie sich selbst einen kleinen Schubs geben, ist die Kluft zwischen der Realität und Ihrem

Ziel klein; das wirkt nicht beängstigend, sodass die Wahrscheinlichkeit, dass Sie aufgeben, gering ist. In der Folge wird Ihre Verhaltensänderung authentischer und dauerhafter sein und sich eher selbst verstärken.

Veränderung in kleinen Schritten

Auf dem Gebiet der Veränderung der eigenen Person hat niemand wichtigere psychologische Forschungsarbeit geleistet als Carol Dweck und ihre Mitarbeiter. In einem Experiment nach dem anderen und mit Tausenden Schülern hat Dweck gezeigt, dass Kinder in der Schule Erfolg haben, wenn sie sich das aneignen, was sie ein dynamisches Selbstbild (*growth mind-set*) nennt – die Überzeugung, dass sie sich auf einem bestimmten Gebiet verbessern können. Im Gegensatz dazu steht das statische Selbstbild (*fixed mind-set*), die Überzeugung, dass die eigenen Fähigkeiten in Stein gemeißelt sind und sich nicht ändern lassen. Wenn Kinder (und Erwachsene) sich auf den Prozess konzentrieren anstatt auf die Ergebnisse, verbessert sich ihre Leistung merklich und in dramatischem Ausmaß. In einem TEDx-Talk[286] sagte Dweck:

> Ich habe mal von einer Highschool gehört, wo die Schüler eine Reihe von Kursen bestehen mussten, um ihren Abschluss zu machen, und wenn sie einen Kurs nicht bestanden, erhielten sie die Note »Not Yet« (*noch nicht*). Das fand ich fantastisch, denn mit der Bewertung »nicht bestanden« oder »durchgefallen« denkt man sich, ich bin ein Nichts, ich schaffe nichts. Aber mit einem »noch nicht« begreift

man, dass man sich auf einer Lernkurve befindet. Das zeigt einen Weg in die Zukunft auf.

Dweck zeigt, dass die meisten amerikanischen Schulen unabsichtlich darauf ausgerichtet sind, ein zum Scheitern verurteiltes, statisches Selbstbild zu vermitteln, das die Aufmerksamkeit der Kinder auf Noten, Tests und Leistungsnachweise richtet und sie für ihre Intelligenz und ihr Talent lobt. Sie argumentiert, dass Schulen stattdessen bewusst ein dynamisches Selbstbild fördern und die Anstrengung, Strategien, Konzentration, Durchhaltevermögen, Begeisterung und Verbesserung der Schüler loben sollten. »Dieses Lob für einen Prozess«, erklärt Dweck, »bringt Kinder hervor, die widerstandsfähig und belastbar sind.« Es lenkt die Aufmerksamkeit der Kinder eher auf die Entwicklung als auf das Ergebnis und kultiviert die Überzeugung, dass eine schwierige Aufgabe eher eine Herausforderung darstellt, es zu versuchen, als eine Gelegenheit, um das eigene Scheitern zu demonstrieren.

Dieses Prinzip ist nicht auf akademischen Erfolg beschränkt. David Scott Yeager von der University of Texas in Austin suchte nach Wegen, um einsetzende Depressionen bei Teenagern zu verhindern, die zu Beginn der Highschool relativ verbreitet sind. Eines der Probleme war in seinen Augen, dass Jugendliche meinen, Persönlichkeiten seien statisch, nicht veränderbar, was eine ziemlich demoralisierende Sache in einer Zeit ist, wenn viele von uns nicht besonders viel von sich selbst halten und wenn wir uns sozial einer Kategorie und Schicht zugeordnet fühlen. Also führte er eine Studie mit sechshundert Schülern aus neunten Klassen an drei verschiedenen Highschools durch. Ein Teil der Jugendlichen las einfach einen Text darüber, dass die Persönlichkeit nichts in Stein Gemeißeltes ist, in dem auch erwähnt wurde, dass weder Mobben noch Gemobbtwerden die Folge bestimmter Charakterzüge ist. Dann bekamen sie noch einen Artikel über die Formbarkeit des Gehirns. Anschließend sollten sie in eigenen Worten wiedergeben, wie die Persönlichkeit sich ändern kann. Neun Monate später wiesen diejenigen, die die Texte gelesen hatten, im Durchschnitt keinen Anstieg von Depressionssymptomen auf. Die Jugendlichen der Kontrollgruppe jedoch (die anstatt über die Persönlichkeit etwas über die Formbarkeit sportlicher Fähigkeiten gelesen hatten) zeigten einen 39-prozentigen Anstieg bei Depressionssymptomen – was der Verbreitung von Depression unter Heranwachsenden gemäß bisheriger Forschung entsprach.[287]

Denkanstöße, kleine Schubser oder Nudges haben teilweise mit Entscheidungsarchitektur zu tun – weil es darum geht, eine Umgebung zu schaffen, in der Menschen gute Entscheidungen treffen. Stupst man sich selbst an, bedeutet das die Möglichkeit, Architekt und Bauwerk zugleich zu sein. Wer sich ein starkes Gebäude errichtet, der schafft einen Raum für gesundes Verhalten in seinem eigenen Leben.

Wie wir uns selbst anstupsen: Von winzigen Korrekturen zu großen Veränderungen

In gewisser Weise ist das einfache Adjustieren, die Ausrichtung, unserer Haltung die ultimative winzige Korrektur. Aber wie können wir dafür sorgen, dass die Wirkungen von Dauer sind? Das fragen mich Leute oft. Es ist eine trickreiche Frage, denn wenn wir Probanden allein in unseren Laboren belassen würden, mit nichts zu tun und niemand zum Interagieren, dann bin ich mir ziemlich sicher, dass jegliche positive Wirkung des Power-Posens sich rasch verflüchtigen würde. Damit die Wirkung erhalten bleibt, braucht man Gelegenheiten, bei denen sie Wurzeln schlagen, wachsen, sich verfestigen kann. Sie braucht Verstärkung. Und das passiert so:

Erstens *verstärkt unser Verhalten unser Verhalten* in vielerlei Hinsicht.

Wie ich bereits erwähnt habe, leiten wir unsere Einstellung öfter von unserem Verhalten ab als umgekehrt – also eher so, dass wir uns gemäß unserer Einstellung verhalten. Diese Vorstellung ähnelt der von William James gut belegten Hypothese, wonach unsere Gefühle aus dem entstehen, was wir zum Ausdruck bringen.

Wenn wir sehen, dass wir etwas einmal mit Mut oder Kompetenz tun, dann können wir uns beim nächsten Mal angesichts einer ähnlichen Herausforderung daran erinnern, was es uns leichter macht, beim zweiten, dritten Mal usw. gut damit umzugehen. Unsere Gefühle der Handlungsfähigkeit und Selbstwirksamkeit werden gestärkt, unser Eindruck, etwas zu verdienen, steigt, und unsere Fähigkeit, eher im Moment zu sein, als uns darüber Sorgen zu machen, wächst. Wir bewegen uns davon weg, gute Resultate externen Ursachen zuzuschreiben (etwa Glück oder Hilfe von anderen), und bringen sie zunehmend in Zusammenhang mit internen Ursachen (wie Beharrlichkeit, Intelligenz).

Wenn wir nonverbale Interventionen nutzen, etwa tiefes Atmen, Lächeln, aufrechtes Sitzen und Power-Posen, dann werden wir nicht von irreführenden, aktuellen Selbsteinschätzungen unseres guten oder schlechten Verhaltens abgelenkt. Das ist der »stets berechnende, selbstbewertende, brodelnde Kessel der Gedanken, Vorhersagen, Befürchtungen, Urteile und unablässigen Metaerfahrungen über die Erfahrung selbst«, wie Maria Popova es nannte (siehe Kapitel 1). Stattdessen sind wir präsent und performen so gut, wie wir es in dem Moment vermögen. Unsere Performanceänderung nach der Intervention bemerken wir erst später, bei der gesunden Reflexion (im Gegensatz zu ungesundem Grübeln). Power-Posen kann Ihren Sollwert schrittweise ändern, was im Laufe der Zeit zu großen Verhaltensänderungen führt. Es kann eine kaskadenförmige Wirkung auf andere Veränderungen haben, die sich verstärkt und auf die ursprüngliche Veränderung aufbaut.

Physiologische Veränderungen – etwa die hormonellen Veränderungen, die mit Power-Haltungen einhergehen – verstärken das damit verbundene Verhalten. So steigt etwa unser Cortisolspiegel an, wenn wir uns fürchten, was bewirkt, dass wir aus der Perspektive einer Bedrohung agieren, sodass unsere Furcht nur verstärkt wird, wenn wir uns das nächste Mal einer ähnlichen Herausforderung gegenübersehen. Ist unser Testosteronspiegel jedoch hoch, steigt die Wahrscheinlichkeit, dass wir gewinnen, was unseren Testosteronspiegel nur noch weiter in die Höhe treibt.

Körper-Seele-Nudges vermeiden die zentralen psychologischen Hindernisse, die Seele-Seele-Interventionen wie beispielsweise verbalen Selbstaffirmationen (sich selbst sagen: »Ich bin selbstbewusst!«) innewohnen. Warum scheitern solche Bemühungen oft? Weil sie erfordern, dass Sie sich selbst etwas sagen, woran Sie nicht glauben, zumindest nicht in diesem Moment. Während Sie mit Selbstzweifeln ringen, werden Sie sich sicher nicht glauben, wenn Ihre eigene Stimme Ihnen versichert, es sei falsch, dass Sie an sich zweifeln (und zwar selbst dann, wenn es tatsächlich falsch ist). Allgemeine Selbstaffirmationen können zu Übungen in Selbstkritik werden, insbesondere wenn man sowieso schon gestresst und extrem sensibilisiert für die Beurteilung durch andere ist, damit verstärken Sie am Ende nur Ihr Misstrauen gegen sich selbst. Körper-Seele-Ansätze wie Power-Posen verlassen sich auf den Körper, der über eine primitivere und direktere Verbindung zur Seele verfügt, um Ihnen zu sagen, dass Sie selbstbewusst sind, sodass Sie die psychologischen Stolpersteine umgehen können.

Die zweite Methode, um mit Anstößen bei sich selbst dauerhafte Wirkung zu erzielen, besteht darin, *unser Verhalten durch andere Menschen verstärken* zu lassen.

Nonverbale Kommunikation findet nicht so statt, dass einer »spricht« und ein anderer zuhört. Es ist eine Unterhaltung in zwei Richtungen, weil die Äußerung einer Person eine ähnliche Reaktion auslöst. Diese Interaktionen verstärken die Eindrücke, die wir voneinander und von uns selbst gewinnen; das beeinflusst unser Verhalten nicht nur im unmittelbaren Austausch, sondern auch beim nächsten Mal, wenn wir uns in einer ähnlichen Lage wiederfinden.

In einem der berühmtesten psychologischen Experimente aller Zeiten erklärte man den Lehrern an einer Grundschule in Kalifornien zu Beginn des Schuljahrs, dass basierend auf Tests, die man vorgenommen hatte, Experten erkannt hätten, dass eine bestimmte Gruppe ihrer Schüler im kommenden Jahr einen schulischen Entwicklungsschub erleben würde.[288] Man nannte den Lehrern die Namen dieser Schüler. Was die Lehrer jedoch nicht wussten: Diese Information war Unfug. Zwar hatten alle Schüler den Test absolviert, doch dann hatte man nach dem Zufallsprinzip einigen diesen Schub unterstellt, obwohl sie sich nicht von denen unterschieden, die man ebenso zufällig in die Vergleichsgruppe gesteckt hatte. (Beachten Sie bitte, dass dieses Experiment in den 1960er-Jahren durchgeführt wurde und zwar den damals geltenden Standards entsprach, heutigen ethischen Anforderungen jedoch nicht mehr entsprechen würde. Sie brauchen sich also keine Sorgen zu machen – es besteht keine Gefahr, dass Ihre Kinder in eine ähnliche Studie geraten.)

Was glauben Sie, passierte dann? Würden Sie eines Ihrer eigenen Kinder anders behandeln, wenn man Ihnen sagte, es stünde kurz vor einem signifikanten intellektuellen Entwicklungsschub? Wie verhielten Sie sich gegenüber einem Angestellten, einem Freund?

Nun, die Lehrer verhielten sich den vermeintlichen Überfliegern gegenüber so, dass deren intellektuelle Entwicklung erleichtert wurde. Sie wurden öfter aufgerufen, man reagierte mit mehr Ermutigung und Bestätigung auf sie, gab ihnen mehr Gelegenheiten zum Lernen usw. Im Ergebnis übertrafen am Schuljahresende die Überflieger die Kinder der Kontrollgruppe im selben Test, in dem sie sich zu Jahresbeginn in Wirklichkeit nicht unterschieden hatten. So funktionieren sich selbst erfüllende Prophezeiungen: Wir erwarten, wie jemand ist und wie sich jemand wahrscheinlich benimmt, dann behandeln wir denjenigen so, dass dieses Verhalten wahrscheinlich ausgelöst wird und unsere anfänglichen Erwartungen bestätigt usw.

In einem berühmten Aufsatz von 1974 präsentierten Psychologen der Universität Princeton zwei Experimente zur selbsterfüllenden Macht von Körpersprache.[289] Die Forscher wollten herausfinden, ob weiße Mitarbeiter der Zulassungsstellen an Colleges unbewusst eine kalte, desinteressierte und entmutigende Körperhaltung einnahmen (z. B. indem sie sich von den Bewerbern abwandten, die Arme verschränkten und nicht nickten), wenn sie Bewerbungsgespräche mit Schwarzen führten, und ob sich das, falls es zutraf, auf die Performance der Bewerber auswirkte. Im ersten Experiment bekamen die weißen Angestellten nach dem Zufallsprinzip farbige oder weiße Bewerber zugeteilt. Tatsächlich benutzten sie, wenn sie dunkelhäutige Bewerber vor sich hatten, eine kalte, distanzierte Körpersprache, und die schwarzen Bewerber schnitten bei den Gesprächen schlechter ab als die weißen. Im zweiten Experiment wurden die ausgebildeten weißen Zulassungsbeamten in zwei Gruppen aufgeteilt und sollten sich entweder einer kalten, distanzierten oder einer freundlichen, zugewandten Körpersprache bedienen. Dann bekamen sie zufällig Bewerber mit heller oder dunkler Hautfarbe zugeteilt. Diese schnitten unabhängig von ihrer Hautfarbe gleichermaßen schlecht ab, wenn ihr Gegenüber sich kühl und desinteressiert gab.

Noch dazu entsprach in beiden Fällen die Körpersprache der Bewerber der ihrer Gesprächspartner. Unbewusst ahmten sie nach, was diese taten, wie Menschen es im sozialen Kontext üblicherweise tun. Kurz gesagt: Unsere Körpersprache, die oft auf Vorurteilen basiert, prägt die Körpersprache der Menschen, mit denen wir interagieren. Wenn wir erwarten, dass andere schlechte Leistungen erbringen, bedienen wir uns einer Körpersprache, die abschreckend und entmutigend ist. Natürlich nehmen diese die Signale auf und reagieren wie erwartet – mit schlechter Performance. Wie sollte jemand unter solchen Umständen bei einem Bewerbungsgespräch glänzen?

Ist unsere Körpersprache selbstbewusst und offen, reagieren andere Menschen in derselben Weise und verstärken dadurch nicht nur ihre Wahrnehmung von uns, sondern auch unsere Wahrnehmung von uns selbst.

Warum viele beliebte Ansätze, sich selbst zu ändern, scheitern – und sogar schaden

Warum soll man sich selbst einen Ruck geben? Warum sich nicht einfach nur vornehmen, sein Verhalten zu ändern, und das dann umsetzen? Nun, genauso wie die Versuche, den Energieverbrauch zu verringern, indem man Leute zu großen Veränderungen animiert – etwa ihre Häuser besser zu isolieren –, ermutigen wir uns selbst zu großen Veränderungen. In beiden Fällen bringt diese Taktik nichts. Einer der schlimmsten Übeltäter, zumindest in den USA, sind die immer wieder entmutigenden guten Vorsätze zu Neujahr, die mit psychologischen Fallen gespickt sind, die gegen uns arbeiten.

Zum einen sind die guten Vorsätze fürs neue Jahr zu ehrgeizig. Sich hohe Ziele zu setzen, wie nur beste Noten in der Schule oder dreimal pro Woche Sport treiben, ist nur in der Theorie ein positiver Schritt, aber diese Ziele sind nicht so gestaltet, dass sie uns tatsächlich erlauben würden, auf sie hinzuarbeiten. Sie hängen vom Erfolg Hunderter kleinerer Veränderungen ab und gehen nicht mit einer Schritt-für-Schritt-Anleitung einher, die uns zeigen würde, wie wir sie erreichen.

Die Ergebnisse, die wir uns ausmalen, wenn wir so beeindruckende Entschlüsse fassen, sind auch zu weit weg. Wir können keinen Zusammenhang zu ihnen herstellen oder sie uns wirklich vorstellen, was es schwer macht, sie in unserem Leben tatsächlich zu verwirklichen. Und auf lange Sicht gibt uns das Ziel eine Menge Gelegenheiten zum Scheitern – und das bedeutet auch mehr Gelegenheiten zum Aufgeben. Wir sagen uns dann, dass es keine Rolle mehr spielt, weil wir es sowieso schon vergeigt haben. Wenn wir abrupt beschließen, dreimal pro Woche ins Fitnessstudio zu gehen, werden wir wahrscheinlich in den meisten Wochen scheitern, was unsere Selbstwirksamkeit, unser Selbstvertrauen, unsere Stimmung und Zuverlässigkeit untergräbt.

Wie Carol Dweck mit ihrer Arbeit deutlich gezeigt hat, ermutigt die Konzentration auf den Prozess uns zum Weiterarbeiten, zum Weitermachen und dazu, Herausforderungen als Chancen zur Weiterentwicklung und nicht als Drohungen zu scheitern zu sehen. Gute Vorsätze zum neuen Jahr sind ergebnisorientiert, und viel zu oft hängen sie wie eine Drohung über uns und sind keine Ermutigung. Nudges dagegen wirken effektiv, weil sie unsere Aufmerksamkeit auf das Wie richten, nicht auf das Was.

Große Entschlüsse sind auch eher auf das Negative – die schlechten Dinge, von denen wir uns befreien wollen – gerichtet als auf das Positive – das Gute, das wir noch verbessern können. Wir möchten nicht jeden Tag daran denken, was wir an uns selbst nicht mögen. Das ist unerfreulich und demotivierend, aber an die guten Sachen zu denken, die wir sogar noch verbessern können, erzeugt Vorfreude und Handlungsbereitschaft.

Schließlich können große Vorsätze zum neuen Jahr auch noch unsere eigene Motivation – das persönliche innere Verlangen, etwas zu tun – unterminieren und durch externe Anreize ersetzen. Jahrzehntelange Forschung hat ergeben, dass das nach hinten losgehen kann, weil extrinsische Anreize (etwa Geld und das Vermeiden von Strafe) nicht immer da sind. Wenn es bei einem Ziel um etwas geht, das wir wirklich liebend gern tun würden, können extrinsische Motivationsfaktoren die intrinsische Motivation sogar abtöten.[290]

Ich selbst wollte beispielsweise immer laufen, um etwas für meine Fitness zu tun. Mir gefällt die Eleganz des Laufens – eine einzige, sich wiederholende, graziöse Bewegung; minimale Ausrüstung; kein Fitnessstudio; draußen praktisch überall machbar … das sprach mich einfach an. In der Vergangenheit hatte ich mir praktisch an jedem Neujahrstag vorgenommen, »Läuferin zu werden«. In meiner Vorstellung war ein Läufer selbstdiszipliniert, schnell und in der Lage, Marathons zu absolvieren. Aber wenn man bei null anfängt, dauert es eine ganze Weile, bis man diese Kriterien erfüllt, und damit konnte ich mich nicht abfinden. Indem ich mich auf das Ergebnis konzentrierte – eine Läuferin gemäß meiner Definition werden –, ignorierte ich die Realität, nämlich dass es ein ziemlich langer Prozess ist, bis man da hinkommt. Jedes Mal wenn ich laufen ging, war es ein kurzer, langsamer und schmerzhafter Lauf. Jedes Mal fühlte es sich wie ein Scheitern an. Und ich konnte den Prozess auch nicht genießen. Jedes Mal wenn ich wieder beschlossen hatte, eine Läuferin zu werden, begann ich das Laufen sogar sehr bald zu hassen. Das war ein echtes Problem. Jegliche intrinsische Motivation war rasch gestorben, weil die extrinsischen Motivationsfaktoren zu wenige und zu weit voneinander entfernt waren. Weil ich mich auf die unerreichbaren äußerlichen Belohnungen konzentrierte, entging mir die Chance, mich zu identifizieren und einige innerliche Belohnungen zu entwickeln. So gab ich Jahr für Jahr Ende Januar auf.

Schließlich versuchte ich etwas anderes: Ich beschloss, nur ein einziges Mal zu laufen. Und wenn es mir gefiel, würde ich es ein weiteres Mal tun. Ich lief nur so schnell und weit, wie es mir angenehm war. Ich versuchte also nicht, trotz Seitenstechen zu laufen oder mit meinen Freunden, die schon echte Läufer waren, mitzuhalten. Die langfristigen Ziele, die viel zu groß und zu weit weg waren, ließ ich komplett fallen. Und ich entwickelte eine Methode, um das Laufen zu einer positiven Erfahrung zu machen, zu etwas, worauf ich mich freute. Ich fand meine intrinsische Motivation, indem ich das Laufen mit etwas verband, das ich liebend gern tat – Reisen. Ich liebe es zu reisen, aber wenn ich beruflich unterwegs bin, komme ich in Eile an und fahre eilig wieder weg, ohne mir Zeit dafür zu nehmen, irgendetwas über mein Reiseziel zu erfahren oder etwas davon zu sehen. Wenn ich aber nur einen kurzen Lauf unternahm, konnte ich zu Fuß tatsächlich ein bisschen erleben und betrachten. Mir wurde auch bewusst, dass ich gern durchs Gelände lief – auf Wegen durch die Natur. Ich laufe dabei nicht schnell, aber ich genieße es, Zeit in der »Wildnis« zu verbringen, also geht es mir eigentlich überhaupt nicht mehr darum, »eine Läuferin zu werden«. Anstatt meine Aufmerksamkeit darauf zu richten, was ich zu dem Zeitpunkt nicht konnte (also schnell, gut und als Wettbewerb laufen), konzentrierte ich mich darauf, was ich vermochte (d. h. meine Reisen aus beruflichen

Gründen bereichern und raus in die Natur kommen). Ich stellte jeden Aspekt meines Versuchs, den Vorsätzen zum neuen Jahr gerecht zu werden, praktisch auf den Kopf. Ob ich inzwischen schon einen Marathon gelaufen bin? Keine Chance. Vielleicht laufe ich nie in meinem Leben einen, und das wird dann auch okay sein. Aber ich habe nicht aufgegeben. Und das ist schon was.

Sich selbst anstupsen

Eine Körper-Seele-Intervention ist ein starkes Mittel, um sich selbst einen Ruck zu geben, aber nicht das einzige. Wissenschaftler aus aller Welt finden ständig neue kleine Anstöße, die wir uns selbst geben können, um unser psychisches Wohlbefinden zu verbessern, unser Verhalten zu ändern und unser Durchhaltevermögen zu steigern.

2014 organisierten meine Kollegin Alison Wood Brooks und ich im Rahmen des jährlichen Treffens der Society for Personality and Social Psychology ein Symposium mit dem Titel »Self-Nudges: How Intrapersonal Tweaks Change Cognition, Feelings, and Behaviour«.[291]

Brooks, die ebenfalls Professorin an der Harvard Business School ist, interessiert sich besonders für die psychologischen Hürden, die Leute davon abhalten, gute Leistungen zu erbringen. Das hat teilweise damit zu tun, dass sie als begabte Sängerin Hunderte Stunden vor Publikum gestanden hat. Sie hat nicht nur ein beneidenswert sicheres Auftreten auf einer Bühne, sondern weiß auch, dass diese Haltung guten Führungsstil erleichtert. Gleichzeitig ist ihr bewusst, dass die meisten von uns darum kämpfen müssen, zu einer solchen Haltung zu finden, wenn wir performen. Also machte sie sich daran, einfache Interventionen zu entwickeln, die anderen helfen könnten, ihr Lampenfieber zu überwinden.[292]

Achtung! Sollten Sie ein Fan des viral verbreiteten Memes »Keep calm« sein, dürften ihre Erkenntnisse Sie ganz schön überraschen.

Wie die meisten von uns wissen, kann Lampenfieber sich wie eine lähmende Überdosis Angst anfühlen. Und was sagen unsere Mitmenschen uns, wenn wir uns ängstigen? Sie sagen uns in bester Absicht, wir sollen uns beruhigen. Wie sich herausstellte, könnte das das Schlimmste sein, was sie uns sagen können. Angst ist nach Definition der Psychologie ein Gefühl höchster Erregung. Wie ich schon erklärt habe, befinden wir uns, wenn wir ängstlich sind, in einem Zustand erhöhter körperlicher Wachsamkeit. Wir sind hyperalarmiert. Unser Herz rast, uns bricht der Schweiß aus, unser Cortisolspiegel erreicht Höchstwerte – all diese Reaktionen kontrolliert unser Nervensystem automatisch. Und es ist den meisten Menschen praktisch unmöglich, diese quasi automatische Erregung herunterzufahren, sie abrupt zu deeskalieren. Wir können uns also nicht nur nicht beruhigen, sondern jemand, der uns sagt, wir sollten es tun, erinnert uns nur noch daran, wie ruhig wir *nicht* sind, was unsere Angst nur noch weiter schürt.

Aber es gibt noch ein anderes stark erregendes Gefühl, das nicht so negativ ist. Es ist sogar ziemlich positiv – Aufregung. Brooks prognostizierte, dass wir vielleicht nicht in der Lage sein mögen, Erregung abzulegen, aber es sollte uns gelingen, die Art und Weise, wie wir sie interpretieren, zu ändern. Wenn wir also, anstatt vergeblich zu versuchen, das Erregungsniveau unserer Gefühlszustände von hoch zu tief zu verändern, versuchten, aus negativer positive Erregung zu machen? Aus Furcht Vorfreude und Begeisterung?

Um ihre Prognose zu überprüfen, führte Brooks eine Reihe von Experimenten durch und brachte dabei Probanden in verschiedene Situationen, die Lampenfieber auslösen: einen Gesangswettbewerb (bei dem Journeys »Don't Stop Believin'« gesungen wurde), einen Vortragswettstreit und eine schwierige Matheprüfung. Bei jedem Experiment wurden die Teilnehmer nach dem Zufallsprinzip aufgefordert, sich eine von drei Sachen vor ihrem »Auftritt« zu sagen: 1. Beruhige dich, 2. Verspüre Vorfreude oder 3. gar nichts.

In allen drei Wettbewerben – Singen, Reden und Rechnen – übertrafen diejenigen, die einen Moment lang ihre Furcht in Aufregung verwandelt hatten, die anderen. Wenn man aufgeregt und voller Vorfreude ist, erklärte Brooks, »erzeugt das eine chancenorientierte Haltung. Sie denken dann an all das Gute, was passieren kann. Mit größerer Wahrscheinlichkeit treffen Sie Entscheidungen und handeln so, dass es mit größerer Wahrscheinlichkeit zu guten Ergebnissen kommt.«[293]

Weil mein Büro glücklicherweise nur zwanzig Schritte von Alison Wood Brooks entfernt liegt, haben wir schon ein paar Gespräche über diese Arbeit geführt. »Obwohl wir dieses Phänomen noch nicht über längere Zeiträume hinweg studiert haben«, erklärte sie, »vermute ich, dass die Aussage ›Ich bin aufgeregt‹ oder sein Bestes zu tun, um vor jeder furchterregenden Leistung ›in Vorfreude zu geraten‹, im Laufe der Zeit keine Verringerung der Wirkung zur Folge hat. Im Gegenteil, die positiven Effekte dürften sich wahrscheinlich sogar verstärken. Je häufiger man seine Furcht in Aufregung umwandelt, desto glücklicher und erfolgreicher sollte man werden.« Das ist ein Nudge, ein Stupser, den man sich selbst gibt – indem man sich jeweils auf den neuen Moment konzentriert, der gerade vor einem liegt, anstatt auf das Ergebnis der eigenen Leistung. So bringt man sich langsam und schrittweise dazu, eine mutigere, authentischere, effektivere Version seiner selbst zu werden.

»Die Neuausrichtung von Furcht in Vorfreude hat mir geholfen, beim Singen und Musizieren vor Publikum, beim Präsentieren meiner Forschungsergebnisse, beim Pitchen meiner unternehmerischen Ideen, beim Unterrichten von Studienanfängern, MBA-Studenten und Führungskräften sowie im täglichen Umgang mit meinen Harvard-Kollegen.« Wenn eine Psychologin tatsächlich in der Lage ist, ihre Forschung im eigenen Alltag zu nutzen, dann weiß man, dass die Sache etwas taugt.

Indem wir einfach die Bedeutung des Gefühls, das wir erleben, umdeuten – indem wir uns von Furcht zu Aufregung stupsen –, ändern wir unsere psychologische Orientierung und nutzen die kognitiven und physiologischen Quellen, die wir brauchen, um unter Druck zu reüssieren. Auf diese Weise transformieren wir unser Lampenfieber, unsere Bühnenangst zu Bühnenpräsenz.

Wie können wir winzige Korrekturen noch nutzen, um unser Leben besser zu machen? Hal Hershfield, Professor an der UCLA, hat einen erstaunlich simplen Nudge identifiziert, der Ihnen helfen kann, heute bessere Entscheidungen hinsichtlich der Geldmenge zu treffen, die Sie für morgen sparen wollen – oder für die nächsten fünfzig Jahre.

Hintergrund: 2014 fragte Hershfield eintausend Menschen im ganzen Land: »Wer ist Ihr schlimmster Feind?«[294] Fünfhundert gaben ihm die gleiche Antwort: »Ich selbst.«

Wie sich herausstellte, empfinden wir für uns selbst nicht mehr Mitgefühl als für einen Fremden. Und das ist ein großes Problem, wenn es darum geht, Geld zu sparen. Denn wenn wir uns nicht mit der Person identifizieren können, für die wir sparen, warum sollen wir dann konservativ einen Batzen Geld für sie beiseitelegen? Warum es nicht einfach jetzt ausgeben, für unser gegenwärtiges Selbst?

Um gute Entscheidungen hinsichtlich des Sparens für die Zukunft – insbesondere Ersparnisse für den Ruhestand – zu treffen, müssen wir uns selbst mögen und respektieren. Vor allem müssen wir unser künftiges Selbst mögen und respektieren, also das, das von einer üppigen Rente profitieren wird. Es muss uns wichtig sein und wir brauchen ein klares Bild von ihm. Spendensammler für Hilfsorganisationen mit großen Anliegen beispielsweise sind weitaus effektiver, wenn sie ihr Marketing auf ein spezifisches, nicht anonymes Opfer ausrichten – eine Person, die von einer Naturkatastrophe, einer Krankheit oder einem Verbrechen betroffen ist. Klingt kontraintuitiv? Sollten wir nicht unsere Spende erhöhen wollen, wenn wir wissen, dass damit Tausenden geholfen wird? Ja, aber während wir uns kaum mit Tausenden Menschen verständigen und identifizieren können, gelingt uns das ganz sicher mit einem einzelnen. Und je lebendiger wir diesen einen Menschen vor Augen haben, desto besser.[295] Eine Neuroimagining-Studie, die Hershfield und seine Kollegen durchführten, zeigte, dass die Gehirnaktivität von Probanden, die sich vorstellen sollten, wie sie selbst in zehn Jahren sein würden, viel eher der jetzigen ähnelte, wenn sie an völlig andere Menschen – etwa Matt Damon oder Natalie Portman – als an sich selbst in der Gegenwart dachten.[296]

Hershfield und seine Kollegen fanden auch heraus, dass wenn sie den Probanden Fotos von sich selbst zeigten, auf denen sie künstlich gealtert waren, und ihnen dann die hypothetische Möglichkeit gaben, Geld auf ein Sparkonto einzuzahlen, die Leute doppelt so viel einzahlten, als wenn sie kein Bild von sich gesehen hatten. Wenn sie sich also mit ihrem künftigen Selbst identifizieren konnten, waren die Menschen deutlich interessierter daran, für diese Person zu sparen.[297]

Hershfield schlug daraufhin tatsächlich vor, sich ein gealtertes Bild von einem selbst[298], das man (kaum zu glauben) am Computer selbst erstellen kann, auszudrucken und an einem Ort aufzuhängen, an dem man sich wahrscheinlich aufhält, während man wichtige finanzielle Entscheidungen über die eigene Zukunft trifft. Seine Alternative war ein wohlüberlegter Brief an das künftige Selbst, bevor man finanzielle Entscheidungen trifft. Das Ziel besteht darin, die erkannte Kluft zwischen dem gegenwärtigen und dem fernen Selbst zu verkleinern – quasi das künftige Selbst in die Gegenwart zu holen, damit wir es begrüßen und eine gewissen Beziehung zu ihm aufbauen können.

Sich selbst einen kleinen Ruck geben, das funktioniert sogar in einem so oberflächlichen Bereich wie der Kleidung. Was wir anhaben, kann verändern, wie wir sehen, fühlen, denken und uns verhalten. So sollten beispielsweise bei drei Experimenten, die an der Northwestern University durchgeführt wurden, die Teilnehmer weiße Laborkittel tragen. In der ersten Studie verbesserte das Tragen der Kittel die Aufmerksamkeitsspanne der Teilnehmer – was in temporeichen, unvertrauten Situationen über die Präsenz entscheidet. Doch die Ergebnisse gingen noch einen Schritt weiter: Wenn man den Probanden sagte, der Kittel sei ein Arztkittel, verlängerte das Tragen ihre Aufmerksamkeitsspanne sogar noch weiter. Sagte man ihnen dagegen, es handele sich um einen Malerkittel, konnten sie nicht davon profitieren.[299]

Ein Gefühl neu einzuordnen, sich mit einem Foto des eigenen künftigen Selbst anzufreunden, Kleidung zu tragen, die einer Rolle entspricht – das sind nur ein paar der Möglichkeiten, wie wir unsere Zukunft verändern können, indem wir schrittweise unseren Umgang mit der Gegenwart korrigieren. Psychologen beginnen gerade erst, ihre Aufmerksamkeit auf die Entdeckung anderer Nudges zu richten, die wir selbst anwenden können. Das hier ist erst der Anfang.

Maria, die Depressionen daran hinderten, sich in ihrem Job voll einzubringen, schrieb mir folgende E-Mail:

> Früher habe ich mich mit meiner »Intelligenz« identifiziert und daraus großes Selbstvertrauen geschöpft. Nach mehreren Phasen klinischer Depressionen fühlte ich mich bei jedem Start in einem neuen Job immer mehr wie eine Schwindlerin.
> Gestern gelang es mir, mich fünf Sekunden bevor ich auf »Senden« für eine E-Mail gedrückt hätte, in der ich meinem Vorgesetzten erklärte, warum ich meine neue Position doch nicht annehmen kann, und fünfundvierzig Minuten vor meinem ersten Arbeitstag in meinem neuen Job aus dem Bett zu schleppen, eine Power-Haltung einzunehmen und mich wie eine Löwin in die Dusche, ins Auto und bis vor die Tür zu meinem neuen Büro zu »brüllen«.

Es ist nun nicht so, dass Maria nie mehr von Herausforderungen eingeschüchtert werden wird, die ihre Selbstzweifel befeuern. Aber sie wird eine neue Erinnerung haben, eine neue Selbsterkenntnis, ein Gefühl von Selbstwirksamkeit und Kraft, ganz zu schweigen von der Bestärkung, die sie durch ihren Vorgesetzten und ihre Kollegen erfahren wird.

Es geht um heute, um die nächste Stunde oder auch nur den nächsten Augenblick.

Erinnern Sie sich an Eve Fairbanks – die Journalistin, die Surfen gelernt hat – und wie sie beschrieb, was passierte: »Vergnügen erwächst aus Vergnügen, die Gewissheit meiner Fähigkeit wuchs mit jedem neuen Versuch.«

Mit jedem Anstoß, den Sie sich selbst geben, erwächst Vergnügen aus Vergnügen, Stärke aus Stärke und Präsenz aus Präsenz.

Kapitel 11

»Fake It Till You Become It«

»Ich bin größer, besser, als ich dachte. Ich wusste nicht, dass so viel Tugend in mir steckt.«

Walt Whitman

Ich wünschte, ich könnte die vielen Tausend Geschichten, die Leute mir erzählt haben, mit Ihnen teilen. Erstaunlich häufig beginnen diese mit dem Satz »Ich möchte Sie wissen lassen, wie Sie mein Leben verändert haben«. Dabei ist es in Wirklichkeit so, dass *ich* niemandes Leben verändert habe, diese Menschen haben ihr Leben selbst verändert. Sie haben meine einfachen Vorschläge aufgegriffen, adaptiert und auf eine Weise angewandt, wie ich es mir nie hätte träumen lassen. Ich habe eine Handvoll ihrer Geschichten ausgewählt, um sie mit Ihnen zu teilen. Sie stammen direkt von den Menschen, die angesichts einer großen Herausforderung oder um jemand zu helfen, der vor einer großen Herausforderung stand, auf der Basis ihres neuen Verständnisses von der Lenkung des Geistes durch den Körper agierten. Das brachte sie und die Menschen, denen sie beistanden, zu ihrem mutigsten und authentischsten Selbst. Es sind Geschichten von Leuten, die in vielen Fällen so taten, als ob, bis sie tatsächlich wurden, was sie sein wollten.

Ich hoffe, dass Sie sich selbst irgendwo unter ihnen erkennen werden. Ich sage das, weil ich überzeugt bin, dass der Teil meines TED-Talks mit der größten Wirkung nicht der von mir präsentierte Forschungsstand war, sondern mein Bekenntnis, dass ich einen Gutteil meines Lebens in dem Glauben verbrachte, dass »ich nicht verdiene, hier zu sein«. Obwohl ich es damals noch nicht verstand, erkenne ich jetzt, warum das wichtig war: Es gab den Leuten das Gefühl, auf der Welt weniger allein zu sein, weil sie wussten, dass mindestens eine weitere Person auch so empfunden und dieses Gefühl (weitgehend) überwunden hat. Eine wahre Geschichte, ein ehrliches Geständnis, kann viel bewirken.

Ich möchte mit der Geschichte von Will anfangen, der mir schrieb, als er mit 21 an der University of Oregon studierte und nebenbei als Schauspieler arbeitete.

Sein Agent rief ihn an und erklärte, er habe die perfekte Rolle für ihn gefunden – mit wenig Aussicht auf Erfolg, aber eine Chance, die er sich nicht entgehen lassen dürfe. Es war die Rolle in einem größeren Kinofilm, der in Oregon gedreht würde. Der Regisseur und die Produzenten suchten dafür nach einem jungen, naturverbundenen Schauspieler. Will hielt seinen Agenten für verrückt. Das war definitiv nicht seine Liga. Er hatte bislang ein paar Fernsehwerbespots gemacht, Rollen in ein paar kleinen Filmen gespielt und einen einmaligen Auftritt in einer Episode einer TV-Serie gehabt. Er konzentrierte sich auch gar nicht so sehr darauf, Schauspieler zu werden. Außerdem wusste er, dass er hier mit Profis konkurrieren musste.

Will, der sich selbst für durchaus risikofreudig hält, stimmte zu, zum Vorsprechen zu gehen. Aber er traf dort nicht gerade selbstbewusst ein. Stattdessen schaute er sich im Wartebereich um und dachte: »Was habe ich mit da bloß zugemutet?« Plötzlich überkam ihn Furcht wie eine Flutwelle, da fiel ihm etwas ein, das ein Freund ihm einmal geraten hatte: Wenn du vor einem Vorstellungsgespräch nervös bist, solltest du einen Ort aufsuchen, an dem du allein bist, und zwei Minuten lang wie Wonder Woman posieren.

Also begab Will sich auf die Toilette. »Ich öffnete die Tür einer Kabine, lachte zwei Sekunden lang über mich selbst, dann stemmte ich die Hände in die Taille, reckte das Kinn, drückte meine Brust raus und stand schweigend, aber lächelnd 120 Sekunden lang so da. Tief atmend.« Er erinnerte sich nicht mehr genau daran, was er tun sollte, aber er bewunderte seinen Freund. Er beschreibt ihn als jemand, »der mich noch nie im Stich gelassen hat, wenn es um seltsame Tatsachen oder Erkenntnisse ging, um meine Träume zu verwirklichen«. Will schenkte seinem Rat also genug Glauben, um es zumindest zu versuchen.

»Ich ging zurück in den Wartebereich, setzte mich hoch aufgerichtet auf einen Stuhl und wartete darauf, aufgerufen zu werden«, erinnerte Will sich. Als das passierte, »ging ich ohne die geringsten Bedenken in den Raum, wo das Vorsprechen stattfand. Ich hatte nichts zu verlieren«.

Das Vorsprechen verlief großartig. Er hatte nicht nur keine Angst, sondern genoss es sogar. Der berühmte Regisseur schüchterte ihn nicht im Geringsten ein. Will hatte sich noch bei keinem Vorsprechen so sehr wie er selbst gefühlt – so vital, so »da«.

Als er rauskam, erwartete ihn sein Vater.

»Na?«, fragte der. »Wie ist es gelaufen?«

Strahlend verkündete Will: »Klasse! Ich hab's geschafft!«

»Dann hast du die Rolle?!«

Will schwieg kurz. »Oh, nein … ich meine, ich weiß nicht.

Aber es lief großartig! Es hat solchen Spaß gemacht. Noch nie habe ich mich bei einem Vorsprechen besser gefühlt.«

Die Filmrolle hatte Will beinah vergessen. Er war während des Vorsprechens so präsent, so engagiert, dass das Ergebnis zweitrangig, wenn nicht sogar irrelevant wurde.

Durch puren Zufall heißt Will mit Nachnamen Cuddy. (Wir sind nicht verwandt.) Und Sie können seinen Namen im Abspann des für einen Oscar nominierten Films *Wild* mit Reese Witherspoon sehen. Sein Enthusiasmus, Selbstvertrauen und seine Leidenschaft kamen während des Vorsprechens anscheinend zum Ausdruck. Sein Gefühl persönlicher Stärke erlaubte ihm, die Kompetenz zu aktivieren und zu zeigen, die er brauchte, um in dieser Situation zu bestehen. Die Cuddys aus Oregon blieben übrigens mit den Cuddys aus Boston in Verbindung. Will und sein Vater kamen sogar nach Boston geflogen, um zusammen mit mir und meiner Familie die Premiere von *Wild* zu sehen.

Wills Geschichte fängt auf wunderbare Weise die ideale Wirkung von Präsenz und Ausstrahlung ein: Man agiert mit angenehmem Selbstvertrauen und Synchronizität und verlässt die Situation mit dem Gefühl von Befriedigung und Erfolg, egal, wie das messbare Ergebnis ausfällt. In Wills Fall hatte er ja sogar fast vergessen, dass es ein messbares Resultat gab.

Viele der Geschichten, die ich höre, haben mit Herausforderungen am Arbeitsplatz oder in der Schule bzw. Universität zu tun, den Bereichen, wo wir uns am stärksten herausgefordert fühlen und am meisten auf dem Spiel steht, sodass wir uns besonders fürchten. Die Menschen finden alle möglichen Wege, um die Wissenschaft von der Präsenz bei der Jobsuche und im Bewerbungsprozess anzuwenden. Melanie tat es auf folgende Weise:

> Nachdem ich meinen Job verloren hatte, kämpfte ich monatelang, schlurfte durch die Arbeitslosigkeit und kam mir vor wie die Teilnehmerin an einer endlosen Gameshow. Es war eine extrem entmutigende Zeit. Dann zeigte mir mein Sohn Ihr Video und sagte: »Das musst du mal ausprobieren!«
> Also tat ich das und nahm vor meinen nächsten drei Bewerbungsgesprächen jeweils für ein paar Minuten Power-Posen ein. Anstatt die Hände in meinem Schoß zu falten, stützte ich die Ellbogen auf die Stuhllehnen. Ich bekam nach zwei der drei Gespräche Jobangebote, entschied mich für das bessere und fange am Montag an …
> Wenn ich dort loslege, werde ich mich nicht mehr einrollen und klein machen. Wenn unser Verstand und unsere Unsicherheit uns das Gefühl geben, unbedeutend zu sein, kann unser Körper uns anscheinend daran erinnern, dass wir aus demselben Material gemacht sind wie Stars.

Thomas brachte Präsenz in seinen Businessmeetings zur Sprache:

> Ich besitze ein Handelsunternehmen, das mit einer Reihe globaler Marken kooperiert. Jahrelang hatte ich damit zu kämpfen, meine Sachkenntnis korrekt zu vermitteln und insbesondere dominanten Leuten gegenüber meine Vision klarzumachen. Erst nachdem ich Ihren TED-Talk gesehen hatte, begriff ich, dass ich in meiner nonverbalen Kommu-

nikation im Umgang mit Führungskräften immer in die Rolle des Ohnmächtigen geschlüpft war.

Seit zwei Monaten arbeitete ich an einem Riesendeal, und der hatte sich im Prinzip festgefahren. Alle Verhandlungen waren über Videokonferenzen gelaufen, und mir wurde klar, dass ich dabei immer eine armselige Haltung eingenommen hatte. Ich hatte die Schultern hängen lassen und oft eine Hand am Kinn gehabt.

Aber heute, inspiriert von Ihrer Präsentation, stand ich in meinem Büro, die Arme in die Seiten gestemmt, die Füße gespreizt, und ergriff die Initiative zu einem Videotelefonat mit den wichtigsten Entscheidungsträgern. Ich merkte, dass ich sprach, als würde ich einem Freund in meiner Küche den Deal erklären.

Und die Moral von der Geschicht: Zum ersten Mal nach einem halben Dutzend Besprechungen konnte ich meine Sachkenntnis und Vision angemessen darstellen ... und ich bekam den Vertrag :) Nun werde ich Power-Posen als Initiative im ganzen Unternehmen propagieren: Wir werden als das Unternehmen bekannt werden, das man mit den Händen in den Hüften antrifft!

Als Student aus Nigeria, der in Kanada studierte, kam René sich vor, als würde er nicht dazugehören:

Ich habe mich an Diskussionen in Seminaren nie beteiligt. Wie die meisten Studienanfänger war ich wohl ein bisschen eingeschüchtert. Ich zweifelte am Wert meiner Ansichten. Ein guter Freund schickte mir dann den Link zu

> Ihrem TED-Talk, und ich kann Ihnen heute bestätigen, dass er meine Universitätserfahrung vollkommen verändert hat. Ich habe begonnen, mich zu melden, Konferenzen zu besuchen und dort zu sprechen – freiwillig! Danke, dass Sie uns daran erinnert haben, dass nichts, und schon gar nicht Selbstzweifel, rein gar nichts uns daran hindern sollte, unser volles Potenzial auszuschöpfen.

René hat einen Weg gefunden, um seine Zweifel zu besiegen. Dadurch wurde er nicht nur zu einem erfolgreichen Studenten, sondern auch zu einer Führungspersönlichkeit auf dem Campus und zum Existenzgründer.

Ich höre auch von besorgten Eltern und Lehrern, die versuchen, ihren Kindern, Schülern und Studenten dabei zu helfen, mit schulischen Anforderungen, ihrem Sozialleben und anderen wichtigen Themen der Kindheit und Jugend zurechtzukommen. So unterstützte beispielsweise ein Vater namens Noah seine Tochter dabei, ihre Furcht durch Präsenz zu überwinden:

> Als Coach für Führungskräfte und Autor interessiere ich mich sehr für Neuroplastizität und Hirnforschung, aber Ihr Talk war für mich mehr als nur beruflich interessant. Nachdem ich ihn mir angesehen hatte, zeigte ich ihn auch meiner Frau und unseren beiden Töchtern (acht und zehn Jahre alt). Seither praktizieren wir alle Power-Posen. Ich spule jetzt ein paar Monate vor. In der vierten Klasse meiner älteren Tochter haben die Kinder die Option, freitags ein besonderes Referat zu halten. Eine dreißigminütige

> Präsentation zu einem völlig frei gewählten Thema. Meine Tochter Sophie war allein bei der Vorstellung praktisch schon starr vor Schreck, meldete sich aber trotzdem aus irgendeinem Grund freiwillig dafür. Zu meinem großen Entsetzen (und gegen meinen ausdrücklichen Rat) bestand sie darauf, ihr Referat am Expertenfreitag zum Thema Gehirn zu halten. Zehn Minuten vorher begann sie nervös zu werden und schilderte mir etwas, was für mich wie der Vorbote einer Panikattacke klang. Da niemand verfügbar war, um ihr zu sagen, was sie dagegen tun sollte, machte sie, was sie von Ihnen gelernt hat. Sie nahm zur Vorbereitung Power-Posen ein. Nach eigener Aussage beruhigte sie das so weit, dass sie anfangen konnte.
> Danach erklärte sie, ihre Präsentation sei »awesome!« gewesen.
> Wir hatten das ganze Jahr über versucht, sie dazu zu bewegen, wenigstens zwei Worte vor der Klasse zu sagen. Power-Posen half ihr nun, ganze dreißig Minuten vor ihren Mitschülern zu stehen. Und sie will es sogar noch mal machen.

Rebecca, die Mutter einer Neuntklässlerin an der Highschool sagte, ihre Tochter habe sich Präsenz zunutze gemacht, um in der Schule besser abzuschneiden:

> Ich liebte Ihren TED-Talk zu Power-Posen. Durch eine glückliche Fügung war meine Tochter damals gerade im Zimmer und sah ihn sich ebenfalls an. Sie hatte schon länger unter Prüfungsangst gelitten, also begann sie, halb im

Scherz und halb, weil sie verzweifelt nach Abhilfe suchte, mit Power-Haltungen vor ihren Prüfungen. Und ich schwöre Ihnen, dass sie in den letzten drei Monaten nie weniger als die volle Punktzahl erzielte! Ihre Freunde, die sie für verrückt hielten, als sie damit anfing, machen es jetzt auch, und ihre Noten haben sich ebenfalls verbessert. Inzwischen hat es sich bis zum Fußballteam der Mädchen rumgesprochen. Es ist die reinste Epidemie … von Wonder-Woman-Doppelgängerinnen unter den Jugendlichen in unserer Gemeinde! Vielleicht ist es ja so was wie Dumbos Zauberfeder, da bin ich mir nicht sicher, aber selbst wenn es nur Einbildung sein sollte (was ich nicht glaube), hat es meiner Tochter so viel Vertrauen in sich selbst und ihre Fähigkeit, unter Druck zu performen, geschenkt, dass ich es als Wunder betrachte. Haben Sie vielen Dank dafür, dass Sie Ihre wundervollen Erkenntnisse mit uns teilen.

Hier eine Nachricht von Barbara, einer Lehrerin, die die Wissenschaft der Ausstrahlung in ihr Klassenzimmer gebracht hat:

Ich habe meinen Physikschülern im Rahmen des Advanced-Placement-Programms das Power-Posen im letzten Frühling vorgestellt. Vor allem ein Schüler war bei Prüfungen immer nervös, weshalb seine Ergebnisse seinen Fähigkeiten überhaupt nicht entsprachen. Ich zeigte meiner Klasse das Video von Ihrem Vortrag und schlug ihnen vor, die Methode auszuprobieren. Wir kennen ja alle die Debatte um Ursache und Wirkung, und das war nun bestimmt keine wissenschaftliche Studie, aber von dem Tag

> an, als der Junge vor jedem Physiktest Power-Posen machte, verbesserten sich seine Noten von guten Cs und schwachen Bs da hin, wo er eigentlich hingehörte – zu mittleren und schwachen As. Anfang Mai legte der Schüler die AP-Prüfung ab und erzielte eine 4 (wobei 5 die bestmögliche Note ist). Ich bin überzeugt, dass das Power-Posen ihm geholfen hat, auch wenn das schwer zu beweisen ist.

Eine meiner Lieblingsgeschichten wurde in dem wunderbaren Blog *Crazy Mom with Kids* veröffentlicht, den die Autorin, Künstlerin und Grafikdesignerin C. G. Rawles betreibt. Einer ihrer Einträge handelte von ihrer sechsjährigen Tochter Sage, die, nachdem sie im Fernsehen einen Horrorfilm gesehen hatte, von lähmender Angst gequält wurde. Sie war überzeugt davon, dass ihre Puppen sie im Schlaf angreifen würden, und kein Trost konnte verhindern, dass sie nachts schreiend aufwachte. Selbst als alle Puppen und Plüschtiere aus ihrem Zimmer verbannt worden waren, änderte das nichts.

Was dann passierte, schildert Rawles:

> Ich stieß auf Amy Cuddys TED-Talk »Your Body Language Shapes Who You Are«. Ich staunte und beschloss, die Prinzipien mit meinen Mädchen, vor allem mit Sage, zu testen. Entschlossen erklärte ich meinen Töchtern, wir würden »so tun als ob, bis wir es wirklich wären«, um Amy Cuddy zu zitieren.
>
> Täglich befolgte ich den Rat Cuddys und trug meinen Mädchen auf, eine Power-Haltung einzunehmen und sie

zwei Minuten lang beizubehalten. Sage wurde ein großer Fan der Wonder-Woman-Pose, also ließ ich sie mit den Händen in den Hüften, die Füße schulterbreit auseinander und mit hoch erhobenem Haupt stehen, bevor sie allein ein Zimmer betrat.

Es funktionierte. Manchmal, bevor sie etwas für mich von der anderen Seite des Hauses holte oder allein in ihr Zimmer ging, stützte Sage die Hände in die Hüften und nahm diese Haltung ein, oder sie hob die Arme, als hätte sie gerade eine Ziellinie als Erste überquert.

Ihre Angst begann zu verschwinden, ihr Selbstvertrauen kehrte zurück.

Und da stehen wir heute – ein Jahr später … und Sage hat geradezu dramatische Fortschritte gemacht. Sie brauchte nur ihre innere Wonder Woman zu aktivieren und eine Power-Pose einzunehmen.

Es hilft natürlich auch, dass die Puppen nach wie vor in den Schrank gesperrt sind.

Die folgende E-Mail bekam ich von einem Grundschullehrer. Er schilderte, wie er die Idee »Fake it till you become it« nutzte, um einem Fünftklässler mit selektivem Mutismus zu helfen. Diese kindliche Angststörung hindert Kinder daran, in bestimmten sozialen Situationen zu kommunizieren:

> Ich habe in diesem Schuljahr mit (dem Schüler) fast täglich Tagebuch geführt, und er hat begonnen, sich darin und auch im Klassenzimmer ein wenig zu öffnen. Dann habe ich mir den letzten Teil Ihres TED-Talks »Fake It Till You Become It« mit ihm angesehen und erklärt, dass ich es gern sähe, wenn er das, was er da hört, einmal täglich in meinem Unterricht umzusetzen versuchen würde (ich unterrichte eine Stunde täglich in der Klasse). Ich sagte ihm, wie sehr ich wollte, dass er in Zukunft Erfolg hat, wie klug er ist und wie sich sein unausgesprochenes Führungstalent darin zeigt, dass andere immer wieder mit ihm zusammenarbeiten wollen. Er begann ungefähr an derselben Stelle zu weinen wie Sie (und ich schaffte es, das nicht zu tun, während ich es mit ihm ansah, aber zu Hause kamen mir dann die Tränen). Seit damals beantwortet er täglich ein oder zwei Fragen. Letztens bat ich ihn, sich um die erste Frage der Lese-Feedback-Gruppe zu kümmern, und er übernahm das ohne Zögern.

Wie wir im Verlauf dieses Buches gesehen haben, sind Power-Haltungen und Sport wie füreinander geschaffen – all die verschiedenen Siegesposen sind identisch mit den Haltungen, die sich im Labor als hilfreich für Selbstvertrauen und Präsenz erwiesen haben. Ich erhielt Rückmeldungen von zahllosen Athleten und Trainern aus den Bereichen Leichtathletik, Skisport, Rudern, Basketball, Baseball, Wasserball, Fußball, Turnen, Volleyball und sogar Segeln.

Im ersten Monat nach Veröffentlichung meines TED-Talks meldete sich ein Schwimmtrainer für Olympiateilnehmer bei mir und erklärte, wie er seit Jahren und mit großem Erfolg eine Art Power-Posen-Strategie anwendet: Am Morgen eines Wettkampfs ermutigt er einige seiner Schwimmer, sich körperlich so zu verhalten, als hätten sie den Wettbewerb schon gewonnen. Schwimmer sind, wie er betonte, für ihre dominante Körpersprache kurz vor dem Wettkampf bekannt. Die setzen sie nicht nur ein, um der Konkurrenz ihre Stärke zu signalisieren, sondern auch, um die eigene Muskulatur zu lockern und sich in Stimmung zu bringen. Manchmal schlagen sie sich dabei tatsächlich wie Gorillas gegen die Brust. Der Ansatz, den dieser Trainer nutzte – die Aufforderung zu nonverbalen »Alpha«-Haltungen, sobald sie am Tag des Wettkampfs die Augen aufschlugen –, kam am deutlichsten denjenigen Schwimmern zugute, die eine schwache Leistung demoralisiert hatte oder die von Unsicherheit und Selbstzweifel geplagt waren.

Der Schwimm- und Tauchtrainer des Kenyon College, Jess Book, stieß zufällig auf das Video meines TED-Talks und überlegte sich, dass er die Performance seiner Mannschaft dadurch vielleicht fördern konnte. »Power-Posen verstärkt die Vorstellung, dass wir kraftvoll, stark und selbstbewusst sein wollen«, erklärte er gegenüber der Zeitschrift *Swimming World*. »Nicht das ganze Team, aber sehr viele griffen den Vorschlag auf. Diejenigen, die am meisten davon profitierten, waren jene, die sich üblicherweise von ihren eigenen Gedanken unter Druck gesetzt fühlten. Das Power-Posen gab ihnen nicht nur einen physiologischen Schub, sondern erzeugte auch eine spürbare Bindung zum Rest der Mannschaft – etwas, das über sie selbst hinausging.«

Sarah Lloyd, eine Schwimmerin am Kenyon, beschrieb, was passierte, wenn das gesamte Team inklusive der Trainer vor einem Wettkampf die X-Haltung einnahm:

> Bei dem Anblick musste man kichern. Wir sahen alle ziemlich albern aus, aber ich denke, es hat für uns funktioniert. Es schweißte uns zusammen, wie wir es in der Saison davor nicht erlebt hatten. Der Energielevel bei uns allen ging durch die Decke. Einzelschwimmer und Staffeln schwammen unglaublich schnell, und wir hatten einen Riesenspaß.

Hier noch eine E-Mail zum Thema Volleyball von Steve, einem Highschoollehrer im mittleren Westen der USA:

> Ich habe Ihren TED-Talk heute all meinen Klassen an der Highschool gezeigt. Meine Schüler waren sehr interessiert und nahmen im Lauf des Tages ganz spontan einige Power-Haltungen ein. Das Coolste passierte am Abend, als unser Volleyballteam das erste Spiel der regionalen Playoffs verlor und aufs Feld kam, um vor dem zweiten Match geschlossen eine Power-Pose einzunehmen. Sie gewannen die nächsten drei Spiele und zogen ins Finale ein. Ich denke, es hatte auch mit der hervorragenden Volleyballvorbereitung und einer tollen Leistung des Trainers zu tun, aber die Jugendlichen waren überzeugt genug von IHRER Botschaft, um sie in einer toughen Situation anzuwenden. Nach dem Spiel kamen die Mädchen zu mir und fragten, ob ich stolz auf ihr »Power-Posen« sei! Ich liebe es. Danke, dass Sie ein Teil unseres TED-Talk Tuesday und Teil des Lehrplans meiner Schüler waren.

Am meisten inspiriert es mich, wenn ich von Menschen höre, die vor ernsten Schwierigkeiten stehen – Missbrauch und häusliche

Gewalt, Obdachlosigkeit und andere Probleme, die einem das Leben zur Hölle machen können – und denen es dann gelingt, die Kontrolle über ihr Leben und ihre Zukunft zurückzugewinnen. Diese Geschichten bewegen mich jedes Mal.

So habe ich beispielsweise schon einige Rückmeldungen von Veteranen wie Roberto erhalten:

> Ich bin ein Kriegsveteran, der an einer posttraumatischen Belastungsstörung leidet, und studiere im Moment Psychologie. Zufällig stieß ich auf Ihr Video, und kurz gesagt haben mich Ihre Informationen und Ihre persönlichen Erfahrungen wirklich angesprochen. Seit ich in Ihrer Präsentation von Power-Haltungen gehört habe, achte ich sehr auf meine eigene Körpersprache und merke es, wenn ich mich unbewusst isoliere. Dieses Wissen hat mir eine bis dahin verschlossene Existenz eröffnet und mir geholfen, einige der Symptome meiner Belastungsstörung zu überwinden. Seit ich diese Achtsamkeit in meiner Körpersprache mit meinen Bewältigungsstrategien verbinde, ist es mir gelungen, in Bereichen zu brillieren, in denen mir früher das nötige Selbstvertrauen fehlte.

CJ, Kontaktkoordinatorin einer Einrichtung gegen häusliche Gewalt namens Turning Point, unterrichtet in einer Besserungsanstalt für Frauen (d.h. einem Gefängnis) und berichtete mir diese Geschichte:

> Ich bin eine Überlebende häuslicher Gewalt. Nachdem ich die Missbrauchsbeziehung beendet hatte, fand ich einen

Job in einem Frauenhaus. Ich habe viel in Sachen Selbstheilung und persönliche Entwicklung gemacht und mich auf unkonventionelle Weise weitergebildet. Mit den Jahren erkannte ich, dass ich so eine Art Geek bin, denn ich lese liebend gern wissenschaftliche Studien, vor allem aus dem Bereich der Sozialwissenschaften.
Nach zwanzigjähriger Tätigkeit auf dem Gebiet häusliche Gewalt begann ich, Weiterbildungsgruppen in einem Frauengefängnis zu betreuen. Die Frauen dort saugen Informationen auf wie Schwämme, vor allem wenn es darum geht, wie unser Körper auf all die Chemikalien reagiert, wenn wir Angst kriegen, und welche Rolle alte Traumata spielen. Ich habe meinen Klassen Ihr Video gezeigt und wünschte, Sie hätten sehen können, wie Glühbirnen über den Köpfen angingen. Danach diskutierten wir, und ich fragte, wie sie von Power-Posen profitieren könnten.
Meine Schülerinnen haben folgende Situationen genannt, in denen sie Ihre Power-Posen nützen können:

1. bei gerichtlichen Anhörungen vor dem Bewährungsausschuss,
2. bei Ermittlungen im Gefängnis,
3. bei Prüfungen auf dem zweiten Bildungsweg,
4. bei Bewerbungsgesprächen nach der Haft,
5. bei Bewerbungsgesprächen innerhalb des Gefängnisses für das Privilegienkomitee.

Was Sie über Power-Posen und darüber, wie es uns zu unserem wahren Selbst zurückbringt, herausgefunden haben,

> leuchtet mir sehr ein. Danke für Ihre Aussage: »Nutzen Sie die Wissenschaft« (Share the science). Das tue ich. Ihre Arbeit findet den Weg hinter Gefängnismauern und wird dort von denjenigen genutzt, die sie am nötigsten haben.

Mac, der in Kalifornien lebt, hat täglich mit einer Not zu kämpfen, die viele von uns nie erfahren haben. Er nahm sich die Zeit, seine Überlegungen dazu aufzuschreiben:

> Seit September 2012 bin ich obdachlos. Das ist keine besonders interessante Geschichte, deshalb will ich das nicht weiter ausführen. Was ich Ihnen aber sagen will, ist, dass Sie und das Power-Posen mir ungemein geholfen haben. Nein, ich habe nicht alles ändern können und einen tollen Job gefunden, aber ich bin in der Lage, mich einer Vielzahl von Schwierigkeiten und oft furchterregenden Problemen, die ich als Obdachloser habe, zu stellen, nicht zuletzt weil ich in einer Wärmestube im letzten Winter Ihren TED-Talk auf einem Tablet gesehen habe, das ich damals besaß. Vorher hatte ich oft mit extremer Scham, dem Gefühl von Bedeutungslosigkeit zu kämpfen; meine lebenslangen Probleme mit Depressionen und Angststörungen waren durch die Obdachlosigkeit natürlich nicht besser geworden. Oft war ich deutlich sichtbar obdachlos: schmutzig, ungekämmt, und ich glaube, ich strahlte die Obdachlosigkeit geradezu aus.
>
> Im Moment würden Sie, auch wenn ich heute Nacht auf einem Stück Pappe schlafe, mich niemals als Obdachlosen erkennen. Tatsächlich hauen mich sogar oft andere Obdachlose, denen ich auf der Straße begegne, um Geld an, da

> antworte ich dann (mit einem Lächeln): »Ich lebe auch hier draußen.« Das mag zu einem Gutteil daran liegen, dass ich bewusst Power-Posen einnehme, meinen Raum maximiere und mich bremse, wenn ich das Gegenteil tue. Ich will jetzt gar nicht vom Hundertsten ins Tausendste kommen, aber ich habe letztens einen Bericht gesehen, in dem Sie davon reden, von einer Geigerin und anderen gehört zu haben, und da dachte ich mir, dass Sie wahrscheinlich noch keine Rückmeldung von einem Obdachlosen haben. Tja, zumindest in diesem Fall funktioniert das bei uns auch. Haben Sie vielen Dank für Ihre Aufmerksamkeit und alles Gute für Sie.

Annike, die in der Schweiz gerade ihren ersten Uniabschluss gemacht hat, berichtete mir, wie sie den Mut fand, eine lange, mit Missbrauch verbundene Beziehung zu beenden, und begann, sich zu erholen.

»Er hat mir mein Selbstbewusstsein genommen und jegliche Motivation für Hobbys oder jegliches Streben nach Glück«, schrieb sie. »Ich war nicht mehr ich selbst.« Als sie eine Freundin in Irland besuchte, stieß sie zufällig auf meinen TED-Talk und sah ihn sich gemeinsam mit ihr an. Die Freundin erahnte danach, was Annike helfen könnte. Annike beschrieb, was dann passierte:

> Von diesem Tag an schickte meine Freundin mir täglich eine Nachricht und bat um ein Foto von mir in einer Power-Pose, egal wo ich mich gerade befand. Es mag kitschig klingen, aber ich glaube, das hat mein Leben verändert. Ich habe das so lange gemacht, wie Sie es gesagt haben, bis ich es wirklich wurde. Langsam habe ich mein altes

Selbst wiedergefunden, wobei ich ständig Ihre Anleitungen im Hinterkopf hatte. Ich schaffte es, mit meinem Freund Schluss zu machen, und fing an, gute Sachen an mir zu entdecken. Ich benutzte Power-Posen in allen möglichen Situationen, sobald ich begann, mich unsicher zu fühlen. Jetzt versuche ich sogar, mich regelmäßig aus meiner Komfortzone herauszubewegen, weil ich diesen Trick kenne, um mich gut zu fühlen. Gestern hielt ich ein Referat vor den wichtigsten Wissenschaftlern (in meinem Fach und an meiner Universität), obwohl ich erst vor einer Woche mit dem Promotionsstudium begonnen habe. Die alte Annike hätte eine Ausrede gefunden, um das nicht tun zu müssen, aber ich hab es getan, und es war großartig. Man behandelte mich als gleichrangig, und ich konnte die Leute überzeugen, mit mir zusammenzuarbeiten. Ich glaube wieder an mich und bin stolz auf mich.

Aber dann kam Annikes größte Herausforderung:

Vor zwei Tagen traf ich meinen Exfreund. Ich hatte ihn seit eineinhalb Jahren nicht mehr gesehen und fürchtete mich entsetzlich davor. Als ich ihn durch die Halle der Uni kommen sah, drückte ich meinen Rücken durch, machte mich groß und ging selbst auf ihn zu. Zum ersten Mal bestimmte ich das Gespräch und konnte erkennen, wie sehr er über mein Selbstvertrauen staunte. Es ist das erste Mal seit vielen Jahren, dass ich wieder glücklich bin, und Ihr Talk hat mir geholfen, dahin zu kommen … Es ist so einfach und doch so hilfreich.

Ich höre auch von Therapeuten, Klinikern und Ärzten, die einfache Wege finden, um ihren Patienten mit Power-Posen zu helfen. So gelingt es Myra:

> Ich bin klinische Psychologin in Südafrika und nutze Power-Posen, um meinen Patienten zu helfen, negative Überzeugungen abzulegen. Wenn sie sich von einer solchen Überzeugung gefangen fühlen … fordere ich sie auf, eine Power-Haltung einzunehmen. Alle berichten mir, dass sie in einer solchen Pose die negative Überzeugung nicht länger beibehalten können!

David, der in Australien Behinderte unterrichtet, schickte mir folgende Nachricht:

> Ich bilde Behinderte aus, indem ich ihnen helfe, sich in einer geförderten Arbeitseinrichtung Fähigkeiten anzueignen, die sie dem Ziel eines Jobs auf dem freien Arbeitsmarkt näherbringen. Menschen mit Behinderung gewisse Fähigkeiten beizubringen, ist der leichte Teil; ein bisschen schwieriger ist es, sie dabei zu unterstützen, Selbstbewusstsein zu entwickeln – zumindest bevor ich anfing, die Power-Posen einzuführen, von denen Sie in Ihrem Vortrag sprechen. Die positiven Veränderungen bei der Einstellung und das Nachlassen der Angst sind bemerkenswert. Einem Großteil der Menschen hat es geholfen, eine Vollzeitanstellung zu finden.

Aber warum sollten wir uns nur auf Menschen beschränken? Manche Leute nutzen Power-Posen sogar, um Tieren zu helfen.

Eine der ungewöhnlichsten E-Mails erhielt ich von einer Pferdetrainerin namens Kathy, die sich seit Jahren an einem Projekt beteiligt, das »Pferde ermutigt, zum Zweck physischer und mentaler Rehabilitation zu einem aus sich selbst motivierenden Verhalten zu finden«:

> Es hat erstaunlich gut funktioniert (auch wenn Sie das natürlich nicht erstaunen wird). Ihr TED-Talk hatte mir geholfen, so viele Dinge geradezurücken, dass ich ein kleines Experiment mit einem meiner Pferde wagte. Dieses Tier hatte immer am Ende der Hierarchie in der Herde gestanden, obwohl es körperlich größer, fitter und kräftiger war als alle anderen. Aber es war introvertiert und spielte niemals mit den anderen und wollte sich nie hervortun, nicht einmal im Spiel. Dabei entwickelte es sich zu einem richtig athletischen Pferd und zeigte großes Talent.
> Nachdem ich über Ihre Arbeit nachgedacht hatte, entwickelte ich eine Übung, die es dazu brachte, sich physisch wie ein Draufgänger zu benehmen (also etwas zu jagen und zu versuchen, es zu treffen oder zu beißen, was Pferde im Spiel oder beim Flirten tun). Der große Erfolg übertraf meine kühnsten Erwartungen. Innerhalb von drei Tagen führte es die gleichen Bewegungen auf der Weide aus und versuchte, andere zum Toben zu animieren. Das war ein gänzlich neues Verhalten (und für die anderen Pferde ein wenig schockierend). Es hat es nicht aggressiver gemacht, aber es scheint tatsächlich so, dass es sich nun exakt so benimmt wie ein Pferd mit mehr Testosteron und weniger Cortisol im Blut.

In einer Folgemail schrieb Kathy mir ein paar Monate später:

> Vafi war von fast jedem hier bei uns (einer Gemeinschaft von Isländerfans und -trainern) als »nur ein Familienpferd« abgetan worden. Jedenfalls nicht als eines von der Sorte, das in die höchste Wettbewerbsklasse gehört, wo man nur die begabtesten, fittesten und vor allem *stolzesten* Pferde findet.
> Letztes Wochenende hatten wir unsere alljährliche Frühjahrsausstellung für Islandpferde. Ich ließ Vafi in der höchsten Klasse antreten, wo das derzeit weltweit an Nummer eins gesetzte Pferd und sein Reiter gegen neun andere antraten.
> Sie ahnen bestimmt schon, was jetzt kommt.
> Wir überraschten alle, als wir es ins Finale schafften. Da waren es nur noch vier andere und Vafi, die damit alle für die Weltmeisterschaft in Berlin qualifiziert waren. Es war eine ziemliche Schau, und Dutzende Leute fragten sich, welcher Zauber/Voodoo Vafi so verwandelt haben mochte:)
> Es waren nämlich Leute bei dieser Ausstellung, die überlegt hatten, Vafi zu kaufen, bevor ich es tat, aber keiner hätte ihm im Wettbewerb viel zugetraut … er war einfach ein »Pferd für den Kinderunterricht«. Nun sahen sie, wie falsch sie gelegen hatten, aber noch bestürzter waren sie vom »Rätsel« seiner Veränderung. Denn es ging ja nicht darum, dass er jetzt fitter und talentierter war, sondern darum, dass er es zeigen wollte … Sein Tempo, seine Power und seine generelle Großartigkeit, die – in der Welt der

Islandpferde – eine Riesenrolle spielt. Schließlich sind das die Pferde der Wikinger, und in dieser Community wie auch bei den Preisrichtern spielt das Temperament eine wichtige Rolle ... Wir präsentieren diese Pferde nicht ohne Grund auf einer Rennbahn :)
Danke noch mal – Ihre Arbeit hat mich auf etwas Unerwartetes und Wunderbares für mich und meine Pferde gebracht.

Etwa ein Jahr später, als sie begann, mit einem neuen Pferd namens Draumur zu arbeiten, schrieb Kathy mir:

Die Ausscheidungen für die Weltmeisterschaft der Islandpferde finden in zehn Wochen statt, und ich werde mit meinen beiden Pferden zur Qualifikation antreten. Jeder in der Welt der Reiterei hätte das noch vor ein paar Wochen für absolut unmöglich gehalten. Inzwischen haben Vafi und Draumur mit Power-Posen und Tu-als-wärst-du-ein-Draufgänger ein neues Niveau erreicht. Bis jetzt hat der Nutzen, den sie daraus ziehen, noch nicht mal angefangen, ein Plateau zu erreichen – die Pferde werden einfach immer motivierter, fitter und stärker. Experten für die Biomechanik bei Pferden sind inzwischen aufmerksam geworden, und die derzeit weltweit wichtigste Person im Isländersport ist extra aus Island hergeflogen, um zu erfahren, wie ich das mit Draumur gemacht habe. Sie haben etwas begonnen, das in der Welt der Pferde inzwischen eine ganz eigene Dynamik entwickelt.[300]

Und in ihrer jüngsten E-Mail las ich:

> Ich habe vor unserer Pferde-Community soeben darüber gesprochen, dass der Ansatz des Power-Posens anscheinend unendliches Potenzial in sich trägt. Ich arbeite damit nun schon seit einigen Jahren, und die Pferde erzielen *immer noch* Durchbrüche. Wenn man etwas sagen kann, dann dass es sich um eine Aufwärtsspirale handelt, die ihren Fortschritt *beschleunigt.* Sie wirken wie Benjamin-Button-Pferde mit dieser Power-Haltung, denn sie benehmen sich, als würden sie immer jünger.
> Bei den Fortschritten mit Power-Posen ist hier also nach wie vor keine Verlangsamung in Sicht!!

In gewisser Weise ist dies der überzeugendste anekdotische Beweis von allen – denn niemand erklärte Vafi oder Draumur oder den anderen Pferden, was das Power-Posen bewirken sollte.[301] Kathy und ich entdeckten, dass schon andere Trainer ihre Pferde zu Power-Posen anleiten – und das seit mehr als zweitausend Jahren:

»Man lasse das Pferd lernen … seinen Kopf hoch und
den Hals gewölbt zu halten … Indem man ihm beibringt,
genau das vornehme Gebaren und die Anmut an den
Tag zu legen, die es von Natur aus zeigt, wenn es sich von
seiner besten Seite zeigen will, erzielt man … ein strahlendes,
vorzeigbares Tier, die Freude jedes Halters …
Im angenehmen Gefühl von Freiheit … in stattlicher
Haltung und mit geschmeidigen Beinen stürmt es voller

Stolz vorwärts und ahmt in jeder Hinsicht
das Gebaren und die Anmut eines Pferdes nach,
das sich anderen Pferde nähert.«

Xenophon (430–354 v. Chr.)

Vor kurzer Zeit erzählte mit jemand eine Geschichte, die mir die Sprache verschlug und mich zu Tränen rührte. Ich hatte gerade einen Vortrag beendet und eine Reihe von Leuten wartete, um Hallo zu sagen, Fragen zu stellen usw. Ich bemerkte unter ihnen eine junge Frau, die geduldig wartete. Inzwischen bin ich sehr geübt darin zu erkennen, ob jemand etwas Privatsphäre braucht. Ich sehe dann so eine Intensität in seinem oder ihrem Blick. Das sagt mir, dass der- oder diejenige mir etwas sehr Persönliches mitteilen will, was nicht für fremde Ohren bestimmt ist.

Diese Frau stand zwischen zwei Freundinnen, die ihre Schultern sanft berührten, leise mit ihr sprachen, sie zu trösten und zu ermutigen schienen. Als sie vor mir stand, mit Tränen in den Augen, konnte sie zunächst kaum sprechen. Ein ziemlich langes Schweigen entstand – allerdings war es keins von der unangenehmen Sorte, sondern eher wie ein Moment der Orientierung, der Vorbereitung für uns beide. Dann nahm sie sich zusammen, holte tief Luft und sagte: »Ich bin hierhergekommen, um Sie zu treffen, weil ich Ihnen sagen muss, wie sehr Sie mein Leben verändert haben.«

Die Geschichte, die sie mir an diesem Abend erzählte, veränderte auch mein Leben. Sie zeigte auf wunderschöne Weise, wie wir durch unseren Körper Verbindung zu unserem authentischen besten Selbst aufnehmen, unsere persönliche Kraft freisetzen und diese Dinge für mehr Präsenz während der riesigsten Herausforderungen nutzen können – und dadurch auch noch anderen die Freiheit schenken, selbst präsent zu sein. Sie illustriert genau, wie ich gehofft hatte, dass Menschen diese Erkenntnisse nutzen – um ihre persönliche Stärke zu finden, wenn sie über wenig gesellschaftliche Macht oder Status verfügen. Um Mut und Großzügigkeit Bahn zu brechen. Um ihrem Leben eine andere Richtung zu geben. Um sich und anderen Gutes zu tun.

Ich fragte sie, ob sie bereit wäre, diese Geschichte mit Ihnen allen zu teilen, und sie sagte: »Ich würde nichts lieber tun, damit andere sich auf die gleiche Weise unterstützt und inspiriert fühlen können.«

Also verbrachten wir den nächsten Nachmittag im gemeinsamen Gespräch. Hier ist Kristins Geschichte:

> Aus einem spontanen Entschluss heraus ging ich nach Südamerika. Ich heiratete noch sehr jung, ließ mich mit dreißig scheiden und hatte das Gefühl, ich würde in meinem Leben nichts voranbringen, wenn ich nicht zuerst noch etwas mehr von der Welt sah. Also tat ich genau das und fand einen Ort, an dem ich mit einigen anderen zusammen leben konnte – wir nannten es das Baumhaus. Es war komplett aus Holz, schwebte auf Stelzen in der Luft, war schlicht und schön.

> Kristin begann, im Café des Ortes zu arbeiten.

> Alles schien in Ordnung, und zunächst passierte auch nichts, doch nach ein paar Wochen begann mein Chef, Bemerkungen über meinen Körper zu machen. Über meine

Brüste und dass ich wegen ihnen mehr Trinkgeld bekäme, es wurde immer schlimmer. Ständig gab er solche Kommentare von sich. Meine erste Reaktion war Enttäuschung, weil ich mir dachte, er hat zwei kleine Kinder, wohnt ganz in meiner Nähe, es ist ein kleiner Ort, und ich hatte eigentlich auch ein anderes Bild von ihm in meinem Kopf. Aber dann dachte ich mir, na ja, so was passiert anscheinend … und vielleicht ist es nicht so schlimm. Weil ich ja im Ausland war, hatte ich Angst – das Bedürfnis dazuzugehören, kann wirklich stark sein und einem Angst einjagen. Man bewegt sich ja aus der eigenen Komfortzone heraus, wenn man ins Ausland geht und versucht, dort sein Glück zu machen. Alles Tröstliche war total weg.

Die sexuelle Belästigung eskalierte mit jedem Tag ein Stück mehr.

Also dachte ich mir, ich bin hart im Nehmen, und ließ das einfach über mich ergehen. Ich hakte es ab im Sinne von »er ist eben ein Mistkerl«. Aber es wurde schlimmer und schlimmer. Ich glaube, es war mir gar nicht so klar, aber ich fühlte mich immer kleiner … Dann hörte er eines Tages auf, mich beim Namen zu nennen, sondern bezeichnete mich nur noch als (sehr vulgäres Schimpfwort). Von dem Tag an sprach er mich nur noch so an.
Ich wusste, wie falsch das war, und hasste es, aber manchmal stellt man sich ja auch selbst infrage und überlegt: »Lohnt es sich wirklich, einen Aufstand deswegen zu machen?« Heute klingt das für mich geradezu lächerlich.

Kurze Zeit später lud eine kleine Gruppe enger Freundinnen und Freunde sie zum Abendessen ein. Sie sagte: »Ich fühlte mich so klein und gebrochen, dass ich fast nicht hingegangen wäre.« Aber dann ging sie doch.

Ich dachte: »Es wäre mir so peinlich, ihnen davon zu erzählen, was ich mit mir machen lasse.« Aber dann begann ich zu überlegen, wo ich herkam, was ich durchgemacht hatte und wer ich eigentlich wirklich bin … also beschloss ich, ihnen zu erzählen, was vor sich ging. Sie waren so hilfsbereit, Frauen wie Männer, und das bestärkte mich in meinem Entschluss: Ich wusste damals, dass ich etwas zu meinem Chef sagen musste – ich musste für mich einstehen und für all die anderen Leute, die so etwas erlebt hatten. Für diejenigen, die Gefahr liefen, etwas Ähnliches in Zukunft zu erleben. Ich musste es für mich und für sie tun. Zusammen mit einer Freundin hatte ich ein paar Monate zuvor Ihren Vortrag gesehen, und er hatte mich damals wirklich angesprochen, aber erst jetzt wurde mir klar, dass der Moment gekommen war, um Ihre Message in die Tat umzusetzen. Mir blieben noch einige Tage, um darüber nachzudenken. Ich beschloss, vor einer morgendlichen Teambesprechung im Café zu erscheinen. Ich erinnere mich noch, allein im Baumhaus gewesen zu sein. Ich machte ein bestimmtes Lied an und hatte bewusst etwas angezogen, in dem ich mich wohlfühlte … Und dann stand ich in diesem Haus auf Stelzen, ich stand gerade und groß aufgerichtet, die Hände auf den Hüften und die Schultern zurück – so stand ich länger als ein paar Minuten, weil ich ganz sicher sein wollte, dass es wirkte! Als ich das Haus verließ und in den Ort lief, fühlte es sich an, als würde ich immer größer werden – so hatte ich mich schon lange nicht mehr gespürt. Ich verkörperte mein eigenes höheres Selbst und dachte mir: »Ich muss da hingehen, an erster Stelle muss ich das für mich tun, aber auch für jeden anderen.« Es stand außer Frage, ihn weiterhin einfach zu ignorieren oder eine Nachricht mit meiner Kündigung zu schicken. Ich konnte mich zwar auch auf andere Weise aus dieser Situation befreien, aber für mich selbst einzustehen, das war die Möglichkeit, meine eigene Kraft ein- und freizusetzen …

Als ich ankam, fühlte ich mich stark und stellte fest, dass mein Boss gar nicht so groß war, wie ich gedacht hatte – nicht so groß, wie er in meiner Vorstellung gewesen war. Er wirkte kleiner. Und ich spürte, wie ich mir meine Kraft von ihm zurückholte. Ich nahm ihm nicht seine Macht, sondern holte mir nur meine zurück, nachdem ich zugelassen hatte, dass er sie mir nahm. Ich erklärte ihm, dass ich gehen würde und warum. Ich sagte: »Sie wissen, dass das, was Sie getan haben, falsch ist. Sie wissen das, weil Sie Töchter haben, die Sie lieben, und weil Sie niemals wollen würden, dass jemand sie so behandelt, wie Sie mich behandelt haben.« Ich sagte, dass ich ihn nicht kränken und seinem Betrieb nicht schaden wolle – sondern dass ich mir wünschte, er würde sein Verhalten ändern, niemand anderen verletzen und ein besserer, größerer Mensch sein. Er sagte darauf: »Sie haben recht. Es tut mir leid. Ich weiß nicht, warum ich das getan habe«, und er entschuldigte sich immer

> wieder. Wir redeten gute zwanzig Minuten lang. Ich verspürte diese unglaubliche Großzügigkeit. Ich fühlte mich stark, aber nicht dominant wie ein Alphatier. Ich fühlte mich stark genug, um mitfühlend zu sein. Und ich wünsche mir fast, ich hätte aufgezeichnet, was ich sagte, denn das war nicht ich – das war … geradezu göttlich.

Ich sagte zu Kristin: »Es war göttlich, weil das genau du warst. Es war dein allerbestes – dein stärkstes und großzügigstes Du.«

Wie ich schon zu Beginn erwähnt habe, handelt dieses Buch von Momenten. Es handelt davon, in den Momenten, die uns am meisten herausfordern, präsent zu sein. Es handelt auch vom Vertrauen, dass diese Momente aufeinander aufbauen, während wir uns selbst einen Ruck geben, dass sie unser Denken, Fühlen und unseren Körper stärken. Letztlich können diese Momente unser Leben verändern.

Der am häufigsten zitierte Satz aus meinem TED-Talk ist: »Don't fake it till you make it, fake it till you become it.« (*Tu nicht so als ob, bis du es geschafft hast, sondern tu als ob, bis du es geworden bist.*) Darum geht es hier – sich schrittweise selbst kleine Anstöße geben, bis man die beste Version seines Selbst geworden ist. Bis man in Momenten der Herausforderung präsent ist. Das hat nichts damit zu tun, andere hinters Licht zu führen, damit man kriegt, was man will, und dann mit der Schauspielerei weitermachen zu müssen. Vielmehr sollen Sie sich selbst ein wenig hinters Licht führen, aber nur ein wenig, bis Sie sich stärker, präsenter fühlen – und es geht darum, in Übung zu bleiben, selbst wenn das ein bisschen Zeit kostet. Eine junge Frau namens

Monique schrieb mir dazu: »Ich tue immer noch so als ob, bis ich es geworden bin. Aber so zu tun als ob ist definitiv besser als zu vermeiden!« Erinnern wir uns daran, was mein Lieblingswissenschaftler William James uns gelehrt hat: »Beginne jetzt der Mensch zu sein, der du künftig sein wirst.«

Während all diese Dinge durch meinen Kopf tanzten, fiel mir die legendäre Choreografin und Tänzerin Agnes de Mille ein, die einmal gesagt hat: »Tanzen bedeutet, außer sich sein. Größer, schöner, stärker. Das ist Kraft, ist die Pracht auf Erden, und sie wartet darauf, dass du sie dir nimmst.«

Tanzen Sie Ihren Weg zu einer positiven Ausstrahlung. Erobern Sie die großen, schönen, starken Teile Ihrer Persönlichkeit – die, die Sie lieben und an die Sie glauben, sie warten tatsächlich nur darauf. Machen Sie sie sich zu eigen.

Dank

Diese Danksagung zusammenzustellen ist beängstigend – folglich ist es eigentlich ein Segen, denn es bedeutet, dass so viele Menschen mich unterstützt, geleitet, mir geholfen und mich herausgefordert haben. Meine Dankbarkeit gebührt den unzähligen Menschen, die mir so viel von ihrer Zeit und Weisheit geschenkt und damit die Veröffentlichung von *Dein Körper spricht für dich* erst ermöglicht haben.

Ich weiß, dass es etwas ungewöhnlich ist, eine Danksagung mit einem Zitat aus einer fremden Danksagung zu beginnen, aber ich weiß nicht, ob ich Richard Pine besser beschreiben könnte als Susan Cain in ihrem Buch *Quiet:* »der klügste, schlaueste und menschlichste Literaturagent, den jeder Autor sich für seine Arbeit nur wünschen kann«. Mit großer Klarheit sieht er eine Idee und deren Potenzial, bevor andere Leute dazu vollständig in der Lage sind. Und wenn das erst passiert, dann wird er zum hingebungsvollen und unerschütterlichen Unterstützer dieser Idee und seiner Autorin. Ich stehe für immer in der Schuld von Richard und dem gesamten Team InkWell Management.

Bei Little, Brown danke ich Reagan Arthur für den Glauben an dieses Projekt und für ein Dreamteam von Menschen, um es mit Leben zu füllen. Es war mir eine Ehre, mit meiner außerordentlichen Lektorin Tracy Behar zu arbeiten, die genau wusste, wie sie mir helfen konnte, all die Einzelteile zusammenzusetzen, und die so viel von sich selbst in dieses Buch eingebracht hat und all das mit großartiger Gelassenheit und Präsenz tat. Danke, dass du es mit mir aufgenommen hast, Tracy, und dass du in meinen vielen Momenten der Selbstzweifel nicht aufgegeben hast. Ich danke auch meinem ganzen unglaublich talentierten Little, Brown-Team, darunter Nicole Dewey, die mich bei der Hand genommen und jeden Schritt des Weges geführt hat, auf dem ich lernte, meine eigene Begeisterung für dieses Projekt zu teilen, Jean Garnett, Wortliebhaberin und unvergleichliche Satzfinisseuse (ich bin mir nicht sicher, ob es dieses Wort gibt, Jean), und Miriam Parker, die eine wunderschöne Website gebaut hat. Dankbar bin ich auch Mario Pulice, Julie Ertl, Betsy Uhrig und Genevieve Nierman – alles Angehörige meines fantastischen Dreamteams bei Little, Brown. Ich hatte auch das Glück, mit dem freien Lektor Bill Tonelli zu arbeiten, der einen ganz besonderen Blick dafür hat, wie man eine Geschichte erzählt, mit Matthew Hutson, der die wissenschaftliche Forschung, die ich in diesem Buch wiedergebe, sorgsam durchgesehen, infrage gestellt und dreifach geprüft hat, und mit Sheri Fink, die umsichtig die Knoten entdeckte, die noch gelöst werden mussten. Chris Werner, Jeff Gernsheimer und Jack Gernsheimer machten aus meiner Grundschüleridee für einen Umschlag etwas, worauf ich so stolz bin – Danke für eure Vision und Geduld.

In Harvard gibt es einige Menschen, die die Veröffentlichung von *Dein Körper spricht für dich* ermöglichten – und die allesamt nicht nur unglaublich kompetent, sondern auch nett und großzügig sind. Mein früherer Laborleiter Nico Thornley organisierte auf wundersame Weise ein Durcheinander aus Forschungsprojekten, rekrutierte, bildete aus und managte eine phänomenale Gruppe von studentischen Forschungsassistenten, trug substanziell zur Entwicklung der Theorie, Fragen und Methoden bei und schaffte all das, ohne auch nur ins Schwitzen zu geraten. Kailey Anarino *ist* tatsächlich mein Arbeitsspeicher; sie balanciert und organisiert die zahllosen beweglichen Teile meines Arbeitslebens mit Anmut und Professionalität. Ich weiß wirklich nicht, wie sie das schafft. Mein aktueller Laborleiter Jack Schultz arbeitet so hart, um meine Laborgruppe und viele Forschungsprojekte effizient zu managen. Dazu gehören die Kommunikation mit Kollegen und Forschungsassistenten, das Organisieren von Laborbesprechungen, Datenerhebung und -analyse sowie umfangreiche Literaturrecherche. Außerdem ist er ständig auf der Suche nach kreativen Lösungen für große Herausforderungen. Meinen Dank schulde ich den vielen engagierten Forschungsassistenten und studentischen Hilfskräften, die im Laufe der Jahre zu dieser Forschung beigetragen haben. Brian Hall und Joe Navarro, Danke, dass ihr den Ball ins Rollen gebracht habt. Meinen liebenswürdigen und klugen Kollegen des Bereichs Negotiations, Organizations, and Markets (NOM) an der HBS – es ist eine Ehre, mit euch allen zusammenzuarbeiten. Und ich danke meinen MBA-Studenten, Doktoranden, Executive Students und meinen Studierenden in Organisationen überall auf der Welt.

Ich hatte das Glück, eine lange Reihe Lehrerinnen und Mentorinnen zu haben, die mich jeweils genährt, gewässert und mit Sonne beschienen haben, bevor sie mich liebevoll an die nächste in der Reihe weiterreichten. Angefangen bei Elsa Wertz, meiner Lehrerin in der dritten Klasse der winzigen Schule im ländlichen Pennsylvania, benannt nach Conrad Weiser. Sie vermittelte mir Vertrauen in meine Fähigkeit zu denken und das Gefühl, eben diese Fähigkeit auch zu verdienen (das Gleiche tat sie für ihre beiden brillanten Töchter Annie und Mary, mit denen ich inzwischen zusammenarbeite). Danach kamen Kathy Mohn, meine Englischlehrerin an der Highschool, die meine unbändige Liebe zum Schreiben kultivierte, und Barbara O'Connor, die mich an der Highschool in Geschichte und Sozialkunde unterrichtete und mir zeigte, wie man den Status quo mutig und mit einer Portion Humor hinterfragt. Als ich an der University of Colorado zu studieren begann, führten mich Professor Bernadette Park und die damalige Doktorandin Jennifer Overbeck in die Sozialpsychologie ein und betreuten meine Abschlussarbeit zu einem Thema, von dessen Wichtigkeit ich damals überzeugt war. Außerdem trauten die beiden mir genug zu, um mich an meine Beraterin an der Graduate School, Susan Fiske, weiterzureichen. Susan verdient irgendeine Medaille, weil ich, als ich bei ihr anfing, kaum mehr als meinen Optimismus und Chuzpe zu bieten hatte. Niemals und nirgendwo ist mir je eine hingebungsvollere und fürsorglichere Doktorandenbetreuerin begegnet als sie. Punktum. Ich weiß gar nicht, warum sie mich annahm, aber ich bin ihr auf ewig dankbar dafür. Als ich schließlich Junior-Fakultätsmitglied in Harvard war, ermutigten, unterstützten und forderten mich andere Frauen, darunter Kathleen McGinn, Robin Ely, Teresa Amabile, Jan Hammond, Youngme Moon, Frances Frei und Rosabeth Moss Kanter. Wegen euch bin ich heute hier. Und ich werde versuchen, das Gleiche für andere junge Frauen (und Männer) zu tun, die Nahrung, Wasser und Sonnenschein benötigen. Ohne die Wissenschaft hätte ich sicher deutlich weniger, worüber ich schreiben könnte. Die Liste kluger Wissenschaftler, die zu meinen Erkenntnissen beigetragen haben, ist sehr lang. An erster und wichtigster Stelle bin ich jedoch Dana Carney ewig dankbar. Als akribische und engagierte Wissenschaftlerin ist sie der eigentliche Kopf hinter einem

Großteil der Forschung, die in diesem Buch steckt. – Ich habe so viel daraus gelernt, mit dir zu arbeiten. Andy Yap, du warst mir ein umsichtiger und inspirierender Kollege. – Es war so ein Vergnügen mit dir. Susan Fiske und Peter Glick: Obwohl unsere gemeinsame Forschung nicht im Mittelpunkt dieses Buches steht, untermauert sie doch mein gesamtes Denken über die Sozialpsychologie; danke, dass ihr mich seit über fünfzehn Jahren teilhaben lasst und mit mir zusammenarbeitet. Lizzie Baily Wolf, du hast mir geholfen, so viele Details dieser Ideen zu durchdenken, und warst außerdem eine hervorragende Mitarbeiterin. Und an all meine andere Mitarbeiter, die signifikant zu dieser Forschung beigetragen haben, ich danke euch: Maarten Bos, James Gross, Kelly Hoffman, Elise Holland, Christina Kallitsantsi, Julia Lee, Jennifer Lerner, Christine Looser, Brian Lucas, Chris Oveis, Jonathan Renshon, Jack Schultz, Gary Sherman, Nico Thornley, Niko Troje, Abbie Wazlawek, Annie Wertz und Caroline Wilmuth.

Es gibt noch eine lange Liste von Wissenschaftlern, mit denen ich zwar nicht direkt zusammengearbeitet habe, deren herausragende Forschung aber von entscheidender Bedeutung dafür war, wie ich über Präsenz, Power und die Verbindung von Körper und Seele denke (unter anderen, aber sicher nicht nur):

Jessica Tracy, Pamela Smith, Joe Magee, Adam Galinsky, Deb Gruenfeld, Vanessa Bohns, Li Huang, Scott Wiltermuth, Bob Josephs, Pranj Mehta, Lakshmi Balachandra, Leanne ten Brinke, Nancy Etcoff, Dan Cable, Alison Wood Brooks, Francesca Gino, Alison Lenton, Laura Morgan Roberts, Claude Steele, Geoff Cohen, David Sherman, Robert Sapolsky und Bessel van der Kolk. Mein Dank gebührt diesen und all den anderen Forschern, die ihre Ideen zu und Studien auf diesem Gebiet beigesteuert haben.

Ich danke meiner lieben Gemeinschaft aus Autorenfreunden, von denen die meisten sich panische Anrufe anhören mussten und die mir geduldig geholfen haben, die richtigen Worte zu finden. Vielen, vielen Dank an diese so besondere Gruppe von Menschen: Susan Cain, Adam Grant, Neil Gaiman, Amanda Palmer, Simon Sinek, Adam Alter, Bill Ury und Brené Brown. Ihr habt für mich genau die Sorte beruhigenden Optimismus bereitgehalten, die ich brauchte.

Die Unterstützung und Ermutigung meiner Freunde in der Praxis bedeuteten die Welt für mich. Besonderer Dank gebührt Kenworthey Bilz, Molly Crockett, Liz Dunn, Eli Finkel, June Gruber, Elizabeth Haines, Lily Jampol, Michael Morris, Kathy Phillips, Jennifer Richeson, Mindi Rock und Todd Rose.

Viele Freunde und Unterstützer haben mir auf unterschiedliche Weise vor und nach dem Schreibprozess geholfen, darunter Michael Wheeler, Chantal und Michelle Blais, Marina Mitchell, Monica Lewinsky, Guy Raz, Joanna Coles, Mika Brzezinski, Jane McGonigal, Kelly McGonigal, Ken Cain, David Hochman, Eileen Lorraine, Kristin Vergara, Kendra Lauren »Mayor of Aspen« Gros, Peggy Fitzsimmons, Jason Webley, Wendy Berry Mendes, In Paik, Toni Schmader, David Gergan, Piper Kerman, Sam Sommers, Katie Stewart Sigler, Bret Sigler, Vera Sundstrom, Olga und Sergei Demidov, Alex und Amy Myles, April Rinne, Laurie und Josh Casselberry, Pat und Jack Casselberry, Christine Getman, Mac McGill, Uyen Nguyen und so viele Angehörige meiner YGL-Community.

Ganz besonderen Dank schulde ich den Menschen, die mir geholfen haben, meine Stimme als Vortragende zu finden. Ohne euch hätte ich vielleicht gar nicht die Chance gehabt, meine Stimme als Autorin zu finden. Liz Dunn, danke, dass du mich als Gast 2010 zur PopTech gebracht und mir gezeigt hast, wie man vor breitem Publikum einen tollen Psychologievortrag hält. Andrew Zolli, Erik Hersman und dem PopTech-Team vielen Dank für die Einladung, auf der PopTech 2011 zu sprechen. Bruno Giussani und Chris Anderson, danke, dass ihr mich eingeladen habt, auf der TEDGlobal 2012 vorzutragen. Ich bin dem ganzen TED-Team dankbar, June Cohen, Ben Lillie, Emily McManus und allen anderen.

Ewig dankbar bin ich den Menschen, die Stunden (und Stunden) ihrer Zeit geopfert haben, um sich für *Dein Körper spricht für dich* interviewen zu lassen und das ausgesprochen großzügig und (und präsent) taten. Ihre Geschichten und Perspektiven waren für dieses Buch unerlässlich: Reverend Jeffrey Brown, Pauline Rose Clance, Will Cuddy, Neil Gaiman, Jamini Kwon, Julianne Moore, Mikko Nissinen, Calida Garcia Rawles, Emma Seppala und Kathy Sierra.

Und den vielen anderen wundervollen Menschen, die mir erlaubt haben, ihre Geschichten zu erzählen, deren Namen ich aber nicht nennen kann: Ich werde euch auf ewig bewundern und dankbar sein. Ich durfte so viel von euch lernen, und es ist mir eine Ehre, dass ich eure Geschichten mit anderen teilen kann, die wiederum von euch lernen werden.

All diejenigen unter Ihnen, die Ihre Erlebnisse so mutig mit mir geteilt haben: So seltsam es klingen mag, Sie haben mich den Inbegriff dessen gelehrt, was ich im Labor untersucht habe, Sie haben die Wissenschaft lebendig gemacht. Sie haben die forschenden Fragen formuliert, die ich nun stelle. Sie finden sich auf jeder Seite dieses Buches wieder. Und an jedem einzelnen Tag sind Sie der Treibstoff für meinen ungebrochenen Optimismus in Bezug auf die Menschen – der das ist, was mich wirklich antreibt. Seien Sie meiner tiefsten Dankbarkeit gewiss. Ich hoffe, ich habe Sie auf diesen Seiten angemessen gewürdigt.

Und schließlich verstehe ich jetzt, nachdem ich ein Buch geschrieben habe, endlich *wirklich,* warum Leute ihren Familien danken. Sie tun es, weil es ein bisschen so ist, als würde man plötzlich ein neues Familienmitglied adoptieren und betreuen – und zwar rund um die Uhr. Wenn man nicht schreibt, denkt man übers Schreiben nach. Wenn man nicht übers Schreiben nachdenkt, denkt man, dass man eigentlich übers Schreiben nachdenken *sollte.* Wenn man sich die Geschichten in seiner Familie anhört, überlegt man sogleich, in welchem Verhältnis sie zum Stoff des Buches stehen. Ehrlich gesagt braucht es eine riesige Menge Liebe und Geduld vonseiten der Familie, um jemand während dieses Prozesses ganz und gar zu unterstützen. Mein Mann Paul Coster und mein Sohn Jonah Cuddy verdienen eigentlich eine Auszeichnung für ihre Liebe, Geduld und die absolute Hingabe und ihren Glauben an mich. Ich weiß nicht, ob ich gekonnt hätte, was sie getan haben. Jonah, du bist klug, liebenswürdig und besitzt eine Ausstrahlung, die mich oft ganz ehrfürchtig werden lässt; wie konnte ich nur solches Glück mit dir haben? Paul, du bist schon um die halbe Welt gezogen, damit du bei mir sein kannst, um mir Abenteuer und die reinste Liebe zu bescheren … Scheibenkleister, ich bin so froh, dass du diese blaue Hose bekommen hast! Aus tiefstem Herzen danke ich euch, Paul und Jonah.

Register

Liebe Leserin, lieber Leser,
Anmerkungen und Quellenverzeichnis finden Sie unter: www.mosaik-verlag.de/cuddy